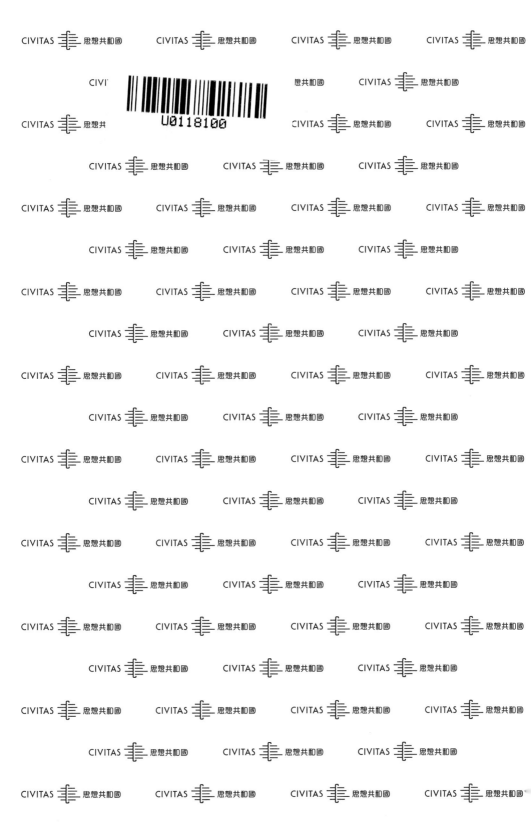

中國時刻？

CIVITAS 思想共和國

朱國斌 主編

中國時刻？
從富強到文明崛起的歷史邏輯

China's Monment?
From Unrefined Wealth and Strength to a Civilized Society

許紀霖

CITY UNIVERSITY OF
HONG KONG PRESS
香港城市大學出版社

編　　輯　　陳小歡
封面設計　　蕭慧敏　Création 城大創意製作

國際統一書號：978-962-937-361-0

出版

香港城市大學出版社
香港九龍達之路
香港城市大學
網址：www.cityu.edu.hk/upress
電郵：upress@cityu.edu.hk

China's Monment?
From Unrefined Wealth and Strength to a Civilized Society
(in traditional Chinese characters)

ISBN: 978-962-937-361-0

Published by

City University of Hong Kong Press
Tat Chee Avenue
Kowloon, Hong Kong
Website: www.cityu.edu.hk/upress
E-mail: upress@cityu.edu.hk

Printed in Hong Kong

目錄

第三編　啟蒙如何起死回生？

總序

約自上世紀八十年代起，「全球化」（globalization）逐步成為公眾和學術討論中一個不可繞開的關鍵詞。從物質形態看，全球化首先是指資本、貨物與技術的跨境流動，基本上經歷了跨國化、局部國際化及全球化這三個發展階段。然而，全球化的影響穿越了資本等界域，進入到思想和學術空間。國與國之間政府和人民的頻繁交流，以及互聯網帶來的充分資訊流動，令到各地人們對世界認知的視野更為廣闊，程度更為深厚，甚至在傳統上被認為發展中或欠發達的偏遠落後地區，人們亦會觀察、思索、追尋社會發展的路徑，希冀能從慣性及舊有的制度和思維中掙脱開來。

全球化令世界當代思潮層出不窮湧現，百家爭鳴、交相輝映，中國情況亦然。世紀之交特別是進入新世紀之後，中國人文社科學術界和思想界出現了一批有重大學術和社會影響力的學者、思想家，他們出世入世，探討學術，砥礪思想，耕耘專業，發表了一批對學術和思想有突出貢獻、對社會有承擔的時代作品。

傳播知識和交換思想是出版人肩負的神聖使命。香港城市大學出版社決定出版一套全新的思想性與學術性叢書，旨在推動及實踐引領思潮、激發新思想、喚醒公民意識的使命。

本叢書遂命名為「Civitas / 思想共和國」。*Civitas*（拉丁文），據羅馬共和末期的哲學家、政治家、雄辯家西塞羅（Cicero）的定義，是指由法律統一起來的、由公民（*cives* 或 citizens）組成的社會團體。法律規定公民責任，同時賦予他們權利。比照今天的話語，它描述的就是「公民社會」。「共和國」（Republic）亦源自拉丁語 *"res publica"*，意思是「人民的公共事務」。今天，人們使用它來描述一種民主政體。古希臘偉大哲學家柏拉圖曾以《共和國》為題討論正義問題，並首先討論國家的正義和體制。

本叢書取中文名「思想共和國」，除表達現代社會是公民社會、每個公民皆具獨立思考和行動能力之意涵之外，也希望能夠匯納百家、交換傳播來自大中華乃至世界各地著名思想家和學者的新觀念、新思維、新理論，一方面擴展讀者的思想維度、引領讀者在自由的思想空間漫遊，另一方面啟迪讀者的思想路徑、平等探究箇中的哲理。

在公民的參與意識和權利意識日漸形成並高漲的今日，不同的價值觀並存於同一個時空之下並不一定帶來矛盾和衝突；多元的社會需要成員之間的自由交流和各抒己見。矛盾與多元最能激發思維震盪，啟迪思考，與時俱進形成更多新思想。

時代在進步，進步得益於新思想。

做一個有思想的共和國公民。

是為序。

朱國斌
香港城市大學教授、法學博士
二〇一六年春夏之交，九龍塘

自序

本書是我近十年來發表過有關當代中國思想研究的文章。文集共分四個部分，第一部分是關於近五年來我提出的關於新天下主義的研究；第二部分，是對中國崛起之後的反思；第三部分，是對啟蒙在當代中國命運的思考；第四部分，是對各種反啟蒙思潮的批判。

關於第一部分天下的討論，伴隨着中國在世界上崛起，這幾年在國內外學術界成為一個熱門話題。無意之中，我也捲入其中，成為一個話題人物。我提出的新天下主義，純屬偶然。二〇一一年，葛兆光教授出版了他的《宅茲中國》，首先提出了「何為中國」的重要問題，在學界引起巨大的反響，我應《東方早報·上海書評》的邀請，在該報作了一個長篇的回應，提出：「未來的中國認同是一個重構的過程。在重構的過程中，需要警惕的是夷夏之辨的變種，那種封閉的種族民族主義。我更欣賞的是包容的、擴展版的新天下主義。新天下主義是對普世文明的追求，這個普世文明並非以西方為代表，也絕非為基督教文明所壟斷，而是中國的外部世界與內部世界各種宗教和文明得以和平共處的公約數，是它們重疊共識的那部分。」該報記者將「新天下主義」作為採訪錄的標題，引起了國內外學界的注意。後來到日本、韓國、台灣和澳洲學術訪問，當地的學者們都希望我深入談談我提出的「新天下主義」，於是我在這幾年陸續闡發了我的觀點，有了本書中第一部分的這組文章。

趙汀陽教授這幾年也同樣以提出「天下主義」而名聞天下；但是，我與他的問題意識存在微妙的差別。趙教授的「天下主義」，針對的是以美國為霸主的國際秩序，在他看來，有必要以中國傳統中以「禮」為中心的「天下秩序」來改造、甚至取代當今世界以「力」為軸心的霸權秩序；而我提出的「新天下主義」，針對的乃是當今中國乃至東亞與全球甚囂塵上的民族國家利益至上思潮。這股思潮，不僅成為二〇〇九年中國駐南斯拉夫大使館被炸之後的主流意識形態，而且也在東亞世界瀰漫，等到這幾年特朗普成為美國總統之後，又出現了「逆全球化」趨勢，將美國的國家利益視為最高的價值與原則。在此背景下，我提出的「新天下主義」乃是要證明，中國古代的儒家、道家這些軸心文明，不是民族主義的，而是天下主義的，不是從狹隘的民族立場，而是從人類主義的視野思考和判斷問題，建立中國文明的價值觀。這個世界要形成價值的共識和基本秩序，恰恰要超越狹隘的民族主義，以普世的天下主義來超越特殊的民族主義。這種「新天下主義」，也可以視為一種現代的「世界主義」，之所以用「天下主義」表達，只是為了證明，世界主義對於中國而言，並非舶來品，倒是中國自家的傳統。

「新天下主義」的問題意識，還有針對國內的另一個面向。「天下」是一套價值理想，其制度的肉身，乃是「帝國」。「帝國」與「帝國主義」不同，並非必然意味着擴張與霸權，作為一種國家的類型，「帝國」與「一個民族、一個國家」的「民族國家」相對，乃是一個超大型的國家，內部是多元的宗教、民族與治理體系。我以清朝為例，指出在中國古代有這樣成功的「帝國」統治的範例。概述而言，「新天下主義」可以表述為四句話：

核心地區：一個制度，不同模式；

邊疆地區，一個國家，不同文化；

港台地區，一個文明，不同制度；

國際社會，一個人類，不同文明。

簡單地說，第一，在中國的核心地區，制度是同一個，但允許不同地方有不同的發展模式。第二，在邊疆區域，同一個國家認同，但讓不同民族的文化有多元的發展空間。第三，在港台地區，同屬中華文明，但可以有不同的制度體系。第四，在國際社會，同屬一個地球，但有不同的文明彼此包容共存。

本書的第二部分，是關於中國崛起的反思。二〇〇八年全球金融危機和北京奧運會之後，中國開始崛起，走向了世界舞台中心。然而，這是一種什麼樣的崛起？在這部分的幾篇文章，我從歷史到現實，分析了中國的崛起只是「一半的中國夢」，只是富強的崛起，還沒有達到文明的崛起。所謂富強的崛起，乃是財富的發展、國家競爭力的提升和管理制度上的理性化。所謂文明的崛起，指的是一套為全世界所接受、符合人類普世文明的價值觀及相應的制度。中國雖然已經成長為世界第二大經濟體，但是中國自身的文明依然在曖昧之中，走什麼路，打什麼旗，社會上下左右都有嚴重分歧，遠遠無法達成基本的共識。這樣缺乏文明內涵的富強崛起，是十分危險的，當年的蒙元帝國雖然強大於一時，但因為缺少高級文明，很快就衰落了。這幾年形勢的逆轉，似乎也證實了我的擔憂。無論如何，我所提出的中國的崛起，要從富強走向文明，在今天的中國，依然具有重要的現實意義。

本書的第三部分，是對啟蒙在當代中國命運的反思。五四新文化運動已經百年了，一九八〇年代的中國又經歷了第二次文化的啟蒙，到了一九九〇以後，啟蒙接連受到後現代主義、古典主義、國家主義、文化多元主義等來自方方面面思潮的嚴峻挑戰。啟蒙如何起死回生？這是我在二〇〇〇年代提出的問題。我所思考的，主要有三個方面：

第一，五四的啟蒙，是一場文明的自覺，但中國文化的主體性何在，還要不要一個文化的自覺？普世的啟蒙思想，如何與特殊的文化傳統接軌？

第二，一九九〇年代以後，自由主義在中國浮出水面，但作為民間主流的自由主義，無論是哈耶克式的古典自由主義，還是羅爾斯式的左翼自由主義，都是一種政治自由主義，這些政治自由主義可以回應中國的社會政治危機，但是同時發生的還有倫理道德危機，中國的自由主義有沒有可能從政治性走向整全性，發展出一種倫理自由主義？

第三，即便發展出倫理自由主義，也不意味着自由主義可以解決宗教性的精神信仰危機，這是作為一種世俗化自由主義不可缺少的內在限制。我進一步提出的問題是：自由主義如何與各種軸心文明榫接？我們都知道，西方的自由主義的一部分歷史傳統，來自於基督教，那麼，中國的自由主義有可能與中國自身的傳統儒家、道家及佛教、道教榫接嗎？自由主義、儒家文化及各種心靈宗教，各處於怎樣的位置，可以彼此和諧相處、發揮各自的功能嗎？

本書的第四部分，乃是對二〇〇〇年代以後出現的幾種反啟蒙思潮的批評，其中最重要的是三種思潮：歷史主義思潮（以中國特殊論、中國價值論、中國模式論等方式表現出來）、國家主義思潮（包括向右轉的新左派思潮和右翼的卡爾・施密特主義）和新儒家思潮。這幾篇批判性的文章在發表以後，在思想界引起了相當大的反響，至今還不斷在網絡上有微信公眾號重新轉載發表。

因為這些批判性的文章，我被認為是當代中國的自由主義者之一。對於這一標籤，我既無法否認，也不願意承認。為什麼？自上個世紀九十年代中期之後，中國思想界發生了嚴重的分化與對立，在許多場合，不少知識分子都會被問：你屬於哪一派？自由派、新左派，還是新儒家？或是啟蒙派，還是保守派？王元化先生生前一再拒絕別人給他的各種標籤，他多次以蝙蝠自比，蝙蝠是哺乳類的鳥類，當牠到哺乳類動物那裏鬧會，被指為鳥類而被趕了出來；牠又到鳥類那裏去開會，同樣被驅逐，兩邊都不認可牠。但蝙蝠就是蝙蝠，具有多種屬性。

我覺得我與先生的命運是相通的。在中國思想界，我也是一頭無法歸類的蝙蝠。從一般的意義而言，我屬於自由派，但對新左派的社會主義理論和新儒家的保守主義立場常常有同情性的理解。哈佛大學已故的社會學大師乃尼爾•貝爾如此形容自己：「我是一個政治上的自由主義者、經濟上的社會主義者、文化上的保守主義者。」我想，我就是他的同黨。

在一九九〇年中期的自由主義與新左派的大論戰當中，我雖然屬於自由派的陣營，但對新左派的理論有同情性理解，儘管我未必完全接受和贊成。原因無它，乃是在自由主義的光譜之中，我不是偏右的哈耶克主義者，而是偏左的羅爾斯主義者。在堅守自由的第一原則前提之下，平等是同樣值得對待的價值，這裏所說的平等，不僅有哈耶克所認為的「交易的正義」，更重要的是羅爾斯式的適當地向弱勢群體傾斜的「分配的正義」。在當代中國與世界，權力與資本這兩個最強大的主宰性力量，都需要警惕和批判。尤其是在當代中國，權力與資本形成了一個隱匿的宰制性同盟。但迷戀哈耶克的自由至上主義者盯住了權力，卻輕輕放過了資本，這讓我不得不與這樣的自由主義保持立場和理論上的距離；而新左派對資本的不懈批判餘勇可賈，但近十年來其中的不少代表人物轉向了國家主義，無條件地認同權力的正當性，那已經不是令人尊敬的左派了。前幾年我對當代中國的國家主義、中國特殊論和價值虛無主義所進行的思想清算，乃是希望左派能夠重新回到其對資本與權力不妥協的傳統立場。

新世紀以來，在自由主義與新左派之外，又有一股新儒家異軍突起，蔚成規模。我稱之為新儒家的第二代。第一代新儒家，從熊十力、牟宗三到杜維明、湯一介，都承認自由主義的政治價值，他們所做的工作乃是要從「老內聖裏面開出新外王」，為民主制度在中國奠定形而上的心性基礎。然而，以蔣慶為代表的第二代新儒家不再是第一代那樣的「心性儒家」，而是試圖超越民主制度的「政治儒家」，試圖重建從心性到制度的整全性的儒家憲政。我是一個有着「家國天下」情懷的儒家式知識分子，深切感受到中國不僅需要普世的現代文明制度，而且要落實為中國自身的文化認同。自由主義如果要在中國扎下制度之根，不得不與各種軸心文明榫接，而中國的軸心文明便是儒家文化。在這個意義上，我對新儒家的各種努力充滿敬意。然而，我並不認為新儒家可以繞過啟蒙以來的自由主義傳統，在多元的現代社會中獨家開創出所謂的儒家憲政。儒家憲政是一個殘缺性的禮治憲政，其未來的生命力在於與自由主義結合，共創未來中國的新價值與新制度。

自由主義、社會主義和儒家傳統，這是當前中國思想界的三大主流思潮。在我看來，經過二十年的思想論戰，基本的分歧已經釐清，但誰都不擁有闡釋中國和設計中國的獨家壟斷權。未來中國的前途，不是看幾派有多深刻的分歧，然後決一雌雄，看花落誰家——那一定會伴隨着專斷、壓抑、暴力和無休止的政治動盪，而是取決於幾派之間有多大的價值與制度共識。

二〇一四年，北京的共識網授予我年度共識人物的榮譽，我在答謝辭裏如此表白：「作為當代中國思想的參與者，我見證了中國知識分子從共同的啟蒙陣營走向分化、衝突直至敵視的悲劇性過程。我堅信，真理無從壟斷，中國的未來絕非靠某個主義的獨家拯救。容忍未必比自由更重要，但民主必定來自有誠意的對話、有反思的自信、有原則的妥協與有底線的讓步。我明白，在撕裂的中國獲取共識談何容易，然而孔子有言：『知其不可而為之。』不要問和解是否可能，只須問其是否值得追求。如果可欲，『雖千萬人吾往矣』。有一份的共識，便有雙份的光明。這一己之信念，願更多的朋友與我分享。」

我欣喜地發現，以我也參與其間的《牛津共識》為標誌，我的一己信念在一部分自由派、新左派、新儒家和基督教朋友那裏獲得了知音，吾道不孤也！在當代中國，無論是學界、商界還是政界，各種利益與價值的對抗非常嚴重，中國社會已經被完全撕裂。而在媒體的商業邏輯推波助瀾之下，各家非理性的極端聲音被無窮放大，而温和、理性的中間聲音卻被遮蔽了。左右之間、上下之間和朝野之間的激進勢力，相互刺激，形成了嚴重的對抗。然而，真正的中國未來，取決於各家各派温和的理性力量的相互理解、妥協，形成思想與政治上的戰略同盟，猶如西班牙的和平轉型那樣。對於中國來説，這同樣是一個代價最小、震盪最低的結局。雖然艱難，但值得追求。

假如在自由派、新左派和新儒家之中，能夠出現更多無法歸類的蝙蝠，既堅守自己的價值，也同情對方的立場，聯合起來尋求「中道」，渺茫的希望就有可能轉化為可期待的現實。這個「中道」，不是各種立場相加的平均數，更不是你好我也好的鄉愿，而是在吸收各家各派合理性的基礎上，形成適合中國現實的價值與方案。在追求共識的過程之中，一定是有鬥爭，也有妥協；有失去，也有獲得。所謂的「通三統」，乃是將自由主義、社會主義與儒家傳統中好的元素加以勾兑、打通和融合，這一價值與制度設計，一定會有多個競爭性的方案參與競標，但無論左右、上下和朝野，一定要首先破除「唯我正確」的迷障，以謙卑的態度傾聽對方的聲音，補充和完善自身的不足，從而實現全民族的價值共識與制度轉型。

最後，謝謝香港城市大學出版社社長朱國斌教授，正是他的執着與熱情，讓我這本書以「思想共和國」叢書中的一種，得以在香港出版發行。

許紀霖謹識

二〇一八年深秋於滬上櫻園

作者簡介

許紀霖，華東師範大學紫江特聘教授、歷史系博士生導師、教育部人文社會科學重點研究基地中國現代思想文化研究所副所長，華東師範大學─不列顛哥倫比亞大學現代中國與世界聯合研究中心中方主任，兼任上海市社聯委員、上海市歷史學會副會長、中國史學會理事。先後在香港中文大學、澳洲國立大學、新加坡國立大學、美國哈佛大學、台灣中央研究院、加拿大不列顛哥倫比亞大學、法國社會科學高等研究院、日本愛知大學、東京大學、德國柏林自由大學擔任客座教授或高級訪問學者。

主要從事二十世紀中國思想史與知識分子的研究、上海城市文化研究，近著有：《中國知識分子十論》、《啟蒙的自我瓦解》（合著）、《大時代中的知識人》、《近代中國知識分子的公共交往》（合著）、《啟蒙如何起死回生》、《當代中國的啟蒙與反啟蒙》、《家國天下：現代中國的個人、國家與世界認同》等。《中國知識分子十論》一書於二〇〇五年獲得首屆中國國家圖書館文津圖書獎。

第一編　新天下主義

第一章

新天下主義與中國的內外秩序

影響二十一世紀世界最大的事件，可能是中國的崛起。伴隨着國家實力逐漸擴大，中國的內部秩序與外部秩序卻出現了日趨嚴峻的緊張局勢。在國內，國家的強大並沒有吸引邊疆各少數民族對中央的向心力，反而在西藏、新疆不斷發生民族與宗教衝突，甚至出現極端的分離主義和恐怖活動。而在國際關係領域，中國的崛起讓周邊國家惴惴不安，東海、南海的海島之爭令東亞上空戰爭烏雲密布，隨時有擦槍走火的危險。不僅是中國，整個東亞各國的民族主義意識都十分高漲，呈相互刺激之勢。猶如十九世紀的歐洲，局部戰爭的可能性正在增加。

危機的腳步臨近家門，我們有化解危機的方案嗎？治標的國策固然可以開列一張清單，但重要的乃是根除危機之本。這一本源不是別的，而是自十九世紀末引入中國的民族國家至上意識，這一意識如今已經成為從官方到民間的宰制性思維。民族主義本是現代性的內在要求，然而一旦成為君臨天下的最高價值，將會給世界帶來毀滅性的災難，就像曾經發生過的世界大戰一樣。

真正的治本之方，需要一種與民族國家意識對沖的思維。這一思維，我稱之為「新天下主義」，一種來自古代傳統，又重新加以現代性解釋的軸心文明智慧。

一、天下主義的普世性價值

何謂天下主義？在中國傳統中，天下具有雙重內涵，既指理想的文明秩序，又是對以中原為中心的世界空間的想像。

列文森指出：在古代中國，「早期的『國』是一個權力體，與此相比較，天下則是一個價值體」。[1] 作為價值體的天下，乃是一套文明的價值及相應的典章制度。顧炎武有「亡國亡天下」之說，「國」不過是王朝的權力秩序，但天下乃是放之四海而皆準的文明秩序，不僅適用於一朝一國，而且是永恆的、絕對的和普世的，國家可亡，但天下不能亡，否則將人人相食，成為霍布斯式的叢林世界。

當今中國民族主義、國家主義思潮如此高漲，背後乃是一種「中國特殊論」的價值觀。似乎西方有西方的價值，中國有中國的價值，所以中國不能走西方的邪路，要走中國特殊的現代化道路。這種論調，看起來很愛國，很民族本位，卻是最不「中國」，最反傳統的。因為中國的文明傳統不是民族主義，而是天下主義。天下的價值是普世的，人類主義的，而不是特殊的，某個具體的民族或國家的。無論是儒家、道家，還是佛教，都是雅斯貝爾斯所說的古代世界的軸心文明，就像基督教、古希臘羅馬文明一樣，中華文明也是以全人類的普世關懷作為自己的出發點，以人類的價值來自我衡量。當近代中國從歐洲引入民族主義之後，中國人的胸懷從此狹隘了許多，文明也因此而萎縮，從人同此心、心同此理的天下氣魄，矮化為「那是西方的、這是中國的」小家子氣。毛澤東當年還講「中國要為人類作出更大的貢獻」，「無產階級只有解放了全人類，才能最後解放自己」，民族主義的背後有國際主義的大視野。而如今的中國夢，只剩下一個中華民族的偉大復興了。

固然，古代中國人除了講天下，還講「夷夏之辨」，然而，古代的夷夏，與今天掛在極端民族主義者嘴邊的中國/西方、我們/他們的二分思維是完全不同的，今人的二分思維受到近代種族主義、族群主義和國家主義的影響，夷夏之間、他者與我們之間是絕對的敵我關係，毫無通約、融合之餘地；而古代中國人的夷夏之辨不是一個一成不變的種族概念，而是一個相對的、可打通、可轉化的文化概念。夷夏之間，所區別的只是與天下價值相聯繫的文明之有無。天下是絕對的，夷夏卻是相對的，血緣和種族是先天的、不可改變的，但文明卻可以學習和模仿。誠如許倬雲先生所說：在中國文化之中，「沒有絕對的『他者』，只有相對的『我者』。」[2] 歷史上有許多用夏變夷，同化蠻族的例子，同樣也有以夷變夏、化胡為華的反向過程。漢人本身是農耕民族，而胡人多為草原民族，農耕中國和草原中國經過六朝、隋唐和元清的雙向融合，因此許多胡人的文化已經滲透進華夏文化，比如佛教原先是胡人的宗教，漢族的血統裏也摻雜了眾多蠻夷的成分。從服飾到起居，中原的漢族無不受到北方胡人的影響，比如漢人最初的習慣是席地而坐，後來喜歡上胡人的馬扎，從馬扎發展為椅子，最後改變了自己的習慣。

中華文明之所以歷經五千年而不衰，不是因為其封閉、狹窄，而是得益其開放和包容，不斷將外來的文明化為自身的傳統，以天下主義的普世胸懷，只關心其價值之好壞，不問種族意義上的「我的」、「你的」，只要是「好的」，通通拿來將你我打通，融為一體，化為「我們的」文明。

然而，今日極端之民族主義者，視中國與西方為絕對的天敵，以種族和民族的絕對分野抗拒外來的文明，甚至連學術界裏，也流行着一種「西學原罪論」，只要是洋人的東西，就一概拒絕，不必討論。他們判斷是非、善惡和美醜的標準，不再有古人的普世尺度，只剩下「我的」狹隘立場，似乎只要是「我的」，就必定是「好的」，只要是「中國的」，就是無須證明的絕對之善。這種「政治正確」的民族主義，看似是弘揚中華文明，實質是將普世的中華文明貶低為一國一族之特殊文化。文明與文化不同，文明關心的是「什麼是好的」，而文化只關注「什麼是我們的」？文化是將「我們」與「他者」區別開來，解決自我的文化認同，而文明不一樣，文明要從超越一國一族的普遍視野回答「什麼是好的」，這個「好」不僅對「我們」是好的，而且對「他們」也同樣是好的，是全人類普遍之好。在普世文明中，沒有「我們」與「他者」之分，只有放之四海而皆準的人類價值。

中國的目標如果不是停留在民族國家建構，而是重建一個對全球事務有重大影響的文明大國，那麼她的一言一行、所作所為就必須以普世文明為出發點，在全球對話之中有自己對普世文明的獨特理解。這一理解不是文化性的，不能用「這是中國的特殊國情」、「這是中國的主權，不容別人來說三道四」這類慣常語自我辯護，而是要用普遍的文明標準來說服世界，證明自己的合理性。中國作為一個有世界影響的大國，在今天要實現的不僅是民族與國家的復興夢想，而且是民族精神的世界轉向。中國所要重建的不是適合於一國一族的特殊文化，而是對人類具有普遍價值的文明。對中國「好的」價值，特別是涉及到普遍人性的核心價值，也同樣應該對全人類有普遍之「好」。中華文明的普世性，只能建立在全人類的視野之上，而不是以中國特殊的價值與利益為皈依。中國文明在歷史上曾經是天下主義，到了今天這個全球化時代，天下主義如何轉型為與普世文明相結合的世界主義，這是一個文明大國的目標所在。

中國是一個世界大國，是黑格爾所說的負有「世界精神」的世界民族，理應對世界承擔責任，對傳承「世界精神」承認責任，這個「世界精神」，就是在普世價值形態出現的新天下主義。

二、去中心、去等級化的新普遍性

談到天下主義，周邊國家總會談虎色變，擔心隨着中國的崛起，昔日那個驕傲自大、威震四方的中華帝國會起死回生，捲土重來。這樣的擔心不是沒有緣由的。傳統的天下主義除了普世性價值外，還有地理空間的含義，即以中原為中心的「差序格局」。天下由三個同心圓組成：第一個是內圈，是皇帝通過郡縣制直接統治的中心區域；第二個是中圈，是帝國通過冊封、羈縻和土司制度間接加以控制的邊疆；第三個是由朝貢制度所形成的萬邦來朝的國際等級秩序。從中心到邊緣，從化內到化外，傳統的天下主義想像和建構了一個以華夏為中心、蠻夷臣服於中央的三個同心圓世界。

在中國歷史上，無論是漢唐宋明的中原漢族王朝，還是蒙元滿清的邊疆民族王朝，在其空間擴張的過程中，既給周邊地域和國家帶來了高級的宗教和文明，同時也充滿了暴力、征服和柔性奴役。在今日這個尊重民族平等、獨立主權的民族國家時代，如果有誰還試圖重新回到以華夏為中心的等級性天下秩序，不僅意味着對歷史的反動，也只是一廂情願的夢囈而已。因此，天下主義需要在現代性的脈絡中予以揚棄和更新，發展為天下主義的 2.0 新版。

新天下主義「新」在何處？與傳統天下主義相比，新天下主義有兩個特點：一是去中心、去等級化；二是創造一個新的普遍性之天下。

傳統的天下主義，乃是以華夏為核心的同心圓等級性權力/文明秩序；新天下主義首先要割棄的，是這一中心和等級化秩序。新天下主義的所謂「新」，乃是加入了民族國家主權平等的原則。在新天下秩序中，沒有中心，只有相互尊重獨立和平等的民族與國家，也不再是支配與被奴役、保護與臣服的等級性權力安排，而是去權力、去宰制的平等相處的和平秩序。更重要的乃是新天下秩序的主體發生了變化，沒有華夏與蠻夷之分，不再有主體與客體的區別，誠如古人所云：「天下非一人之天下，乃天下人之天下。」在新天下主義的內部秩序中，漢族與其他少數民族在法律和身份上相互平等，尊重和保護不同民族的文化獨特性與多樣性；而在國際的外部秩序中，中國與周邊及世界各國不分大國、小國，相互承認與尊重獨立的主權，平等對待，和平共處。

民族國家主權平等的原則，乃是一種「承認的政治」，相互承認彼此的自主性與獨特性，承認各自民族的本真性。以「承認的政治」為基礎的新天下主義與傳統的天下主義不同，傳統的天下主義之所以有中心，乃是相信處於中心的華夏民族秉承天命，其統治天下的合法性來自超越的天之意志，因此有中心與邊緣之分。在現今這個世俗化的時代，每個民族與國家的統治合法性不再來自那個普世的超越世界（無論是「神」還是「天」），而是自身的本真性。各民族國家的本真性都有其獨特的價值，一個良善的國際秩序首先需要各國相互尊重與承認。如果說傳統天下主義是建立在天命為核心的中心／邊緣的等級性關係基礎上的話，那麼，新天下主義就是世俗化時代以「承認的政治」為原則的各民族國家的主權平等與相互尊重。

新天下主義，是傳統天下主義與民族國家的雙重超克。一方面，超克傳統天下主義的中心觀，保持其普遍主義的屬性；另一方面，吸取民族國家的主權平等原則，但克服其民族國家利益至上的狹隘立場，以普世主義平衡特殊主義。民族國家的本真性與主權並非絕對的，而是有外在限制的。這個限制，就是新天下主義的普世文明原則。去中心、去等級化只是新天下主義的消極面，從積極面而言，乃是要建立一種新的天下之普遍性，這就是共享的普遍性。

傳統的天下主義雖然是一種全人類的普世文明，然而就像猶太教、基督教、伊斯蘭教、印度教和古希臘、羅馬等其他軸心文明一樣，其文明的普遍性乃是通過軸心時期某個特定民族，以「天將降大任於斯人也」的神聖使命感，出來拯救墮落的世界，從而將民族的特殊文化上升為普世性的人類文明。古代文明的普世性來源於特殊的民族與地域，又高於各種特殊性，其與超越世界的神聖之源（神或者天）相通，形成一種超越的、形而上的普世性。古代中國天下主義所體現的普遍性價值，其源頭乃是超越世界中普世性的天命、天道與天理，只是中國文明與西洋不同，神聖與世俗、超越與現實之間沒有絕對的界限，神聖的天下普遍性在現實世界中通過世俗的民意呈現出來。即便如此，中國的天下主義與其他軸心文明一樣，皆是以某個天賦民族為中心，然後完成民族精神的世界化轉向，向周邊和更大的領域擴張，從而建立起天下的普遍性。而被艾森斯塔特所稱之為「第二次軸心文明」的現代性文明，最初發生在西歐，然後向全世界擴張，同樣具有由中心向邊緣、由核心民族推向全球各個角落的軸心文明性格。

然而，新天下主義要消解的，正是傳統天下主義與各種軸心文明的這種從核心民族向全球、從中心向邊緣、從單一特殊性上升為同質普遍性的文明構成。新天下主義所追求的普遍價值，乃是一種新的普世文明。這種普世文明，不是從某個特殊的文明變異而來，而是各種不同文明所共同分享的普世文明。

現代性文明發生於西歐，但在其向全球的擴張過程中，自身也發生了分化，刺激了各大軸心文明和各民族的文化向現代轉化。到了二十世紀下半葉，隨着東亞的崛起、印度的發展、中東的革命和南美的現代化，出現了現代文明的各種變種，現代性不再屬於基督教文明，而呈現出可以與各種不同的軸心文明、乃至地方文化相結合的多元現代性。而新天下主義所追求的普世文明，乃是為不同國家與民族所共同分享的現代文明。亨廷頓在《文明的衝突與世界秩序的重建》中，明確區分了兩種對普世文明的闡釋：一種是在意識形態冷戰或者二元式的「傳統與現代」分析框架中，將普世文明解釋為以西方為典範的、值得各非西方國家共同仿效的文明；另外一種是在多元文明的理解框架中，普世文明乃是指各文明實體和文化共同體共同認可的某些公共價值，以及相互共享與重疊的那部分社會文化建制。[3] 這種新的普世文明以共享為特徵，它與西方文明有着歷史的淵源關係，但發展至今又與之分離，超越西方，為全球所共享。

新天下主義所追求的新的普遍性，正是與傳統軸心文明不同的分享普遍性。傳統的天下主義和軸心文明之普遍性從某個民族的特殊性昇華而來，並與各自的超越世界相通，但新天下主義的普世性格，不在某種特殊性之上，而在眾多的特殊性之中，因此它不再具有傳統的天下主義那種超越性格，也不再需要天命、神意或道德形而上學的背書。新天下主義的普遍性以各種文明與文化的「重疊共識」為其特徵，從某種意義上，回到了儒家理想的君子世界：「君子和而不同」，不同價值觀與利益訴求的文明與文化以和諧的方式共處於同一個世界，並分享最基本的價值共識。

新天下主義所追求的新普遍性，是對各種各樣的華夏中心論、歐洲中心論的突破和超越，它並不是試圖在各大軸心文明和民族文化之上建立一個龐大的文明霸權，它不預設任何一種文明代表二十一世紀，更不用説代表人類的長久未來。新天下主義理性地意識到各種文明與文化內在的有限性，無論從文明秩序還是政治軸心來説，當今世界都是一個多元的和多級化的世界，雖然有強勢話語、有帝國的霸權，但人類真正的希望，不是某種文明或者制度獨大，哪怕它再理想、再偉大，一個科耶夫所説的「普遍同質化」的世界，總是很可怕，只有赫爾德所讚賞的一個有着各種花朵競相綻放的世界，才是最美好的世界。但一個多元文明和文化的世界，為避免文明與國家之間的殘殺，需要一個康德式的普遍、永久的和平秩序、世界秩序之普遍規則，不能以西方文明的遊戲規則為準則，更不能從對抗性的反西方邏輯之中獲得，新的普遍性應該是天下人所共享的普遍性，是不同文明與文化之間所獲得的「重疊共識」。

台灣學者錢永祥在〈主體如何面對他者：普遍主義的三種類型〉一文中，區別了三種不同的普遍性，其一是強調支配與被支配生死之爭、通過征服他者而實現主體的「否定他者的普遍性」；其二是用迴避的方式超越他者、追求一種對自身和他者都中立的「超越他者的普遍性」；第三種是通過我者與他者相互承認、尊重差異又積極尋求對話與共識的「承認他者的普遍性」。[4] 無論是以西方，還是以中國為中心的普遍性，顯然都屬於第一種支配性的「否定他者的普遍性」，而自由主義所主張的「普世價值」，無視各種文明與文化的內在差異，企圖以「價值中立」的方式超越他者與我者的特殊性，建立「超越的普遍性」。然而，無論是支配還是超越，其背後都缺乏對各種他者獨特性、多樣性的尊重和承認。新天下主義的「共享的普遍性」類似錢永祥所欣賞的「承認他者的普遍性」，在各種不同的文明、文化、民族與國家之間，既不追求以某個特殊文明的支配性地位，也不輕視各大文明的特殊趨向，而是在各大文明之間尋求對話，通過平等的互動獲得共享的普遍。

羅爾斯曾經設想過憲政國家的普遍正義秩序和全球的萬民法秩序。他論證了憲政國家內部通過在不同宗教、哲學和道德體系之間的「重疊共識」，建立政治自由主義的內部秩序；而在國際事務中，則以普遍的人權法則建立全球的正義秩序。在這裏，羅爾斯或許犯了一個「途徑倒置」的錯誤。一個國家內部的正義秩序，需要一個強勢的、有實質內容的公共價值，而不能以權宜的「重疊共識」為基礎。而在多種軸心文明、民族文化並存的國際社會，以西方文明的人權標準作為萬民法的核心價值，又顯得過於實質。民族國家內部需要厚的公共理性，而國際社會只能建立薄的底線倫理，而這種底線倫理只能以不同文明和文化的「重疊共識」為基礎，這就是新天下主義所追求的去中心、去等級化的分享普遍性。

三、天下的內部秩序：多元一體的國家治理

天下主義是古代中國的靈魂，這靈魂的制度形態，乃是與今天的民族國家形態大為不同的中華帝國。民族國家的制度形態是一個國家、一個民族，建立民族國家內部統一的市場與制度、同一的國民身份和國族文化。而帝國的治理方式更多元和靈活，它不要求帝國統治的疆域內部整齊劃一，在保持對中央政權臣服的前提下，容許帝國內部的各個民族和地域保持自己的宗教與文化，並且在政治上有相當的自主性。歷史上古今中外成功的帝國，無論是馬其頓帝國、羅馬帝國、波斯帝國、伊斯蘭帝國，還是近代的大英帝國，在治理上都具有類似的特點。而自秦漢至滿清的中華帝國二千多年的歷史中，更留下了不少值得回味的治理智慧。

晚清之後的中國雖然轉型為歐洲式的近代民族國家，但其所治理的龐大人口、橫跨平原、高原、草原和森林的遼闊疆域和眾多具有不同宗教與文化的民族/族群，使得中國在國家形態上依然是一個具有民族國家制度形態的帝國。從中華民國到中華人民共和國，幾代中央政府都努力建立高度統一的制度與文化結構，打造同一化的國族中華民族，然而一百年過去了，不僅制度、文化與國族的同一化沒有完全實現，而且近十年來西藏、新

疆等邊疆區域的宗教、民族問題越來越嚴重，甚至出現了分離主義、恐怖主義，問題究竟出在哪裏？為什麼在傳統的帝國形態裏，邊疆與少數民族能夠相安無事，而在近代民族國家治理框架中反而危機重重？帝國的治理經驗對今天的民族國家有沒有值得借鑒的經驗和啟示？

天下主義在空間概念上乃是一個以中原為中心的差序格局，中華帝國採取的是一種相應的同心圓治理方式：在其統治的內圈——漢人居住地區，採用的是自秦始皇開始的郡縣制，而在其統治的外圈——邊疆少數民族的居住地區，是根據該地區的歷史傳統、民族特點和區域狀況，分別採取分封、羈縻和土司等地方治理制度，只需在名義上承認中央王朝的統治權威，而讓少數民族擁有充分的自治，延續歷史上遺留的地方政治、文化風俗和宗教信仰。鄧小平在一九八〇年代提出對港澳台實行「一國兩制」的設想，就是來源於帝國傳統的多元治理智慧。

在中國歷史上存在過兩種不同的中央王朝，一種是漢唐宋明的漢民族中原王朝；另一種是遼金元清的邊疆民族王朝。漢民族是農耕民族，其統治的疆域基本在農業區域，對草原地區的遊牧民族，雖然在西漢和盛唐年間，曾有過短暫的征服，但從來沒有過長治久安的穩定治理。究其原因，主要是農業民族與遊牧民族的生活方式與宗教信仰差異懸殊，漢族可以成功地讓同樣是刀耕火種的南方族群改土歸流，卻無法以中原文明的魅力徹底同化和征服北方和西部的遊牧民族。而在歷史上將農業區與遊牧區真正統一在同一帝國中，形成今天中國之遼闊疆域的，反而是邊疆民族所建立的中央王朝。蒙元帝國僅僅持續了不到九十年，統治不算成功，姑且不論。而滿人所建立的大清王朝，是一個與中原王朝不同的多中心、多民族的統一帝國。清朝成功地將原本難以和平共存的農耕民族和草原民族整合進同一個帝國秩序中，中央政權的權力範圍第一次有效地深入到北方的森林、草原和西部的高原、盆地，形成前所未有的統一格局。

滿人雖然來自大興安嶺的密林深處，卻是一個具有一流政治智慧的民族。在歷史上他們長期在農耕民族和草原民族的夾縫中求生存謀發展，曾經被征服過，也征服過別人。他們深諳兩種不同文明的差異與不可調和，一旦入主中原，獲得中央政權，重建大一統帝國，歷史上積累的生存經驗便轉化為治理天下的政治智慧。清朝建立的大一統，與秦始皇建立的大一統不一樣，不再是「車同軌、書同文、行同倫」，而是在一個多民族的帝國內部創造了一個雙元的政教制度。在漢人地區的本部十八省，清朝繼承了歷代的儒家禮樂制度，以華夏文明治理華夏，而在滿蒙藏邊疆地區，乃以喇嘛教為共同的精神紐帶，而在治理方式上更多元、彈性和靈活，以延續歷史。於是，從蒙元到大清所呈現的征服王朝帝國，就與中原王朝的漢唐不同，不是宗教、文化、政治上的一統天下，而是文化多樣性的和諧、雙重體制的並存。

農耕民族與遊牧民族的生存方式與宗教信仰的差異是不可調和的，但這差異在清代帝國的統治經驗中，通過雙重體制的方式解決了。在現今中國，無論是作為農耕民族的漢民族，還是遊牧民族的邊疆少數民族，都遇到一種更強勢、更世俗化的工業文明。它由歐洲的海洋民族通過經濟和軍事的雙重征服帶入中國，從根本上改變了漢人為核心的農耕民族，使得現今的漢人像十九世紀的歐洲人一樣，激發起對物質財富無窮的慾望、對世俗幸福的終極性追求和強烈的競爭動力，並且隨着對西部和北部遊牧區的大開發，將這一極具顛覆性的世俗主義帶入草原和高原，就像當年的帝國列強帶入中國一樣。然而，我們偏偏忘記了，遊牧民族和高原民族與農業民族不一樣，對於幸福的理解與世俗化的漢人完全不一樣。對於一個有着深刻宗教信仰的民族來說，真正的幸福，不在於物質慾望的滿足和世俗生活的享樂，而是得到神靈的護佑和靈魂的超越。當中央政府以民族國家的同一性思維將市場經濟的普遍法則、齊整化的官僚管理和世俗主義的文化推廣到邊疆地區時，便會遭遇到一部分頑強抗拒世俗化的少數民族的強烈反彈，就像在西亞和北非伊斯蘭世界發生那樣。

另一方面，近代的民族國家與傳統的中華帝國不同，它要打造一個統一的國族：中華民族。人口佔百分之九十以上的漢族是支配性主流民族，因而常常會自覺或不自覺地以漢民族的歷史與文化傳統想像中華民族，而且主流民族以國家或國族的名義同化和融合其他民族。然而，近代意義的 nation，不是一般意義上的有着自然風俗習慣和宗教傳統的民族，比如漢族、滿族、藏族、維吾爾族、蒙古族、苗族、傣族等，而是與國家緊密相關的、與國家合二為一的民族，這種意義上的民族，一方面具有自然的歷史文化傳統，另一方面又具有強烈的人為建構因素，與近代的國家同時出現和打造，這就是近代的國族與歷史上的民族不同之處。

中華民族不是一般意義上的民族，它像美利堅民族一樣，是與近代國家一起出現和打造的國族（state-nation）。雖然中華民族以華夏—漢民族為主體，但華夏—漢民族不等同於中華民族。古代中國有華夏—漢民族，卻沒有國族意義上的中華民族。清朝建立了一個與現代中國版圖基本吻合的多民族國家，但清朝並沒有試圖打造一個具有同一性的中華民族。中華民族這一概念的出現是在晚清之後，由楊度和梁啟超最早提出，而一九一一年建立的中華民國，乃是一個「五族共和」的民族國家。這意味着中華民族不是僅僅漢民族一族，也不能用華夏—漢民族的歷史文化傳統去闡釋和想像作為國族的中華民族的過去與未來。古代中國是一個複線的中國。既有以中原為中心的漢族文明的中國，也有草原、森林和高原少數民族的中國。他們共同構成了古代中國的歷史。一部上下五千年中國的歷史，就是一部中原與邊疆、農耕民族與遊牧民族互動的歷史。其中有用夏變夷，也有以夷變夏。最後夷夏合流，到了晚清之後轉型為近代的民族國家，並開始凝聚為中華民族的國族整體。

打造一個多民族的國族，要比建構一個現代國家困難得多，其不在於主流民族的態度，而是取決於少數族群對這一國族的認同程度。姚大力教授指出：「從表面上看，族裔民族主義與國家民族主義兩者的極端主張似乎是正相反對的，然而事實上，它們很可能就是一回事。歷史反覆提醒我們，掩蓋在國家民族主義外衣之下的，經常就是一國之內主體人群的族裔民族主義」。[5]從晚清打造國族至今，漢族與中華民族常常被劃上等號，黃帝被想像為中華民族的共同祖先，國族民族主義的背後遮蔽着一張族群民族主義的真實面孔。這種以單一族群為基礎的國族建構註定是脆弱的，一旦國家發生政治危機，其他被壓抑的少數族群就會反抗，製造分離的麻煩。蘇聯帝國的解體就是一個近例。

費孝通先生對中華民族有一個經典的觀點，稱之為「多元一體」。所謂「一體」，便是作為國族的中華民族的同一性；所謂「多元」，是意味各少數民族和族群有相互承認的文化自主性和政治自治權。滿清帝國雖然沒有試圖打造一個統一的國族，但其在維持「多元一體」方面卻有成功之處：以宗教和治理的雙重體制方式實現「多元」，以多民族共同的王朝認同方式實現「一體」。這個「一體」，不是對國族的認同，而是普世性的王朝認同。無論是漢人士大夫、蒙古大公、還是西藏活佛、西南土司，都認同一個滿清君主。而作為國家的唯一象徵符號，清帝在不同民族裏的稱呼是不一樣的，在漢人裏是皇帝；在蒙古大公裏，是草原盟主大可汗；而在藏人裏，則是文殊活菩薩。清朝帝國的國家認同，核心是以王權為象徵的政治認同，王權的背後，不僅有暴力，也有文化，但這個文化卻是多義的，一個王權，各自表述。

滿清帝國通過王朝認同建立中國之「一體」已不適應民族國家之時代，今日中國則需要一個具有同一性的國族認同。但邊疆地區和少數民族所出現的各種問題，乃是沒有恰當地處理好多元與一體之間的分界和平衡，在需要「同一」的層面過於「多元」，比如在適用法律領域，涉及到少數民族的案件因為維穩的需要卻網開一面，因而引起邊疆漢人的不滿和反對；而在需要「多元」的層面又過於「同一」，比如對少數民族獨特的宗教信仰和文化傳統缺少尊重，對民族區域自治權的落實等，都存在着大漢族主義傾向。

多元性與同一性之間所存在的內在緊張，是當代世界多民族國家所面臨的普遍困境。民族問題具有其自身的複雜性，無法通過民主制度便可以簡單解決。有些自由主義者認為，所謂民族問題是一個虛假的問題，他們以為只要真正實現普遍的地方自治，並且以聯邦制代替中央集權制，民族問題便會迎刃而解，化為無形。然而，古今中外的歷史不止一次地表明，對於一個高度中央集權的國家來說，一旦發生革命，進入民主化進程，隨着中央權力的式微，被長期壓抑的邊疆民族會釋放出要求獨立的強烈慾望，統一的國家將會面臨解體的危險。近代的奧斯曼帝國、當代的蘇聯帝國都是在這樣的背景下崩潰的。

如何在推進民主化時，一方面防止民族分離主義所導致的國家解體，另一方面又切實落實少數民族的文化與政治的自治權？顯然，過於強調經濟政治文化同一性的民族國家一體化的治理模式很難解開這個死結，而傳統帝國多元宗教與治理體制的成功經驗，反而會給我們一些歷史的智慧與啟示。在現今中國，一方面通過「憲法愛國主義」在法律上給不同民族和區域的個人以國民的平等身份和同等的尊重，強化各民族和族群的公民身份上的國族認同，而需要改變的，則是將傳統帝國以君主為象徵符號的王朝認同，轉變為現代民族國家以憲法為核心的國家認同；另一方面則借鑒傳統帝國的多元宗教與治理體制，讓儒家成為漢民族的文化認同符號，同時保護各少數民族宗教、語言和文化的獨特性，承認他們作為少數族群的集體權利，並予以制度性的保障。「一國兩制」不僅是運用於港澳台的國策，也應該擴大為對邊疆自治區域的治理方針。如此才能造就新天下主義的內部秩序，實現中華民族既「一體」又「多元」的國族建構。

四、天下的外部秩序：超越民族國家主權觀念

從十九世紀至今，是民族國家分立之時代。國家主權至上、民族生存的核心利益、從陸地到海洋明確的領地疆域，這些迥異於傳統天下主義的民族國家意識，如今從官方到民間，在中國已經深入人心。當最早的始作俑者——歐洲人從兩次大戰中吸取血的教訓，開始淡化國家主義、走向歐洲聯盟、強調世界主義的時候，包括中國在內的東亞世界，民族主義、國家主義卻空前膨脹，軍事衝突有一觸即發之勢。

對於畸形膨脹的國家主義，新天下主義可以是一劑解藥嗎？

白魯恂曾指出中國是一個偽裝成民族國家的文明帝國。如果這個判斷是正確的，對於多元的疆域與眾多的民族而言，今日之中國與其說是一個歐洲式單一民族的國家，不如說

是一個傳統的王朝帝國。然而，如果換一個角度觀察，也可以說今日之中國，實際是一個偽裝成文明帝國的民族國家，因為它是以民族國家的方式治理一個龐大的帝國，而且以民族國家至上的思維處理國際事務和調整利益衝突。

中國的崛起讓周邊國家覺得不安，恐懼中華帝國會借屍還魂，甚至提出要將世界帝國中的老大美國引入東亞，平衡中國勢力的擴張。最近韓國的白永瑞教授在一篇題為〈中華帝國論在東亞的意義〉中如此寫道：「中國的前近代帝國沒有分解成多個國民國家，至今還維持着中世紀帝國的性格，這種特殊性決定着現今中國的存在方式，同時，如果說現代是從國民國家的時代飛速轉變為『帝國』的時代，那麼從某種意義上，中國原有的帝國的性格不但不會消失，反而會進一步加強。」[6] 為什麼中國一再聲稱自己是和平崛起，卻無法令鄰居相信？其中很重要的原因，乃是因為中國具有令人恐懼的帝國身軀，且內藏着一個民族國家至上的可怕靈魂，它是一個沒有天下意識的帝國。

傳統的中華帝國背後，乃是有一個人類的天下意識，一套超越王朝利益之上的普遍性價值，這些來自於天的倫理之道，作為天下之是非標準，制約了統治者行為，決定了王朝統治是否具有合法性。然而，一個沒有天下意識的帝國，意味着在帝國的肉身之中，不再擁有普世性的價值尺度和令人心安的文明之魂，取而代之的，只是民族國家自家利益的考量。來自歐洲的現代性觀念，有以國家強盛為訴求的技術性層面，也有以自由、法治和民主為核心的價值性層面，前者為富強，後者為文明，然而，一個在半世紀以來都效仿歐洲的中國，所拿出的成績單，在富強的技術性層面獲得了滿分，學成了「人精」，而在文明的價值性層面卻是不及格。不要說現代普世文明的話語，甚至連傳統中國的天下主義語言，也忘記得乾乾淨淨。外交部發言人經常以這樣的句式表白中國的國家意志：「這是中國的內政，不容外人說三道四」、「這是中國的主權與核心利益，豈容他國干預」等。在一個已經建立了普遍價值尺度的國際社會，中國卻生疏了普世文明的語言，只會用生硬的民族國家主權作自我辯護。傳統的中華帝國之所以有萬國來朝的盛況，重要的不是周邊國家恐懼帝國的武力征服，而是為其先進的文明與制度所吸引，這種吸引力就是一個國家的軟實力。

國家利益至上，永遠只能說服「我者」中的利益中人，而無法讓「他者」心悅誠服。儒家之所以博大，乃是越一身一己之「小我」、一家一姓之王朝之利益，家國之上，有天下之普世價值，這是一個最大的「大我」，人類的「大我」。五四的中國知識分子也以現代的世界主義精神，繼承了將個人與人類打通的天下主義精神。傅斯年有段名言足以代表五四人的心理：「我只承認大的方面有人類，小的方面有『我』是真實的。『我』和人類中間的一切階級，若家族、地方、國家等等，都是偶像。」[7]連最早將民族國家觀念引入中國、在晚清狂熱鼓吹民族國家至上的梁啟超，到了五四的時候，也幡然解悟：「我們的愛國，一面不能知有國家不知有個人，一面不能知有國家不知有世界。我們是要托庇在這國家底下，將國內各個人的天賦能力儘量發揮，向世界人類全體文明大大的有時貢獻。」[8]於是，五四的愛國運動成為了一場具有世界主義背景的愛國運動，學生上街爭的不僅是狹隘的國家權益，而且是國際社會的公理。以公理抗議強權，而非以強權對抗強權，這就是五四愛國者們新天下主義的胸懷。民族國家觀念從歐洲經日本引入到中國，配合弱肉強食、適者生存的達爾文主義，到清末民初已經深入人心。但第一次世界大戰的慘烈戰役，讓五四知識分子對此有所警惕，遂以世界主義予以解毒。今天當東亞各國民族主義在政客和輿論的煽動下再次高漲之際，如何超越和克服民族國家至上，尋求東亞和世界的新普遍性，成為東亞社會有識之士共同關心的話題。二十一世紀的世界重心已經從大西洋轉移到太平洋，處於太平洋西岸的東亞不該是對抗的東亞，而應是一個命運共同體。

東亞的命運共同體，在十五至十八世紀曾經以中國為中心的朝貢體系的方式出現過，按照貢德·弗蘭克在《白銀資本：重視經濟全球化中的東方》中的說法，那是歐洲工業革命之前的「亞洲時代」，是全球經濟體系的中心。等級性的朝貢體系是傳統天下主義的外部秩序，也是中華帝國同心圓秩序的對外延伸。在二十一世紀這個新天下主義時代，要去中心、去等級化，建立分享的新普遍性，朝貢體系自然不再適合，然而，去中心、去等級化之後，朝貢體系的若干要素可以整合到新天下主義的國家關係框架中。比如，朝貢體系作為一種複合型的倫理、政治和貿易交往網絡，其與歐洲殖民時代的奴役與被奴役、剝削與被剝削、掠奪與被掠奪的單向宰制模式不同，朝貢體系更注重各國之間的互惠與互利，不僅著重商業的「利」，而且貿易的往來也要服從於倫理上的「義」，通過商品、資源和金融的貿易，建立睦鄰友好關係，從而形成東亞的命運共同體。

中華帝國在歷史上通過朝貢體系中的互惠共享到處結交盟友，甚至化敵為友，維護了與周邊國家的長期安定，天下主義有自己的文明，有對普世倫理秩序的理解和追求，中華帝國不需要敵人，其現實目標是化敵為友，將對抗性的敵我關係轉變為平等對待、互通有無的互市關係，而最高理想是懷柔天下，建立普世性的世界倫理共同體。過去的中華帝國到處都是朋友，而今日剛剛崛起之中國卻周邊都是敵人，甚至鷹派軍人驚呼「中國處於C型包圍」中。這些敵人究竟是真實的還是想像的，尚可推敲，但民族國家至上的國際思維最容易製造敵人，甚至沒有敵人也會製造出敵人。另一方面，雖然「民族國家至上」成為從官方到民間的普遍思維，內部危機之嚴重也急需建立萬眾一心的國家認同，然而如今中國的民族主義因為被掏空了文明的內涵，只剩下一個巨大而空洞的符號。為了填補這個內在的空白，就需要製造外部的敵人，沒有敵人也要想像幾個仇敵、天敵出來，通過對抗性的「他者」維護脆弱的「我們」，建立民族與國家認同。這就使得中國與周邊、中國與世界的關係越發緊張。過去毛澤東曾經自傲地說：「我們的朋友遍天下」，但今天的中國似乎變成了我們的敵人遍天下。

現今的東亞社會，包括中國、日本在內的許多國家民族主義情緒高漲，特別是東海、南海的島嶼之爭，更是成為一觸即發的戰爭導火線。海洋及其島嶼是否具有明確的主權歸屬？這在傳統的東亞世界並不是問題。研究朝貢體系的日本權威學者濱下武志教授指出：「從區域合作來看，海洋在東亞歷史上是共同使用的，海洋是不能切斷的，海洋是所有人使用的。但西方對海洋的看法並不是這樣。海洋是陸地的延伸，這是肇始於葡萄牙、西班牙的西方傳統。但西方的規則不是唯一的規則，反而在近代以來帶來很多爭奪，東亞海洋的爭端也正是這一西方規則的產物」。[9] 在歷史上的東亞，海洋將各個國家隔離，但大海是公共的、共享的，海洋及其島嶼是各國共同擁有、共享的區域。這是農耕民族所理解的海洋。只有到了近代，歐洲新崛起的海洋民族為了商業的需要、控制海洋資源並且建立全球霸權，才將海洋視為陸地的延伸，是國家主權擁有的一部分。於是，公享的海洋被瓜分了，每一個小小的島嶼也成為寸土必爭之地。在一個主權國家的時代，對國家秩序的想像與國家關係的遊戲規則都是按照海洋民族的思維確立的，然而，當對海洋及其島嶼發生主權爭議的時候，海洋民族的主權觀念，如果要回溯「自古以來」，並無歷史的合法性，因為歷史上的海洋並沒有近代的主權界限，如果要看現實狀態究竟誰實際控制，這種國際法分明又是強權的邏輯，而且默許與鼓勵爭奪實際控制權的暴力與戰爭。如果換一種思維，以傳統的天下主義中對海洋的共享之觀念來解決爭端，「落伍的」農耕民族之智慧反而可以為「先進的」海洋民族所制定的規則提供一個全新的方案。在一九八〇年代，鄧小平提出解決釣魚島之爭的八字方針「擱置爭議、共同開發」，就是古代天下主義智慧在當代國際社會的出色運用，然而至今為止，人們只注意到其策略性的意義，而對其背後所蘊含的國際海洋遊戲新規則的東方智慧則缺乏深切的認識。

五、東亞命運共同體如何可能

中國的文明國家建設與東亞的秩序密切相關。白永瑞教授指出：「若中國不是立足於民主主義，而是藉由復興大一統的歷史記憶來追求權力的正當性，走的是以民族主義為動力的近代化模式，並未能新創出克服其弊端的獨特發展模式，即使中國有意要主導東亞秩序，也不容易讓周邊國家自發地參與其中。」[10] 不過，假如中國成功地實現了民主與法治，成為像英美那樣的文明國家，是否周邊國家就放心了呢？中國按照其國力、規模和人口來說，一旦崛起，就是一個具有支配力的大國，即使成為一個「自由帝國」，也會令周邊國家、特別周邊小國產生恐懼，特別對於韓國、越南來說，都是從歷史上的中華帝國朝貢體系中分離出來的獨立國家，因此對歷史上的宗主國都非常警惕，無論從哪個意義上說，也不願再次成為中國的藩屬國，哪怕中國已經變成一個文明的國家。

這意味着，東亞和平秩序的重建，不能像中國某些自由派那樣，簡單地化約為一個中國內政的改革問題。東亞和平秩序的重建，有其獨立的問題價值。東亞和平秩序的重建，其前提並非取決於非中國成為西方式的民主國家不可，即使中國是一個非民主的良序國家，能夠內部有法治秩序、外部遵守一般的國際法則，也是有可能介入到東亞秩序的重建中來。

白永瑞教授在〈東亞地域秩序：超越帝國，走向東亞共同體〉一文中指出，從歷史到今天，東亞曾有三個帝國的秩序，第一個是古代以朝貢體系為核心的中華帝國秩序；第二個是二十世紀上半葉取代中國成為東亞霸主的的日本大東亞共榮圈秩序；第三個是二次大戰之後美國和蘇聯對抗為主導的東亞冷戰秩序。[11] 近年來，隨着中國的崛起、美國重返亞洲和日本試圖重新成為正常國家，一場帝國的爭霸戰重新出現在東亞，這使東亞處於戰爭邊緣、隨時可能擦槍走火的淵源所在。因此，正如白永瑞教授所思考的那樣，如何去帝國的中心化，建立一個平等的東亞命運共同體，成為東亞各國共同面臨的使命，以民族國家利益至上、主權壓倒一切的現代帝國，是一種將自身視為唯一的主體、而將對方和周邊國家都視為客體的霸道邏輯，而如何學會和平相處、承認互為主體，是新天下主義的目標所在，而這個目標，也是東亞命運共同體所賴以建構的新世界主義。

一種新的東亞和平秩序，需要以一種東亞普遍性價值。從歷史上來看，東亞曾經出現過三種不同的普遍性形態，一種是古代世界以中華帝國為中心的天下普遍性；第二種是近代之後以日本為中心的「大東亞共榮」的普遍性。第三種是二戰之後西方自由世界與社會主義陣營分斷體制下所產生的對抗性二元普遍性。冷戰結束後，東亞失去了普遍性價值，哪怕是對抗的普遍性。東亞各國之間只剩下利益的結合或對抗，結合只是短暫的權宜之計，其背後缺乏更深厚的價值共識；對抗也是利益的衝突，為了爭奪資源、海島和貿易主導權。因為東亞世界不再有價值的普遍性，因而無論是結盟還是對抗，皆呈現某種無序、多變和不穩定狀態，今天的敵人就是昨天的盟友，而今天的盟友很有可能就是明天的敵人。從利益而言，沒有永恆的敵人，也沒有永恆的朋友，這種瞬息萬變的「三國演義」、多邊博弈，加劇了戰爭的危險性，使得東亞成為當今世界裏最不穩定的地區之一。

二十世紀上半葉的歐洲，曾經像今日的東亞世界，也是民族國家利益至上，多國博弈對抗，最後爆發了第二次世界大戰。二戰後的歐洲，首先是法德和解，然後經過漫長的冷戰歲月，到世紀之交實現了歐洲的一體化。歐洲共同體的建立，其背後有雙重的價值普遍性，一個是歷史上所共享的基督教文明，另一個是近代之後的啟蒙價值。沒有基督教文明和普世化的啟蒙價值，很難想像會有一個穩定的歐洲共同體。但以利益為背景的共同體總是短暫的，也是不穩定的。只有以普遍性的價值作為共識基礎所建立的共同體，才是持久的、穩定的，即使有利益衝突，也可以通過談判獲得妥協和交易。

東亞作為一個真實的命運共同體之存在，不能以利益的暫時捆綁而成，也不應將西方視為他者而自我確認，她應該是歷史的，也是建構的。從歷史角度而言，東亞共同體並非一個憑空虛構的想像共同體，歷史上的朝貢體系、密切的人員流動、漢文字文化圈以及遍及東亞的儒家、佛教文明，都為東亞命運共同體提供了歷史的合法性。柄谷行人指出：「一個世界帝國派生出來的各國雖然相互對立，但仍擁有文化和宗教上的共同性。所以，一般來說，現代國家均是以從舊有的世界帝國分離出來的形式而得以產生的。為此，從同

當受到其他世界帝國威脅時，他們會努力維持舊有的世界帝國的同一性。即向『帝國』回歸。」[12]但這一回歸不是簡單的回歸，在民族國家的時代，勢必帶有新的創造性元素，即試圖建立一個去中心化的、甚至去帝國化的平等國家共同體。東亞的普遍性需要在歷史遺產的基礎上重新建構和創造，而新天下主義，就是既會繼承、又會超越和克服歷史的新普世性方案，它從帝國傳統發展而來，具有同一性、普世性的文化特徵，同時剔除帝國的中心化與等級化，保留其內部的多元宗教、多元體制和多元文化，毋寧說，這是一個去帝國化的帝國再世，一個內部平等的跨民族、跨國家的共同體。

東亞的命運共同體需要有靈魂，一個有待創造的新的普遍性價值，也要有其制度形態的肉身。東亞共同體的建立不僅有賴於國家間的結盟，形成超越民族國家的平等聯盟，而且更需要東亞各國知識分子與民間的交往，形成「民間的東亞」，而「民間的東亞」將比國家更能超克民族國家的藩籬，超越各種版本的中心化、等級性，具有天然的平等性，成為東亞新的普遍性價值的深厚的社會土壤。

新天下主義來自於中國古代的歷史智慧，又通過傳統天下主義的揚棄。去中心、去等級化，以平等的共享為核心，在普世文明的基礎上，試圖建立一個新的普遍性，所謂「分享的普遍性」。歷史上的天下主義以帝國的治理方式作為其制度的肉身，傳統帝國與追求同質化、一體化的現代民族國家不同，其內部存在着多元的宗教和治理體制，而其外部秩序則是以朝貢體系為中心的互惠、分享的國際貿易、政治與倫理複合型網絡。這一傳統帝國的天下主義智慧，給今天的啟示在於：過於單一的民族國家思維對內無法化解邊疆與民族問題，對外無助於緩和與周邊國家的主權爭端。在民族國家同一性思維之外，應該補充帝國富有彈性的多樣性和多重體制予以平衡。具體而言，在核心區域，要施行「一個制度，不同模式」；在邊疆區域，要實現「一個國家，不同文化」；在港澳台地區，要試驗「一個文明，不同制度」；在東亞社會，要承認「一個地區，不同利益」；在國際社會，要適應「一個世界，不同文明」。如此乃能建立新天下主義的內部秩序與外部秩序，創造中華內部各民族、東亞社會各國家的並存共贏局面，並且為未來的國際秩序創造一個新的普遍性。

二〇一五年

註釋

1 列文森，鄭大華譯：《儒家中國及其現代命運》，北京：中國社會科學出版社，2000，84頁。
2 許倬雲：《我者與他者：中國歷史上的內外分佈》，北京：三聯書店，2010，20頁。
3 塞繆爾·亨廷頓：《文明的衝突與世界秩序的重建》，北京：新華出版社，1998，43–45頁。
4 錢永祥：〈主體如何面對他者：普遍主義的三種類型〉，載錢永祥主編：《普遍與特殊的辯證：政治思想的發掘》，台北：中研院人文社會科學研究中心政治思想研究專題中心，2012，30–31頁。
5 黃曉峰：〈姚大力談民族關係和中國認同〉，《東方早報·上海書評》，2011年12月4日。
6 白永瑞：〈中華帝國論在東亞的意義：探索批判性的中國研究〉，《開放時代》，2014年第1期。
7 傅斯年：〈《新潮》之回顧與前瞻〉，《傅斯年全集》第1卷，長沙：湖南教育出版社，2003，297頁。
8 梁啟超：〈歐遊心影錄〉，《梁啟超全集》第5冊，北京：北京出版社，1999，2978頁。
9 濱下武志：〈濱下武志談從朝貢體系到東亞一體化〉，載葛劍雄等：《誰來決定我們是誰》，南京：譯林出版社，2013，124頁。
10 白永瑞：〈東亞地域秩序：超越帝國、走向東亞共同體〉，《思想》雜誌第3期，台北：聯經出版公司，2006。
11 白永瑞：〈東亞地域秩序：超越帝國，走向東亞共同體〉，《思想》雜誌第3期。台北：聯經出版公司，2006。
12 柄谷行人在上海大學的演講《世界史之結構性反覆》，2012年11月8日。

第二章

華夏與邊疆

多元脈絡中的「中國」

古代史的許多概念已成常識，然而常識習以為常，一般學人潛移默化，不去推敲深究，比如中國、天下、中華帝國、王朝國家、朝貢體系等，難道真的是不言自明的知識？當用這些爛熟的概念來解釋歷史、運用當下時，常常會遇到曖昧的困境。

我們是誰？何謂中國？何謂中華民族？中國是華夏，抑或包括蠻夷？華夏之天下等同於今日之世界嗎？古代中國的認同，究竟以何為中心？以朝貢為中心的天下體系，真的是古代中國世界關係的全部？我雖不治古史，但在研習現代中國的時候，不得不回溯這些與中國傳統無法剝離的問題，概念的背後是一個有爭議的真實，有爭議的真實背後，更是一個多元脈絡的「中國」。

一、天下與夷夏

先從天下說起。我在本書的第一章已經提到，在中國文化當中，天下具有雙重內涵，既指理想的倫理秩序，又是對以中原為中心的世界空間的想像。作為價值體的天下，乃是一套文明的價值及相應的典章制度。顧炎武有「亡國亡天下」之說：「易姓改號，謂之亡國。仁義充塞，而至於率獸食人，人將相食，謂之亡天下。」[2] 天下之價值來自於超越的天道，而從西周開始，天就被認為是內在地具有德性的，而天道與人道相通，天意通過民意而表達，天下也就因此擁有了既超越、又世俗的倫理價值。

天下的另一個含義是地理意義上對以中原為中心的世界空間的想像。秦漢之後，在這樣一個同心圓的「差序格局」中，中原王朝的天下秩序，由內到外，分為幾個層面：第一層是大一統王朝直接治理的郡縣，如漢人的主要居住區域本部十八省；第二層是通過冊封、羈縻、土司等制度間接統治的邊疆地區，如明朝時期的西藏、雲南和東北；第三層是關係或遠或近的朝貢國，如朝鮮、越南、暹羅、琉球等，這些都是中華文明的化內之地。最後一層則是化外之地，即四周尚未開發、與中原王朝對立或沒有關係的蠻夷。這個空間意義上的天下，始於西周，完成於隋唐，形成了以中原九州為中心、向東亞乃至世界呈同心圓輻射的結構。古代中國的天下空間，不像現代的世界各國版圖那樣固定不變，內圈與外圈之間、化內之地與化外之地，經常處於彈性的變動中，中心清晰，邊緣模糊。在戰國時代，天下只是方圓三千里的九州，而到了漢代，天下則成為包含夷狄在內、方圓萬里的帝國遼闊之疆域。[3]

天下的政治秩序與宗法的家族秩序同構，都是費孝通先生所說的以自我為中心的「差序格局」。邢義田先生指出：「天下的同心圓結構與周代封建的親親、內外完全一致，親親之義在差等，由親而疏，由內而外，無限可以放大。天下由諸夏和蠻夷組成，中國在中心，可以推廣到每一個角落，王者無外，進而天下一家，世界大同。」[4]

與天下所對應的另一個重要概念——夷夏。何為華夏、何為夷狄？在古代中國這並非一種族性概念，乃是一文明性分野。夷夏之間，所區別的是與天下之價值相聯繫的文明之有無。中國歷代有明確的夷夏之辨、胡華之別，華夏是「我者」，夷狄、胡人是「他者」，但彼此的界限又是模糊的、可變動和轉換，夷入華則華之，華入夷則夷之。夷夏之間，雖然有血緣和種族的區別，但最大的差異乃是是否有文明，是否接受了中原的禮教秩序。華夏的驕傲與自大，並非血緣性、種族性的，而是一種文明的傲慢，而對夷狄的鄙視，也同樣如此。反之，如果胡人或者夷狄臣服於中原的禮樂政教，那就被接納為天下中國中之一員，哪怕成為統治者和皇帝，在歷史中也並非個案。

因此，以華變夷，化狄為夏，不僅在中國歷史中為常態，也是中華帝國文明擴張的使命所在。華夏是「我者」，夷狄是「他者」，但許倬雲先生指出：在中國文化中，「沒有絕對的『他者』，只有相對的『我者』。」[5] 天下有絕對的敵人，即那些沒有或拒絕接受中華文明教化的夷狄，需要夷夏之辨。但作為具體的夷夏，卻都是相對的，可以教化，化「他者」為「我者」。天下是普世的、絕對的，而夷夏卻是相對的、歷史性的。

由於中原的華夏民族沒有絕對的種族界限，在漫長的歷史歲月中通過遷徙、通婚和文化融合了周邊的蠻夷，化夷為華。歷史上夷夏之間、胡人與漢人之間有四次大的融合：春秋時期、魏晉南北朝到隋唐、明代和清朝。[6] 在這民族大遷徙、大融合的過程中，不僅蠻夷被漢化，也有漢人被胡化的反向過程。所謂的天下，乃是一個不斷的以夏變夷、化夷為夏的過程。夷夏之間，既是絕對的（有無禮樂教化），又是相對的（相互的融合與內化），隨着每一次中原文化對外的擴張，華夏民族融合了原來的胡人，使得他們成為新的一員。

天下以華夏為中心，也包含了蠻夷，而蠻夷又分為內蠻夷和外蠻夷，內蠻夷在中國疆域之中，外蠻夷不屬於中國，卻是中國的屬國。那麼，天下與今天我們所講的中國與世界又是怎樣的關係呢？

天下所蘊含的空間，要比中國的地理概念要大。現今的中國，是一個有着明確的主權、疆域和人口的民族國家。古代中國雖然是一個國家，卻不是近代的民族國家，而是王朝國家。歷史上的王朝經常更替，但有一個超越了具體王朝而始終存在的政治——文明共同體，其不僅具有制度典章的政治連續性，更具有宗教語言禮樂風俗的文明一貫性，這個以中原為中心的政治——文明共同體就叫做「中國」。從地理概念而言，古代意義上的中國是指中央王朝直接或間接控制的地域，包括直接治理的郡縣，也包括那些間接統治的冊封、羈縻、土司之地。在中國的疆域之外，那些朝貢藩屬國，如歷史上的越南、朝鮮、琉球、暹羅（泰國）、緬甸、蘇祿（菲律賓）等，雖然不屬於中國，卻是天下的一部分，通過朝貢體系參與中國為核心的天下秩序中。

然而，在現有中國版圖之內的古代歷史中，有大部分時期不是只有一個王朝國家，而是有多個王朝政權。魏晉六朝和五代十國時期且不論，即使在大一統的中原王朝時期，在漢朝的北方有匈奴、鮮卑政權，與兩宋王朝並存的，有遼夏金元。我們所熟悉的二十四史，是單線的、一元的正統王朝故事。但在今日的中國疆域之內，歷史上各個時期除了正統王朝，還有眾多並存的王朝，他們同樣是中國歷史的一部分，只是常常被忽略、被遮蔽的一部分。歷史上的中國，具有雙重的內涵，從時間的延續性而言，中國是以中原為中心的政治——文明共同體，但從地域空間的角度說，中國又是一個多民族、多王朝、多個國家政權並存的空間複合體。在中國這個廣袤的地理空間中，始終存在着多民族、多地域、多種制度的王朝與政權。他們之間爭奪的不僅是土地、人口和資源，更重要的是「中國」這個正統，誰佔據了中原，誰就擁有中央王朝的地位，獲得歷史上的正統。正統之所以重要，乃是與天下有關。歐洲乃是列國體制，一個上帝，多個國家；但中國是天下大一統，中國人所理解的世界，只有一個天下，而能夠代表天下的，只有一個「奉天承運」的正統王朝。一個天下，多個王朝，因此，無論是魏晉六朝，還是五代十國，不同的王朝都要爭奪天下之正統。

那麼，古代的天下是否等同於今天所說的世界呢？二者有很大的差異。今天的世界，乃是由多個具有獨立主權的民族國家所組成，但在古代，所謂天下乃是以中國為中心的「差序格局」。古代中國人的世界，是一個以自我為中心的世界。一旦與自我無關，便不再關心，不再是天下的一部分。天下不等同世界，只是以中原文明為中心的那部分世界，比如漢代人已經知道有羅馬帝國，但不認為與天下有關。中國的世界秩序只是在五服之內，五服之外與天下無關。

這種自我中心論的天下觀，是一種典型的「差異格局」，是內外有別的秩序。但這個內外，只是相對的，且富有彈性。只有相對的內外，沒有絕對的敵我。蠻夷之國今天不屬於天下的一部分，明天臣服於中央王朝，來朝示好，便被納入天下秩序。古代中國之天下，理論上是無限的，現實中又是有限的。在理想形態上，天下等同於整個世界，天下是普世主義的價值，但在現實形態上，天下又無法等同於世界，總是有着王朝國威無法顧及的化外之地，有着尚未被中原文明所教化的蠻夷。

二、沒有國族認同，只有王朝認同

在古代中國人的「家國天下」中，天下是最高的理想，不僅是適合華夏—漢民族的特殊價值，而是對包括華夏、蠻夷在內的全人類都普遍適用的普世價值。中國作為一個連續性的政治——文明共同體，天下即代表普世的文明，但文明只是靈魂，它需要一個結構性的肉身，那就是「國」。這個「國」，是與文明共同體重合的政治共同體「中國」，但這個「中國」，並非現在我們所説的有着明確主權、疆域和人民的近代民族國家，而是由前後相繼、時而分裂、時而統一的王朝國家所形成。古代中國人對抽象的「中國」之認同，乃是通過對某些具體代表「中國」的正統王朝的認同表現出來。

古代中國人的「中國認同」意味着什麼？從「家國天下」中可以看到，所謂的「中國」只有兩種表現形態，一種是抽象的文明價值與典章制度，另一種是具體的正統王朝，所缺少的正是近代以後才出現的 nation-state。近代意義上的 nation，是一個整體性的人民—民族—國家共同體，這與只具有自然屬性的傳統民族是絕然不同的。嚴格而言，古代中國人的所謂「中國認同」，沒有近代意義上的民族認同，而只有文明的認同或王朝的認同。

所謂近代意義上的民族認同，就是中華民族認同。中華民族是一個近代概念，其出現不早於晚清，最早是由楊度和梁啟超提出來。中華民族不是一般意義上的民族，就像美利堅民族一樣，是與近代國家一起打造的國族（state-nation）。國族意義上的中華民族有可能出現在古代中國嗎？顯然不可能。中華民族作為一種國族想像，只是「倒放電影」式的今人對古代的理解框架，是一個晚清之後被重新建構的、想像性的「民族虛體」，而非有實證依據、有自覺意識的「民族實體」。雖然中華民族以華夏—漢民族為主體，但華夏—漢民族不等同於中華民族。古代中國有華夏—漢民族，卻沒有國族意義上的中華民族。費孝通先生將中華民族視為多元一體，這一經典性觀點很有道理，「多元」意味着中華民族由漢、滿、蒙、藏、回等多個民族組成，所謂「一體」就是與近代民族國家具有同一性的中華民族，就像美利堅民族是由不同的種族、民族和族群所構成那樣。然而，費孝通先生認為中華民族有一個從自在到自為的發展過程，在古代是一個自在的民族，到了近代產生了民族意識後，成為自為的民族。[7] 這一看法卻有值得討論的空間。我們不能將歷史上的華夏—漢民族直接等同於中華民族，事實上在任何朝代裏，有具體的漢族、滿族、藏族、蒙古族、苗族等存在，卻不存在一個所謂的中華民族實體。不管其是否具有民族的本體自覺。

清朝建立了一個與現代中國版圖基本吻合的多民族國家，其通過雙重的治理體制和多元的宗教信仰，將中原民族與邊疆民族分而治之，並整合在同一個王朝秩序中，但清朝並沒有試圖打造一個具有同一性的中華民族。而明末清初的王夫之所覺悟的，只是漢民族的種族與文化意識，而不是中華民族的本體自覺，雖然漢民族意識與中華民族意識之間有着內在的歷史文化脈絡。但真正的中華民族本體意識，作為主流的漢民族意識是重要的，作為支流的其他民族也同樣是不可缺少的，最重要的是在多元性的民族意識上，打造和建構一個與國家同一性有關的民族同一性，而這一政治的同一性，絕對不可與漢民族劃上等號的。

在古代中國，對於「中國」的國家認同，是通過文明的認同和王朝的認同實現的。姚大力指出：「宗廟社稷」，也就是一家一姓之王朝，是前近代的中國人國家認同觀念最基本的核心。支撐着元初的宋遺民和清初明遺民的精神世界的，主要是王朝的認同，而不是種族認同。[8] 趙剛的研究也表明，在清代漢族士大夫討論「華夏」與「漢人」的時候，發現他們對「漢人」的心態是平和乃至冷漠的，好像不是在談論與自己同一族群的人群，而當他們談及王朝的時候，其情緒卻是格外的熱烈，表現出強烈的認同感，特別對已故王朝的眷戀和忠誠，尤為如此。與中世紀的歐洲人一樣，他們不在乎這個王朝是否是異族統治，真正在意的是其是否有良好的治理、是否體現了天下的文化秩序。[9]

不過，王朝認同是，文明認同是內核，王朝認同是有條件的，文明認同是絕對的，在王朝認同的背後，是對其所代表的天下價值觀的肯定。王朝只有代表了天下，才是一個在士大夫心目中擁有合法性的正統王朝。

何謂正統，何謂合法性，在秦漢之後的歷代王朝中，是有微妙區別的。所謂正統，一直有兩種不同的解釋：一種是以天下為中心的歷時性解釋，注重的是對中原文明的歷史脈絡傳承；另一種是空間性的大一統，強調的是天下歸一和疆土的開拓。天下與大一統，在儒家思想裏二者互相包容和鑲嵌，天下是一套禮治的價值觀和制度，所謂的春秋大一統，乃是統一於天下歸一的周禮中。而法家的大一統卻抽去了儒家禮治的價值內涵，只剩下一統天下、富國強兵、提升國力、開拓疆土的政治內涵。《史記》中記載秦始皇「滅諸侯，成帝業，為天下一統」，「議海內為郡縣，法令由一統」。[10] 在儒家裏，天下的理想包含了大一統，大一統之中有王道，但法家的大一統卻未必有天下的文化情懷，唯有以暴力征服。不過，自秦亡之後，漢武帝後的歷代王朝，大都儒法並用、外儒內法，因此其王朝的合法性背後有儒家的天下文化，也有法家的大一統政治。

從秦漢到元清，有兩種不同類型的大一統王朝，一種類型是以漢人為中心的中原王朝，如秦漢唐明；另一種是邊疆民族所建立的征服性王朝，如遼金元清。雖然都是大一統，但漢族為皇帝的中原王朝的合法性背後有天下，以中原文明為中心，吸引四方內聚，形成華夏中心主義。而邊疆民族當君主的征服性王朝雖然部分地為中原文明所同化，但其正統性更多地不是來自代表天下，而是開拓疆土、威震四方的國力。這兩種類型的國家認同，都以王朝認同為表象，但其區別非常微妙。中原王朝以文明而自大，征服性王朝以國力強盛而自傲。自秦漢、盛唐到蒙元、大清，「天下中國」逐漸演變為「大一統中國」。

中原王朝的天下觀以華夏—漢民族的文明與空間為中心，但在蒙元和滿清這些征服王朝裏，天下的內涵發生了相當大的變化，排斥了以中原為尺度的夷夏之辨，突出了以王朝認同為核心的疆域大一統。天下的文化性消解，地理性強化。蒙元和清朝的天下地理不再是中原文明為軸心的同心圓，而是征服王朝高高在上的多元世界。姚大力說：「中原王朝的天下在地理概念上，乃是以中原文明為中心的夷夏之辨，但蒙古人的天下觀念卻是一個無中心的開放世界。」[11] 這樣一個無中心的多元化天下，已經開始接近全球化的現代世界，中國不再是世界的中心，中國是中國，世界是世界，天下變得多元，蒙元時期的中國，政治非常黑暗，也存在着等級性的民族歧視和壓迫，但在廣袤的歐亞大陸，不同民族、不同地域的商品、宗教和文化的流動變得更為順暢。事實上，在蒙元時期，正是一個世界文化大流動時代，西域的基督教、伊斯蘭教、印度教、波斯文化、威尼斯文化等自由流入中國，其文化盛況讓來到中國的馬可・波羅等外國人驚嘆不已。

三、邊疆民族帝國的治理智慧

宋之後的征服性王朝，遼金只有半壁江山，蒙元從統一中國到被明朝所滅不到九十年，而滿人所建立的清朝，不僅持續了二百七五年，而且奠定了現代中國的基本版圖。過去史學界過於沉湎於中原文化中心論，將清朝的成功視為是中原文明同化了滿族的結果，事實上，作為最後一個王朝帝國，清朝所留下的眾多政治、文化遺產，有的是中原文明的歷史傳承，但更多的卻是滿清作為北方民族自身的獨創。

清朝改變了三千年中國歷史的中心與邊陲概念。中國文化與地理的中心，一直位於漢民族雲集的黃河和長江流域。中原王朝向南方擴張，幾乎沒有遇到太大的抵抗，因為南方同為農耕民族，但缺乏中原的高級文明，故以中原先進的農耕技術、典章制度、儒家禮儀同化南方蠻夷，易如反掌。然而，中原王朝向北方擴張卻麻煩得多。長城是中國的一條農耕民族和遊牧民族的分際線，在西漢和盛唐，雖然中原王朝屢次打敗匈奴、突厥，但從來沒有穩定和有效地統治過草原區域，也沒有真正征服過在大草原縱深地帶生活的遊牧民族，使其成為忠誠的中原王朝臣民。而那些被中原文明同化的，多是進入農耕區域、改變了自身遊牧習性的「內蠻夷」而已。那些處於長城周邊的遊牧、森林民族，則過着農耕和遊牧的混雜生活，較多受到中原文明的影響，同時又保持自己的民族特性。

以儒家為代表的中原文明，其宗法倫理和禮樂典章，皆以農耕生活為本，與遊牧習性大相徑庭。從農耕到半農耕半遊牧再到草原森林高原區域，形成了中原王朝帝國特有的中心與邊陲之分，這種區分既是地理的，也是文化的；是自然形成的，也是人為建構的。一個帝國，既然有中心與邊陲之分，意味着其統治的有限性，無論其文化的聲望還是治理的效力，從中心到邊陲，都有逐級遞減的效應，這是天下「差序格局」的基本空間特徵。

然而，在宋之後，邊疆民族的征服性王朝改變了這一中心與邊陲二分的「差異格局」。日本學者杉山正明在《忽必烈的挑戰：蒙古帝國與世界歷史的大轉向》一書中，分析了蒙元帝國創造了一個融合了草原的軍事力、中原的經濟力和穆斯林的商業力的複合型治理體制，但因為缺乏宗教和文明，只是一個「沒有意識形態的共生」，曾經橫跨歐亞大陸的蒙古大帝國很快就分崩離析。然而，另一個征服性王朝清朝就不同了。[12] 清王朝以異族入主中原，成為中國的主人，從女真人演變而來的滿人，其生活習性介乎於農耕、遊牧、漁獵之間，其與在草原深處漠北地區起家的蒙元帝國不同，滿清政權既容易接受農耕為本的儒家漢文明，也頑強地保持了滿人文化的獨特性。漢滿文化，既有融合，也有區隔。一旦入主中原，首先要證成的，是自身王朝的正統性。以往的中原王朝，其正統性一在儒家義理，二在夷夏之辨，二者之間不存在矛盾衝突。對於滿清而言，接受儒家義理並不困難，如同他們接納農耕生活一樣，這種接受不僅是工具性的，而且是價值性的，從康熙到乾隆，他們對中原文明是真心膜拜，其對儒家經典之熟悉，不在一般儒家士大夫之下。

清朝作為征服性王朝，被承認為合法統治王朝，首先來自其對中原文明的傳承。但傳統王朝正統性的第二個因素夷夏之辨，顯然對滿清這個異族政權不利。於是，清朝統治者更多地將法家意義上的大一統（一統天下、開拓疆土）作為其王朝合法性的最重要理由。清初多爾袞與史可法來往文書中，同樣引《春秋》的大一統之義「尊王攘夷」，史可法取的是漢滿之別的「攘夷」，夷夏之辨的背後是天下價值的絕對性；而多爾袞強調的是法家式的「尊王」，開拓疆土和提升國力。

近年，有關新清史的爭論持續不斷，舊清史強調作為少數民族如何被漢民族主流文化同化，而新清史則強調滿清文化的特殊性。事實上，正如趙剛分析那樣，清朝帝國的成功既不是滿清特殊性，也非漢文化同化説，其合法性乃是建立在王朝認同上，清王朝成功地實現了前所未有的大一統，天下歸一為一個有明確疆域的多民族帝國。[13] 清王朝帝國與漢唐的中原王朝帝國不同之處在於，漢唐大一統背後憑藉的是以中原文化為中心的文化輻射力，從中心到邊陲，形成等級性的「差序格局」，它與帝國的「郡縣—羈縻—朝貢」同心圓治理秩序保持了文化與政治的同一性。而作為邊疆民族的滿清所建立的，是一個與中原王朝不同的多中心、多民族的統一帝國。清朝成功地將原本難以和平共存的農耕民族與草原民族整合進同一個帝國秩序中，中央政權的權力範圍第一次有效地深入到北方的森林、草原和西部的高原、盆地，形成前所未有的大一統天下，到了乾隆中期，一般文獻上所説的「中國」不再是指中原的漢族地區，而是指的是一個多民族的大一統王朝國家。

為什麼漢唐盛世可望不可即的帝國夢想，到了滿清異族政權那裏反而得以實現？這首先要從農業民族與遊牧民族的不同性質談起。葛劍雄教授指出：「中國歷史上農業民族的政權，其穩定的疆域一般不超過當時的農牧業分界線。農業民族不具有統一中國的條件；相反，牧業民族卻能做到這一點。中國農業區的統一是由漢族完成的，但歷史上農業區和牧業區的統一都是由牧業民族完成的，牧業民族三次南下為中國的統一作出了很大的貢獻。第一次南下是東漢後期到隋唐；第二次南下是從唐朝中後期到蒙古建立元帝國；第三次則是滿族南下建立清朝，最終完成了統一中國的偉業。」[14]

滿人雖然來自大興安嶺的密林深處，卻是一個具有一流政治智慧的民族。正如本書第一章分析過的那樣，清朝建立的大一統，與秦始皇建立的大一統不一樣，不再是「車同軌、書同文、行同倫」，而是在一個多民族的帝國內部創造了一個雙元的政教制度。

雙重體制並非自清代才有，在中國歷史中，可謂源遠流長，南北朝時代北方朝代以皇帝和大單于並稱；唐代的唐太宗既是皇帝，又是天可汗；而與兩宋並列的北方王朝遼、金對漢人和邊疆民族實行的也是雙重體制。到了清朝，這套雙重體制最後得以成熟：孔廟與喇嘛廟同時是國家祭祀的宗廟，六部之外，設立理藩院分管蒙古、回部及西藏事務，而處於農耕和草原交界之地的承德避暑山莊，不僅是皇帝的夏宮，最重要的是接見蒙藏地方領袖和各國來朝貢的使節的宮殿，與面向中原的紫禁城迥然有別。

一個多民族帝國面臨的最大威脅，乃是內部的四分五裂、自我解體。那麼，大清帝國的同一性建立在什麼基礎上？一言而蔽之：普世的王朝認同。無論是漢人士大夫、蒙古大公、還是西藏活佛、西南土司，雖然宗教、文化和典章制度千差萬別，但他們都認同同一個滿清君主。而作為國家的唯一象徵符號，清帝在不同的民族裏的稱呼是不一樣的，在漢人這裏是皇帝；在蒙古大公那裏，是草原盟主大可汗；而在藏人裏，則是文殊活菩薩。巫鴻通過對雍正皇帝的畫像的研究，發現雍正被描述為不同的形象：儒家文人、蒙古大公、西藏喇嘛、歐洲貴族和道教聖人，以此表明清朝皇帝有多重的文化身份，是不同民族、宗教和文化的普世君主。[15] 清朝帝國的國家認同，核心是以王權為象徵的政治認同，王權的背後，不僅有暴力，也有文化，但這個文化卻是多義的，一個王權，各自表述。漢族士大夫會在儒家文脈裏肯定清王朝的統治合法性，蒙古大公和西藏活佛則在喇嘛教的傳統中認可王權。作為一個不同民族、不同宗教的共主，乾隆皇帝同時學習漢、滿、藏、蒙、維語，以保持帝國的文化多元性。

在一個多民族帝國中，文化是多元的，每個民族和地方都得以保持自身的宗教和文化的原生態和完整性，而在治理方式上也是因地而異、因民族而別，有相當大的自主性，不同的民族、地域只需在國家層次上認同同一個君主。這樣，清帝國改變了帝國傳統的中心、邊陲之分，形成了中原與邊疆並列、多民族、多中心、多宗教、多重體制的帝國形態，這種內部高度異質化和多元性的帝國形態，與之前華夏中心主義的中原王朝有別，也與高度同質化的民族國家不同。然而，正是這種打破了中心與邊陲之分、看似鬆散的多元性大一統帝國，既有效地解決了不同民族的共生和諧，同時也保持了國家的完整和統一性。

姚大力指出：「古代中國的國家建構，有兩種不同的國家治理模式：一種是秦漢中原王朝的郡縣制，另一種是蒙元和滿清邊疆帝國創造的多元宗教和治理體制。」[16] 以往的中國歷史，過於強調秦漢體制的正統性和重要性，但秦漢的郡縣制，從來沒有真正統一過中國，更無法解決農耕民族與遊牧民族的對抗問題，倒是由邊疆民族創造的、到清代成熟的多元宗教和雙重治理體制，有效地解決了農耕民族與遊牧民族的並存共生，並最終將農耕民族視野之外的廣袤的邊疆，從草原、戈壁到高原森林，統統列入了中國的版圖。當然，這兩種國家治理模式，沒有嚴格的界限，清代的雙重治理模式，包含了秦漢模式的郡縣制，而對邊疆民族採取富有彈性的治理方式，也非自清代開始，分封、羈縻和土司制度，在漢唐就是中原王朝統治少數民族的成熟政策，只是其政策的有效半徑多為南方的「蠻族」，而無法將更為彪悍的北方草原民族納入長治久安的統治範圍。而善於從歷史中學習、又有與北方民族交往豐富經驗的滿清統治者，在郡縣制的基礎上，發展出一套對漢民族與邊疆民族分而治之的雙重治理模式，一方面，通過擁有多元象徵符號的王朝認同，保持國家的政治同一性，另一方面，又將多元治理作為王朝的長期國策，以此保持各民族宗教、文化和制度的多樣性。以往的中原王朝在征服之初容許少數民族保有地方的自治性，但最終總是強求改土歸流，希望達致一個政治和文化大一統的漢化中國。但作為少數民族政權的滿清帝國，沒有中原王朝漢化中國的野心，也不存把中國滿化的企圖，它像十九世紀的大英帝國那樣，在各個不同的統治區域，打造一個忠誠於帝國的上層精英階層，但在基層治理結構上保持各自的歷史文化延續性。如此鬆散的治理，反而讓帝國的統治長治久安。而一味試圖漢化、實現政治和文化大一統的中原王朝，也像近代的法國殖民局那樣，在所到之地，不顧當地的風土人情，迷信社會、政治和文化的全盤改造，以整齊劃一的方式打造統一的帝國，反而激起各地的強烈反抗，最後難以逃脱大一統帝國分崩離析的宿命。

然而，建立在普世王權基礎上的滿清政權，也有一個致命的弱點，雖然它部分接受了中原的漢儒家文明，卻由於自身的異族身份，無法將王朝的正統性與中原文明實現完全同一，而雙重宗教和雙重治理體制又使得帝國始終缺乏一個與國家同一的文明及制度。而一個強大的帝國的背後是需要有一個深刻的同一性文明的，亞歷山大的馬其頓帝國，其背後是傳播到整個地中海地區的希臘文化，羅馬帝國則是羅馬法為中心的羅馬文化，而近代的拿破崙帝國不僅將大陸法傳播到整個歐洲，而且也帶去了普世的啟蒙文明。以往的漢唐中原王朝背後憑藉的正是儒家漢文明。但多民族、多宗教的清王朝則稍遜風騷，它在國性認同上是多元的，也是曖昧的，因而「我們是誰」的同一性問題對清帝國來說，一直是持之不去的隱患。漢文化的中國與大一統王朝的中國，這原先在中原王朝不成問題的「中國」認同，卻在少數民族當政的清代，撕裂為兩個「中國」之間的緊張。當帝國的王權統治還很強大的時候，這一問題不會浮出表面，到了晚清，當內憂外患的王朝危機日趨嚴重，漢文明中國與王朝中國之間的衝突與緊張便突出，在外來的族群性民族主義潮流推動下，清朝的合法性最後發生了動搖，到一九一一年延續了二百七十五年的帝國壽終正寢，但清帝國留下的多民族、多宗教的「五族共主」的歷史遺產，通過清帝退位詔書的法律形式，轉型為「五族共和」的中華民國。

四、天下體系與列國體制

郡縣、冊封、羈縻、土司，皆是中央王朝直接或間接統治的區域，在中華帝國天下體系的最外一環，乃是朝貢國。中央帝國與萬邦來朝的朝貢體系，構成了古代中國以華夏為中心的國際關係。以西方為中心的近代國際體系以「法」為中心，但古代中國的朝貢體系則以「禮」為中心。朝貢體系是一種國際政治，周邊國家通過禮物的進貢確認對中央王朝的臣服與效忠；皇帝也以加倍的恩賞表達對藩屬國的體恤和保護；朝貢體系也是一種特殊貿易，它以不對等的物質交易顯現國際關係的等級秩序；朝貢體系又是一種文化禮儀，它通過周期性的朝廷典禮將漢字文化與禮樂典章推廣到周邊國家，建立中華文明在天下的文化霸權。

根據濱下武志的研究，按照來自中央影響力的強弱順序，朝貢可以分為由近到遠的幾種類型：西南諸州土司、土官們的朝貢、羈縻關係下的朝貢（如東北的女真族）、同為漢字文化圈的藩屬貢國（如朝鮮、安南）、雙重關係的朝貢國（如琉球）、位於天下秩序外沿的朝貢國（如暹羅）、表面是朝貢國，實際卻是平等的互市國（如俄羅斯、歐洲諸國）。朝貢體系顯示了一種維護中國中心的外部等級關係的結構，是國內秩序的擴張，是帝國對外的延續。[17]

過去的研究總是將天下體系視為中華帝國對外關係，然而，在任何朝代裏，總是有中華文明的恩澤與和中央王朝的統治鞭長莫及的化外之地，而由於地理接近的緣故，又不得不與這些「蠻夷」們交往，甚至處於長期的對抗與戰爭，於是在天下體系之外，一直存在着列國體制。中華帝國有化內之地和化外之地之分，對於那些處於對抗的蠻夷國，中原王朝對之無力以朝貢體系籠絡之，只能將之看作對等的他國，比如漢朝的匈奴、唐朝的突厥、吐蕃、南詔、兩宋的西夏遼、金、明代的瓦剌、韃靼、清朝的俄國等。中央王朝通過盟約的方式與這些列國消除對抗，換取短暫的和平。比如西漢初期與匈奴簽訂的和親協議、唐中葉與吐蕃簽訂的盟約關係、兩宋與遼金以玉帛換和平的協議、清朝與俄羅斯簽訂的《尼布楚條約》、《恰克圖條約》等，都不是以等級性的朝貢方式，而是承認平等的列國關係，對外簽訂的國與國協議。不過這種承認，並非現代國際條約制度的主權確認，只是古代世界諸國之間達成妥協、獲得和平的權宜之計。中華帝國在化內之地是天下體系，在化外之地乃盟約制度，而何謂化內、何謂化外，又隨國力而變化，那條邊界常常是相對的、變動的。當匈奴是處於對抗衝突的軍事對手時，便是化外之地，一旦屈從來朝進貢，便是五服中的荒服，化內之地中的外蠻夷。從兄弟之國降格為外臣。對於中原王朝來說，列國體制是從屬性的不得已之舉，而君臨天下的朝貢體系永遠是理想的世界秩序，只要有足夠的實力，總是力圖將羈縻關係進而改土歸流，將周邊的盟約國化為外臣或朝貢國。

然而，對於中國的國際關係而言，唐中晚期是一個歷史的轉折點，之前中原王朝獨大，是天下國家，之後便被四周國家包圍，成為列國體制。這種頹勢，直到邊疆民族王朝蒙元和滿清的出現才得以扭轉。但即使在疆域最廣闊、國力最盛的清朝，當一個更強大的近鄰俄羅斯出現後，清朝也只能以平等的國家對待之，中俄《尼布楚條約》是中國簽訂的第一個接近現代國際法的國家之間的盟約，雖然康熙皇帝並不喜歡它。

從秦漢之始，中華帝國的對外關係便是天下體系與列國體制的並列、等級性的朝貢關係與平等的互市制度互補。華夏中心主義的帝國秩序是有限的，卻又常常處於無限的擴張想像之中。究竟何時何地採納何種制度，天下秩序與列國體制界限何在，皆在時勢與一念之間，全無明確的分際。這就如同郡縣制與分封、羈縻制的界限一樣，都是靈活多變，無一定之規。古代中國既有朝貢體系之傳統，又有列國體制之經驗，這兩種相互滲透和轉化的記憶構成了中國對外關係的重要歷史資源，即使到了晚清之後被迫介入西方為中心的國際條約體系的時候，作為歷史遺留的基因，依然發揮過影響。

二〇一四年

註釋

1 列文森，鄭大華譯：《儒家中國及其現代命運》，北京：中國社會科學出版社，2000，84頁。
2 顧炎武：《日知錄》卷十三。
3 渡邊信一郎：《中國古代的王權與天下秩序》，北京：中華書局，2008，45頁。
4 邢義田：《天下一家：皇帝、官僚與社會》，北京：中華書局，2011，98、109頁。
5 許倬雲：《我者與他者：中國歷史上的內外分際》，北京：三聯書店，2010，20頁。
6 錢穆：《中國文化史導論》，北京：商務印書館，1998，22頁。
7 費孝通：〈中華民族的多元一體格局〉，載費孝通等：《中華民族多元一體格局》，北京：中央民族學院出版社，1989，1–33頁。
8 姚大力：〈中國歷史上的民族關係與國家認同〉，《中國學術》，2002年第4期。
9 趙剛：〈早期全球化背景下盛清多民族帝國的大一統話語重構〉，載楊念群主編：《新史學》第5卷《清史研究的新境》，北京：中華書局，2011，14–16頁。
10 《史記·李斯傳》、《史記·秦始皇本紀》。
11 姚大力：《千秋興亡：元朝》，長春：長春出版社，2000，33頁。
12 杉山正明：《忽必烈的挑戰：蒙古帝國與世界歷史的大轉向》，北京：社會科學文獻出版社，2013，136、252頁。

13 趙剛：〈早期全球化背景下盛清多民族帝國的大一統話語重構〉，載楊念群主編：《新史學》第5卷《清史研究的新境》，北京：中華書局，2011，14–16頁。

14 葛劍雄：《統一與分裂》，北京：三聯書店，1994，112–115頁。

15 參見羅友枝：〈清的形成與早期現代〉，載司徒琳：《世界時間與東亞時間中的明清變遷》，下卷，北京：三聯書店，2009，271頁。

16 姚大力：〈一段與「唐宋變革」相並行的故事〉，載葛劍雄、姚大力等：《誰來決定我們是誰》，南京：譯林出版社，2013，200頁。

17 濱下武志：〈中國、東亞與全球經濟：區域和歷史的視角〉，王玉茹等譯，北京：社會科學文獻出版社2009，17頁。

第三章

何為「中華民族」？

什麼是中國，什麼是中華民族？這些有關國家與民族的認同，長期以來並非一自明性的問題，至今仍有很多的爭論。費孝通先生關於中華民族是多元一體、有一個從自在到自為的發展過程的經典看法普遍被學術界接受，問題在於，作為「一體」的中華「民族」，與作為「多元」的各「民族」（如漢滿蒙藏回）在概念上有何不同？漢民族的文化認同可以直接等同於中華民族的國族認同嗎？而作為國族的中華民族究竟何時出現和形成，它需要怎樣的制度性條件？本章將對這一問題作一個初步的探討，並且試圖澄清學界流行的一些未必確切的習慣說法。

一、族群、民族與國族

近代中國的思想家，從梁啟超到梁漱溟，大都認為古代中國只有家國天下，並沒有近代意義上的國家。那麼，在古代中國，有沒有一個我們現在所說的中華民族呢？費孝通先生的看法是，古代的中華民族尚處於自在的狀態，要到近代受到外國列強侵略之後，才發展成一個多元一體的自為民族。[1] 葛兆光教授則特別重視「唐宋轉向」，認為到了宋代，「古代中國相當長時期內關於民族、國家和天下的朝貢體制和華夷觀念，正是在這一時代，發生了重要的變化，在自我中心的天下主義遭遇挫折的時候，自我中心的民族主義開始興起。」[2]

宋代之後，中國果真出現了類似近代的民族意識了嗎？在古代中國，難道真的有一個處於自在狀態（即所謂不自覺的）中華民族嗎？要討論這個問題，首先要分清三個不同的概念：族群（ethnic group）、民族（nation）和國族（state nations）。長期以來，因為學術界在運用民族這個概念時，不自覺地將它與族群和國族這兩個概念混淆，遂形成了關於中華民族何時形成的種種爭議。

關於這三個概念的區別，英國民族主義研究的權威學者安東尼・史密斯對此有明確的界定。他指出：「民族不是族群，因為儘管兩者有某種重合都屬於同一現象家族（擁有集體文化認同），但是，族群通常沒有政治目標，並且在很多情況下沒有公共文化，且由於族群並不一定要有形地擁有其歷史疆域，因此它甚至沒有疆域空間。而民族則至少要在相當的一個時期，必須通過擁有它自己的故鄉來把自己構建成民族，而且為了立志成為民族並被承認為民族，它需要發展某種公共文化以及追求相當程度的自決。另一方面，就如我們所見到的，民族並不一定要擁有一個自己的主權國家，但需要在對自己故鄉有形佔有的同時，立志爭取自治。」[3]

史密斯對於民族與族群的區分，核心在於三點：是否有自己確定的居住疆域；是否有規範的公共文化；是否追求政治上的自決。從這個標準來看，顯然一九四九年之後中國所確定的五十六個少數民族，將藏族、蒙古族、維吾爾族等定為民族並賦予他們法律上的區域自決是合理的，但其他大多數所謂少數民族，要麼在歷史傳統上缺乏規範的公共文化和政治目標，要麼早已流散各地、沒有自己固定的居住疆域，應該將他們定為族群而非民族更為確切。也就是說，在中國的疆域之內，存在着包括漢族、藏族、蒙古族、維吾爾族等多個民族，也存在着眾多不同的族群，他們共同構成了一個被稱為中華民族的多元一體國族。

那麼所謂的國族與一般的民族有什麼區別？史密斯認為，儘管近代所建立的民族國家（nation-state）在理念上所追求的是「一個民族一個國家」，事實上，對於大多數國家而言，大部分都是多民族、多族群國家，但他們渴望民族一統並且尋求通過調適和整合，將不同的族群變為統一的國族。所謂的國族，就是「多族群國家渴望民族一統並且尋求通過調適和整合將不同的族群變為統一的民族（但不是同質化）」。[4] 這意味着，國族與一般的民族不同，民族所追求的不一定是獨立的國家以及國家主權，而只是民族區域內部的政治自決，但國族卻與擁有獨立主權的民族國家密切相關，它所想像的是在一個民族國家內部，各種不同的民族和族群整合為與國家同等的同一個民族。對於那些多民族、多族群的國家來說，「一個民族一個國家」可能是奢望，但這一理念的真正蘊涵應該是「一個國家一個民族」，即在國家內部通過經濟和文化的融合整合為同一個國族，比如我們現在所看到的美利堅民族，就不是一般意義上的民族，而是與近代的美國憲法和體制密不可分的、多種族、多族群整合為一體的國族。近代的民族主義（nationalism）所指向的，都不是那些一般人類學、民族學意義上的原生性民族，而是具有建國衝動的、與近代國家密切相關的國族。然而，晚清在從日本引進「民族」這個詞的過程中，並沒有區分民族與國族的不同，日本是一個單一民族國家，因此民族與國族具有高度的同一性，但中國作為一個多民族的帝國，內部包涵着眾多的民族與族群，正如王珂分析那樣，因為在引進民族這個概念的時候，僅僅將擁有民族自決權的民族與擁有國家獨立主權的國族混為一談，由此埋下了延續至今的概念上的混亂和現實中的困境。[5]

族群、民族與國族，雖然是不同的概念，但在歷史實踐中三者並沒有嚴格的不可跨越的界限，而存在着相互轉化的可能性。許多民族都是從族群發展而來，但並非每一個族群都會上升為民族。當某個族群意識到自己的政治目標，並且在現代化的發展過程中逐漸產生了規範的公共文化時，便會產生民族自決乃至建國的衝動，形成「族群民族主義」，原先藉由純粹的血緣、文化構成的族群便轉化為具有政治性內涵的民族。英語中的 nation 同時具有文化性的族群和政治性的國民雙重內涵。民族來自族群，又高於族群，因為民族除了自然屬性之外，還擁有人為的政治品格，民族與高級的規範文化、公共語言、統一的市場和政治制度不可分離，這些因素形成了近代民族的制度化條件。Nation-state 這個概念意味着，民族與國家到了近代已經是密切相關的同一角幣的兩面。不過，兩面畢竟是兩面，二者又不是完全等同，誠如史密斯所說：「民族不是國家，因為國家的概念與制度行為相關，而民族的概念則指的是某種類型的共同體……民族是被感覺到的和活着的共同體，其成員共享祖國與文化。」[6]

近代的民族國家，既是一個以國民為核心的政治共同體，也是一個以民族為自我理解的文化共同體。國民與民族，構成了 nation 的兩面。在歐洲的近代民族形成的歷史過程中，英國、法國以及美國重視的是具有平等政治身份的國民這個面相，而德國、俄國以及東歐突出的是具有共享的血緣、歷史和文化的族群身份，因此形成了國民民族主義和族群民族主義兩種不同的類型。[7]

一個自在的族群是否可以上升為自為的民族是一個複雜的歷史過程，即便成為了具有自我意識的民族，也未必必然成為擁有獨立國家主權的國族，比如西班牙的加泰羅尼亞、巴斯克地區一直有分離和建國的衝動，但至今仍然只是擁有民族自決權的區域性民族。而所謂的國族是民族與國家結合的產物，更確切地說，是民族主義與國家共同建構的產物。國族的產生不僅取決一個國家內部擁有共享的族群記憶、歷史、語言和文化，更重要的是，近代國家所創造的統一的民族市場、獨立的國家主權以及共同的法律政治體系。對於單一民族的國家（比如法國、日本）來說，國族意識的形成並非困難，只需從原生性的民族認同轉化為近代的國族主義（nationalism）即可，但對一個多民族、多族群的近代國家（比如美國、中國）來說，要在不同的民族和族群之間融合為一個共享的國族認同，則是一個相當困難和長期的歷史過程。

二、漢民族認同不等同於中華民族認同

那麼，中華民族的國族認同何時出現的呢？費孝通先生如此論述作為一個國族的中華民族的產生過程：

距今三千年前，在黃河中游出現了一個由若干民族集團彙集和逐步融合的核心，被稱為華夏，像滾雪球一般地越滾越大，把周圍的異族吸收進入了這個核心。它在擁有黃河和長江中下游的東亞平原之後，被其他民族稱為漢族。漢族繼續不斷吸收其他民族的成分而日益壯大，而且滲入其他民族的聚居區，構成起着凝聚和聯繫作用的網絡，奠定了以這個疆域內許多民族聯合成的不可分割的統一體的基礎，成為一個自在的民族實體，經過民族自覺而稱為中華民族。[8]

費孝通先生的這一觀點為學界公認，乃是經典論述，現在的問題在於，這裏所説的華夏—漢族是否等同於作為國族的中華民族？或者説，在古代中國是否有可能出現近代意義上的國族？正如前節述，古代的中國認同只能在天下主義與夷夏之辨的雙重背景下才能理解。以中原為核心的華夏民族以文明的禮儀教化逐步融合周邊的各個族群，形成了一個以文化為自我認同的漢民族。晚清的楊度在〈金鐵主義説〉中指出：

中華之名詞，不僅非一地域之國名，亦且非一血統之種名，乃為一文化之族名。……華之所以為華，以文化言，不以血統言。[9]

無論是費孝通先生所說的自在的「民族實體」，還是楊度所說的「文化之族名」，實際上指的是一般意義上 nation 的漢族，而不是作為 state nations 的中華民族，下面我們將看到，中華民族是晚清才出現的概念，而作為國族，正如前面所分析的，必定與近代國家同時出現，而且是被民族主義和國家所建構的。在古代中國，只有王朝和天下的觀念，並沒有近代主權意義上的國家意識以及相應的建制。中華民族作為一種國族想像，只是「倒放電影」式的今人對古代的理解框架，是一個晚清之後被重新建構的、想像性的「民族虛體」，而非有實證依據的、有自覺意識的「民族實體」。民族的自在狀態和自覺狀態的區別，在於是否有明確的自我意識，所謂的民族覺悟，即便是一個缺乏自覺的自在性民族，也需要有此實體的存在。但在古代中國，具有實體性的民族，有中原文化的代表——漢族，也有作為蠻夷存在的其他民族，但各民族之間並未整合成一個哪怕是自在意義上的國族——中華民族。而大量關於中華民族在古代的論述，其實只是華夏—漢族的歷史敍事。比如，葛兆光教授所分析的宋代所出現的民族意識，其實只是一種漢民族的主體意識，而非作為國族的中華民族意識。從華夏族到漢族，至少在六朝隋唐，依然是缺乏自覺意識的自在民族，而到了宋代之後，隨着國勢的衰落，夷夏之辨壓倒了天下主義，漢族的文化自覺意識才開始萌芽，但所萌芽的也僅僅是漢民族的主體意識，而非中華民族的國族意識。

漢族認同與中華民族認同如今常常被劃上等號，似乎漢族就等同於中華民族，這種習以為常的看法，自然出自於歷史意識的慣性，在中華民族中，漢族作為一個主流民族，由於其幾千年來中原文明的巨大吸引力和天下主義的內在凝聚力，的確成為古代中國的中心，當晚清產生了中華民族的這一國族意識的時候，漢族所擁有的古代文明也歷史性地轉化為中華文明的主體。但另一方面，當我們將中華民族僅僅等同於炎黃子孫、將中華文明簡單地理解為中原文明的時候，有意無意地遮蔽了在中華民族大家族內部除了漢族之外，還有蒙、藏、維吾爾等其他民族以及眾多的文化族群，他們有自己的民族或族群認同，不少民族有着不亞於漢族的高級宗教。漢民族只是多元一體的國族中「多元」中的一元，絕非中華民族「一體」本身。之所以要將民族與國族加以區分，其真正的意義乃是要將漢民族與中華民族適當地分辨，既要看到二者之間內在的歷史關聯，又要尊重中華民族這一國族中其他民族和族群的歷史存在與文化尊嚴。

中華民族作為一個國族，伴隨着近代國家的出現而誕生，而不出現於之前的古代，哪怕是宋代以後。顧頡剛先生一九三九年在《邊疆周刊》上發表〈中華民族是一個〉，他提出：

「『中國本部』這個名詞是敵人用來分化我們的。『五大民族』這個名詞卻非敵人所造，而是中國人自己作繭自縛。自古以來的中國人本只有文化的觀念而沒有種族的觀念。」「中國之內決沒有五大民族和許多小民族，中國人也沒有分為若干種族的必要。」「我們決不能濫用『民族』二字以召分裂之禍。『中華民族是一個』，這是信念，也是事實。」[10] 他的這一看法當時就產生了很大的爭議，費孝通、翦伯贊等先生都曾撰文反駁。顧頡剛先生為了駁斥日本帝國主義製造滿洲國，防止邊疆軍閥搞民族分裂，否認中國的內部存在多元民族，其用意可嘉，但信念畢竟不是事實。而且也將理論上只可能出現在近代的國族錯置於古代。

古代的中國如果不是一個國族性的中華民族，也非僅僅是漢民族，那麼，中國究竟意味着什麼？是一個帝國，還是一個民族國家？如果用歐洲的帝國/民族國家二分法來分析的話，我們的確會面臨詞不達意的困境，而所謂自在的民族實體，也是從這一分析框架而來，似乎與中華帝國這一政治共同體相對應的，應該有一個中華民族的民族共同體，而這一民族共同體，又為後來所出現的民族國家奠定了歷史的合法性，即「一個民族一個國家」。這樣的分析思路，具有雙重的誤區：帝國的存在，並不一定需要一個統一的民族，而近代的國家才需要建構一個想像的民族共同體。帝國的內部通常有眾多的民族或族群，帝國統治者從來不指望打造一個統一的民族共同體實現整合，相反地，它可以保留各個民族或族群的特性，或者借助於法律（如羅馬帝國），或者運用高級的文明（如中華帝國）來實現整合。而近代的民族國家，雖說是「一個民族一個國家」，但正如本尼迪克特·安德森、霍布斯邦、蓋爾納等民族主義研究大家一再指出的那樣，不是（古代的）民族創造了（近代的）國家，而是國家和民族主義創造了近代的民族，特別是國族意義上的民族。[11]

漢族士大夫對中國的認同並非種族的認同，而是一種文化秩序的認同，代表文化秩序的天下是絕對的，而夷夏之辨是相對的。然而，文化秩序是理想，是靈魂，它必須寄托於現實的肉身、讓靈魂附體。孟子曰：「天下之本在國」，這個國便是寄托了天下理想的肉身：王朝。因此，士大夫們對中國的認同，在抽象的層面表現為對天下的認同，而在現實的層面，對天下的認同又表現為對王朝的認同，只要這個王朝代表了天下的秩序，便具有正統性。

由此可見，明末清初的王夫之所表現出強烈的漢人種族主義傾向，只是一個孤獨的個案，一直要到晚清歐洲的種族主義引進中國、民族主義狂飆席捲神州，王夫之的民族意識才得以復活和重視。而在漫長的王朝更迭歷史中，對天下的認同始終是古代中國認同的主調，而這種天下認同在現實層面，往往通過對王朝，尤其是擁有良好秩序的正統王朝的認同表現出來。

古代中國士大夫的家國天下認同，家乃血緣宗法家族，國乃王朝所象徵的政治共同體，而天下指的是中華文明共同體。王朝有生有滅，盛衰無常，華夷不定；但文明是連續的，一以貫之，無論王朝是漢人還是異族統治，是多民族的開放大帝國，還是漢人一己之封閉小國，只要禮儀教化還在，中國就存在。文明在哪裏，中國就在哪裏。文明是怎麼樣的，中國便是怎麼樣的。中國的認同，便是天下的認同。

三、近代「國族」的重新發現

然而，自從清朝出現後，關於中國的認同，發生了一個微妙的變化。自秦朝之後的二千年歷史中，有兩種不同的帝國形態，一種是漢族為主的漢、唐和明朝；另一種是異族統治的元朝和清朝。特別是處於帝國時代末端的清朝，是一個非常特殊的朝代，以往的漢唐帝國，天下即華夏，華夏即天下，天下與華夏融為一體。漢族不僅是文化的中心，也是政治的中心，周邊的藩國、夷狄紛紛臣服中原。但由滿族統治的清朝，是一個多民族、多文化、多元體制的大帝國，不僅將過去一直不曾征服過的草原、森林、高原各邊疆民族納入統治範圍，而且大大擴充了中國的疆域與版圖，為後人留下了一筆豐富的民族和領土遺產。滿清的最高統治者，擁有多重身份，對於農耕的漢族來說，他是皇帝，對於草原的蒙古族來說，他是各部落的共主大可汗，而對於高原的藏族來說，他又是菩薩的化身。由此可見，清朝的天下已非漢族一家之天下，乃是多民族、多文化、多元體制的天下。以往的漢族王朝以儒家之天下理念，成功地將許多周邊族群化夷為夏，但漢族統治者在治理草原和高原民族方面的能力，卻遠遠不及滿清的統治者。正如楊念群敏鋭地觀察到，之前的漢唐帝國只有南—北文化之分，但到了清朝帝國，出現了東—西地理對局，「清朝君主對滿族認同和對多民族統治身份的有意塑造，體現出『東—西』地理格局顛覆漢人『南北』空間敘事傳統的強烈意願」。[12]清朝的統治者不刻意打造一個統一的天下，也不試圖將滿漢蒙藏回五族融合為一，在中原和草原民族中，滿清恰好處於某種既是邊緣又是中介的位置，他們熟悉中原文化，並且在文化上一定程度上被漢化，另一方面在宗教上又與蒙藏民族共同尊奉喇嘛教，遂以王朝為中心，通過平行的雙元體制，成功地將過去從來沒有合二為一的農耕民族和草原民族整合在一個統一的帝國秩序中。

清朝帝國的出現，使得漢族士大夫對於中國的理解和想像發生了一個很大的變化。趙剛指出：「從漢人方面看，明代漢人的政治空間，如當時各種地理載籍所顯示的那樣，僅限於內地。到了十八世紀末十九世紀初以後，漢人的中國觀念發生了明顯的變化，接受了清朝從多民族帝國角度對它的新解釋」。這個新解釋就是，「清帝國與其說是一個文化單位，倒不如說是一個有着明確疆域範圍的政治實體」。[13] 根據楊念群的研究，以往王朝的正統性有三條標準，空間上的大一統，時間上的五德終始的循環論和種族上的內外族群之別，大致而言，在天下主義的漢唐帝國，突出的是空間上擴張的大一統，而在強調夷夏之辨的宋明朝代，更看重漢人的文化正統性。到了清朝，朝廷在論述自身統治的合法性（即正統地位）的時候，淡化了對滿清不利的時間和種族意義上的正統性，特別突出自己對漢唐帝國傳統的歷史繼承，即空間上開拓疆域、統一天下的正統性。[14] 這一空間上的大一統觀念，是一個多民族帝國的核心所在，唯有疆域的擴張和天下的統一能夠真正證明這個異族政權的權威性。也正因為到了清帝國，文化的正統性淡出，疆域統治的主權性突出，使得十九世紀末的中國士大夫得以順利接受來自西方的民族國家主權意識，而非發生了一個突兀的中國認同的質變。

總而言之，宋代開始的漢民族文化自覺也好，清代的疆域主權意識也好，只是原生性民族主義的表現而已，它為晚清所出現的民族主義提供了歷史的內在基因，但絕非是近代的民族/國家本身。這也反過來證明，中國的民族共同體並非如本尼迪克特•安德森、蓋爾納和霍布斯邦所認為的那樣，純粹是國家創造或民族主義想像的產物，它並非無中生有，而是有中演化，用安東尼‧史密斯的話觀說，是一種重新建構的歷史過程。所謂的重新建構（reconstructed），即近代的民族共同體（nation），即便是公民民族主義，在其建構的過程中，在根子上一定是族群的，離不開在歷史中形成的血緣、語言和宗教的因素。[15]近代的中華民族意識雖然不等同於漢民族，卻從漢民族與其他民族的歷史、語言、宗教和文化的原形轉型而來，並按照近代的民族國家的規範重新建構。

近代中國是一個「國家」的重新發現，也是一個「國族」的重新發現。近代的國家與傳統帝國不同，不僅需要理性的、有效率的政治制度，而且需要一個可以整合國家內部不同民族和族群、有着共享的文化和命運共同感的「國族」。這就是所謂的中華民族。一九一七年，李大釗撰寫《新中華民族主義》，明確地說：「蓋今日世界之問題，非只國家之問題，乃民族之問題也。而今日民族之問題，尤非苟活殘存之問題，乃更生再造之問題也。余於是揭新中華民族主義之赤幟，大聲疾呼以號召於吾新中華民族少年之前。」[16]

作為國族的中華民族的誕生，首先需要有絕對的「他者」的出現。正如前節所述，華夏族的「我者」與「他者」的界限都是相對的，「他者」可以轉化為「我者」，也正因為如此，原本只是中原一支的華夏族，憑藉自身所擁有的較高的文明力量，將周邊的族群逐漸融合進來，成長為從東北到中原、從北方到江南、擁有世界第一大人口的漢民族。在這之中，雖然也有漢人被胡化的例子，雖然也遭遇過比自身更強大的外敵、比儒家更有魅力的佛教，但是誠如雷海宗在抗戰期間所說的那樣：「漢末以下侵入中國的武力與文化是分開的，武力屬於五胡，文化屬於印度。最近一百年來侵入中國的武力與文化屬於同一的西洋民族，並且武力與組織遠勝於五胡，文化也較佛教為積極。兩種強力並於一身而向中國進攻。」[17]

一個硬實力和軟實力皆優於自身的異族的出現，是中國三千年所未遭遇的大事件，一個絕對的「他者」的出現，真正刺激了作為整體的中華民族的自我覺悟。民族主義的首要因素，乃是分清「我者」與「他者」，特別是族群民族主義。本來中國的老百姓只有宗法家族和地方的意識，讀書人則再加多一個對王朝和天下的認同，但到晚清之後，許多留學生到東洋和西洋留學，置身於異邦的環境中，立即萌發了超越血緣、地緣、族群的國族意識。隨着西方對中國步步進逼，中國在抵抗西方這個絕對的「他者」過程中，遂有了近代國家的覺悟，也產生了國族的自我意識。於是，近代中國不僅有了建國的追求，也有了建族的自覺。

在傳統的帝國向近代的民族國家轉型的過程中，最大的危險是國家的解體。與清王朝同時代的其他幾個傳統帝國：俄羅斯帝國、奧匈帝國和奧斯曼帝國，無不如此。到了十九世紀帝國的末年，它們都力圖改變帝國內部的多元形態，竭力建構一個統一的國家，並試圖打造一個同質化的國族。這是近代民族主義的雙重使命。

民族主義有兩種打造的途徑，一種是自上而下的官方民族主義，就像十九世紀的俄羅斯帝國，試圖建構一個包羅國內多個少數民族的大俄羅斯主義；另一種是自下而上的途徑，它可以採取西歐或美國式的公民民族主義方案，也可以以族群民族主義的方式追求民族自決或獨立。晚清的統治者，到了辛丑之後，雖然開始重視建國，以新政的方式打造一個西方式富國強兵的近代國家，然而，無論是滿清皇族，還是漢族的封疆大吏，對建立國族的重視遠遠不夠，他們的思維還停留在帝國時代的多民族分治。作為統治者的滿人是少數族群，故自清初以來就避諱族群之別，只是一味強調滿漢之融合。以代表晚清官方主流意識形態的《勸學篇》為例，張之洞注意到了保國（國家）、保教（聖教）和保種（華種）的問題，但他的答案卻是異常的簡單：「保種必先保教，保教必先保國。……國不威則教不循，國不順則種不尊。」[18] 張之洞雖然有超越滿漢的「華種」之意識，但他繞過何為「華種」（中華民族）這一敏感話題，將保種簡單化約為守護儒家聖教和國家強盛的問題，在他的心目中，只有體用的問題，而無國族的問題，似乎只要中體（聖教）和西用（國盛）實現了，民族融合和國族整合自然水到渠成。在需要想像一個統一的國族的時候，清朝統治者裹足不前，面對民間洶湧的民族主義大潮，他們既嚴厲彈壓革命派激進的漢族共和主義，又不敢回應立憲派温和的「五族君憲」的大中華主義，於是將民族主義的話語權拱手讓給了民間，處於非常被動的地位。由於朝廷在創造同質化的官方民族主義上無所作為，聽任各民族、族群和地方的四分五裂，以王權為樞紐的帝國它無法主動地轉型為近代民族國家，特別是缺乏一個想像性的民族共同體作為其國家基礎，因而到了一九一一年被民間的民族主義推翻，自然是順理成章之事。

中華民族觀念的出現，是二十世紀初的事情。如今公認為最早使用這一概念的，當為梁啟超。[19] 一九〇二年，他在《中國學術思想變遷之大勢》一文中，最早提出作為一個整體民族的「中華」和「中華民族」。[20] 之後中華民族這一觀念逐漸流行於國內輿論。梁任公也是晚清最早提出「建國」的思想家，「建國」與「建族」是什麼關係？在他看來，「國」也好，「族」也好，皆是「群」，他引用德國政治學家伯倫知理的看法，認為民族是有着同一語言、風俗和精神的自然共同體，而國家乃是與國民具有同一性的人造有機體，民族是建國之階梯，是建國之獨一無二之源泉。民族與國民國家，雖然不同，但關係非常緊密。

中國與昔日之羅馬帝國、今日之美利堅合眾國一樣，國境裏有眾多的民族，宜「謀聯合國內多數之民族而陶鑄之，始成一新民族」。[21] 這一新民族，就是與國家建構緊密相關的中華民族。

眾所周知，晚清的國族建構，有兩種截然不同的想像，一種是孫中山、章太炎、汪精衞等革命派所追求的漢族共和國；另一種是梁啟超、楊度等立憲派所提倡的「五族君憲」的大中華主義。革命派將反滿的種族革命與反君主專制的共和革命合為一體，而立憲派將漢滿蒙藏回的五族融合與以君主為國族象徵符號的立憲政治結合在一起。他們對國族與國家的想像是如此的不同：前者的共和國家以純粹的漢民族為單一的種族基礎，後者的君主體制以五族融合後的大中華民族為新的國族。二十世紀初發生在《新民叢報》和《民報》之間的世紀性大論戰，便是這兩種截然不同的建國與建族方案的較量。理論上的針鋒相對並不意味着歷史實踐中沒有折中的空間，一九一一年辛亥革命最終的結局，乃是一種歷史性大妥協，合革命派的建國方案與立憲派的建族方案為一爐。革命派贏得了共和的政體，卻接受了五族融合的大中華主義國族方案，立憲派放棄了君憲的要求，將「五族君憲」改易為「五族共和」。直至今天，我們依然在享受辛亥革命這一大妥協的歷史遺產。

中國的國族認同所面臨的，是內部和外部的雙重使命，除了打造一個建立在各民族與族群文化平等的國族意識之外，同時還需要建立一個開放的、具有世界主義普世背景的民族主體性，一個對內平等、對外開放的中華民族，才是一個真正能夠獲得國內各民族和族群、國際各國家承認的偉大國族，而這個國族之偉大不是建立在種族意識和實力征服的基礎上，而是如同古代中國那樣，有着同樣偉大的文明，文明正是中華民族的靈魂，而一個自由民主法治的國家，則是她的肉身。

二〇一三年

註釋

1 費孝通：〈中華民族的多元一體格局〉，載費孝通等：《中華民族多元一體格局》，北京：中央民族學院出版社，1989，1–33頁。

2 葛兆光：《宅茲中國》，北京：中華書局，2011，42頁。

3 安東尼·史密斯，葉江譯：《民族主義：理論、意識形態、歷史》，上海：上海人民出版社，2006，12–13頁。

4 安東尼·史密斯：《民族主義：理論、意識形態、歷史》，17頁。

5 王珂：〈「民族」：一個來自日本的誤會〉，《二十一世紀》，2003年6月號。

6 安東尼·史密斯：《民族主義：理論、意識形態、歷史》，12頁。

7 里亞·格林菲爾德，王春華等譯：《民族主義：走向現代的五條道路》，上海：三聯書店，2010，9–11頁。

8 費孝通：〈中華民族的多元一體格局〉，載費孝通等：《中華民族多元一體格局》，1頁。

9 楊度：〈金鐵主義説〉，載《楊度集》，長沙：湖南人民出版社，1986，374頁。

10 顧頡剛：〈中華民族是一個〉，《益世報·邊疆周刊》第9期，1939年2月9日。

11 本尼迪克特·安德森，吳睿人譯：《想像的共同體：民族主義的起源和散佈》，台北：時報文化出版公司，1999，7–57頁；霍布斯邦，李金梅譯：《民族與民族主義》，上海：世紀出版集團，2006，9頁；蓋爾納，李金梅譯：《國族主義》，台北：聯經出版公司，2000，1–40頁。

12 楊念群：《「感覺主義」的譜系：新史學十年的反思之旅》，北京：北京大學出版社，2012，145 頁。

13 趙剛：〈早期全球化背景下盛清多民族帝國的大一統話語重構〉，載楊念群主編：《新史學》第 5 卷《清史研究的新境》，9、33 頁。

14 楊念群：《何處是「江南」？清朝正統觀的確立與士林精神世界的變異》，北京：三聯書店，2010，236–240 頁。

15 參見安東尼・史密斯：《民族主義：理論、意識形態、歷史》，106 頁。

16 李大釗：〈新中華民族主義〉，《李大釗全集》第 2 集，石家莊：河北教育出版社，1999，493 頁。

17 雷海宗：《中國文化與中國的兵》，北京：商務印書館，2001，125 頁。

18 張之洞：《勸學篇・同心第一》。

19 有關中華民族觀念的出現及在近代中國思想史中的演變，黃興濤作了很好的研究，參見黃興濤：〈民族自覺與符號認同：「中華民族」觀念萌生與確立的歷史考察〉，載《中國社會科學評論》，創刊號，2002 年 2 月。

20 梁啟超：〈論中國學術思想變遷之大勢〉，《梁啟超全集》，第 2 冊，北京：北京出版社，1999，561–561 頁。

21 梁啟超：〈政治學大家伯倫知理之學說〉，《梁啟超全集》，第 2 冊，1067–1068 頁。

第四章

一種新東亞秩序的想像

歐盟式的命運共同體

當前的東亞上空，充滿了冷戰的烏雲，朝鮮半島的核武器擴散、蔡英文上台之後台灣海峽兩岸出現的冷戰、中日兩國圍繞釣魚島主權的摩擦、南海各國的島礁之爭……兩位前美國國務卿，無論是基辛格，還是布熱津斯基，都對東亞局勢表示擔憂，認為今日的東亞，很像二十世紀上半葉的歐洲，民族主義、國家主義情緒高漲，戰爭雖然未必不可避免，但有擦槍走火的風險。

二十一世紀的東亞果真是上個世紀的歐洲嗎？東亞各國如何避免國家間的戰爭威脅？有無可能超越國家利益和意識形態的衝突，實現康德所說的永久和平？歷史上歐洲的衝突與戰爭要比亞洲嚴重得多，但上個世紀末，一個邦聯式的歐洲共同體歐盟誕生了，終止了歐洲內部戰爭的危險。那麼，一個歐盟式的東亞共同體，是否值得追求，又有多大的可能性呢？

一、從古代到當下的四種東亞秩序

東亞意味着什麼？東亞不是一個純粹的地理概念，誠如子安宣邦所言，它是一個不斷被歷史建構的政治概念。[1]

白永瑞教授在《東亞地域秩序：超越帝國，走向東亞共同體》一文中指出，從歷史到今天，東亞有過三個帝國的秩序，第一個是古代以朝貢體系為核心的中華帝國秩序；第二個是二十世紀上半葉取代中國成為東亞霸主的的日本大東亞共榮圈秩序，第三個是二次大戰之後美國和蘇聯對抗為主導的帝國稱霸的東亞冷戰秩序。[2] 這裏我還要補充一個事實，隨着二十世紀末冷戰的結束、二十一世紀初中國的強勁崛起，今日東亞的格局，已經呈現出第四種以中日對抗為中心的後冷戰秩序。

東亞這一概念是曖昧的，並非歷史上古已有之。從唐代到十九世紀中葉之前，中國文明領先於東亞世界，主宰東亞秩序的，是中華帝國為核心的等級化的天下體系。正如本書第一章已經指出的那樣，天下由三個同心圓組成，歷史上東亞的周邊國家被中國吸引，不僅因為中國富有，而且是中國在文明上領先。以中華為核心的朝貢體系，是一個國際性的差序格局，它既是經濟性的互惠關係，同時又是互為義務的倫理關係。中華天朝自居東亞世界的中心，周邊國家皆是受保護的附屬藩國。古代中國人只有中華意識，很少東亞意識，即使有所謂東亞，也只是以中華為中心的天下，是中華帝國以中原為核心的同心圓秩序的外緣部分。

東亞概念的發生，乃是近代的產物。其發生的原因，首先是「他者」的出現，這個「他者」，就是歐洲。十九世紀中葉，西方諸列強在東亞地區出現，帶來船堅炮利和西方文明，大大衝擊了原本以中華為中心的東亞秩序。原先以中華帝國為中心的東亞，不再是先進的、文明的，比較起文明程度更高的歐洲，東亞降格為半野蠻、半開化的落後文明。福澤諭吉提出日本要「脱亞入歐」，所要擺脱的是中華為中心的舊文明秩序，融合進歐洲為中心的新文明秩序。

第一階段的東亞秩序，是以大陸農耕文明為軸心，而日本則是與大陸文明不同的海洋文明，其處於東洋與西洋之間。古代日本是歐亞大陸文明的邊緣，用宮崎市定的話説，日本是「終點文明」，歐陸文明，無論是儒家、佛教文明，還是伊斯蘭教文明，傳到日本都成為了終點站，不再繼續向外傳播，而為日本所內化和吸收。[3] 十九世紀中葉之後，這一情形發生了變化，日本的開放從原來面向大陸轉向了面向海洋，從東洋文明轉向了西洋文明，「脱亞入歐」的日本不再是終點文明，對於東亞世界來説，日本成為了西洋文明向東亞傳播的起點和中轉站。在十九世紀末到二十世紀初，特別是戊戌維新到五四新文化運動這三十年的「轉型時代」，中國思想的現代化主要受到來自日本為中介的西方思潮影響，晚清的中國思想家比如梁啟超對日本的明治維新思想，説是「亦步亦趨」亦不為過。

身在「落後」的東亞，又是「先進的」歐洲文明俱樂部成員，這樣的特殊地位使得日本在一八九四年甲午海戰之後，成為東亞世界的軸心，尤其是一九〇四年日本擊敗了老牌的俄羅斯帝國之後，更確立了這一核心地位。一個以日本為中心的東亞概念，取代了原先的大中華天下主義，出現在十九、二十世紀之交。對於日本來説，西方是一個「內在的他者」，西洋的富強之術已經內化為明治維新之魂，但西洋的自由、民主核心價值卻被野心勃勃的新日本帝國排斥。

伴隨着中國的衰落、日本的崛起，東亞意識第一次真正出現了。但這個以日本為軸心的「大東亞」，其內涵是曖昧的，也是矛盾的。東亞既順應西方，又對抗西方。西方是東亞「內在的他者」，東亞各國學的都是歐洲的富國強兵，但歐洲依然是東亞賴以自我定位的「他者」，兩者的區別首先是所謂的種族差異。以實證科學為基礎的種族分類，將東亞視為黃種人的天下，歐洲是白種人的世界。傳統的中國天下意識，夷夏之間的區分僅僅是文化的，並非種族的，文化是相對的，不管你是什麼種族、民族和族群，只要接受了中華文明，便成為華夏—漢民族一員。但種族卻是絕對的，黃種人不可變易為白種人，倒過來也一樣。面對着來自歐洲的壓迫，東亞各國首先在黃種人意識上找到了同一性。

其次是想像性的文化差異。以日本為中心的大東亞共榮秩序，與中國的天下秩序不同，是一個歐洲式的民族國家霸權秩序。弔詭的是，這背後又有中國式天下秩序的殘餘，將霸權秩序想像為一個與西方迥然不同的王道秩序。大日本帝國時期的激進右翼，從頭山滿、北一輝到石原莞爾，都充滿了理想的烏托邦熱情，試圖建立一個與西方霸權不同的東亞人的王道世界。日本是當仁不讓的東亞領袖，負有神聖的使命，將中國、韓國和東南亞各國的黃種人從白種人的統治下解放出來，實現以天皇為中心的東方王道烏托邦。日本對朝鮮、中國和東南亞國家侵略戰爭的背後，不僅是霸權的利益擴張，而且還有一套玫瑰色的自我合法性的王道烏托邦理想。

於是，日本的大東亞共榮秩序充滿了內在的緊張：既要加入歐洲式的民族國家普遍秩序，又要保持日本特殊的天皇國體，並且將神魅化的天皇秩序擴張到東亞和東南亞世界。而到了太平洋戰爭期間，日本極端的右翼更是將亞細亞主義想像為一個普遍的世界秩序。一九四〇年初，京都帝國大學地理學教授小牧實繁提出新的地政學理論，他從日本的高點遠眺世界，將各大洲和海洋重新命名，以投射「大東亞共榮圈」的美夢。在他的地理命名法下，美洲為「東亞細亞」，澳洲為「南亞細亞」，非洲是「西南亞細亞」，太平洋是「大日本海」，大西洋則是「新大日本海」。[4]

日本的大東亞共榮秩序因為其過度的狂妄與擴張而受到毀滅性的挫敗，二戰之後，東亞世界迎來了它的第三個歷史階段，長達半個世紀之久的冷戰。東亞分裂了，朝鮮半島和台灣海峽兩岸都出現了分斷體制，中日也處於長期的意識形態對立。在此背景下，分裂的東亞不再有統一的東亞意識，以蘇聯、中國、朝鮮為一邊的社會主義陣營與以美國、日本、韓國、台灣為另一邊的自由世界陣營，將東亞撕裂成對抗的兩半。到了一九七〇年代，東亞的格局發生了微妙的變化，中蘇的對抗、中美的緩和，使得中、日、韓三國面對共同的敵人蘇聯，中日、中韓放棄歷史的隔閡，彼此接近，開始了一段戰略合作的友好期。但中日友好的基礎是脆弱的，其取決於中美之間的戰略同盟關係，更維繫於中日兩國的共同敵人——蘇聯。

一九九〇年代初蘇聯解體，其影響和勢力退出了東亞，中日之間的友好關係逐漸冷化。隨着中國崛起、釣魚島海域的領土爭端和日本政府首腦參拜靖國神社，兩國到了二十一世紀發生了直接的的摩擦和對抗，一個新的後冷戰時代開啟了。而朝鮮雖然被孤立於全球體系之外，但其孤注一擲的核武器試驗為東亞帶來嚴重的和平威脅，並導致了大攪局效應。中日韓之間，類似於中國歷史上的三國時代，關係錯綜複雜。

其中最核心的是中日之間的對抗，其中有意識形態因素，有歷史之結尚未解開，更有國家利益之間的衝突。作為曾經的古代和近代東亞地區的政治——文化霸主，中國和日本都在爭奪東亞乃至東南亞、泛太平洋地區的支配權和主導權，形成了後冷戰時代的對抗軸心。韓國與日本雖然是美國的盟友，卻因為歷史的原因和獨島的領土糾紛而關係時好時壞。中韓之間本來有緊密的經貿合作，攜手遏制朝鮮，在朴槿惠當選總統之後關係一度非常親密，但近半年來由於在如何遏制朝鮮核武器方面發生分歧，韓國引進美國的薩德導彈，令關係重新變得微妙。東亞「三國殺」的背後，一直有世界「老大」美國的影子，美國雖然不是身在東亞，卻在日本、韓國有駐軍，在東亞有她的核心利益。從美國的全球戰略利益出發，東亞的不戰不和局面最符合美國的利益，因而它極力促使日韓關係的改善，以共同遏制勢不可擋的中國崛起。

後冷戰時期的東亞，充滿了擦槍走火的戰爭危險，不僅是表層的領土之爭、國家利益之爭，更重要的是東亞各國民族主義、國家主義情緒高漲，從政府到民間，民族國家利益至上成為共同的意識形態，如同二十世紀上半葉的歐洲。東亞意識，無論在學界、政界還是輿論界，都是非常微弱的聲音。東亞各國為彼此對抗的民族主義意識形態、經常發生摩擦的國家利益而弄得四分五裂，未來發展趨勢曖昧不明，存在着很高的不確定性與局部戰爭的可能性。

戰爭也好，新的冷戰也好，皆不符合東亞各國的最佳利益，東亞各國陷入了只為自身利益盤算的「囚徒困境」。合作要比不合作好，雖然理論上大家都明白，但合作的起點和希望在哪裏呢？

二、從帝國秩序轉化為共同體秩序

日本學者柄谷行人說過：「一個世界帝國派生出來的各國雖然相互對立，但仍擁有文化和宗教上的共同性。所以，一般來說，現代國家均是以從舊有的世界帝國分離出來的形式而得以產生的。為此，從同當受到其他世界帝國威脅時，他們會努力維持舊有的世界帝國的同一性。即向『帝國』回歸。」[5] 柄谷行人所描繪的，基本是一個歐洲的歷史圖景。今日之東亞，要比歐洲複雜得多。

歷史上的東亞，雖然有過中國為核心的東亞天下體系和日本為軸心的東亞共榮圈，但從來都沒有真正統一過東亞，將整個東亞囊括到整個帝國版圖中。在古代的中華朝貢秩序中，日本雖然受到中國文化極大影響，但在政治上始終不是中國的藩屬，沒有向中國朝貢過，游離於中華帝國的統治半徑之外。子安宣邦指出：「就文明論的角度而言，日本被包含在中華文明世界之中。……但是它也在以中國為核心的華夷秩序中維持了自主性。」[6] 同樣，即使在日本帝國勢力最盛，侵佔了整個東亞和東南亞的時候，半個中國（東北和沿海）淪陷為日本的殖民地，但另外半個中國（內地和西部邊疆）依然在頑強地抵抗日本，守護了中國的民族尊嚴和獨立。這意味着，歷史上東亞的帝國秩序從來不是完整的，總是一個中心對抗着另一個中心，帝國秩序總是面臨着邊緣另一個中心的頑強抵抗。

東亞歷史上也從來沒有真正出現過威脅帝國秩序的共同外敵，十九世紀中葉當西方列強叩響中日大門的時候，日本順應時勢，迅速「脱亞入歐」，擁抱新的世界秩序。而到一九七〇年代以後共同面對蘇聯威脅的時候，中日雖然處於暫時的蜜月時期，但因為意識形態和歷史的因素，依然是同床異夢，無法結成更緊密的利益共同體。

東亞世界之所以無法出現一個統一的帝國秩序，也與多種文明形態在東亞共存有關。中國、韓國的主流是大陸農耕文明，奉行的是儒家文化和大乘佛教；蒙古和中國的蒙藏回地區則是內亞的遊牧文明，信仰的是伊斯蘭教和喇嘛教，而島國日本更接近西洋式的海洋文明，有自己的神道教。東亞處於農耕文明、遊牧文明和海洋文明三大文明板塊的斷裂處，很難以某個文明為核心，將整個東亞納入到統一的帝國版圖中。從盛唐到兩宋，中華文明在文化上征服了日本的心靈，但從來沒有在肉身上統治過桀驁不馴的島國；蒙古的鐵騎馳騁歐亞大陸，征服了整個中國，但偏偏無法跨越對馬海峽，日本成為蒙古大帝國可望不可即的獨立飛地。到了一九三〇至一九四〇年代，日本帝國攜着海洋文明船堅炮利的先進，佔領了沿海中國，但始終無法深入更廣袤的內地中國，最終為堅韌的農耕文明拖垮。

這一切都意味着，在東亞歷史上，沒有一個霸主真正統一過東亞，帝國的秩序都是殘缺不全的。即使在帝國的全盛時期，依然存在着例外、游離和抵抗。而抵抗的力量後來又發展為新的帝國中心。帝國霸業背後的基礎是文明，農耕文明、遊牧文明和海洋文明，雖然在某個特定的歷史階段，各領風騷數百年，但始終無法完全征服和內化其他的文明。

東亞的軸心是中日關係，歷史上中國和日本先後是東亞秩序的霸主，中日安，則天下安，中日亂，則東亞亂。假如中國和日本依然各懷稱霸東亞的舊帝國夢想，想着如何遏制對方，缺乏東亞共同體意識，東亞將永無安寧之日。

自古以來的四種東亞秩序，古代和近代先後是以中日為軸心的帝國秩序，二戰之後是冷戰的對抗秩序，二十一世紀以來是中日再度爭霸的後冷戰秩序。對東亞秩序的想像，都離不開某種帝國秩序的規劃，總是試圖打敗另一個霸主的競爭者，以自我為中心，建立等級性的支配性主宰秩序。然而，歷史已經證明、並將繼續證明，在東亞世界，沒有一個霸主可以統領天下，以一國為老大，建立一個穩定的帝國秩序。與其無休止的爭霸，不如重新規劃東亞，想像替代舊帝國秩序的新東亞。

新東亞秩序的重建，最重要的是轉變思維，從帝國秩序轉型為共同體秩序，從等級性的支配性秩序轉向扁平化的平等秩序，從一個中心的主宰性秩序轉向多中心的互動秩序。去帝國化、去中心化和去等級化，乃是未來東亞共同體秩序的關鍵所在。

歐盟的出現，為未來東亞秩序的想像帶來了示範性效應，這就是替代了傳統帝國等級秩序的平等協商的共同體秩序。

一個統一的歐洲，曾經是幾個世紀歐洲人的夢想，康德為此寫過《永久和平論》。然而，歷史上統一歐洲的夢想，就像秦始皇統一中國一樣，走的都是帝國武力統一的道路，從羅馬帝國、法蘭克帝國、神聖羅馬帝國，到拿破崙的法蘭西第一帝國和希特拉的納粹德國，無不如此。歐洲是現代戰爭的温床，威斯特伐利亞體系確立之後，雖然結束了中世紀的宗教衝突與戰爭，但從各個帝國內部獨立和分裂出來的新興民族國家，卻因為國家利益的衝突，陷入了新的戰爭。從十九世紀到二十世紀上半葉，歐洲國家之間的戰爭連綿不絕，特別是二十世紀以歐洲為主戰場的兩次世界大戰，給歐洲人很大的刺激。西班牙哲學家薩瓦特爾說：「爆發在我們這塊大陸上的兩次世界大戰，其悲慘使絕大部分歐洲人都相信，最重要的事莫過於超越民族國家的界限，尋求國際間的協調，以防止、避免並解決不同利益之間最後所訴諸的衝突。」[7] 歐洲人開始反思歷史，改變帝國武力統一的傳統路徑，思考通過和平的合作，建立一個平等的歐洲共同體的可能性。

美國與蘇聯之間的冷戰，將歐洲分裂為兩半：西歐和東歐、以美國為首的北約和與蘇聯為首的東歐。歐洲共同體的概念，最早發端於西歐自由世界的聯盟，在冷戰的背景下，西歐的聯盟建立在一個共同的敵人基礎之上，那就是蘇聯。但這僅僅是外部條件，西歐的聯盟有美國的背景，有北約的建制性保障，更有共同的自由主義價值觀。之前歐洲大陸戰爭不斷，最重要的因素是法德結仇。法國和德國作為兩個相鄰的歐陸大國，有宗教上的分歧，更有國家利益的衝突，兩國之間的矛盾成為歐洲戰爭的淵藪。二戰之後，因為有共同的敵人蘇聯存在，再加上西德對戰爭的深切反省，這一對冤家的世仇終於解開，法德的和解與攜手，是歐洲共同體得以形成的核心因素。

歐洲共同體的建立經歷了長達半個多世紀的歷程。二戰結束後不久，英國首相邱吉爾就提議仿效美國，建立一個「歐洲合眾國」。一九四九年成立的歐洲委員會，成為第一個泛歐組織。之後歐洲一體化的進程緩慢展開，到一九六五年，德法意等六國簽訂《布魯塞爾條約》，將之前的歐洲煤鋼共同體、歐洲原子能共同體和歐洲經濟共同體，統一為歐洲共同體。最終在一九九一年正式成立歐盟，建立了政治——經濟貨幣共同體。冷戰結束後，兩德統一，東歐國家加入歐盟，一個超國家的歐洲共同體得以圓夢。

這是一個去中心化、去帝國化的超國家共同體。歐盟與傳統帝國不同，它沒有中心，或者說有多個中心，德國、法國雖然是歐盟的中堅砥柱，但誰都不能聲稱自己是歐盟的中心，重大的事務都通過各國政府、歐盟理事會和歐洲議會協商解決。歐盟各國有自己的主權，但又是有限的，同時各國也保留了退盟的權利。這是自威斯特伐利亞體系之後，一個最大規模的超國家邦聯。它從帝國傳統發展而來，具有同一性、普世性的特徵；但又不是傳統的帝國；剔除了帝國的中心化與等級化，保留其內部的多元宗教、多元體制和多元文化，毋寧說，這是一個去帝國化的帝國再世，一個內部平等的跨民族、跨國家的政治、經貿、文化共同體。

歐盟的橫空出世，為東亞提供了永久和平的典範。東亞各國所要致力的長久目標，便是歐盟式的平等協商共同體，而不是以某國霸權為核心的傳統帝國。雖然這一目標的實現何其遙遠，但它是可欲的，是一個為東亞帶來未來希望的烏托邦。烏托邦的落地非常遙遠、渺茫，但人類不能沒有烏托邦，特別是那些有價值的烏托邦。在半個世紀之前，歐盟也被絕大多數人認為是可望不可即，但在今天，它已經成為一個事實。雖然其內部困難重重，有英國退出，有金融和經濟危機，但歐盟依然堅守着，成為世界和平的歐洲燈塔。

三、歐盟式命運共同體得以存在的三大支柱

一個歐盟式的東亞共同體，在現實中，它可能嗎？

在回應這一問題前，我們先來考察歐盟。從歷史與文化角度而言，歐洲共同體的存在，依賴三大支柱：一、內部與外部的「他者」；二、共同的宗教與哲學；三、共同的歷史記憶與成長經驗。

一個共同體的建立，首先需要有「他者」。歐洲有兩個「他者」，一個是「內部的他者」，另一個「外部的他者」。歐洲「內部的他者」是美國。美國是歐洲的政治盟友，文化上的同文同種，但雙方又呈現出複雜的微妙關係。蘇珊•桑塔格犀利地指出：「在歐洲與美國之間，一直存在着一種潛在的敵意，一種類似父子之間既複雜又愛恨交集的敵意。」8 在冷戰年代，當西歐與美國面臨共同的敵人蘇聯的時候，這個「內部的他者」並沒有那樣突出。當冷戰結束之後，美國一枝獨秀，成為無可爭辯的世界「老大」，越來越多的歐洲人對美國的單邊主義外交政策和美國式的帝國傲慢，日益顯現出不滿。歐陸與英美雖然在歷史上都屬於基督教，從政治意識形態而言都屬於自由世界陣營，但英美和歐陸無論從宗教、哲學、語言，還是國家發展模式上，都有很大差異。二〇一三年斯諾登揭露的美國對外國首腦的竊聽事件表明，美國真正信任的只是講英語的盎格魯—撒克遜兄弟們：英國、加拿大、澳洲和新西蘭，而對包括法國和德國在內的歐洲盟友依然保持一種有懷疑的戒備立場。

由於美國這位「內部的他者」的存在，激發起歐洲知識分子強烈的歐洲意識和自我認同。二〇〇三年，德國哲學家哈貝馬斯與法國後現代主義者德里達發表共同宣言，提出了「核心歐洲」的概念，得到了歐洲眾多著名知識分子的響應。他們認為，歐洲共同體，需要有與美國不同的核心歐洲獨特的價值，這就是世俗主義、啟蒙思想、福利國家的市場社會主義和政治上的社會民主主義。[9]

除了「內部的他者」，歐洲還有一個更重要的「外部的他者」，那就是伊斯蘭教。猶太教、基督教和伊斯蘭教，本來都是亞伯拉罕家族的神教，是一根藤上的瓜。但因為都信奉一神，因此在歷史上衝突不斷，而這種宗教和政治上的衝突強化了歐洲作為一個基督教世界的自我認同。早在一四五三年，拜占庭帝國首都君士坦丁堡被奧斯曼帝國攻破後，波希米亞國王喬治就建議，歐洲基督教國家應該組成聯盟，共同對抗奧斯曼帝國的擴張。奧斯曼帝國的後裔——土耳其雖然在軍事和政治上是北約的成員國，但一直沒有被接納為歐盟的一員，因為它不是一個基督教國家，屬於伊斯蘭世界，與歐洲的氣質格格不入。近幾年，大量穆斯林移民進入歐洲，拒絕世俗化的伊斯蘭教文化與世俗化的基督教文化在歐洲內部發生了嚴重的衝突，「家門口陌生人」的出現激發起許多歐洲人的自我認同和家園意識。歐洲究竟是歐洲人的歐洲、基督教的歐洲，還是文化多元主義的歐洲，成為歐洲共同體內部日益嚴峻的問題。

如果一個共同體僅僅依賴「他者」存在，而缺乏自身內在的價值認同，這樣的共同體必定是脆弱的，只是暫時的權宜之計，是臨時的利益結盟。沒有永恆的敵人，只有永恆的價值。是內在的價值，而非外部的「他者」，才是歐洲共同體最堅實的存在基礎。古希臘羅馬文明、基督教傳統和近代的啟蒙思想，是歐洲共同體得以存在的共同價值。但歐洲的這三大文化傳統，彼此之間又存在着很大的張力，用法國哲學家莫蘭的話說，是一種「對話的關係」，[10] 歐洲相對於「內部與外部的他者」是一個同質化的存在，但其內部又是高度異質化的：東西羅馬、猶太教與基督教、拉丁文化與新教文化、斯拉夫文化……莫蘭指出，歐洲是一個矛盾體：理性的／神話的，人文的／力本的、法律的／強權的，形成了強烈的反差。[11] 正是這種「多元一體」的歐洲文化，讓歐洲有共同的歷史文化認同，但又充滿了自我否定、自我更新的內部張力。

歐洲共同體所賴以存在的共同文化，不僅是一種歷史認同，而且也是在共同的生活經歷中不斷建構的。瑞士學者阿道夫•穆希格説，歐洲乃是一個「記憶與經驗的共同體」。[12] 作為基督教世界，作為羅馬帝國傳統的後人，歐洲有自己古老的共同記憶，但這些記憶被近代日益高昂的民族國家意識撕裂了。一戰之後，之所以不到二十年之後又爆發二戰，乃是因為德國與法國戰爭記憶的對立。二戰之後，德國痛定思痛，深刻地反省歷史，德國與歐洲其他國家對歷史的看法獲得了一致立場，這是德法和解的核心所在。在戰後走向歐洲共同體的半個世紀歷程中，在與蘇聯的對抗和與美國的「區隔」當中，歐洲各國在宗教世俗化、市場社會主義與社會民主主義諸多方面獲得了越來越多的共同經驗，共同的歷史記憶和成長經驗的分享，讓不同民族、不同國家、說不同語言的歐洲人彼此接近，有了一種深切的共同命運感。這是歐洲共同體得以存在的最深厚的文化土壤。

從地理規模和文化內在同一性而言，東亞就是一個歐洲。歐洲的經驗足以為東亞提供自我認識、自我反思的參照。那麼，東亞能夠像歐盟那樣，形成一個去中心、去帝國的邦聯共同體嗎？退一步說，即使實現不了邦聯，有可能建立一個對話的、互動的命運共同體嗎？

共同體的自我認同首先需要有「他者」。東亞的「他者」無論從地理位置、文化傳統，還是種族差異來說，自然是西方。東亞內部「你」與「我」的關係，只有面臨一個共同的「他者」的時候，才會真實地呈現出來。「他者」僅僅是參照，要警惕的是將「他者」視為「敵人」。近代日本的「大東亞共榮」就將西方視為東亞的絕對敵人，試圖將白色帝國主義從東亞排擠出去，但它所遵循的霸道邏輯又是西方式的，只是將白種人的帝國主義換成了黃種人的帝國主義。新建立的東亞共同體需要西方的「他者」，但這個「他者」不是對抗的「他者」，而是互動的「他者」、參照的「他者」。一個薄的、弱化的、相對的「他者」的比較性存在，可以更加清晰地意識到具有歷史文化同一性的東亞之自我。

自我與他者的區別也是相對的，那種將西方等同於霸道、東亞等同於王道的絕對主義的二分法，很容易走上與西方對抗的道路。在金融、經貿和資訊全球化的今天，西方這個「他者」已經深刻地鑲嵌到東亞的自我當中，無法剝離。即便如此，日本、韓國也好，中國也好，東亞也沒有因此而變為西方，它依然具有東亞的文化特性。新的東亞意識，不能重蹈昔日「大東亞共榮」的覆轍，與天下為敵，以敵人的存在作為自己存在的前提。一個具有自我意識的東亞，是真正具有文化內涵和內在價值的東亞，是不依賴「他者」也能自我確立的東亞。

在今日地理意義上的東亞，與其說是與西方區別的東亞意識太強，毋寧說是文化意義上的東亞意識太弱了，東亞被各國的民族國家意識撕裂，形成不了具有內在同一性的文化東亞。那麼，從歷史傳統而言，文化東亞究竟有什麼共同資源？

歷史上的東亞不僅在經貿，而且在宗教與文化上，有非常密切的互動和交流，在世界文化地圖上，形成了一個獨特的空間交往網絡。因為東亞擁有共同的宗教與文明，因此美國的大學中有東亞系，只是大部分東亞的研究，只是中國、日本、韓國的國別史研究，而缺乏將東亞作為一個內在同一性的文明共同體來對待。那麼，東亞作為一個歷史的文明共同體，究竟具有什麼樣的內涵呢？

台灣學者高明士指出：「歷史上的東亞，有五個文化要素是東亞各國所共享的，第一是漢字，第二是儒學，第三是佛教，第四是律令，第五是科技（醫學、算學、天文、曆法、陰陽學等）。」[13] 簡單地說，文化東亞是一個複合的共享文化圈，首先是漢語言文化圈，漢語不僅是中國的語言，而且在歷史上也是日本和韓國精英文化的語言，它與拉丁語、西班牙語、英語、法語、德語、俄語一樣，是超越民族和國家的世界性語言。其次是東亞儒學，與漢語一樣，儒學發源於中國，但在日本、朝鮮半島和越南，也得到了廣泛的傳播，在這一領域，近年已經有相當多的研究。其三是東亞佛教，與東南亞的小乘佛教不同，東亞地區的大乘佛教同源同根，無論在歷史上，還是今天，都形成了密切的互動脈絡。第四是東亞的近代啟蒙。日本最早「脱亞入歐」，將西方思想引入東亞，中國、韓國的近代化過程中，特別在十九世紀末、二十世紀初，啟蒙思想都是通過日語的中介而得以發生和發展，這種以日語為中介、經過明治思想過濾的近代啟蒙，也是影響至今的東亞重要的思想傳統，一點也不亞於東亞儒學和東亞佛教。最後是很少有人注意到的「另一個東亞」，即與中原文明迴然有異的內亞文明。韓國人、日本人最初都是來自西伯利亞和東北亞的遷徙者，韓語和日語都屬於阿爾泰語系，與漢語無關。[14]

東亞不僅有「外部的他者」，也有「內在的他者」，那就是共享了東亞共同歷史文化傳統的東亞各國，雖然它們在文化上是同一個歷史文化共同體的「我們」，但彼此而言，都屬於「內在的他者」，白永瑞提出要用「雙重周邊視角」觀察東亞，[15] 正是「內在的他者」的相互性視角。東亞與歐洲一樣，內部充滿了多種文化的衝突和張力，有中原文明的儒家以及東亞化的佛教，也有根源於內亞和蒙古高原的遊牧文明。歷史上的東亞是一張複合的文化網絡，它內部充滿了張力，但在「他者」的參照下，又具有鮮明的文化同一性。只是文化東亞的同一性，到了近代被各種國別史的研究、為佔主流的民族國家意識所覆蓋，逐漸淡出了人們的視野。如何發掘東亞的文化同一性，為東亞意識、東亞認同奠定堅實的歷史地基，這是形成東亞共同體必須做的基礎工作。

東亞共同體的形成，不僅需要對歷史文化傳統的認同，同樣需要建構性的歷史記憶與共享經驗。東亞最大的歷史創傷，乃是上個世紀日本對東亞的侵略戰爭。問題不在於戰爭本身，而是戰後東亞各國對戰爭記憶的撕裂和對立。關於東亞的歷史，各有各的故事，而缺乏共同的故事。日本對東亞戰爭的反省，因為缺乏德國那樣的力度和深度，始終無法得到中國和韓國的諒解，圍繞着南京大屠殺、慰安婦、參拜靖國神社等這些問題，中日、日韓之間一直有着無法解開的心結。但這個心結未必是無法解開的死結，它需要中日韓三國學者的共同努力，通過聯合調查與研究，超越意識形態的偏見，給歷史一個真實的還原和交代。歐洲的經驗昭示我們，只有擁有共同的歷史記憶，對戰爭的深切反省，中日之間、日韓之間才能實現法德式的終極和解。

東亞共同體的建構性努力，除了塑造共同的歷史記憶外，共同的成長經驗和深入的交往可能是更重要的。事實上，自上個世紀七十年代，東亞在經貿、金融領域已經形成了非常緊密的統一市場，只是這個統一市場還缺乏建制化的保障。東亞各國雖然在政治上有衝突，但資訊與文化的共享卻一直在發展，日本的動畫、韓國的電視劇、中國的藝術，早已超越國界，成為東亞年輕人共同分享的文化產品。中國的年輕人中，有情緒衝動的愛國憤青，也有消費和文化上的「哈日族」和「哈韓族」。東亞各國這些共同的發展經歷和彼此分享的文化經驗，會讓更多的中國、日本和韓國的年輕人有一種共同的命運感和社群感。而無障礙的交流和互動，是共同體意識得以形成的前提。

在歐盟形成的過程中，歐洲知識分子扮演了非常重要的角色。歐洲知識分子的歐洲意識從古希臘羅馬意識、基督教意識轉化而來，雖然民族主義意識、國家認同到了近代成為主流，但一直有一種更博大的歐洲意識平衡着民族主義。特別是二戰之後，歐洲知識分子的歐洲意識逐漸佔據主流，德國、法國和英國知識界密切的交流和對話，早在歐盟形成前，已經有一個共同的歐洲公共領域和歐洲知識場域。德國的哈貝馬斯與法國的德里達，雖然在知識立場上截然相反，一個是現代理性的守護神，另一個致力於解構的後現代主義者，多次有激烈的論戰，但這並不妨礙他們在二〇〇三年攜手發表共同宣言，提出「核心歐洲」的價值與理念。假如沒有歐洲各國知識分子共同參與的歐洲公共領域和歐洲知識場域，歐洲共同體是難以想像的，也會因此而缺乏價值上的合法性。

相比較而言，東亞知識分子的共同感卻要弱很多，至今沒有一個共同的東亞公共領域。隨着近三十年中日韓增加了學術領域的交流，共同的東亞知識領域已經初步形成，但在這一領域當中，只是基於各自研究傳統的交流與對話，尚未形成共同的知識關懷和問題意識。韓國的白永瑞教授這幾年一直呼籲中日韓建立一個東亞的知識共同體和市民社會聯合體，其意義不言自明。東亞共同體的形成，不能僅僅指望政府的明智，更重要的是來自知識分子與民間社會的努力，那是更基礎性的工作。不管國家間的政治如何對抗，只要底層的經貿與文化交流不中斷，並形成統一的市場，那麼東亞共同體便擁有堅實的社會與文化基礎。

知識分子不是政治家，他們不能左右政治，但可以影響觀念，一個堅實的東亞共同體，不僅是利益的結合，更重要的是共享了東亞的觀念同一性。東亞的價值普遍性何在，如何超越各國狹隘的民族國家意識，像哈貝馬斯等歐洲知識分子那樣，思考和追求「核心東亞」共享的觀念與價值，是東亞知識分子共同面對的話題。民間走在政府的前面，知識分子領先於政治，這是東亞共同體的希望所在。

四、「從國家視野中的東亞」到「東亞視野中的國家」

子安宣邦在談到東亞儒學的時候，明確反對「實體的東亞」，無論這個「實體的東亞」是以中國還是日本為中心。他提出的是一個「方法的東亞」，即不再以西方中心觀、而是以東亞的內在視野來思考東亞，進而重新思考整個世界。[16] 子安宣邦所說的「實體的東亞」自然是傳統東亞帝國的復活，然而，是否可以想像另一種可能，有一種新的歐盟式的實體東亞？至少是一個鬆散的、對話的、互動的東亞共同體？

東亞在歷史上曾經是同一個文化共同體，有衝突，也有和諧。冷戰將東亞撕裂成兩半，後冷戰時代的民族國家至上又讓東亞四分五裂。然而，不管喜歡還是不喜歡，東亞各國總是要做鄰居，處於同一個地理空間，是同一個命運共同體，這是東亞不可逃避的宿命。日本前首相鳩山由紀夫就比較清晰地意識到這一點，他執政期間試圖緩和東亞的緊張關係，提出過「東亞共同體」的構想。未來的世界將不再是以美國為主導的單邊世界，而是由美國、歐洲、俄國、中國、日本、印度等所組成的多邊世界。無論在東亞，還是在全球，一個單邊的世界必定是一個等級性、主宰性的帝國秩序，而多邊世界正是去中心、去帝國的多元平衡世界。多邊世界的形成，有賴於各種區域意識的出現。世界何其遼闊，擁有獨立主權的民族國家也有近二百個。當如此眾多的民族國家所想像的共同體只是一個龐大的世界，在世界與各國之間缺乏區域共同體的時候，這個世界勢必只能由一個最強勢的國家所主宰，形成單邊主義霸權。而各種區域共同體的出現，能夠有效地對沖單一霸權，形成一個多邊互動與平衡的均勢世界。東亞理應為多邊世界建立自己獨特的貢獻。倘若在太平洋的西岸，就像在大西洋的東岸那樣，出現一個歐盟式的東亞共同體，那麼兩個共同體與美國形成的三邊平衡，將比今天後冷戰時代的世界穩定得多。

歐盟式的東亞共同體可能嗎？東亞的歷史與文化傳統已經提供了某種可能性，要將可能性轉化為現實性，首先需要東亞各國破除民族國家至上的觀念屏障，強化東亞的共同感。在今天這個民族主義依然佔主流的時代，徹底剝離民族國家意識顯然是不可能的，但在民族國家與整個世界之間，有必要鑲嵌一個國家與世界之間的中介：東亞共同體。

東亞意識有兩個不同的層次，第一個是「國家視野中的東亞」，第二個是「東亞視野中的國家」。傅柯曾經認為，歐洲的核心問題是德國，究竟是德國的歐洲，還是歐洲的德國？德國的第一、第二和第三帝國，都以德國為中心想像歐洲的秩序，最終不僅沒有建立霸權，反而使得德意志帝國自身垮台。二戰之中，德國逐漸融合到歐洲意識當中，今日的德國，已經成為歐盟的中流砥柱，但與以往不同的是，已經不是德國的歐洲，而是歐洲的德國。對於中國、日本和韓國來説，同樣有一個從「國家視野中的東亞」到「東亞視野中的國家」的觀念轉型。

第一個層次的東亞意識，依然是從各自的民族國家視野所呈現的東亞，國家自身是主體，東亞只是客體和他者。這個層次的東亞意識，有時候是一種偽裝成東亞意識的國家中心主義，將自我視為中心，將東亞其他國家視為周邊或邊緣。傳統的大中華天下主義與日本的大東亞主義皆是如此，其中的差異僅僅在於，中華天下主義是以文明國家的朝貢體系為形式的霸權秩序，而日本大東亞主義是以天皇制的民族國家為形式的霸權秩序。不容否認，今日東亞各國從政府到民間，不少知識分子對東亞秩序的想像，依然混雜了上述中華式帝國秩序或大和式帝國秩序的殘餘。

真正的東亞意識，乃是去中心化、去等級化，東亞不再以某個國家為軸心，東亞的整體自身成為中心。第二層次的東亞意識，乃是有了共同價值的東亞，作為方法的東亞，每個國家的知識分子，將國家自身置於東亞的共同命運、共同情感和共同意識之中來思考和對待。就像歐洲的知識分子，發展出「核心歐洲」的價值，不再是從各自的民族國家立場來思考歐洲問題，而是從歐洲的整體立場來思考和定位民族國家的自身利益。

歐洲共同體如今已經獲得了其制度性的建構——歐盟，東亞的命運共同體將會以一種什麼樣的制度形態存在呢？雖然歐盟式的邦聯，對於東亞來說非常遙遠，幾乎是一個可望不可即的烏托邦，然而，在這樣的烏托邦出現前，東亞的命運共同體依然可以有多種的、鬆散的制度形式，比如政府間的合作對話機制、更緊密的貿易夥伴共同體、市民社會的東亞共同體、知識分子的東亞公共領域等。

東亞是東亞人的東亞，天下是天下人的天下，當東亞逐漸從各種中心論的帝國秩序剝離出來，意識到自己不僅屬於某一個民族、某一個國家、某一種狹隘的意識形態，而是屬於東亞同一個命運共同體的時候，那麼，東亞將會向似乎是可望不可即的烏托邦夢想一步步接近。

重要的不是是否可能，而是是否值得追求。一個世紀之前，當有人告訴大家歐洲將出現一個邦聯式共同體的時候，一定會被眾人認為是一個狂想病人，然而，當歐洲人從戰爭的沉痛反思中意識到了「我們」，「我們」就是歐洲，是同一個命運共同體的時候，改變了的觀念會物化為活生生的現實。

歐洲人能做到的，東亞人未必不能做到。東亞需要第二次「脱亞入歐」，擺脱舊東亞的帝國夢魘，向歐盟式的超國家共同體看齊。

二〇一六年

註釋

1 子安宣邦：《東亞儒學：批判與方法》，陳瑋芬譯，台北：台灣大學出版中心，2004，143頁。

2 白永瑞：〈東亞地域秩序：超越帝國，走向東亞共同體〉，載《思想》雜誌第3期，台北：聯經出版公司，2006。

3 宮崎市定：〈東洋史上的日本〉，《宮崎市定論文集》下卷，北京：商務印書館，1965，141–143頁。

4 小牧實繁：《日本地政學》，東京：大日本雄辯會講談社，1942，轉引自羅桂祥：《再見亞洲：全球化時代的解構與重建》，香港：香港中文大學出版社，2014，91頁。

5 柄谷行人在上海大學的演講《世界史之結構性反復》，2012年11月8日。

6 子安宣邦：《東亞儒學：批判與方法》，16頁。

7 哈貝馬斯等，劉伯宸譯：《舊歐洲、新歐洲、核心歐洲》，北京：中央編譯出版社，2010，編者前言第7頁。

8 蘇珊·桑塔格：〈文學即自由〉，載哈貝馬斯等：《舊歐洲、新歐洲、核心歐洲》，237頁。

9 哈貝馬斯等：《舊歐洲、新歐洲、核心歐洲》，1、6、28–30頁。

10 埃德加·莫蘭，康征、齊小曼譯：《反思歐洲》，北京：三聯書店，2005，16頁。

11 埃德加·莫蘭：《反思歐洲》，1–2頁。

12 阿道夫·穆希格：〈「核心歐洲」：關於歐洲的認同〉，載哈貝馬斯等：《舊歐洲、新歐洲、核心歐洲》，44–45頁。

13 高明士：〈序言〉，《東亞文化圈的形成與發展：儒家思想篇》，台北：台灣大學出版中心，2005。

14 羅茲·墨菲，黃磷譯：《亞洲史》，海口：海南出版社，2004，16頁。

15 白永瑞：《橫觀東亞：從核心現場重思東亞歷史》，台北：聯經出版公司，2016，177頁。

16 子安宣邦：《東亞儒學》，17–18頁。

第五章

雙向內在化的台灣文化與中華文化

當我撰寫本章的時候，周子瑜道歉事件導致海峽兩岸網友在臉書上隔空論戰，成為網絡的熱點。自蔡英文當選之後，台灣問題成為了大陸民眾前所未有的關注所在，台灣的未來，究竟是獨還是統？獨統問題已經成為一個無法解開的死結，對大陸大多數民眾來說，獨不願意，統不可能；而對台灣大部分民眾而言，統不願意，獨不可能。其實，比獨統更重要的是「通」，兩岸經貿、人員往來的「通」已經實現，但兩岸民眾、特別是年輕人之間的心靈距離似乎越來越「隔」，相互的理解、心靈的溝通是未來兩岸事務的當務所急。

獨統都是政治的選項，當政治陷入死局的時候，認同問題就分外突出，周子瑜道歉事件表明，台灣人的認同是比獨統還要麻煩一百倍的問題。九二共識確立了「一個中國」的原則，但「中國」究竟意味着什麼？政治上的「中國」，兩岸是有明顯分歧的。但文化上的「中國」可以「一中同表」嗎？當兩岸在政治認同上陷入分歧的時候，尋找文化的共識與「同表」就顯得更為重要。只有將何為「中國」這個問題釐清了，九二共識才能獲得堅實的歷史與文化基礎，台灣的主體意識、台灣人的認同才不致走上「去中國化」、與中華文化對抗的歧路。

當我讀到楊儒賓教授的《1949禮讚》一書，雖然在政治認同上差異甚大，但在文化認同上卻有知音之感，楊教授提出的「中華文化在台灣」，超越了獨統立場，將本已陷入對抗、互為「他者」的台灣文化與中華文化，還其本來的互相交融、內在鑲嵌的本貌，是為難得的識見也。

海峽兩岸的存在、分斷體制的形成，是冷戰時代的產物。雖然冷戰結束了二十多年，但兩岸的分治，卻依然存在，而且將繼續存在下去。大陸在國際社會擁有無可置疑的國家主權，代表中國；台灣缺乏國際社會承認的主權，卻享有完整的治權。近代以來形成的威斯特伐利亞體系，幾乎所有的政治共同體都是以主權國家為核心，即使是冷戰時期的東德與西德、至今依然處於分斷狀態的朝鮮半島，雙方都在聯合國擁有獨立的席位。到了近代，某個政治共同體的治權通常由處於其上位的主權國家授予，但台灣自從一九七二年被驅逐出聯合國之後，治權與主權剝離，成為主權缺位、治權完整的政權，這樣的共同體在世界上幾乎沒有第二個。楊儒賓教授指出：「台灣政治癥結的『主權』概念原本即是西方現代性的產物。兩岸局勢的特殊性既然那麼特別，也許我們可以繞道思求另解。」[1] 這個「繞道思求另解」，不在已經抽為死結的主權之爭，而在中國的歷史文化脈絡當中。

「一個中國、多個政權」在當代政治之中乃是特例，但在二千年的中國歷史當中卻為常態。古代中國雖然是一個國家，卻不是近代那種以主權為標志的民族國家，而是王朝國家。歷史上的王朝經常更替，但有一個超越了具體王朝而始終存在的文明共同體，其不僅具有制度典章的政治連續性，更具有宗教語言禮樂風俗的文化一貫性，這一以中原為中心的文明共同體，就叫做「中國」。從時間的延續性而言，中國是以中原為中心的、連續的文明共同體，但從地域空間的角度說，「中國」又是多個政權並存的空間複合體。

現有中國版圖之內的古代歷史，在大部分時期不是只有一個王朝，而是有多個王朝政權。不說分裂時期的戰國七雄、魏蜀吳三國、魏晉南北朝，即使在大一統的中原王朝時期，漢朝的北方有匈奴、鮮卑政權，唐代有突厥、吐蕃、南詔、回鶻，與兩宋王朝並存的，有遼夏金元。我們所熟悉的二十四史，是單線的、一元的正統王朝故事。但在今日的中國疆域之內，歷史上各個時期除了正統王朝，還有眾多並存的王朝，他們同樣是中國歷史的一部分，只是常常被忽略、被遮蔽的一部分。歷史上的「中國」並非一個威斯特伐利亞體系意義上的主權國家共同體，而是由多個王朝、多個政權共同組成的文明國家共同體。

從中國自身的歷史脈絡中獲得智慧的九二共識其妙在於：雖然兩岸分治，各有治權，但在「何為中國」問題上，超越了主權歸屬的難題，海峽兩岸，共享「一個中國」的文明大屋頂，形成一個由共同的歷史、文化、語言所構成的命運共同體。

如今與「一個中國」對立的，不是一般的台灣意識，而是「去中國化」的極端台灣意識。似乎承認了「一個中國」，承認了中華文化的大屋頂，台灣文化就失去了主體性。那麼，台灣意識究竟從何來，其內涵究竟意味着什麼？

楊儒賓在書中指出：「台灣意識是共同體意識，台灣居民會形成全台範圍的共同體意識是相當晚的，台灣意識就像現代民族主義的萌芽一樣，恐怕都是要在現代國家系統下，經由共同的教育、發達的印刷術、興盛的媒體諸種作用的加持，才容易茁壯。」[2]他判斷，台灣意識大約在一八六〇年代前後產生，在此之前，原住民各族群之間、閩南人與客家人、閩南人中的漳州幫、泉州幫不斷上演械鬥的戲碼。一八六〇年代之後，這類械鬥顯著減少，隨着民族主義意識的出現，台灣意識隱然成形。[3]不過，此刻的台灣共同體意識，就像同時出現的廣東意識、湖南意識一樣，只是一種省籍意識。中國的省籍意識，是與近代的民族國家意識同時誕生的，可以說是國家意識的伴生物。所謂的民族主義，在當時有國家民族主義與省籍民族主義之分。一八九五年台灣被割讓給日本之前，如果真的已經有台灣意識的話，那只是與湖南意識、廣東意識一樣，只是省籍民族主義而已。

任何共同體意識的誕生，都要有「他者」。一八六〇年代前，沒有台灣意識，只有各種各樣四分五裂、互相衝突的部落意識、鄉曲意識。一八六〇年代，在台灣出現了省籍意識，之所以如此，乃是缺乏一個作為台灣整體的「他者」，中國當時是台灣的上位，不是台灣的「他者」。在清代台灣，無論是通過科舉而實現的士紳階級文化，還是社會底層的閩南、客家文化，都來自中國大陸，是中華文化的支流。台灣意識的最早「他者」，乃是一八九五年後，新的統治者——日本。台灣民主國雖然曇花一現，但可以視為台灣意識的第一次自覺。

在日據時代，台灣意識越來越明晰，但其內涵和形式卻是漢語言文化，林獻堂、蔣渭水的台灣文化協會以中原的精英文化對抗以「文明」面貌出現的日本文化，社會底層的老人繼續穿唐裝、年輕女性流行穿旗袍，以日常生活的姿態頑強地堅守自己的文化認同。這一文化認同，既是台灣的，又是中國的，台灣意識與漢文化意識糾纏交融在一起，形成台灣的「我者」，以此反抗外來的日本「他者」。楊儒賓指出：「就像台灣意識因為日本的統治而強化，漢文化意識也因為日本的統治而強化，但在統治者軍隊與經濟雙管的壓迫下，一種自外於日本的我族意識很難光明正大地發展，此時，漢文化意識很快也很容易取代它的位置，從語言、漢字、詩社、祖先崇拜，這些都被視為是漢文化的展現，但同時也是台灣意識的表徵。」而一九四五年台灣回歸祖國，「光復後的台灣人民因加入同族的國家，成了中國的國民，所以它同時解決三四百年來歷史發展的矛盾，台灣居民的文化認同與國家認同的糾葛在光復的剎那一併解消。」[4]

然而，二二八悲劇的發生，使得台灣與中國之間產生了一道長久無法彌補的裂痕。楊書中引用的一個歷史細節非常令人震撼：彭明敏的父親是省議員，在二二八期間代表台方與中央派來的代表談判，受盡官方凌辱，回到家裏傷心地說：「我為身上的華人血統感到可恥，希望子孫與外國人通婚，直到後代再也不能宣稱自己是華人！」[5]從二二八這一刻開始，台灣意識的「他者」轉向了，從日本轉向了它的母體中國，從此也受到了兩蔣父子的國民黨威權體制近半個世紀的打壓。越是被打壓的本土意識，越是容易蛻變為一個對抗性極強的、賴「他者」而自我存在的封閉意識。等到陳水扁時代全面推行「去中國化」之後，台灣意識成為與中國意識對抗的意識形態，台灣文化也因此被形塑為與中華文化徹底脫鈎的原發性文化。

這些年台灣史的書寫，有關台灣的本土文化認同，基本建立在太平洋島嶼的原住民文化和鄭成功之後的閩南庶民文化兩條脈絡上。一種歷史記憶的發掘，意味着另一種歷史的遺忘，這個遺忘，就是排斥來自中原文化大傳統，這是另一種對抗。兩蔣時期的國民黨用大中華民族主義壓抑台灣本土文化，而如今的「去中國化」，同樣用本土小文化傳統抗拒歷史和現實之中所真實存在的中華大文化。當對抗性的思維主導台灣主體意識的時候，其歷史與文化的真實內涵被掏空了，剩下的只是抵抗的堅定與勇敢。主體意識的曖昧，需要一個敵對的「他者」。於是，台灣主體這個「自我」無法自圓其説，嚴重依賴於「敵人」的存在。沒有了「敵人」，便沒有了「自我」，這是殖民歷史帶給台灣的文化困境，至今無法擺脱。

任何一種本土化意識，都需要以文化認同為實在的內涵。那麼，台灣文化究竟是什麼呢？我在台灣的時候，請教了多位各個年齡層的學者和學生，他們的回答大多曖昧不清，語焉不詳，只是説台灣文化是包容性很強的文化，吸收了東洋、西洋、大陸、南島的各種異質文化，形成了今天獨特的台灣文化。直到有一天，我在宜蘭的國立傳統藝術中心園區，看了一場由藝術學校學生的打擊樂表演，我才恍然領悟，什麼叫台灣文化。打擊樂的樂器有來自大陸中原的大鼓，也有原住民的腰鼓，還有其他東南亞的樂器，演員所用的語言，一會是國語，一會是閩南話、一會兒又夾雜幾句原住民語言，混合交雜在一起。這就是台灣文化！在他們看來，台灣文化就是多元的、混雜的、離散的，有來自中原的漢語言大文化傳統、閩南的民俗文化小傳統，也有南島民族的原住民文化，還有東洋的日本文化、來自西洋的全球化文化。

如此觀之，台灣文化似乎是一種無限開放的、尚未形成傳統的年輕文化，至少到目前為止，它沒有自我定位，並只是正在形塑中。從文化建構主義的思路來說，這似乎無可非議，任何一種文化的未來，都是創造的、變動的，不拘泥於已有的傳統。文化建構主義開放則開放矣，但很容易陷入文化虛無主義的泥沼，因為任何一種文化創造，並非平地起樓，從無到有，創造總是要有所憑藉，要借助已有的傳統。因此，文化建構主義依然需要文化認同作為補充。從文化認同主義的立場來說，被借助的文化傳統並非工具性的，因為任何一種文化創造，都要由人來創造，而人總是生活在一定具體的文化、語言與宗教之中，這些傳統鑲嵌在人的生命中，傳統不是一件可以自由選擇的衣服，想穿就穿，想脫就脫，它具體內在的規定性，通過思維、習俗、語言和宗教，制約了後人創造的方式、路徑和邏輯。

台灣文化來自大陸的中華文化，從鄭成功入台開始，中華文化就內在於台灣文化的生命中，這不是一代人「去中國化」就可以消解的。「去中國化」本身就帶有深刻的中國印記，帶有中國式文化虛無主義的特徵。大陸當下的民族主義因為缺乏明確的文明內涵，而成為一個巨大而空洞的符號，而台灣「去中國化」式的民族主義也因為匱乏自身的歷史文化內涵而同樣蛻變為一個貧乏而曖昧的姿態，海峽兩岸的民族主義，表面看起來是對抗的，勢不兩立，實際上都離不開對方，視對方作為敵對的「他者」，賴對方的存在而自我存在，非常弔詭的是，兩岸的極端民族主義分享了中國式文化虛無主義的共同精神特徵。

那麼，台灣文化與中華文化究竟是什麼樣的關係？是互嵌性的內在關係，還是工具性的外在關係？楊儒賓教授的《1949禮讚》一書，引人矚目地提出了「中華文化在台灣」。在他看來，一九四九年無論對中華文化，還是台灣文化，都是劃時代的重要年份。一九四九年不啻為繼永嘉、靖康之後中國文化的「第三次南渡」：隨着國民政府的渡海大遷移，大陸重要的文化財產、學術機構和文化人才進入台灣，這些中原的精英文化使得台灣具有了中華文化的主體性，台灣融入了中華文化，中華文化也融入了台灣，台灣與祖國互相擁抱，中華文化與台灣文化互相鑲嵌，實現了一體化。一九四九年不僅誕生了一個新中國，也誕生了一個新台灣。

楊儒賓提到，胡適、錢穆、徐復觀這些原來流落在國外的文化遺民，最後幾經顛簸，最後都葉落歸根，回到台灣，終老此地。雖然台灣不是他們地理意義上的故鄉，但對這些文化遺民來說，台灣卻是文化意義上的故鄉。而在上個世紀的五十至七十年代，中華文化在大陸正被連根拔起、備受摧殘，正是台灣保留了中國文化的種子，文化之根在台灣。在胡適、錢穆、徐復觀他們看來，文化在哪裏，故鄉就在哪裏。

楊儒賓說：「『中華文化』和『台灣文化』已是互紐互滲的關係，即使不論四百年來台灣漢文化與中華文化的實質關係，單單從光復後，尤其是一九四九的渡海大遷移以來，『中華民國』此政治實體所滲透的『中華文化』已是台灣文化的實質因素。」[6] 中華文化內在於台灣，這一文化現實不管你喜歡還是討厭，都是事實。不管如何「去中國化」，中華文化已經內在於台灣的歷史與現實的生命中，鑲嵌為台灣文化的內在價值，無論是中原的儒家大傳統，還是閩南的民俗小傳統，都已經在台灣人這裏刻骨銘心，深入骨髓，無法剝離。

誠然，台灣文化的內部元素是複雜的，並非純粹的中華文化分支。作為緊鄰歐亞大陸的太平洋海島，台灣開埠以來的四百多年，承受了兩種不同的文化季風，一種是來自大陸的中華文化，另一種是來自海洋的東洋、西洋文化。台灣文化就像台灣的地理位置一樣，處於大陸板塊與太平洋板塊之間。兩大板塊在此交匯，並非天然無縫，而是存在着深刻的裂痕，兩大板塊常常相互衝撞，發生自然的或文化的大小地震。大陸的中華文化與東西洋的海洋文化都在爭奪台灣這塊寶島。台灣人逐步化解了各種外來文化的衝突，經過一個世紀的演化，將各種外來文化融合為有鮮明特色的台灣文化。但無論是中華文化，還是海洋文化，都在台灣的歷史與現實當中內化了，成為台灣文化不可分離的一部分。假如剝離這些外來文化，不管是「去中國化」，還是「去西洋化」或「去東洋化」，都不會成為今日引以為傲的台灣文化，台灣文化將什麼也不是。

正如楊儒賓教授所分析的那樣，中華文化對於台灣來説，已經是自身的一部分，而且是非常核心的一部分。無論是作為大傳統的漢語言精英文化，還是作為小傳統的閩南庶民文化，已經滲透入台灣人的血肉與靈魂中。究竟是莊周夢蝶，還是蝶變莊周？中華文化與本土文化，在台灣早已是水乳相融，你中有我，我中有你。

在這裏，我想補充一個事實：不僅中華文化內在於台灣，而且台灣文化也同樣內在於中國——這是一般台灣人不曾意識到的。在上世紀九十年代，當大陸向全球開放，經濟進入高速軌道的時候，台灣的資本、人才、技術和文化蜂擁進入大陸，對大陸的發展起了不可代替的引領作用，因為同文同宗，沒有語言與文化的隔閡，台灣成為大陸的最佳示範，是「內在的他者」。在許多大陸人看來，台灣的今天，就是大陸的明天。台灣人假如到大陸，特別是上海、杭州、蘇州這些江南之地走走，到處都會驚喜地發現「另一個台北」。從學術、儒家、佛教，到語言、設計、餐飲，那些城市的當代文化都深刻地打上了台灣風格的烙印。台灣的學者給大陸學術界帶來了曾在大陸中斷了的傳統文化，也傳授了西洋的現代學術方法；證嚴法師的慈濟會主辦的慈善公益活動風行於大陸的中產階級，星雲法師在家鄉宜興建立的大覺寺為大陸的寺廟文化提供了全新的台灣風格；各種台式餐飲、咖啡館風靡大陸各大中城市，台灣在上海就像上海在台灣一樣，是商家們爭相借光的金字品牌；大陸建築、裝幀的設計也受到台式「小清新」風格影響，台灣的「小確幸」為眾多大陸白領階層引為生活的價值觀。特別值得一提的，以吳儂軟語為基礎的台灣國語，如今代替了以北方話為基礎的普通話，成為大陸媒體主持人、青年白領和大學生的説話風格，以至於我好幾次見到北方和廣東來的年輕人説一口台式國語，還誤以為他（她）是台灣人！

台灣的年輕人有時候太自卑，總以為小台灣影響不了大中國，事實上，文化上的「反攻大陸」早已成為現實。登陸大陸的台灣文化，既有中華文化的古風，也有東西洋的異國情調，更有台灣本土的草根性，這些異質的元素融合在一起，形成大陸民眾喜聞樂見的台式風格。台式風格經過二十多年的傳播，早已在大陸生根開花，內化為當代大陸文化的一部分。中華文化內在於台灣，台灣文化也同樣內在於大陸！

大陸文化與台灣文化，相互之間都是「內在的他者」，彼此互為形塑，「去中國化」了的台灣文化難以想像，「去台灣化」了的大陸文化也殘缺不全。大陸與台灣攜手，正在創造中華文化的未來。海峽兩岸，同居中華文化的大屋頂之下，共享歷史遺留下來的語言、文化、宗教，形塑中華文化的多元前景。

超越主權，海闊天空。政治上兩岸分治，但文化上有「一中同表」的可能性空間。個人可以移民，鄰居卻無法搬家。不管你喜歡還是不喜歡，海峽兩岸的人民總是要在一起。台灣與大陸，屬於同一個命運共同體，從對抗走向和解，符合兩岸的雙方利益，也是中華歷史的內在邏輯所在。

二〇一六年

註釋

1 楊儒賓：《1949禮讚》，台北：聯經出版公司，2015，162–163頁。
2 楊儒賓：《1949禮讚》，102頁。
3 楊儒賓：《1949禮讚》，102–103頁。
4 楊儒賓：《1949禮讚》，103–104頁。
5 楊儒賓：《1949禮讚》，105–106頁。
6 楊儒賓：《1949禮讚》，149頁。

第六章

一個全球性保守主義時代的來臨

二〇一六年最大的黑天鵝事件，乃是特朗普當選美國總統，再加上之前的英國公民投票脫離歐洲、土耳其加速逆世俗化、極端的ISIS在中東猖獗、歐洲各國層出不窮的恐怖事件……自九一一事件後，正呈現出一個越來越清晰的圖景：右翼保守主義在二十一世紀世界的崛起。

一、三大本位性保守主義的崛起

二十世紀曾經是左翼激進革命的世紀，兩次世界大戰觸發了世界社會主義運動洶湧澎湃。九十年代初蘇聯解體，為全球左翼革命劃上了休止符，福山樂觀地宣佈：歷史已經終結，從此人類將往西方為典範的自由民主方向演進。二十多年前的福山畢竟年少單純，不及他的老師來得目光老辣，亨廷頓敏銳地指出：「冷戰終結的二十一世紀，是一個文明衝突的時代，全球戰場的軸心將從政治意識形態轉向軸心文明的競爭，首當其衝的，將是基督教與伊斯蘭教這對老冤家永恆的戰爭。」亨廷頓餘音未落，二〇〇一年紐約世貿雙子大廈被攻塌，雖然是恐怖主義者所為，但背後的成因與文明的衝突不無關係，誠如哈貝馬斯所言：「九一一事件觸動了世俗社會的一根宗教神經。」

歷經美國政府幾朝努力，終於將罪魁禍首本•拉登擊斃，本以為世界從此太平，沒料到恐怖主義只是表象，其背後的深層問題一個也沒有解決。隨着新自由主義主導的經濟、貿易、資訊全球化更加深入，民族與民族、國家與國家之間的不平等在擴大，而且在民族國家內部，精英與大眾之間的分化也在加劇，整個世界分裂成在全球化中獲得利益與受到傷害的兩大陣營。全球化將世界壓縮為一個小小的地球村，大量的第三世界移民進入發達國家，「逆殖民化」使得本來互不相擾的種族、民族和宗教發生了近距離的接觸和碰撞，民族矛盾、宗教衝突與階級分化三者交疊，互相激蕩。在左翼社會主義運動式微的今天，右翼保守主義竟然破門而出，對自由民主體制構成了尖銳的挑戰。

二十一世紀全球性的右翼保守主義，乃是由三股勢力會合而成：宗教保守主義、民粹保守主義和民族保守主義。

首先是宗教保守主義。上世紀八十年代以來，是全球化發展最快的三十年，也是宗教復興最迅速的三十年，基督教徒、佛教徒人口增長迅速，傳統儒家文化也在中國呈復興趨勢。最引人矚目的，是全球穆斯林人口的高速增長。美國著名的獨立智庫皮尤研究中心（Pew Research Center）於二〇一五年發佈的一份宗教調查報告說：「在二〇一〇年，基督教信眾人數二十二億，佔全球人口三分之一；伊斯蘭教列第二，擁有十六億信眾，佔全球人口百分之二十三。按照目前的發展趨勢，到二〇五〇年，全球穆斯林人口將與基督徒拉平，到二〇七〇年，伊斯蘭教將超過基督教，成為全球最大的宗教。在世界各大軸心文明當中，儒家本來就是世俗化的人文信仰，基督教經歷文藝復興、新教改革和啟蒙運動早已經世俗化，佛教也已經與世俗化和解，唯獨政教合一的伊斯蘭教在世俗化進程中步履艱難，而且這幾十年有倒退的趨勢。茉莉花革命實現了普遍的公民參與，但民主不僅沒有促進世俗化的進步，反而釋放了社會底層伊斯蘭原教旨的保守主義勢能。而大量穆斯林移民湧入西歐，也使得以基督教價值為核心的歐洲與外來的伊斯蘭教發生了面對面的衝突與緊張。自羅馬帝國晚期、拜占庭被穆斯林攻陷和一六八三年維也納保衛戰之後，歐洲正遭到第四次大規模的「蠻族」入侵，而這一次由中東移民大軍所帶來的，是與世俗化的歐洲格格不入的伊斯蘭文明。

其次是民粹保守主義。全球化加劇了世界各國內部收入分配的不平等，代表未來高科技發展方向的跨國企業、年輕的技術精英是全球化的得益階層，而傳統行業上年紀的工人階級淪落為新的貧民。據統計，百分之一的超級富豪擁有世界百分之五十的財富，而剩下的百分之五十的財富並非由剩下的百分九十九的人平分，世界上百分之五十的人只擁有不到百分之一的財富。世界各國的中產階級在萎縮，貧民階層在擴大，社會分層出現了固態化趨勢，用福山的話說，美國出現了精英階層的「再世襲化」。社會的斷裂不僅來自上下階層，而且體現在擁有不同專業技能的代際之間。年輕人普遍擁抱全球化，而中老年人對此怨氣衝衝，英國的脱歐全民公投，就是老一代人對年輕世代的勝利。面對外來勞工、技術轉移和穆斯林文化的威脅，在歐美各國流行的民粹主義具有典型的右翼特徵，其主要社會基礎是社會底層信仰基督教的白人民眾，這些內部的「無產者」與外來的「無產者」相互仇視。當全球的富人與精英階層攜手聯合，共同分享全球化紅利的時候，各國的「無產者」卻彼此對抗，欲將對方拒之於門外。

隨之而來的則是民族保守主義。反對全球化經濟、非法移民和外來異教的特朗普，打的最核心的牌，就是「美國優先」。他在共和黨代表大會上公開宣佈：我與希拉里最大的區別在於：「我們採取了『美國優先』的政策。美利堅主義，而不是全球主義，才是我們的信條。」所謂的美國夢本來並非民族之夢，而是上帝所啟示的全人類夢想，作為新教徒的美國人相信自己處於「山巔之城」，有責任拯救整個世界，然而，特朗普將美國夢篡改為民族之夢。面對「蠻族」和「異教」的入侵，他要建立一座封閉的長城，重新回到孤立主義時代的美國。時勢造英雄，宗教的、民粹的、民族的三股保守主義潮流，將一個本來只是小丑式的人物推到了前台，成為意慾問鼎白宮的保守主義人格化身。豈止美國，在當今世界，無論是東西大西洋，還是太平洋兩岸，逆全球化的民族保守主義情緒普遍高漲，在世界經濟前景黯淡、風險隨時降臨的今天，各個國家紛紛扎緊籬笆，守住自己的防線。

被全球化拋離的各國民眾，會聚在宗教原教旨主義、民粹主義和民族主義的大旗下，三者之間的關係非常弔詭，有的時候是互相滲透，你中有我，我中有你；有的時候是互相對抗，利益衝突。白人的右翼保守主義即是宗教的（比如美國南方的福音主義），又是民粹的（反精英的），也是民族的（「美國優先」論），自各種恐怖襲擊事件之後，他們與穆斯林移民的伊斯蘭宗教保守主義產生了強烈的對抗，但又互為前提，形成了一個道高一尺、魔高一丈的弔詭的互生共謀關係。

保守主義的本質就是一種本位論，自我利益、自我價值絕對優先，它的最大對手是與其對位的另一種保守主義，本位對本位，絕對價值對絕對價值，自我利益對自我利益。當各種本位論的保守主義逐漸演生為各國主流意識形態和政府決策理念的時候，這個世界將進入一輪新的衝突與戰爭周期。

二十一世紀不太平，新自由主義主導的全球化時代，將會被一個本位論的保守主義新時代取代嗎？

二、世俗與宗教：現代性文明的困境

宗教保守主義的興起，其核心問題是宗教與世俗的關係。亨廷頓提出的文明衝突論，不能從詞面上理解，確切地説，是由基督教演變而來的、世俗化的現代文明與逆世俗化的伊斯蘭文明之間的衝突。

在公元前六〇〇至四〇〇〇年，幾大軸心文明猶太教—基督教文明、古希臘羅馬文明、印度教—佛教文明和中國文明在歐亞大陸誕生，伊斯蘭教文明雖然要遲至公元七世紀才出現，但後來者居上，誠如《劍橋伊斯蘭世界史》所言：全球穆斯林曾有過一段輝煌的過去，「在八到十八世紀的這段期間，從勢力範圍和創造力來看，伊斯蘭文明都是全球的主導文明」。伊斯蘭教的科學、哲學、藝術、數學、耕種、金融、海陸貿易和城市發展，都曾經傲視歐亞大陸。從唐代到元朝的中國都深受伊斯蘭文明的影響，而中世紀的歐洲掙扎於恐怖的黑死病，遠遠落後於中東的阿拉伯世界。直到一千五百年後，隨着葡萄牙、西班牙、荷蘭和英國這些海洋民族的崛起，文明領跑者的火炬才逐漸從中東轉移到西歐，十八世紀的啟蒙運動和十九世紀的工業革命，奠定了西方在全球的領先地位。按照艾森斯塔特的觀點，第二次軸心文明出現了，那就是首先在基督教文明內部發生突破、隨後傳播到全世界各大文明和民族的現代性文明。

第二次軸心文明的重要特點之一就是世俗化。世俗化這一概念本身來自基督教，其核心原則乃是祛魅，將世俗社會的政治與人生，與特定的終極價值分離開來，查爾斯・泰勒（Charles Taylor）將之理解為一場「大脱嵌」（Great Disembedding）。個人、法律和國家逐漸從神意的宇宙世界中游離出來，獲得了獨立的自主性，這就是「大脱嵌」。祛除神魅化之後，人生價值與政治生活具有了自主性，幸福快樂與政教分離成為世俗社會的兩大特徵。人生的意義不再與神聖的終極價值有關聯，工具理性替代了價值理性，世俗的快樂與幸福成為了去魅化人生的追求目標。公共生活也與特定的宗教價值脱鈎，國家在各種宗教信仰之中保持中立，每個公民可以按照自己的自由意志選擇自己的信仰、群體歸屬和個人偏好。不過，我們要注意，一個去魅化的世俗社會，不是說沒有了神，而是不再有國教，不再有一個國民共同信仰的獨一無二的神。世俗化是一個眾神喧嘩的時代，各種宗教多元並存。人們可以在私人領域選擇自己的信仰，並按照其宗教戒律而生活，但在社會與政治公共領域，遵從的是世俗化的公共理性和法律道德，憲法取代了神祇成為國家公共生活的最高意志。

然而，以現代性為特徵的第二次軸心文明，由於其非超越的世俗性質，仍然留下了一些問題是其無法回應和解決的，比如人的存在、關於如何面對生命的苦難、死亡、如何在來世中獲得永恆等。啟蒙對人性的預設乃是「理性人」，即每個人都是有世俗理性的，但人性遠比啟蒙想像得要複雜得多，人不僅有理性，還有情感和意志，同時有可能還是一個「宗教人」，不管如何追求世俗的成功和快樂，最終總是要面對世俗理性無法解答、而宗教所面對的諸如生命中的苦難、死亡、超度、永恆等這些與終極性相關的重要問題。現代性世俗文明只是創建了新的科學、法律和政治的上層結構，而在社會、道德與心靈的下層結構，依然是軸心文明主宰的空間，雖然二者有相互融合的趨勢。

哈貝馬斯之前一直堅守啟蒙的理性傳統，堅信人的交往理性，但九一一事件之後越來越注意到世俗理性的有限性，越來越重視宗教在當代「後世俗社會」不可替代的力量，他與後來成為羅馬教宗的拉辛格大主教多次對話，討論理性與宗教各種的局限與互補性，形成了一個共識：西方的兩大文化，無論是基督教的信仰文化，還是世俗理性文化，在事實上都沒有普遍性，都有其內在的限制，因而需要對話和互相監督。

這就意味着，以世俗理性為核心的現代性文明，並不能取代基督教、伊斯蘭教、佛教和儒家這些古老的軸心文明。世俗化越是發展，對終極意義追求的的心靈饑渴就越迫切，而這些問題都不是世俗理性能夠回應的，反過來會激發起古老的軸心文明的反彈。這就可以解釋上世紀八十年代以來全球化如此深入，無論在發達國家、還是後發展國家，都不約而同地出現了一波強有力的宗教復興的現象。人性中有對終極價值渴望的宗教維度，即使在世俗社會，「理性人」也永遠代替不了「宗教人」，橫掃全球的現代性世俗文明永遠不能徹底戰勝那些似乎是神秘的、落後的古老軸心文明。

既然無法替代和戰勝，那麼剩下的只是世俗與宗教的兼容問題了。現代文明包容各大宗教，這不成問題，因為世俗現代性在何為善的問題是中立的，它容許多神競爭、自由選擇。問題在於各大宗教是否接受得了世俗化。儒家、基督教和佛教都不成問題，唯獨伊斯蘭教至今依然與世俗化格格不入。因為穆斯林的人生屬於真主，是整全性的，無論是個人生活還是政治生活，都要順從真主的意志，這與世俗社會的祛魅化無法兼容。對於穆斯林來說，世俗的快樂不能取代對真主的虔誠，政教分離也非伊斯蘭律法可以接受。在上世紀的伊斯蘭世界中，土耳其、伊朗和埃及都實行過比較徹底的世俗化，但依然改變不了社會底層的伊斯蘭面貌。從霍梅尼的伊斯蘭革命、茉莉花革命中埃及穆斯林兄弟會的一度掌權，到近年來土耳其在埃爾多安掌權之後「逆世俗化」的加速，以及極端的 ISIS 在中東的猖獗，這一切都非偶然發生，而是意味着一輪新的「綠色革命」（伊斯蘭保守主義）在全球的興起。

對於西方世界來説，更要命的是這場綠色的保守主義革命已經內在化了，打進了自家世俗社會的內部。現代文明的誕生，起源於一千五百年後的地理大發現，西歐各海洋民族對美洲、亞洲和非洲的殖民擴張。在基督教看來，這是一場文明對野蠻的征服。然而，近半個世紀以來的全球人口流動，發生了「逆向殖民化」，全世界的「蠻族」紛紛向歐美發達國家移民。面對不同種族，歐美發達國家一開始相當自信，相信自己是現代文明的大熔爐，足以馴服這些來自第三世界的「蠻族」，讓他們變得世俗化，變成與自己一樣的美國人、英國人或法國人。基督教世界可以與東方多神教傳統的儒教徒和佛教徒和平相處，卻偏偏遇上了一個與自己本源同根的另一類神教：拒絕歸化的穆斯林。來到基督教世界的穆斯林，就像在他們的母國一樣，可以在物質層面接受世俗化，但在精神領域和群體生活中，哪怕是經歷了二代、三代的移民，依然頑強地保持自己的伊斯蘭特性。在西方世界的穆斯林，無論是成功的中產階級，還是生活於社會底層的貧民，許多人至今無法融入主流社會，精神上有某種屈辱感，這反過來激發起對自身文化的強烈認同。而伊斯蘭教相對封閉的宗教儀式、生活方式，比如一天五次的向真主禮拜，一衣白素齊刷刷跪下禱告、一年一度的封齋月、女性出門帶頭巾、甚至以紗巾遮臉，都讓世俗社會的人們驚愕不已，心存恐懼。九一一事件以後，特別是近兩年在歐洲頻繁爆發的恐怖襲擊事件，都有極端伊斯蘭教的背景，更讓許多人對穆斯林心懷偏見，將恐怖主義與伊斯蘭教劃上了等號，患上了「伊斯蘭恐懼症」。新近翻譯成中文出版的西方右翼保守主義者馬克•斯坦恩的著作《美國獨行：西方世界的末日》，聳人聽聞地說：「真正的大問題在於，秩序的變化或許僅僅是一個徵兆，一個更深程度上文明衰落與精神崩潰的不祥徵兆——在西方隕落之後，我們的未來將徹底毀於非西方文明之手。」

事實上，恐怖主義與穆斯林並不能直接劃上等號。穆斯林、伊斯蘭原教旨主義與恐怖主義這三者有明確的區分。穆斯林世界內部教派和民族千差萬別，中世紀不同時期的的伊斯蘭帝國、奧斯曼帝國和莫臥兒帝國，因為其強大，對帝國內部的異教徒如猶太教、基督教相當寬容，伊斯蘭教對異教的敏感和警惕，那是到了十八世紀現代文明崛起之後。處於弱勢的穆斯林為了守護自己宗教信仰和生活方式的純真性，變得封閉和保守。即便如此，一般穆斯林依然能夠在世俗社會與其他人和平相處，他們溫和、安寧，是一個好人，甚至好公民。但近年來遜尼派內部激進的瓦哈比派發展迅猛，這一伊斯蘭原教旨主義與世俗化有很大的衝突，信奉極端的神論，不准抽煙、不准喝酒，男子要留鬍鬚，女子全身要披黑袍，只能露出雙眼。雖然瓦哈比派是恐怖主義的溫床，但其本身畢竟是非政治性的，不能簡單等同於恐怖主義。只有那些具有強烈伊斯蘭複國主義傾向（比如ISIS），對異教和世俗化有強烈仇恨並付諸行動的，才能算是恐怖主義。

恐怖主義不僅是人類之敵，也是伊斯蘭教之敵，為一般的穆斯林所不齒。而強調絕對禁慾、男子留大鬍子、女子出門穿黑袍的原教旨主義，也未必為其他比較世俗化的穆斯林所認同和接受。穆斯林世界，是一個從激進到溫和都有的複雜光譜，內部不同教派的衝突，甚至超過了與外部世界的緊張關係，將其視為鐵板一塊加以防範，顯然是像法國的極右翼領袖勒龐那樣的保守民族主義的無知偏見。

其實真正發生衝突的，並非是世俗化與伊斯蘭教，杜拜的成功證明了伊斯蘭教可以與世俗化相安無事，而且可以創造出伊斯蘭世界的金融和經濟奇跡。真正的衝突往往發生在極端的世俗主義（激進左翼與極端民族主義右翼）與極端的原教旨主義之間。二〇一五年《查理周刊》的恐怖襲擊事件，證明了這一點。在歐洲，極端虛無主義的激進左翼與極端民族主義的保守右翼在反對穆斯林上形成了統一戰線，構成了奇異的「同謀」；極端的世俗主義與極端的伊斯蘭原教旨主義相互衝突、震蕩，一個訴諸於語言的暴力，另一個還之以肉體的暴力，批評的武器VS武器的批判，世俗的虛無主義與宗教的原教旨主義以各自極端的方式，讓今天的歐美動蕩不安，演化成冷戰結束以來最嚴重的內部衝突。

如果世俗與宗教之間沒有彼此的尊重與和解，這場戰爭將永無止境。所謂的和解之道，從進入歐洲社會的穆斯林而言，需要更多地世俗化，遵循文明社會的正義法則，而從作為主流的歐洲世俗社會而言，則應承認與尊重伊斯蘭教的神靈與先知，他們不代表野蠻，在歷史和現實中都是人類偉大文明的一部分。世俗對宗教可以有批評、有研究、有討論，但不能用無聊的褻瀆冒犯他者。

在一個祛魅的世俗社會，現代人視自己的生命、財產、自由和個人之尊嚴為最高價值，但在許多教徒看來，比這些世俗之物擁有更高價值與無上尊嚴的，是自己的信仰。人的生命與財產可以毀棄，但內心的神靈不容遭到猥褻，在他們的眼裏，個人的幸福與神的尊嚴無法分離，你可以不喜歡甚至討厭這些虔誠的教徒，但在現代的多元社會，一個具有寬容精神的世俗人，不得不承認與尊重這些宗教信仰，只要它不是極端的原教旨主義，侵犯到世俗社會的公共正義。

三、政治正確是否正確、如何正確？

接連不斷的恐怖主義活動，讓歐美各國反對外來移民、討厭穆斯林的情緒日趨高漲，變得表面化，政治正確的防線開始被突破。特朗普再三公開宣稱：「政治正確，我們再也承受不起！」

政治正確，是對言論自由的一種限制，它要求公眾，特別是有權勢的公眾人物在表達言論的時候，不得以歧視或貶低性語言指稱對象，特別是對弱勢群體、少數族裔以及非主流的宗教與文化，以避免傷害他們的利益與尊嚴。比如，不得以「黑鬼」描述黑人、「弱智」形容智力障礙者、「瘋子」指稱精神病患者、「蕃人」稱呼原住民等。自上世紀美國平權運動以來，政治正確成為美國和歐洲輿論界的第一原則，許多政客、大學校長、脱口秀明星、節目主持人因為一不小心發表了對少數族裔、弱勢群體的歧視性語言，被迫下台、辭職或道歉。

政治正確原是為了保護少數族裔的集體權利和邊緣社群的文化特殊性，適當限制主體族群和主流文化的言論自由，以便讓不同族裔、不同宗教和不同文化的人群相互容忍、和平共處。然而，政治正確從一開始就備受爭議，隨着以極端伊斯蘭原教旨主義為背景的恐怖活動的升級、外來穆斯林和墨西哥移民犯罪率的上升，讓許多白人更加心懷不滿，覺得自己的意志受到了壓抑，失去了自由批評的權利。當口無遮攔的特朗普橫空出世，公然嘲笑穆斯林、批評墨西哥移民，讓許多白人選民暗自叫好，覺得他說出了自己不敢說出口的心裏話。

政治正確是世俗的多元社會對諸神之爭的調停，旨在防止因歧視性言論而爆發文化衝突。但如今卻引發了更深刻的文化衝突：政治正確本身正確嗎？這裏所涉及的，是一個更深層的認同問題：何為美國？何為歐洲？

歐洲和北美在歷史上都是基督教文明的天下，從基督教內化而來的現代性文明成為美國和歐洲的立國之本。美國和歐洲原來都是以「文化大融爐」自豪，不管外來移民來自什麼民族、有什麼樣的文化背景，到了這裏都要接受更先進、更文明的美國價值和歐洲價值。然而，上個世紀六十年代之後，文化多元主義席捲歐美，成為主流，而「大熔爐」理論被視為「政治不正確」受到唾棄。美國不再是盎格魯－撒克遜的美國，歐洲也不再是基督教的歐洲，它們成為不同族裔、宗教和文化的共棲之地。然而，美國價值和歐洲價值的隕落，讓文化保守主義者憂心忡忡。亨廷頓在上世紀末出版的《我們是誰：美國國家認同的挑戰》一書中驚呼：「在今天的新大陸，已經找不到美國了！——那個盎格魯－撒克遜精神的美國。」在他看來，文化多元主義消蝕了美國的靈魂，讓美國的國家認同變得曖昧，美國將不成美國，在各種「異教」的入侵下，美國總有一天會像羅馬帝國那樣，因為失去了自己的獨特精神而滅亡。

在亨廷頓看來，文明的衝突不僅發生在國際社會，而且根植於美國社會內部。基督教面臨與其他軸心文明的衝突，「蠻族」的入侵改變的不僅是人口的構成，更是美國的靈魂。亨廷頓雖然已經去世，但他的盛世危言依然餘音繞樑，而特朗普，不過是亨廷頓的通俗版或粗鄙版而已。

基督教中心主義還是文化多元主義？關於政治正確爭議的背後，是越來越尖鋭的國家認同分歧。許多美國人和歐洲人、特別是社會底層的白人，不滿洶湧而來的移民潮、高居不下的犯罪率和令人恐懼的恐怖襲擊，希望回到原初的美國、原初的歐洲，那個有着獨特文化的基督教世界。

然而，回歸已經是不切實際的幻想，問題是世俗化的現代性文明如何面對那些拒絕世俗化的極端穆斯林？對他們究竟是寬容呢，還是鬥爭？

西方人陷入了一個漢姆雷特式的困境：寬容還是鬥爭，這的確是一個問題。任何文明，都有自己的敵人，一旦外來的異教威脅到自身文明的核心價值，唯有鬥爭一途。堅決打擊伊斯蘭恐怖主義，與世俗化的温和穆斯林和平相處，這些都沒有分歧，真正的分歧在於如何對待那些非政治性的伊斯蘭原教旨主義。

可以公開批評伊斯蘭教嗎？如今越來越多西方人抱怨，因為有了政治正確的緊箍咒，對伊斯蘭教的歷史、風俗和文化變得不可觸碰，甚至連嚴肅的學術批評都變得不可能。美國學者卡森認為，如今有一種新的寬容觀取代了舊的寬容觀。這種新寬容是以一種不在乎或者漠然（indifference）的寬容取代了批評的寬容。寬容並非意味着取消批評，沒有批評的寬容是一種冷漠，而只有包含批評的寬容，才是真正的寬容。而文教多元主義那些壓抑批評的所謂寬容，實際上是以寬容為名的不寬容。過度的政治正確以寬容為名禁止了對某些價值與行為的批評。上海學者崇明指出：「寬容的原意是對不能認同和接受的價值和行為予以容忍，因此寬容的前提是對被寬容的對象的某種不滿和批評，沒有批評不構成寬容，或者說沒有批評就無所謂寬容或不寬容。這是寬容的悖論，也是寬容的困難所在。」

寬容的確不意味着冷漠，寬容有消極與積極兩種。消極的寬容乃是傾聽與理解，以平等的姿態傾聽他者的聲音，以同情性的理解看待他者的行為。傾聽與理解並不意味着接受，只是一種大度的包容，從制度與態度上包容不同的宗教與文化。而積極的寬容則是理性的對話與交流，其中有理解，也有批評，但一定是建立在正確理解的前提下的批評，也就是說，不是以自身文化的邏輯，而是以對方文化的內在理路去理解它、批評它；而且是理性的、善意的，並非是嘲笑的、惡意的，這就是寬容式的批評，或者說批評式的寬容。寬容不是取消批評，而是對批評的一種自我限定。

然而，如今對穆斯林的許多批評，特別是在網絡上，經常出現的是各種語言暴力，即所謂的軟傷害，這種傷害有時候比肉體傷害更大，因為它冒犯的不是其肉身，而是其心靈、人格與尊嚴。穆斯林內心當中認為最神聖的那部分東西，就像《查理周刊》那種低級無聊的嘲諷、各種右翼民族保守主義充滿偏見的言論那樣。其冒犯的不僅是伊斯蘭原教旨主義，而且是一般穆斯林的情感與心靈，逼迫他們從溫和走向極端。肉體的傷害在法律上需要嚴懲，但語言的傷害同樣在政治上需要有明確的紅線。政治正確這條紅線不是實質性的，不是規定了什麼不能批評，而是程序性、規範性的，即不能用冒犯和褻瀆的方式展開批評——只要批評的對象不是人類公認的邪惡。政治正確不能被濫用，但倘若沒有政治正確，這個世界將變得更加野蠻——自以為絕對正確的語言邪惡。世俗與宗教之間，各自都有偏見。相比較而言，世俗對宗教的偏見更深，往往以文明自居，以為前現代社會「殘留」的古老宗教、文化和習俗都是野蠻的、落後的和不可理喻的。

一個現代的文明社會，既要堅定地捍衞自己的核心價值，反對文明的敵人，同時也要對少數族群的宗教有足夠的包容，其間的界限就在於約翰•羅爾斯所說的正當（right）與善（good）的區別。在涉及到何為正義的政治正當層面，不允許任何的文化相對主義，不管哪個宗教和哲學學說，都要服從文明社會的公共理性、世俗化的核心價值。但在涉及到何為善的層面，容許不同的宗教、文化和生活方式的多元存在，而且通過制度性的安排，讓它們有各自的發展空間。

現代世俗社會的政教分離原則，在公共政治領域和純粹的私人領域，界限還比較清晰，最模糊的中間地帶乃是在社會公共領域。在公共場合是否要禁止穆斯林婦女戴面紗？在歐洲大國中最世俗化的法國對此有嚴格的禁令，嚴禁在公共場合穿着和佩戴有明顯宗教標志的衣服和物飾，不僅是穆斯林的面紗、罩袍，而且猶太教徒的小禮帽、基督徒的十字架、佛教徒的佛珠等，都在禁止之列。歐洲人權法院對此予以通過，理由是確保民主社會對人與人之間自由交流的尊重。但這一禁令也引起了廣泛的爭議，比如國際特赦組織就認為這嚴重妨礙了宗教自由與表達自由。在非私人空間和非特定空間的宗教禱告與宗教標誌，這究竟是屬於個人的宗教自由或集體權利，還是必須遵循政教分離原則，服從世俗國家的同一性？這是啟蒙以來懸而未決的問題，公與私、世俗與宗教在現實生活的邊界，未必在理論上那樣清晰。

啟蒙帶給現代人最大的精神遺產和核心價值是尊重人，不僅是人的生命與肉體，而且是人的精神與尊嚴。人性是複雜的，既有世俗的一面，也有超越的一面，世俗社會中的大多數人總是徘徊於世俗與超越之間。世俗社會充分釋放了人的慾望、情感和權力意志，使得當今世界物慾橫流、精神萎靡，許多人得到了世俗的快樂，卻因過度的縱慾而感到內心空虛，反過來要從古老的軸心文明當中尋找自己的安身立命。人性中的慾望過度釋放了，人性中的另一面神性就會強烈反彈。而至今還在頑強抵禦過度世俗化的伊斯蘭教，因此吸引了許多在世俗社會有精神失落感的人們——這些人不僅有阿拉伯移民、突厥人的後代，也有眾多的白人、黑人和東南亞人。於是，伊斯蘭教被符號化了，蛻變為一種抗拒世俗化的意識形態。而這種符號化，恰恰是由極端的世俗主義（右翼民族保守主義）和極端的伊斯蘭原教旨主義共同完成的。那是一場弔詭的合謀，一場各為其本位的民族保守主義與宗教保守主義的衝突性默契。

極端的世俗主義與極端的宗教原教旨主義是我們這個世界的真正威脅，他們彼此鬥爭，同時又攜手毀滅世界。世俗社會不懼怕神，恐懼的是無法容納其他神的一神——不管這個獨一無二的神以什麼面目出現：上帝、真主、佛陀、聖人，還是科學、文明、國家或民族。各種各樣的右翼保守主義正在主宰二十一世紀的世界，如何將人類從保守主義的魔咒中解救出來？假如我們真正對人性的雙重性格有所理解的話，應該在世俗與宗教的永恆戰爭中，尋找一條平衡的「中道」，只有温和的世俗主義者與温和的穆斯林教徒（以及其他軸心宗教和軸心文明的信仰者）彼此理解、良性互動，由他們來把握歷史發展的船舵，才有可能避免人類在二十一世紀因各種右翼保守主義發生衝突而翻船。

二〇一六年

第二編

另一半中國夢

第七章

中國憑什麼統治世界？

一場突如其來的金融危機，將中國推向了世界舞台的中心。作為全球最發達的發展中國家，中國的GDP總量今年將超越日本，僅次於美國，成為世界「老二」。當很多國家為流動性不足發愁的時候，中國到處一擲千金，一副「不差錢」的富闊。全世界都在驚呼「中國世紀」的到來。

於是我們也就不奇怪，當馬丁・雅克在二〇〇九年推出《當中國統治世界》時，立即在英美讀書界成為暢銷奇書。去世不久的季羨林老人家在上個世紀末曾經瞻望，三十年河東，三十年河西，到二十一世紀，東方文化將取代西方文化領導全世界。[1] 這一「東方壓倒西方」的驚世預言在雅克的書裏得到了全面的論證：到二〇五〇年，中國將成為主導世界的最強大國家，人民幣將取代美元成為世界的儲備貨幣，上海作為金融中心的光彩將使紐約和倫敦黯然失色，漢語將如同今日的英語一樣成為全球通用的世界語，孔子的教誨將與柏拉圖思想一起成為西方學生熟悉的經典。雅克還呼應季羨林的說法，預言中國的崛起將是一場「文明的崛起」：如果說英國在十九世紀是海上霸主，美國在二十世紀是空中和經濟霸主，那麼中國到二〇五〇年將成為文明的霸主。

中國的崛起當然已經是一個無庸置疑的事實。問題在於，中國的崛起與文明有關嗎，抑或僅僅是一種「富強的崛起」？「富強的崛起」只是以GDP為核心的的一組統計數據，所謂民富國強，是綜合國力的展現；而「文明的崛起」則是一種普世價值與制度體系，是人類歷史演化中新的生存方式和意義系統的誕生。中國在歷史上是一個文明大國，按照雅斯貝爾斯的觀點，儒家文明與猶太教—基督教文明、古希臘—羅馬文明、伊斯蘭教文明、印度教—佛教文明一起，是影響至今的人類軸心文明。儒家文明提供的價值典範在於：法家追求的富國強兵並非正途，人類生活最重要的是保持天人之際、群己之際的和諧，國計民生雖然重要，但並不具有終極的價值，人生的意義在於成德成仁，統治者施行仁政，民眾安貧樂道，維持身心平衡的禮治秩序。最後實現天下歸仁的大同理想。儒家文明通過中華帝國的朝貢體系，在東亞地區曾經建立過長達千年的統治，那的確是一種以天下主義為核心的文明霸權。中國文明在十八世紀到達巔峰，以至於貢德•弗蘭克在《白銀資本》一書中，將一四〇〇至一八〇〇年的現代化早期視為「亞洲時代」，在歐洲工業革命興起之前，已經出現了全球經濟體系，但它的中心不在歐洲，而在亞洲，中國與印度是全球經濟的中心，也是世界文明的中心。[2] 然而進入十九世紀之後，隨着歐洲的強勁崛起，中國文明逐漸衰敗。老大帝國先是敗於歐洲列強，然後不敵過去的學生、因「脱亞入歐」而變得強盛的近鄰日本。中國人痛定思痛，放下重義輕利的儒家文明，開始追求西洋式的強國崛起。

早在晚清，嚴復、梁啟超這些中國知識分子已經發現，近代西方崛起的背後，隱藏着兩個秘密，一個是富強，另一個是文明。富強是軀體，文明是靈魂。史華慈在《尋求富強》一書中指出，嚴復當年所追求的西方思想中有兩個目標，一個是「浮士德—普羅米修斯的氣質，即讚美人的活力和能力在非人類的自然界和在人類社會內部的充分表現，以及由此必然要帶來的人類整個社會—經濟機器的『合理化』（韋伯意義上）」，另一個是「非嚴格意義上的社會—政治的理想主義這後一部分，由自由、平等、民主和社會主義這些詞語來代表。這一部分涉及到人們在宏觀的政治和社會生活結構中關係的實質，涉及到促進實現這些社會—倫理目標的結構的形成。它代表了一種特殊的倫理思想，在近幾個世紀裏，西方人的大部分道德激情被導向了這樣的社會—倫理目標，並被捲進了涉及這些不同目標之間互相衝突的關係中。」[3]

史華慈的這段話，非常值得玩味。「浮士德精神」所追求的只是以富強為中心的第一個目標，所謂富強，包含三個層面，首先是器物的現代化，其次是國民精神的提升，第三個旨在實現韋伯意義上的社會—經濟機器的合理化。這種合理化指的是對市場和國家機器按照現代工具理性的原則，使之更合理、更有效率，讓現代資本主義的兩大軸心：成本核算的會計制度和科層管理制度成為普遍的社會運作方式。這種以富強為核心訴求的變革，不具有任何特定的價值，只是一種去倫理、去道德、反烏托邦的世俗性技術改革。晚清的自強運動、戊戌變法以及清末新政，都是屬於這種類型。與此相區別的是史華慈所說的第二種目標，它尋求的不僅是物質、技術意義上的富強，更重要的是特定的價值目標和烏托邦理想，比如自由、民主、平等、公正等。這些都是現代文明的普世價值。富強是世俗的訴求，而文明是內涵倫理、道德的價值理想。富強與文明這兩種不同的目標，同時成為近代以來中國人所追求的目標，它們彼此對立，又相互滲透，構成了我們內在的思想緊張。

富強與文明，哪個目標更重要呢？在落後就要挨打的亡國滅種危機面前，文明的目標、自由民主的理想不是不重要，但比較起富強，顯然可以緩一步進行，當務所急乃是儘快實現富國強兵，以自己的實力爭得世界上的生存地位。在長達一個半世紀的追尋強國夢中，富強壓倒文明始終是中國的主旋律。從晚清到民國，從毛澤東時代到改革開放三十年，雖然文明夢的內涵與時俱變，但富強的目標始終一以貫之。即使在毛澤東時代，意識形態掛帥，寧要社會主義的草，不要資本主義的苗；打造社會主義強國，依然是繼續革命的中心目標，毛澤東求強心切，發動「趕超英美」的大躍進，試圖以非現代的方式建立現代強國。進入改革開放年代。鄧小平先是「讓一部分人先富起來」，隨後認定「發展是硬道理」，人民富裕，國家強盛，成為社會上下共同的追求目標，發展主義成為超越各種主義紛爭的國家主導思想，而消費主義又是百姓日常生活的意識形態。發展主義的國家戰略與消費主義的民眾意識上下合流，其背後共享的世俗目標，便是與價值、倫理與文明無關的富強。以尋求富強為中心，三十年的改革開放成就了三千年未有之大變局：中國的崛起。

當代中國經濟力、金融力和軍事力全面提升，令全世界瞠目結舌。為什麼中國能夠實現連續的高速增長？箇中奧秘若從思想文化深處探究，或與全國上下對「力」的崇拜有關。儒家文明的傳統中國是一個「禮的世界」，整個社會以温良恭儉讓的禮教為紐帶，博雅的精神趣味勝於窮兵黷武的蠻力，君子的德性之美壓抑了人性中物慾的貪婪。曾幾何時，「禮的世界」換位於赤裸裸的「力的世界」，一切東西的價值都被換算為「力」，換算為可計算、可交易、可操控的物質實力。GDP的增長成為官員政績，乃至政府合法性的核心指標。政府的主要職能似乎不在提供公共產品和公共服務，而變異為直接招商引資、指揮經濟且具有自我利益的壟斷性超級公司。「力」的崇拜背後，是人的物慾無限膨脹。馬克斯•韋伯揭示了資本主義背後的時代精神是新教倫理，中國經濟的高速發展，同樣需要精神動力，那便是後革命時代世俗化的物慾主義。儒家傳統有修身的超越一面，也有實用的世俗一面，一旦儒家文明整體崩潰，虛無化的精神無法制約人性中被不斷激發的慾望，物慾主義便如同跳出潘多拉盒子的魔鬼瀰漫整個社會。脫貧致富的終極理想，再加上吃苦耐勞的國民美德，使得富強的目標在中國的實現擁有了深厚的人力資本。溫州商人為幾分錢的蠅頭小利走遍世界，億萬民工在低收入、零福利的工廠中每天工作十幾小時，難怪《時代周刊》要將中國民工擺上雜誌封面，視為挽救全球金融危機的時代英雄。阿里吉在《亞當・斯密在北京》一書中，強調中國的崛起是重視人力資本積累的結果。[4] 人力資本的優勢，背後所展示的是一種中國式的清教徒精神，致富的慾望加上吃苦的能力，用阿里吉的話說，叫做東亞的「勤勞革命」。正是慾望加勤奮、政府加民眾追求富裕的合力，成就了中國奇跡的萬里長城。

富強所追求的「力」，不僅是物質層面的國家實力，也是精神層面人的能力。嚴復從西方透過達爾文的進化論，在西方發現的富強秘密，乃是國民的競爭能力。從晚清流傳至今的進化論，是一種斯賓塞式的社會達爾文主義，相信人類社會與自然界一樣，物競天擇，適者生存，競爭是自然的公理法則，是一切進步的原動力。自由競爭能夠創造出最優秀的個人，他們在殘酷的生存競爭當中擁有最有效率、最能適應環境挑戰的能力。中國的學校每年要評比德智體全面發展的三好學生，德力、智力與體力，說到底都是一種能力，知識與美德之所以重要，不是其擁有內在價值，而是其具有提高生存競爭力的實用功能。早在一個世紀前，《東方雜誌》主編杜亞泉就深刻分析了社會達爾文主義給中國人帶來的精神變化：「蓋物質主義深入人心以來，宇宙無神，人間無靈魂，惟物質力之萬能是認，複以殘酷無情之競爭淘汰說，鼓吹其間，……一切人生之目的如何，宇宙之美觀如何，均無暇問及，惟以如何而得保其生存，如何而得免於淘汰，為處世之緊急問題。質言之，即如何而使我為優者勝者，使人為劣者敗者而已。如此世界，有優劣而無善惡，有勝敗而無是非。道德雲者，競爭之假面具也，教育雲者，競爭之練習場也；其為和平之競爭，則為拜金主義焉，其為激烈之競爭，則為殺人主義焉。」[5] 到二十一世紀之初，杜亞泉這些先知式的預言在神州大地加倍兑現，競爭之風越演越烈，適者生存已蜕變為強者生存，誰獲得了特權和強力，誰就比別人生活更美好。因為競爭的法則是贏者通吃，敗者一無所有，何況連競爭的規則也由贏家來制定，強者既是裁判又是參與者，無往而不勝。

富強的第三個要素是制度變革。然而以富強為軸心的改制，與以文明為目標的改革不同，是去價值、去理想、去烏托邦化的，它僅僅是韋伯意義上的制度合理化：如何使現代社會的系統，按照工具理性的原則，在功能上變得更為合理、有效和符合法定程序。即便是政制改革，也只是去政治化的管理學革命，而與擴大公眾參與、強化正當性基礎這些政治目標無涉。這是一種會計學和管理學意義上的改革，資本主義的兩大支柱：會計成本核算制度和科層管理制度成為變法的不二法門，一切為了降低成本、擴大產出，提高生產力；一切為了強化非人格化的官僚統治，從管理中獲得效率，以實現既定的國家意志。韋伯式的制度合理化，是一種價值中立的工具性建制，它是與古代社會制度不同的現代化框架的核心價值，由於其不具特定的意識形態取向，故可以與現代文明的各種不同類型相結合，使他們在文明的核心價值保持不變的前提下更加合理化，獲得現代的制度形式。晚清的改革從洋務運動到戊戌變法、清廷新政如此，三十年的改革開放亦基本如此。通過與旨在合理化的國際通用規範接軌，當代中國的各種單位，從企業、機關到學校、社團，已經普遍轉換為公司化管理體制，從而以最有效率的「舉國體制」保證能夠實現以富強為中心的國家戰略目標。

富強與文明是近代西方崛起的兩大秘密，中國在追求現代化過程中，暫時捨棄了文明，全副精力攻富強，不惜一切代價學西方，追求「富強的崛起」。路易斯•哈茨在為史華慈的《尋求富強：嚴復與西方》一書所作的序言中感慨地指出，嚴復站在尚未經歷現代化的中國文化立場，一下子就發現了西方思想家未曾意識到的十九世紀歐洲崛起的秘密，他在英國古典自由主義敍述的背後，讀出了「集體的能力」這一西方得以富強的主題。[6] 從十九世紀末到二十一世紀初，幾代中國人追尋強國夢，在何種文明問題上，幾度搖擺——最初英美，又是法蘭西，隨後蘇俄，最後回到英美——至今爭論不休，但在富強這一關節點，卻前赴後繼，綱舉目張。富強這門課是殘酷的，學生先是被老師棒喝毆打，打醒之後一招一式模仿老師。經過一個半世紀的苦煉，終於到了學生可以向老師叫板、師生平起平坐的時刻。假如像雅克所預言的那樣，二〇五〇年真的實現了「東風壓倒西風」，這究竟是中國的勝利，還是西方富強精神的勝利？西方人屆時會否像當年被滿清征服的漢人那樣驕傲地回答：「是的，是輪到你們東方人再次成為世界的統治者，不過這次你們卻在精神上墮入了我們西方精神的俘虜。是我們讓你們從野蠻走向了文明，哦不，從你們東方文明的視角來看，應該是從文明走向了野蠻！」

一個可欲的現代性既包含物質文明（富強），也內涵精神文明（價值）。一部近代西方的現代化歷史，也是道德與生存、啟蒙價值與國家理性內在衝突、相互鬥爭的過程。在十九世紀到二十世紀上半葉，在西方歷史內部曾經出現過物質主義與國家理性攜手、走向全球野蠻擴張的文明歧路。這種以富強為核心的現代性，也預設了對人性的獨特理解，不過那僅僅是霍布斯意義上追求自我保存、自我利益最大化的「生物人」，這種失去宗教與道德價值約束的現代性，無異是一種野蠻的現代性，或者說反文明的文明。假如沒有文明法則的制衡，聽憑現代性內部富強的單向膨脹，往往會墮於腐敗、冷酷與野蠻。二次世界大戰的爆發就與文明內部的這種殘缺性有關。

今日的中國人，比這個時代的西方人更像十九世紀的西方人，表現出歐洲早期工業化時代慾望強烈、生機勃勃、冷酷無情與迷信物質力的布爾喬亞精神。當世之國人，與儒家文明薰陶下的老祖宗比較，在精神上恍若異種。在富強這張臉譜上，中國已經步入「現代」，而「現代」的代價卻是「中國」的失落——不是國家主權意義上、而是文明主體意義上的中國。

富強的勝利，是一次西方精神的勝利，但這種普世化的西方精神依然蓋上了中國特色的印記。甘陽提出要借助「通三統」，將儒家的和諧理念、毛澤東的平等傳統與西方的自由精神打通，以此建立「儒家社會主義共和國」。[7] 若僅僅從富強來闡釋的話，「三統」或許已經打通，稍有變異的是，競爭頂替了和諧，集權換下了平等，共和國置換為富強國。現實版本的「通三統」借助古代的外儒內法、革命的集權傳統與西方的社會達爾文主義三者的聯姻，共同打造了走向富強的中國崛起。

崛起後的中國將走向何方？這一問題令西方人迷惑，中國自己也缺乏清晰的答案。資深外交家吳建民最近這樣認為：「中國在鴉片戰爭後首次走到了世界舞台中心，這一新變化世界沒有準備好，中國自己也沒有準備好。」[8] 什麼叫準備？富強的實力放在那裏，真正缺乏的是文明的準備。作為一個負責任的世界大國，如何保證和平崛起，避免十九世紀的歐洲從富強走向擴張的歷史悲劇？

雅克在書中認為：「中國的經濟實力最終將成為其全球霸權的根基。」經濟實力當然很重要，卻不是最重要的。佩里‧安德森曾在清華大學演講，討論全球歷史中的霸權演變，指出要區別兩種不同的權力：支配權與霸權。支配權（domination）是一種通過強力（force）的權力，而霸權（hegemony），則是一種通過合意（consent）的權力。按照葛蘭西的經典定義，霸權的核心在於其意識形態的本質。霸權不僅建立在強力基礎上，而且也是建立在文化優勢（cultural ascendancy）之上的權力體系。[9] 霸權的真正內涵在於知識與道德的領導權，即所謂的話語權。在全球政治舞台上，一個國家假如只有經濟實力，只是一個GDP大國，它可以擁有支配權，但未必有讓其他國家心悅誠服的道德權威。唯有文明大國，擁有話語領導權或文明競爭力的大國，才有可能得到全世界的尊重。近代全球的霸業史可以清晰地證明這一點。最早利用航海術進行全球探險與殖民擴張的是葡萄牙和西班牙，但它們之所以曇花一現，不能成為穩定的世界霸主，箇中原因乃是它們徒有擴張實力，而缺乏典範性的現代文明，最終難免被取代。英國在十九世紀全球稱霸長達一個世紀之久，這個日不落帝國除了工業革命提供的強大經濟力，最重要的乃擁有近代資本主義文明的核心元素：古典自由主義理論及一整套社會經濟政治建制。到二十世紀美國替代英國稱霸世界，也是同樣如此：領先全球的高科技、高等教育以及典範性的美國價值。這些文明典範伴隨着帝國的全球擴張，輸送到世界的每一個角落。

雅克在書中羅列了美國稱霸的各種特徵，其中將近一半屬於文化的軟實力：「擁有全世界最好的大學」、「英語成為全球通用語言」、「荷里活在全球電影市場上居主導地位」、「美國價值觀」、「美國歷史已是世界文化的一部分」等。以文明衝突理論享譽世界的塞繆爾・亨廷頓說過：「任何文化或文明的主要因素都是語言和宗教。如果一種普遍的文明正在出現，那就應當出現一種普遍語言和普遍宗教的趨勢。」在他看來，作為高級文明形態的宗教在文明爭霸戰中扮演的角色要比流行文化重要得多，代表西方文明的本質是《大憲章》（*Magna Carta*）而不是大麥克（Big Mac）即巨無霸漢堡包。[10]「富強的崛起」看的是一國的綜合實力，是其商業、工業和科技在全球的挑戰與壟斷能力，而「文明的崛起」則是另外的指標：世界一流的大學、影響全球的哲學或宗教以及全球交往中的語言優勢。

以此衡量當今中國的現狀，「文明的崛起」與「富強的崛起」是如何地不成比例。中國已經有了遍佈全球的孔子學院，國外學中文的學生也越來越多。但到今天為止，孔子學院所傳授的，只是作為工具性的語言，是語言學意義上的中國文化，而真正的孔子——中國文明的內在義理，不要說外國學生，連中國教師都不甚了了。語言被抽離了其價值的精神靈魂，僅僅成為鸚鵡學舌的空洞形式。中國政府立志建立一批世界一流大學，為此設立了「985工程」，向清華、北大等近四十所大學投入巨資，但與中國經濟所面臨的困境相仿，中國高等教育的核心問題不在於投入太少，而是體制改革的滯後。投入之後所獲得的產出，不是學術與科技的創新，而是所謂的學術GDP指標：SCI和SSCI雜誌的發表量。有國外媒體評論如此諷刺：世界上有兩種科學家，一種是科學家，還有一種是中國科學家。科學家的研究或為科學求知，或為市場贏利，但中國科學家既無求知樂趣，也無意為社會增加財富，而僅僅為發表而發表，論文越多，晉升越快，從國家那裏獲得的資源也就越多。世界一流大學的標誌之一乃是看能否吸引全球一流的學生前來求學，但中國的學生精英到目前為止依然是淨流出，教育上的「精英逆差」與經濟上的「貿易順差」形成刺目的對比。更嚴重的是，中國教育的制度環境與辦學自主性長期得不到改進，一流的投入、二流的產出、三流的體制，日益成為中國大學發展中無法跨越的瓶頸。

文明的霸權在於其宗教和哲學所提供的價值魅力，在於是否有一批全球知名的大思想家和大科學家。近年來各種拔苗助長的「大師工程」反過來印證了中國缺乏思想與學術大師的窘迫。不提世界影響，哪怕可以與民國時代眾多大師相比肩的人物，在當今中國也寥落晨星。中國曾經是世界軸心文明大國，曾幾何時，以儒家為主體的中國文明整體性解構，分解為各種支離破碎的碎片。失去了其賴以存在的社會肌體。各種思想傳統猶如在虛無縹緲的天空中隨處飄蕩的孤魂，無法形成有系統的文明整體。自一九九九年中國駐南斯拉夫大使館被炸，中國的民族主義不斷高漲，到二〇〇八年奧運火炬事件愛國狂潮達到巔峰。然而，中國的民族主義至今為止一直是抽象而空洞的種族符號，缺乏內在的、有深度的文化認同和價值內涵，不得不通過製造敵人、劃清敵我這樣的外在方式自我確證，一旦失去了對立的「他者」，「我們」便成為相互孤立、彼此競爭的一盤散沙式的原子化個人。最基本的核心價值之缺失，使得中國無法形成有機的、擁有公共文化的民族整體。族群緊張、地方認同與階層衝突削弱了文明得以存在的共同體基礎。一方面是物質生活的不斷富裕，另一方面是精神靈魂的相應虛空，倫理實用主義和價值虛無主義泛濫成災，中國人陷於普遍的價值失落與認同迷失中。

雅克之所以斷言到二〇五〇年中國將以文明霸主的姿態統治世界，乃是追隨亨廷頓的文明衝突理路，將中國視為一個文明共同體，他認為近代以來的中國「似乎像民族國家，但骨子裏是文明國家」。雅克這一前設性的理據在歷史與現實層面能夠證成嗎？傳統中國誠然是一個以儒家文明為認同核心的中華帝國，並非現代意義上的主權國家。然而，晚清之後歷代中國人的歷史使命，軸心目標是打造一個像西方那樣的現代民族國家。隨着中華帝國的傾覆，儒家文明也隨之崩盤，處於一波又一波的解體中。文明國家以獨特的文化認同為基礎，而現代民族國家則以威斯特伐利亞體系的主權認同為前提。自上個世紀初中國文明解體後，中國作為一個文明國家所賴以存在的價值符號與文化獨特性變得曖昧不清，何為中國、何為「中華文明」，這些最基本的自我認同至今如同在廬山雲霧之中。當代中國人不得不借助民族國家的現代概念，通過對國家主權的不斷重申以及對國際關係中「他者」的政治性區隔，而獲得國家與國民的自明性。雅克的命題或許倒過來說更為恰當：當代中國表面是一個有五千年歷史的文明國家，骨子裏卻是一個國家主權為核心的民族國家。

雅克的興趣當然不在從學理上探討中國為何是一個文明國家，他只是想借助「中國是文明國家」這一已成過去時的史實，試圖從中國文明的內部尋找中國崛起的秘密，並進而論證將有一個另類現代性的「中國模式」的誕生。雅克對中國文明的情感與熱愛無可非議，然而中國的崛起與古老文明之間有着什麼樣的內在關聯，至今依然是一個沒有被破解的謎。即使存在着內在關聯，是否是構成一個足以對現有文明模式挑戰的替代性方案，依然有待長時段的歷史來驗證。歷史無法決定未來，「事實」推論不出「應當」，除非相信某種歷史命定論，「可欲的」中國未來跳不出「歷史的」如來佛掌心。上個世紀七八十年代日本的迅速崛起，讓哈佛學者傅高義驚呼「日本第一」，趕緊論證日本的崛起得益於其獨特的文化傳統，然而九十年代初泡沫破滅，日本陷入長期的經濟低迷，「日本第一」的歷史回聲如今聽來頗具諷刺意味。無獨有偶，一九八〇年代東亞「四小龍」的崛起，一時「儒家資本主義模式」也不絕於耳，但到一九九七年東亞金融危機，這些聲音一夜之間消失得無影無蹤。當中國步隨東亞諸鄰強勁崛起，今日的富強與昨夜的文明究竟有何糾葛？是否成也蕭何，敗也蕭何，昨夜的文明既是今日繁榮的看不見之推手，也有可能成為妨礙持續發展的隱匿殺手？這些隱藏在暗礁深處的歷史之謎，無法用統計學的計量方式窺得，只能以審慎的姿態耐心觀察。歷史的理性如此詭秘，多數智者只是事後諸葛亮而已，有性急者為搶頭功常常將短期現象誤認為長期趨勢。雅克為本書取了這樣一個嘩眾取寵的書名，我很擔心他將會步傅高義的後塵。

歡呼「中國新世紀」到來的，不僅有中國人民的好朋友馬丁•雅克，而且還有國內更多從新左派到國家主義者的各界人士。在他們筆下，建國六十年來的「中國經驗」到今天可以斷案為追求「第二次思想解放」的「中國模式」，成為與普世價值分道揚鑣的另類現代性。聽上去似乎是一種新冷戰思維的復活。二十世紀後半葉的冷戰來自於社會主義與資本主義的意識形態對峙，但這兩種「主義」如今無論在中國還是世界上早已打成一片，於是東西方的衝突，被表述為一場新的文明爭霸戰。爭霸戰的第一會合發生在世紀之交，那是「文化」與「文明」的對抗。如同十九世紀曾經在德國思想界出現過的那樣，「中國特色」的愛好者試圖證明中國文化是獨特的，可以自外於全球的普世文明外。近年來中國崛起、成為世界金融危機的大救星，他們覺得將西方擺在普世文明、中國只是「有特色」的另類特殊性這樣的説法明顯虧大了，而且特殊性的「他者」的存在，反而更鞏固了西方文明的普世性。於是宣佈中國將從特殊性的「文化」上升到與西方平起平坐的普世性「文明」，告訴全世界：太陽不是只有一個，而是多個，東方的太陽即將成為全球新的獅子王！文明爭霸戰的第二幕就此拉開，而《當中國統治世界》一書，正是第二幕中重要的開場白。

中國的崛起終究要從富強走向文明，然而要問的是中國將走向何種文明？是與西方對着幹的封閉式文明，還是與西方視野交融的開放式文明？中國當然不會是西方文明笨拙的追隨者，在普世文明的規範之內中國應該走自己的道路。將普世文明簡單地化約為西方價值，這是經常掐架的左右兩極鬥士的偷懶思路，早已被大多數國內外有識之士所摒棄。亨廷頓在《文明的衝突與世界秩序的重建》中，明確區分了兩種對普世文明的闡釋：一種是在意識形態冷戰或者二元式的「傳統與現代」分析框架中，將普世文明解釋為以西方為典範的、值得各非西方國家共同仿效的文明；另外一種是在多元文明的理解框架中，普世文明乃是指各文明實體和文化共同體共同認可的某些公共價值以及相互共享與重疊的那部分社會文化建制。[11] 一九九〇年代中期之前，當思想界還沉睡在冷戰思維和現代化模式之中時，西方中心主義的確主宰過中國人天真的心靈。近十年來，隨着「反思的現代性」思維崛起，普世文明的內涵也發生了內在的轉變。西方與東方一樣，只是眾多特殊文明中的一種，所謂的普世文明正是各種特殊性文明中所共享的重合部分，是人類得以和平共處與健康發展的基本價值。普世文明不是一組固定不變的靜態要素，而是隨着時代的變遷與更多文明的介入，其內涵也處於不斷的再建構過程中。普世文明既是動態的、歷史的，又並非邊界模糊、可任意解釋與發揮。當上帝和天命等各種超越世界解體後，普世文明便擁有了深刻的啟蒙印記，文明是對人之所以為人的制度性守護，是對人性尊嚴所必須的自由平等的捍衛。這些已經被寫入聯合國一系列基本公約、並為大多數國家所簽訂認可的，已經成為人類的核心價值。

當然，如何理解這些核心價值、如何對各種價值實踐的優先性排序作自己的選擇，各種不同的文明與國家可以有自己的多樣性的歷史實踐，但任何模式的現代性實驗不能對普世文明的核心價值發生重大的偏離，形成顛覆性的挑戰。德國和日本在二十世紀現代化過程中，以民族文化相對性為藉口，試圖以「另類現代性」爭奪全球霸權而最終自掘墳墓，這意味着，任何國家對現代性的探索，都不能挑戰普世文明的底線，相反地，積極展開與普世文明的對話，在融合主流價值的基礎上發展自身文明的獨特性，從而擴展普世文明的內涵，這是贏得文明主導權的不二法門。時殷弘曾經做過一個富有啟發性的研究，他借助喬治·莫德爾斯基的世界政治大循環理論，發現近五百年來，所有對世界領導者的挑戰無一不落入失敗者的行列，替代老霸主成就新一代霸業的國家，都是先前世界領導者的合作夥伴。比如十七世紀取代葡萄牙的荷蘭、十八、十九世紀的英國和二十世紀的美國。[12] 時殷弘提出的這一觀點，或許需要作個別的修正，問題不在於國與國家之間的關係，而在於對普世文明的態度：凡欲挑戰全球核心價值的最終難免失敗，而順應普世文明又有所發展的，將有可能以新的文明領導世界，成為地球方舟的新一代掌舵人。

中國已經實現了「富強的崛起」，不過，進一步的「文明崛起」，中國準備好了嗎？元朝末年，打下江南的朱元璋急於稱霸，問計於謀士朱升，朱升獻計曰：「高築牆，廣積糧，緩稱王。」進入二十一世紀的中國，機遇與危機並存，切莫上了馬丁·雅克過於熱心的當，最審慎的態度莫過於「廣積糧，不稱王」。這個糧，便是與世界主流價值接軌的精神文明與政治文明，至於是否成王，天命不可違，讓上帝去選擇吧。

二〇一〇年

註釋

1 季羡林：〈21 世紀：東方文化的時代〉，載季羡林：《三十年河東，三十年河西》，北京：當代中國出版社，2009。

2 參見貢德・弗蘭克，劉北成譯：《白銀資本》，北京：中央編譯出版社，2000。

3 本杰明・史華慈，葉鳳美譯：《尋求富強：嚴復與西方》，南京：江蘇人民出版社，1989，226 頁。

4 阿里吉，路愛國等譯：《亞當・斯密在北京：21 世紀的譜系》，北京：社會科學文獻出版社，2009。

5 杜亞泉：〈精神救國論〉，《杜亞泉文存》，上海：上海教育出版社，2003，36–37 頁。

6 路易斯・哈茨為本杰明・史華慈：《尋求富強：嚴復與西方》所撰的序言。

7 甘陽：〈三種傳統的融會與中華文明的復興〉，《21 世紀經濟報道》，2004 年 12 月 29 日。

8 吳建民 2010 年 1 月 19 日在《吳建民外交作品系列》新聞發佈會上答記者問，大公網（香港），www.takungpao.com/news/10/01/19/_IN-1203949.htm。

9 佩里・安德森，海裔譯：〈霸權之後〉，《文化縱橫》，2010 年第 1 期。

10 塞繆爾・亨廷頓：《文明的衝突與世界秩序的重建》，北京：新華出版社，1998，45–47 頁。

11 塞繆爾・亨廷頓：《文明的衝突與世界秩序的重建》，43–45 頁。

12 時殷弘：〈國際政治的世紀性規律及其對中國的啟示〉，《戰略與管理》，1995 年第 5 期。

第八章

何種文明？十字路口的抉擇

近代之後，中華民族面臨外來文明的嚴峻挑戰。歷史學家雷海宗在七十年前講過一段很深刻的話，他說，中國過去所遭遇的外敵，一種是像佛教那樣有文明而沒有實力，另一種是像北方遊牧民族那樣有實力而沒有文明，這些都好對付。然而鴉片戰爭之後所出現的西方，既有實力，又有文明，都比中國高級，於是引發了前所未有的文明危機。[1]

持續了一個半世紀的中國文明危機，至今沒有獲得解決。到了二十一世紀，中國雖然已經實現了富強的崛起，有了可以與西方媲美的綜合國力，然而，文明依然沒有崛起，在「改革已經到了深水區」的時刻，在文明抉擇上依然在「摸着石頭過河」，更要命的是不知彼岸究竟在何處，陷於「打什麼旗、走什麼路」的文明迷失之中。

中華文明究竟往哪個方向發展，如何重建中國人的價值共識和制度共識——這些問題今天再也無法以「不爭論」的發展主義策略繞着走，繞過文明的經濟發展，只會在原地打轉，繼續在深水區摸石頭，我們需要儘快找到彼岸，度過文明轉型的大河。

一、現代性：一種新的軸心文明

晚清之後給中國所帶來巨大衝擊的，究竟是一種什麼樣的強大文明？以色列社會學家艾森斯塔特認為：自十六世紀後，在西歐逐漸出現了一種新的軸心文明，那就是現代文明。[2] 它從基督教文明和古希臘羅馬文明這兩種古老的軸心文明演化而來，首先在西歐出現，然後迅速向全球擴張，全世界幾乎所有的國家和民族都裹挾其間，正如墨西哥詩人、諾貝爾文學獎得主帕斯所說，現代化成為一個無可逃避的宿命。

究竟什麼是現代文明？對此已經有眾多的研究和闡釋。在這裏，我們要將現代文明的兩個很重要的層次加以區分：一個是價值中立的現代性，另一個是有着明確價值導向的文明。前者與富強有關，後者乃是一套價值觀以及相應的制度設置。在晚晴的時候，嚴復和梁啟超都發現西方的崛起有兩個秘密，一個是富強，另一個是文明，説的就是現代文明這兩個不同的層面。

所謂富強的現代性，今天有各種不同的概念來表述它：現代化、理性化、世俗化、全球化、資本主義等。雖然概念不同，但有一個共同的特徵，指的是一種價值中性的能力和秩序，它可以與不同的軸心文明與意識形態，從而產生當今世界上各種多元的現代性。

具體而言，富強意義上的現代性，可以分為三個層次，第一個是器物層面的科學技術，歐洲自十六世紀開始的科學革命和十八世紀開始的工業革命所創造的財富與統治力，所向披靡，無可抵擋。到二十世紀演變為信息技術革命、新能源技術革命、生物技術革命等新的形態，繼續推進人類對自然與自身的改造和控制能力。現代性的第二個層面是理性化秩序，即馬克斯•韋伯所説的理性化資本主義，非人格化的科層管理制度、核算投入產出的會計簿記制度等。這套日益普及的現代公司管理制度成功地實現了對整個社會的殖民化，在經濟、文化、政治乃至日常生活領域都成為了普遍的秩序法則。現代性的第三個層面乃是一種世俗化的精神追求，即歌德筆下的浮士德精神，體現在對人類慾望的無限釋放和追求以及由此帶來的冒險進取精神、對金錢和財富永不滿足的追求以及節儉勤奮的工作倫理。這一沒有價值、沒有宗教、沒有靈魂的資本主義精神，有自己的生存法則，相信優勝劣敗、適者生存。市場的競爭和強者的贏出將有力地推動人類社會的進步。

這套技術性的以富強為目標的現代性，成為當今世界的普世性力量，它面目曖昧，不信神靈，唯獨崇拜的是自身無堅不摧的力量。它可以與各種世俗化的軸心文明相結合，除了原初形態的基督教資本主義外，如今又分化出儒家資本主義、伊斯蘭教資本主義、印度教資本主義等。另一方面它又可以與各種當代意識形態嫁接，發展出自由主義的現代性、社會主義的現代性、威權主義的現代性等。這一以中性的資本主義面目所出現的現代性，在今日之世界變得如此強大，正如齊澤克在佔領華爾街運動中所感嘆的那樣，你可以批判它，卻無法找到一個替代性的體制。在這個世界上，現代性無所不在，資本主義無所不在，從這個意義上說，歷史的確終結，科耶夫所擔憂的「普遍同質的國家」已經降臨。

現代文明除了富強為中心的現代性外，還有另外一個更高級的層次，那就是文明。嚴復在晚晴的時候將之概括為「自由為體、民主為用」。所謂的文明之體，乃是一套現代的啟蒙價值觀，它以對人的自由與尊嚴之平等尊重為核心，發展出一套與古老的宗教可以媲美的現代文明價值觀：自由、平等、博愛、民主、法治等。這套啟蒙話語不僅有觀念形態，還有相應的建制設置，那就是福山所說的現代政治秩序三個要素：國家（the state）、法治（rule of law）和負責制政府（accountable government）[3]。西方現代文明之所以能夠征服全世界，不僅靠的是現代性的物質和理性力量，其背後還有一個更強大的文明話語和法政體制，因而被理解為是一種新的軸心文明，而且比基督教、伊斯蘭教、印度教和儒教文明那些古老文明更具有普世的主宰力量，成為主流文明話語和文明建制。它雖然源自歐洲的基督教文明，但在擴張的過程中，已經不再僅僅屬於歐洲，而成為被世俗化的各大軸心文明認同的普世文明，一種脫離了特殊文明背景的世界普遍精神。

然而，現代文明並非鐵板一塊，其內部充滿了矛盾和緊張：理性主義與浪漫主義、人文精神與技術至上、民族國家至上與個人的權利尊嚴、發展主義與社會和諧、無限進取與閑適節制……這些現代性互相衝突的兩歧面向，都意味着這個新的軸心文明在其內部發展和向外擴張的過程中會發生分化和裂變，事實也是如此。現代性文明的這種分化，乃是沿着兩個不同的軸心而展開，一個是意識形態，另一個是軸心文明。現代性文明內部分裂為不同的意識形態，是十九世紀以後發生的。十八世紀的啟蒙運動以及法國大革命，奠定了現代性的文明基礎，這一同質性的現代文明，到了十九世紀在其內部分裂為不同的意識形態：自由主義、社會主義和保守主義。這三種政治意識形態經過兩個世紀的衝突和鬥爭，又互相內化和融合，在當今形成三種典範性的模式：美國式的自由主義、歐洲式的社會民主主義、俄國或東亞式的威權主義，此外還有更多複雜的混合形態。而在二十世紀的歷史中，還曾經出現過多個失敗了的「反現代的現代性」：德國的法西斯主義、蘇聯的極權主義、毛澤東的農業社會主義等。

現代文明分化的另一個途徑圍繞着軸心文明而展開。雖然西方文明到了二十世紀徹底征服了全世界，讓幾乎所有的部落、民族和國家都匍匐在它的腳下，但它同化了眾多不具高級宗教和文明形態的民族文化和地方風俗，卻從來沒有真正征服過古老的軸心文明，無論是伊斯蘭教、印度教，還是儒家文明。相反，西方文明所到之處，激起了各大軸心文明的激烈抵抗，征服與反征服、同化與反同化在文明相遇時同時發生，西方現代文明改造了古老的軸心文明，逼迫其世俗化，向歐洲趨同，但另一方面，成功內化了西方文明的非西方國家，讓現代文明從其母體基督教文明中剝離開來，與自身的文明傳統嫁接，創造出現代文明的非西方形態，於是，到了二十世紀下半葉，隨着東亞的崛起、印度的發展和中東的革命，現代文明的各種變種出現了，現代性不再屬於基督教文明，而呈現出可以與各種不同的軸心文明、乃至地方文化結合的多元現代性。

多元現代性並沒有改變現代文明的同一性，它依然呈現出前文所說的富強與文明的兩個層次的普世化特徵，只是它不再以整齊劃一的本質主義方式，而是以維特根斯坦的「家族類似」的方式存在：普世的現代文明就像一個家族的成員，他們的容貌都有相似之處，但並沒有共同的本質。現代文明意味着一組價值，包括富強、理性、幸福、自由、權利、民主、平等、博愛、和諧等。這些價值按照以賽亞•伯林的説法，彼此之間很難和諧，相互之間經常有衝突。於是對於不同的現代性價值需要選擇。不同的民族、不同的人在哪種價值具有優先性的問題上理解是不一樣的。之所以在當今世界有不同的現代性，乃是它們對何種價值優先的理解和處理不同。英美比較注重自由與法治，歐洲大陸突出平等、民主和社會福利，東亞注重發展和富強。不同的現代性，隱含了價值優先性的差異。不過，如果說它們都是現代性的話，一定具備了現代性這組價值中的大部分，具有「家族類似」的特徵。不同的現代性既具有相似性，也具有可比性，現代性有品質高下之分，有好的與不好的區別。當一個國家的現代性過於偏重某個價值，比如只注重國家富強，公民缺乏基本的人權保障，或者民主制度有了，卻沒有相應的法治秩序，貪污賄選成風；或者社會實現了平等，卻在普遍的貧窮中掙扎……凡此種種，都不是一種好的現代性，或者說是缺乏普世文明的畸形現代化。

那麼，中國的崛起所象徵的，究竟是一種什麼樣的現代性呢？

二、主流文明的對抗者、追隨者，抑或發展者？

二〇〇八年之後中國的崛起，已經成為全球公認的事實。問題在於，這是一種什麼樣的崛起，實現的是何種現代性？晚清的嚴復和梁啟超發現西方崛起的背後，有富強和文明兩個秘密，於是奮起趕超。然而，在幾代中國人看來，富強是頭等重要的，而文明可以緩行一步，長期以來，一直是富強壓倒文明，中國人對現代文明的態度，更多關注的不是普世文明的價值觀及其相應的法政制度，而是技術性的、非價值化的科技、理性秩序及其資本主義精神。經過一個半世紀的努力，中國夢終於成為了現實。然而，這個夢只實現了一半，是一個殘缺不全的現代性，富強崛起了，文明至今處於迷茫中。

中國崛起的秘密，從文明的角度而言，乃是「師夷之長技以制夷」，將如今已在歐洲衰落的基督新教中的理性化法則、競爭的技藝和勤儉精神，結合中國儒家「經世致用」的世俗傳統，發揮到人性中的極致，當代的中國人比歐洲人更像「西方人」，具有浮士德式的永不停歇的進取精神。現代文明的競爭法則從歐洲轉移到了東方。到了今天，甚至比歐洲更歐洲，今天的中國人，比今天的歐洲人更像十九世紀的歐洲人：野心勃勃、勤勞節制、充滿着貪婪和慾望，相信弱肉強食、適者生存，而與重義輕利、懶散中庸的傳統中國人大異其趣。這是一種什麼樣的勝利呢？是中國文明的勝利，還是西方精神的勝利？即使在不久的某一天，中國的綜合國力超過美國，成為世界頭號強國，到時候西方人會哈哈大笑：「你在實力上征服了我們，但你卻被我們的文明所征服，而且是已經過時的、最糟糕的十九世紀精神所征服！雖然中國統治了世界，但最終的精神勝利者依然是西方。假如一定要說是中國文明勝利的話，這個中國文明恐怕不是文質彬彬的儒家，而是迷戀富國強兵的法家。」

就在綜合國力越來越強大、成為無人可挑戰的世界工廠時，中國的內部持續越來越嚴重的文明危機：民族的核心價值迷失、社會的倫理秩序混亂、政治制度面臨合法性的挑戰、政府的權威與信用失落、法治形同虛設⋯⋯文明的危機與國家的富強形成了頗具諷刺性的反差和對比，令人觸目驚心。這一切都意味着至今為止中國的崛起，只是富強的崛起，還不是文明的崛起。就像當年的日本一樣，是模仿西方文明的模範生所交出的成績單，而且還是一位嚴重偏科的模範生。

面對中國這一現實，中國思想界內部有兩種絕然不同的極端看法，一種是「普世價值」論，另一種是「中國模式」論。在普世價值論者看來，這個世界的現代化道路只有一條，這就是西方所示範的、為十六世紀以來的世界歷史所證明是唯一正確的現代化道路，中國今日的問題就在於學西方學得不夠，只是一場洋務運動的改革，需要在普世價值和政治制度上全盤西化。而與此對立的「中國模式」論者則認為，中國的成功恰恰證明了不必模仿西方，中國可以有自己的現代化道路，有自己的文明價值，有適合中國國情的獨特的政治制度，中國的崛起將為全球不發達國家提供示範，即使拋棄西方的文明，也同樣能夠實現國家的富強。

於是，一個異常尖銳的問題放在我們面前：面對當今世界的現代文明，中國究竟要當主流文明的對抗者還是追隨者？抑或還有第三條道路？

要回答這個問題，首先要將文明與文化這兩個概念區別開來。法國哲學家埃德加・莫蘭指出：「文化和文明構成兩極：文化一詞代表獨特性、主觀性、個體性；與此相對的文明一詞代表可傳播性、客觀性、普遍性」。以歐洲為例，歐洲文化與歐洲文明是不同的，「歐洲文化以猶太教—基督教—希臘—羅馬為自己的獨特底蘊，而歐洲文明則以人本主義、科學技術為特點散佈到歐洲之後，植根於完全不同的文化背景裏。」[4] 也就是說，文明是屬於全人類共同的價值或本質，而文化則強調民族之間的差異和族群特徵。文明的表現是全方位的，可以是物質、技術和制度，也是一套普世化的價值觀念；而文化一定是精神形態的，文化指的不是抽象的「人」的存在價值，而是某些特定的民族或族群所創造的價值。顯然，「普世價值」論和「中國模式」論從文明與文化的角度來說，是一場普世的文明與特殊的文化之間的戰爭。這樣的戰爭，在二十世紀的世界歷史當中已經發生過多次，兩個最典型的例子，乃是德國和土耳其，一個是要用德意志的特殊文化抵抗英法的普世文明，另一個是要用歐洲的普世文明代替土耳其的特殊文化。然而，這兩個極端的例子都給我們留下了深刻的歷史教訓。

從俾斯麥到希特拉，十九世紀到二十世紀德國趕超英法的道路，都是按照這一用德意志的獨特性對抗英法的普世文明道路設計和實行的，他們在國家富強層面比英國還要英國、比法國還要法國，不到一個世紀，就從四分五裂的、落後的封建割據狀態轉變為一個統一的、強大的、稱霸歐洲的德意志帝國。然而，德國所追求的那條與歐洲主流文明對着幹的獨特道路是一條走向戰爭、無法持續的死路。二戰之後，德國人痛定思痛，整個民族決意匯入世界主流文明，將英美的盎格魯－撒克遜政治文明與德國自身的路德新教傳統與近代以來的社會民主主義傳統融合，當代德國的文明模式成功綜合了西方文明各種異質元素，在當今歐洲經濟一片低迷蕭條之際，德國一枝獨秀，是帶領歐洲走出低谷、重新復興的希望所在。

德國的歷史告訴我們，與世界主流文明對抗絕對不是正道，一定是自我毀滅的邪路。那些「中國模式」論者如果僅僅願意在富強上模仿西方，而在文明的價值和建制上固守自己「獨特」的文化，即使創造了獨一無二的「中國道路」，那也只是普世的資本主義工具理性與東方權威主義傳統的奇怪結合。這是一種新的中華文明2.0版呢，還是又一次曇花一現的蒙元帝國，只有物質的征服力，而缺乏精神創造的新文明？在十三至十四世紀，蒙古人的鐵騎不僅征服大江南北，而且橫掃中亞東歐，成為跨越歐亞大陸的龐大帝國。然而，只識彎弓射大雕的蒙古征服者獨有武功，唯缺文明，而沒有精神魅力和先進制度所支撐的帝國是支撐不了多久的，不到一百年，曾經不可一世的蒙元帝國便分崩離析，走向滅亡。黑格爾在《歷史哲學》中説：「一個民族在世界歷史的發展階段中究竟佔據什麼樣的位置，不在於這個民族外在成就的高低，而在於這個民族所體現出的精神，要看該民族體現了何種階段的世界精神。」[5] 這個世界精神，就是主流的現代文明。中國要追求的不是與世界精神對抗的獨特模式，恰恰是符合主流文明，又能將之發揚光大、推向新的精神高峰的普世道路。中國不是一般的民族，而是黑格爾所説的有着軸心文明歷史傳統的世界民族，這樣的民族對世界精神應有擔當，其所作所為都要在普世文明的視野中加以衡量。

那麼，像「普世價值」論者那樣，死心塌地學西方，將中國變成一個完全歐化的國家行不行？在這方面，土耳其是與德國相反的、用文明代替文化的另外一個例子。土耳其的前身是奧斯曼帝國，二十世紀初發生凱末爾領導的土耳其革命，走上了一條全盤歐化的道路。不僅實現政教分離，而且徹底世俗化，原來的主流宗教穆斯林被驅逐出所有的公共空間，只能作為個人的信仰而存在。這條用文明代替文化的道路走了差不多一百年。土耳其雖然實現了現代化，卻再也無法恢復奧斯曼帝國的雄風，亨廷頓認為，土耳其成為了一個被撕裂、無所適從的國家——上層是類似西歐那樣的現代文明的制度，而底層依然是無法戰勝的穆斯林文化的天下，這兩者之間是斷裂的。[6] 也就是說，文明一直戰勝不了文化，反而造成了國家的撕裂。

進入二十一世紀後，土耳其開始試圖走出這一近代的困境，執政的溫和伊斯蘭政黨正義與發展黨嘗試如何將普世的現代文明與土耳其特殊的突厥文化和伊斯蘭文明內在地結合起來，雖然繼續保持政教分離的近代傳統，但伊斯蘭教重新回到社會的中心，不僅是拯救個人靈魂的「心性宗教」，而且也是整合社會倫理和人心的「秩序宗教」。在這一過程中，奧斯曼帝國末年的思想家格卡爾普又被重新提及。格卡爾普所思考的，是在歷史大轉型時代，土耳其如何一方面接受現代文明，一方面如何保持自身的文化認同。在他看來，當現代性文明到來的時候，原來的伊斯蘭文明便後退一步，變為特殊的民族文化，但普世的文明無法替代和取消特殊的民族文化，因為這是一個民族得以自我認同、保持自己文化特殊性之所在。普世的文明構成了國家的法律與政治制度，而特殊的文化則是民族共同的倫理、宗教和心靈認同。[7] 今天的土耳其所實踐的正是格卡爾普當年的思路，整個國家顯示出一種既與主流文明接軌、自身的文化傳統又充滿活力的新氣象。

從德國和土耳其的歷史中可以得出結論，無論是用文化抵抗文明、還是用文明代替文化，都不是民族復興的正道，中國應該走兩種極端之間的中道，既不當世界主流文明的對抗者，也不僅僅是它的追隨者，而應該成為現代文明的發展者，順應世界大勢，同時借助自身的文化傳統，對普世文明的發展與提升作出自己的貢獻。而要做到這一點，重返世界民族的行列，首先要從富強的崛起走向文明的崛起，在文明的價值和體制的建構上駛向出歷史的三峽。

三、通三統、公民宗教與憲法愛國主義

文明的重建不是一張白紙，可以隨意畫出最新最美的圖畫，它不得不面對和尊重中國土地上各種已有的文化傳統，雖然有些是曾經輝煌過的廢墟，有些是尚待發掘的金礦，有些是期待復活的遠古傳奇。當今中國存在着三種最重要的文化傳統：以儒家為核心的中國古代文明傳統，五四以來以啟蒙為標誌的現代性文明傳統和近一個世紀的社會主義傳統。儒家文明到了二十世紀初因失去了其制度基礎和社會基礎而解體，只是以碎片化的方式存在於中國人的日常生活；從西方引入的現代性文明一百年來歷經波折，到今天實現了一半，有了資本主義的理性化秩序，尚未抵達法治和責任制政府；而歷史同樣悠久的社會主

義傳統在毛澤東時代走過一段歷史的彎路，但其反對資本霸權、追求平等的理念依然在中國有廣泛的心理土壤和社會動員能力。對這三種既存的文化傳統，自由主義、社會主義的新老左派和儒家保守主義有着相當衝突的態度和立場，但不管是喜歡還是討厭，它這三種傳統都在那裏，容不得挑肥揀瘦，不得不面對和正視它們。

甘陽最早提出「通三統」，要將啟蒙傳統、儒家傳統和社會主義傳統統合起來，成為未來的中國新文明。「通三統」不僅是可欲的，而且是可能的。從歷史來看，中華文明與一神教的西方文明不同，它是多神教的，一神教追求一統，多神教要的是和諧，中華文明以多元一體的方式存在了二千多年。在心靈秩序上，上層的宗教是儒道佛並存，彼此之間相安無事，而底層的民間信仰乃是儒道佛合一，孔子、老子與佛祖共拜。在政治秩序上，乃是霸王道雜之，儒家為普世王權提供統治的合法性，有為的法家和無為的黃老之學則交替作為統治的治理術。不過，無論心靈秩序還是政治秩序，儒家都居於支配性的主流地位，但它不像猶太教、基督教或伊斯蘭教這樣排斥異端的一神教，儒家並不排除其他的神祇，只是將各種外來宗教和民間信仰世俗化，將儒家的一套價值倫理觀滲透到異教中。在政治秩序上亦是如此，福山認為，中國最早發展出強大的國家，擁有一統的中央王權、官僚管理制度和科舉選拔精英制度。這一理性化的國家能力，便是儒家與法家共同開發的。李零說過：「歐洲只有宗教大一統，沒有國家大一統。我們中國，正好相反，特點是國家大一統，宗教多元化。」[8] 歷史上的歐洲，是一個宗教，多個國家，而歷史上的中國，則是一個國家，多種宗教。這意味着，「通三統」是多元一體的中國文明之常態。

不過，我們不能簡單地停留在「通三統」的標語口號上。因為無論是古代的中華文明，還是現代性文明或社會主義傳統，其內部都非常複雜、多元，存在着各種相互矛盾衝突的多歧性。中華文明的內部有儒道墨佛法五大傳統，即使在儒家內部，也有重德性的修身一面和重實踐的經世致用另一面，有以民為本的人文傾向與君主為綱的威權傳統。而在現代性文明內部，即使是大西洋兩岸，美國模式和歐洲模式就存在着很大的差異，作為新大陸的美國，既缺乏中世紀的貴族傳統也沒有近代的社會主義運動，崇尚個人和競爭的英雄主義傳統根深蒂固，對政府存在着深刻的不信任，個人的自由與權利是神聖不可動搖的天賦人權。美國又是一個充滿了宗教感的新教倫理國家，獨立的個人之間又充滿着社群主義精神，發展出完善的市民社會。而歐洲與美國相比，世俗化更為徹底，宗教色彩比較淡，近代強大的社會主義運動被自由主義內化所產生的社會民主主義思潮，成為歐洲的主流，他們不像美國人那樣相信資本主義的自發秩序，更願意通過國家的干預實現社會的平等與公正。正如哈貝馬斯和德里達所說：「在歐洲的社會，世俗主義發展得相當成熟。歐洲人對於國家的組織和管理能力充分信任，但對市場的功能卻表示懷疑。他們具有敏銳的『辯證啟蒙』意識，對於科技的進步，不會天真地抱持樂觀的期望。」。[9] 至於由馬克思所開創的社會主義，眾所周知，也有西方和東方兩支不同的傳統，從伯恩斯坦、考茨基開創的西歐社會黨傳統在現代文明的憲政框架內實踐社會主義的理想，到了今天已經成為歐洲的主流。而從俄國到中國的東方社會主義實踐，一個世紀以來曾經輝煌，又幾經衰落，至今仍處於與現代文明的艱難磨合中。

因為古代文明、現代文明與社會主義傳統內部的複雜性和多歧性，於是問題就不在於要不要「通三統」，而是通的是什麼樣的「三統」？這猶如一場調酒師的比賽，不同的勾兑方案所調出來的現代化雞尾酒，味道大相徑庭。如果取的是法家中的富國強兵、西方現代性中的資本主義富強和東方社會主義的國家專制傳統，那麼這個「通三統」所產生的怪物將是一種國家權貴資本主義或官僚化的法家社會主義。而假如將儒家的民本與人文傳統、自由主義中的自由、法治和民主與社會主義的平等理想相結合，那麼這個「通三統」將融合古今中外各種文明的智慧與精華，開拓出另一番風景。

中國的崛起從某種意義上説，也是某種版本的「通三統」的結果，但這是一種無法持久的、壞的「通三統」。在富強到文明的轉型關頭，我們要改變「通三統」的勾兑方案，從法家的富國強兵轉向儒家的以人為本，從現代性的理性化進一步提升為文明的法治和民主，從東方社會主義的威權傳統轉型為馬克思主義原典中對自由的尊重與平等的理想。即使是借鑒西方的經驗，目光也要從學習美國轉移到學習歐洲。無論國家的歷史還是文化的傳統，中國與美國兩個大國之間的差異實在太大，用基辛格的話說，雙方的文明觀和哲學觀屬於不同的例外主義，「中國和美國都認為自己代表獨特的價值觀。」[10] 相形之下，中國與歐洲大陸有更多的可比性，比如，中國與歐洲一樣都有古老的軸心文明，其文明內部有複雜的多元性；中國像法國那樣有強大的官僚國家傳統，又像德國那樣曾經落後過，面臨經濟上趕超先進國家、文明與文化之間緊張衝突；中國也像歐洲那樣深受馬克思主義影響，有着深刻的社會主義傳統，宗教色彩比較淡、世俗化程度相當徹底等。一個國家的文明發展，不可能抹去已有的傳統，一切推倒重來。因而，中國要將自己的視野從美國轉向歐洲，從歐洲的歷史經驗中吸取更多的智慧，在古老的文明、現代的啟蒙和社會主義傳統的融合之中重建中華新文明。

文明既是一種法政制度，同時又是一種公共文化。伯爾曼說：「法律必須被信仰，否則它將形同虛設。」[11] 法律與制度的靈魂，乃是其為所有公民所信仰和認同的價值叢。這一價值叢，分為政治價值與宗教價值兩個層面，分別以憲法愛國主義和公民宗教兩種不同的形式表現出來。憲法愛國主義是比較薄的國民認同，是對憲法所代表的政治價值和公共政治文化的認同，而公民宗教則要厚實得多，還包括全民族共同的歷史文化傳統和道德倫理價值以及對超越性來源的理解。

憲法愛國主義是二次大戰之後德國清算了納粹的種族主義幽魂之後所提出的凝聚德意志民族的方案，並在兩德統一之後成為整個國家具有不同宗教和意識形態背景的東西德公民的共同立場。這對解決中華民族的國族認同問題，顯然有很大的參考和借鑒意義。在中華民族這一大家族內部，雖然漢族人口佔了百分之九十以上，但同時還存在着其他五十五個少數民族和族群，而像藏族、回族、蒙古族等邊疆民族還擁有與漢民族同樣歷史悠久的高級宗教：藏傳佛教或伊斯蘭教。而九十年代以來基督教和天主教的信眾也在激增。在當代中國，世界的主要軸心文明已經內在化，成為中國的內部宗教。儒道佛耶回五教並存，成為不可改變的多元現實。中華民族如費孝通先生所說是多元一體，不僅民族多元，而且信仰多元，如何整合為一個統一的近代國族？民國初年的「五族共和」提出的是法政方案，但並沒有解決作為統一國族背後的公共文化問題。長達一個世紀以來，漢民族總是試圖以自己的主流文化同化其他少族民族，比如將漢族所信奉的儒家文化奉為公共的宗教甚至國教。儒家文化借助世俗的現代化力量的確成功地同化了眾多只有民俗文化和民間信仰的文化族群，卻無法化合同樣擁有自己高級宗教的藏族和回民，反而激起了某種文化的反彈。這意味着，任何一種信仰性宗教（包括儒道佛耶回）都無法成為法政制度背後的國教，也無力擔當中華民族的公共信仰。文化、倫理與宗教要給不同信仰的族群以充分的自主性空間，作為一個國族的公共認同只能是有限的、單薄的政治價值認同，那就是憲法愛國主義，即政治共同體所賴以存在的基本政治價值：自由、平等、法治、憲政、政教分離、責任制政府等。這些不涉及到宗教與倫理之「好」（good），只是規範政治領域何為「正當」（right）的公共政治文化，超越於儒道佛耶回五教之上，同時又為不同的宗教、哲學和倫理學說所公認，並且為一國之憲法所明確規定，予以制度性的認同和法律保障。儒道佛耶回五教乃為多元，憲法愛國主義實現的是一體，以如此多元一體的方式重新建構中國民族的國族認同。

不過，憲法愛國主義畢竟單薄，它只是政治認同，與文化認同無關，只限制在政治的公共領域，不僅不涉及私人的宗教信仰，而且與非政治、非個人的社會公共領域也無涉。然而，公民的公共生活，除了政治領域外，還有社會和文化兩大空間，這就是哈貝馬斯所說的「系統世界」之外的「生活世界」。在社會與文化的公共世界中，需要一種在價值上更厚實的公民宗教，不僅包含政治價值，而且也內涵着由共同的歷史和文化經驗所形成的倫理價值、道德價值，乃至宗教經驗。在這裏，需要區分兩種不同的宗教：「心性宗教」與「秩序宗教」。「心性宗教」拯救的是人的靈魂，為信眾提供靈魂的歸屬感和生命的意義，而「秩序宗教」僅僅為社會的公共生活提供基本的道德倫理規範，雖然它背後也有一套超越性的源頭。[12] 我們這裏所說的公民宗教，指的不是與個人心靈秩序有關的「心性宗教」，而是維繫社會公共秩序的「秩序宗教」。在世俗化比較徹底的歐洲，公民宗教的觀念相當淡薄，但在具有深厚宗教傳統的美國，從開國至今一直存在着羅伯特•貝拉所說的公民宗教。《獨立宣言》與美國憲法所堅守的自由、平等這些美國價值，皆有其超越性源頭，來自造物主的意志。但這一上帝的概念是抽象的，不一定指的是基督教的上帝，可以理解為不同宗教中的超越之神。公民宗教所真正在意的，既不是對國家的尊奉，而是對國家所遵從的價值的信仰；也不是對具體的神祇膜拜，而是對其所象徵的共同體價值的堅守。雖然在私人領域內部每個人可以有不同的宗教信仰，但在民族國家共同體的公共領域，卻有着公民宗教——公共的政治價值和倫理價值，從而體現為一個國家的核心價值觀。公民宗教是教化之教，而非宗教之教。它不是國教，卻與國族合一；與政治秩序分離，卻為國家所認肯。公民宗教是一個國家的所有成員一起經歷過的歷史經驗、共享的民族文化和共同的價值尺度，雖然它有可能來自不同的神祇或道德哲學。

那麼，未來中國的公民宗教將會以什麼形式出現？是自由主義，還是傳統儒家，抑或儒道佛回耶與自由主義、社會主義等現代意識形態綜合成一個新的公共文化？顯然，這是一個值得認真對待的問題。中華民族是否得以成為一個統一的國族，中國的國家建構是否得以實現，要看中國是否能夠走出核心價值的真空，形成全國上下共同認肯的公民宗教。這一公民宗教既要順應主流文明，內涵全人類的普世價值，同時又具有中國自身的歷史文化淵源。可以這樣說，中國的公民宗教形成之時，便是中華文明復興之日。比較起制度的建構，顯然這是一個更艱難的文明轉型。

路漫漫其修遠兮，文明重建需要的只是耐心，只是要看清方向，不再走彎路。

二〇一二年

註釋

1 雷海宗：〈無兵的文化〉，引自雷海宗：《中國文化與中國的兵》，北京：商務印書館，2001，125頁。

2 艾森斯塔特，曠新年、王愛松譯：〈邁向21世紀的軸心〉，載艾森斯塔特：《反思現代性》，北京：三聯書店，2006，79–80頁。

3 弗朗西斯・福山，毛俊杰譯：《政治秩序的起源》，桂林：廣西師範大學出版社，2012，16頁。

4 埃德加・莫蘭，康征、齊小曼譯：《反思歐洲》，北京：三聯書店，2005，31頁。

5 黑格爾，潘高峰編譯：《黑格爾歷史哲學》，北京：九州出版社，2011，58頁。

6 塞繆爾・亨廷頓，周琪等譯：《文明的衝突與世界秩序的重建》，北京：新華出版社，1998，159頁。

7 昝濤：〈格卡爾普的土耳其主義理論〉，《現代國家與民族建構：20世紀前期土耳其民族主義研究》，北京：三聯書店，2011，166–194頁。

8 李零：〈環球同此涼熱：我的中國觀和美國觀〉，www.douban.com/group/topic/35402627/。

9 哈貝馬斯、德里達：〈2月15日，歐洲人們的團結日：以核心歐洲為起點，締結共同外交政策〉，載丹尼爾・李維等編，劉伯寰譯：《舊歐洲、新歐洲、核心歐洲》，北京：中央編譯出版社，2010，30頁。

10 基辛格，胡利平等譯：《論中國》，北京：中信出版社，2012，序言2頁。

11 伯爾曼，梁治平譯：《法律與宗教》，北京：三聯書店，1991年版，28頁。

12 哈切森，段琦等譯：《白宮中的上帝》，北京：中國社會科學出版社，1992，40頁。

第九章

誰之世界歷史？何種中國時刻？

二十一世紀世界歷史的最重要事件，可能是中國作為一個文明大國的重新崛起，從而改變世界歷史本身。最近，國內學界熱議姚中秋教授提出的「世界歷史的中國時刻」，這是一個好命題。問題在於，當世界歷史中的中國時刻呼之欲出的時候，中國自身準備好了嗎？中國將以什麼姿態出現於世界？是西方文明的追隨者、挑戰者，抑或發展者？再進一步追問：那又是誰之世界歷史，何種中國時刻呢？

在所謂的中國時刻降臨之際，與其盲目地樂觀歡呼，不如冷靜地在世界大勢中重新思考中國的位置，找到她的未來軌跡。

一、世界格局中的三個重心

今日的世界，是一個民族國家的時代，也是一個帝國並行的時代。超越民族國家的資本與權力體系，為帝國霸權的興衰提供了物質和組織化條件。在結束了長達半個世紀的美蘇兩大帝國對抗的冷戰之後，二十一世紀初所展現的新的帝國圖景，乃是美國、歐盟和新崛起的中國的三分天下。

現代帝國的爭霸，取決於兩個因素：一是在全球資本與權力體系中的實力，二是其各自所憑藉的文明。一個具有長久競爭力和統治力的帝國，實力與文明，缺一不可。軍事和經濟的硬實力，如潮水一般有漲有落，然而文明，卻是長時段競爭的底蘊所在。

美國衰落了嗎？這是中國崛起之後世界熱議的話題。雖然按照目前 GDP 增長的速度，中國將在未來十年內綜合國力上超過美國，成為世界頭號經濟強國，但這並不意味着美國的衰落。誰是世界老大，不僅要看 GDP 總量，而且要看其他同樣重要的指標。在全球化的資本和權力體系中，以美元作為全球金融貨幣、科技的強大創造力和無可比擬的軍事威懾力，美國將在相當長的時期內，繼續保持其全球第一霸主的地位。更重要的，是自身文明的可持續性發展性。與歐洲相比較，美國建國的主流文明盎格魯—撒克遜新教文明歷經兩個多世紀，依然有其充沛的活力，遠未走到盡頭。作為一個移民國家，世界各國的精英依然嚮往美國，他們從四面八方湧向那裏，源源不斷地給美國帶來新的創造性元素和競爭能力。誠如布熱津斯基所說：「美國的吸引力經久不衰的關鍵在於，它把理想主義和物質主義這兩大激勵人類進步的精神動力結合在一起。……在公民權利與創業精神兩個方面，美國所能提供的一切，都是歐洲和世界其他國家不具備的。」[1] 一個文明的生命，在於其核心價值的吸引力，是否有自信對其他文明開放，並且將異質元素轉化為自身新陳代謝的造血功能。從這點而言，美國的衰落尚且為之過早，盎格魯—撒克遜新教文明的核心價值，再加上多元文化帶來的競爭性活力，將使美國繼續扮演世界文明帝國不可代替的頭號角色。

自二〇〇八年後，歐洲陷入了持續的財務危機中，至今不能自拔。危機的背後是文明出了問題。如今我們去歐洲遊覽考察，特別是那些天主教的拉丁國家，會發現十九世紀工業革命時代歐洲人的那種發奮圖強、努力工作的工作倫理喪失了，到處充滿了鬆散、閑適、安逸的氛圍，度假比工作更重要，全民福利造就了許多人不思上進、坐享其成。科耶夫在冷戰時期曾經設想要在基督新教的美國和東正教的蘇聯兩大帝國的抗衡中，建立一個以法國為軸心的新拉丁帝國。半個世紀後，這個新拉丁帝國以自我毀滅的方式出現了，西班牙、葡萄牙、意大利這幾個拉丁國家再加上希臘，被譏諷為拖累了歐盟的「笨豬四國」，在這些國家內部瀰漫着一種羅馬帝國晚期的「死於安樂」的文明墮落跡象。古老的歐洲雖然實現了統一，不再有國家主義的衝突，也超越了對物質的無限貪婪、對富強的過度衝動，但在一個激烈競爭的世界中，其自身卻失去了進一步發展的動力。當在世界金融和貿易等級秩序中對第三世界的優勢喪失殆盡，歐洲可能將陷入一個長期的、緩慢的衰落中。

然而，從歷史的長時段來看，也存在着另一種可能性。弗格森在《文明》一書中指出，十六世紀之前的歐洲陷入黑死病的絕望中，如果有人告訴你，歐洲將在未來主宰世界，一定會被認為是瘋子的夢囈。然而自從哥倫布發現新大陸後，歐洲以科學技術的革命、勤儉競爭的工作倫理和民主法治的制度優勢逐漸領先於世界，創造了普世化的現代文明。[2] 歐洲有一種置死地而後生的能力。之所以如此，乃是歐洲文明內部的豐富性和多歧性。法國著名的公共知識分子莫蘭指出：歐洲精神就在於它的異質性和不確定性：「如果說它是崇尚精神的歐洲，那它也是追逐物質的歐洲。如果說它是有節制的歐洲，它也是無節制的歐洲。如果說它是理性的歐洲，它也是神話的歐洲，即便在其理性思想內核裏也包含神話夢想成分。」[3] 歐洲不僅有拉丁文化，也有新教文化，歐洲在被逼到懸崖後，有可能重新煥發出活力。在一片蕭條中，德國作為歐洲經濟的引擎依然強勁有力，而且經歷過二次大戰的慘痛教訓，德國將英美的盎格魯—撒克遜政治文明與德國自身的路德新教傳統與近代以來的社會民主主義傳統融合，既保持了新教的勤奮節儉和競爭精神，又有充分的國家福利保障，在二者之間保持了微妙的平衡。當代德國的文明模式成功綜合了西方文明各種異質元素，將是帶領歐洲走出低谷、重新復興的希望。

十九世紀和二十世紀，世界秩序的重心在大西洋，先是英國，然後是美國，成為主宰世界的頭號帝國。在十八世紀還領先於世界的東亞，不僅衰落了，而且一度成為西方列強瓜分和掠奪的獵場。然而，二十世紀七十年代後，儒家文明圈的東亞開始復興，經濟高速發展，首先是儒家文明圈的外圍日本，隨後是邊緣地區東亞「四小龍」，最後輪到儒家文明圈的核心中國大陸。到二十一世紀初，以中國的崛起為標誌，整個世界的權力結構、財富結構逐漸從歐洲轉移向亞洲，從大西洋地區轉移到太平洋地區。世界歷史重新向亞洲傾斜，地球的重心發生了偏離。

未來的世界，將有三個世界重心，一個是美國，另一個是歐洲，第三個是中國。三個不同形態的世界帝國，彼此之間形成了三種共同體：大西洋共同體、歐亞大陸共同體和太平洋共同體。以往的兩個世紀，世界的重心在大西洋，戰後又以北約為標誌，形成了美國、西歐聯盟的大西洋共同體。在這兩個共同體中，除了美國、中國和歐盟三個中心之外，日本、俄羅斯和印度，都不容小覷。日本作為最早在東亞崛起的國家，既有現代化的持續動力，又保持了日本亞文明中的本土傳統，近年來恢復「正常化國家」的衝動，將讓日本在亞太事務中扮演更重要的角色。俄羅斯雖然不復有當年蘇聯帝國時期的輝煌，但它的東正教文明底蘊再加上能源、科技、軍事和人才優勢，不排除有重新崛起的可能，普京最近推出的新「獨聯體」計劃，便是再造帝國的第一步。而南亞次大陸的印度，隨着經濟的高速發展也開始雄心勃勃，其古老的印度文明是否有助於讓其從印度洋的地區大國，進一步發展為歐亞大陸板塊中的全球大國，也有待於觀察。

三個重心，三大板塊，二十一世紀的世界面臨着一個幾百年來從未有過的多元格局，它將改變和結束西方統治世界的歷史，出現一個新的文明世紀。

二、從一神教到多神教的世界歷史

在北京航空航天大學人文與社會科學高等研究院的二〇一二年會上，姚中秋教授提出了「世界歷史中的中國時刻」，這是一個好命題，但也頗受爭論。我們首先要討論的是：誰之世界歷史？何種中國時刻？

在全球化出現前，沒有統一的世界歷史，只有各文明的歷史。在最早的軸心文明時代，歐亞大陸的猶太教—基督教文明、古希臘羅馬文明、伊斯蘭教文明、印度教文明和中國文明，都只是區域性的文明，相互之間雖然有影響，但整個地球並沒有形成密不可分的整體。一直到一千五百年後，隨着歐洲的帝國列強發現、移民和征服亞非拉美和澳洲，特別是工業革命打垮了各國的地方手工業，締造了全球經濟貿易共同體，西方文明通過價廉物美的貨物、虔誠的傳教士和無所不催的軍艦大炮征服了整個世界，一部以歐洲為中心的世界歷史才真正出現。

從歷史學家的書寫到各國歷史教科書，至今我們所熟悉的世界歷史，乃是以大西洋文明為核心所展開的歷史，其背後預設了一個基本的歷史觀：歷史是有終極目標的，向着一個確定的時間終點展開和發展。這是從基督教到黑格爾的一元線性的歐洲歷史觀，而無論是古希臘還是東方的歷史觀都是循環的或輪回的。基督教的末世論相信人類的歷史最後將出現末日審判的彌賽亞時刻，基督的重返人間，將代表上帝在人間實現普遍的正義，一切善惡是非都將得以清算。這一基督教的歷史觀在啟蒙運動中得以世俗化，轉型為向善的歷史進步主義。而深受基督教文明和啟蒙運動浸潤的黑格爾，將上帝的意志變異為理性的絕對精神，它在現實世界體現為一種世界精神。人類的歷史是有自身目的，向着世界精神的最終實現而展開。他說：「世界精神是人類的本體。這種世界精神與神聖的精神，即絕對精神保持一致。個別民族的特殊精神也許會沒落，但由於它是『世界精神』發展鏈條中的一環，因此這種普遍精神就不能消失。民族精神是以特殊形式出現的普遍精神。」[4]

黑格爾將整個世界視為絕對精神歷史性展開的整體，具有世界精神的民族（不是所有的民族）將通過自己特殊的民族精神逐次體現普遍的世界精神。世界精神的太陽最早在東方升起，中國文明、印度文明和波斯文明是人類歷史的童年，然後一路向西來到歐洲，古希臘文明和古羅馬文明則是它的青壯年，最後世界精神的太陽降落於日耳曼民族，實現自由的終極目的。

我們可以看到，從基督教到黑格爾的歐洲歷史觀，乃是一個一神教的一元化世界。在統一的世界歷史進程中，有一個超越性的絕對意志（無論是上帝的意志還是世界精神）在東西方遊蕩。而所謂某某時刻的出現，乃是說在這個一元論的世界歷史中，擔負着絕對精神使命的某個世界民族的出場，於是一千五百年之後的世界歷史，曾經有過西班牙時刻、荷蘭時刻、英國時刻和美國時刻，也有過失敗了的德國時刻。那麼，「世界歷史的中國時刻」，是否意味着歷史的最後時刻將不再像福山所說的終結於拿破崙在耶拿戰役的勝利，而是終結於中國的重新崛起？到二十一世紀中國作為世界民族的登場，世界精神將重新回到東方，匍匐於中國文明的長城腳下？

如果以這樣美好而誘人的前景理解「中國時刻」的出現，首先不符合黑格爾的原意。在黑格爾看來，文明的死而復生，像神秘的不死鳥，通過鳳凰涅槃再現輝煌，產生新的生命，這只是東方的思想，而對於西方的觀念來說，整個世界歷史是不可逆的，向着一個確定的目標發展，不會兩次踏進同一條河流。一個承擔了世界精神的民族，雖然也會衰亡，焚毀自己，但不可能死而復生，只能將世界精神的火炬傳承給下一個世界民族。[5] 處於十九世紀的黑格爾雖然認為世界精神已經落在普魯士國家身上，但他也預感到二十世紀的美國將接棒：「美洲是明日的國土，未來的時代將在那裏實現，世界歷史也將會在美洲實現。」[6] 的確，美國充當了將近一個世紀的世界霸主，承擔着世界精神，當二十一世紀來臨，美國時刻即將終結、所謂的「中國時刻」即將來臨的時候，這究竟意味着什麼呢？

假如真的有「中國時刻」出現的話，它將終結的不是西方文明，而是黑格爾式的一元論世界歷史本身。「中國時刻」在世界歷史中的出現，首先改變的將是世界歷史的存在方式。世界精神依然存在，但它不再以某個國家的民族精神展現自己，而是以超越民族、超越國家和超越軸心文明的普世價值出現，那也是一種文明，一種普世的現代性文明。這一文明可以與各種不同的軸心文明相結合，從而呈現出世界精神的多元性和豐富性。世界精神既不終結於西方，也不是以輪回或循環的方式重返東方，而是在多種軸心文明和多級世界帝國的平行共處中。

於是，一個新的世界歷史即將展開，將從一元性文明的線性進化轉型為多元文明的空間並存。二十一世紀的世界，在各大帝國的力量和文明的均勢下，將重新回到一個多元的軸心文明時代，即所謂「後軸心文明」時代。在這個「後軸心文明」時代裏，世界歷史既不是以西方為中心，也不會以中國為中心，而將從一元的世界精神走向多元的文明和諧，從時間性的世界歷史走向空間性的比較文明。

以往兩個世紀的世界之核心，乃是大西洋共同體。大西洋的兩岸，無論是西歐還是北美，都是上帝子民的基督教世界，大西洋的秩序乃是一神教文明的秩序。而正在形成的太平洋共同體和歐亞大陸共同體，並存着不同的軸心文明。歐洲衰落之後，整個世界的金融、財富和權力從大西洋地區向太平洋地區轉移，中美國（Chimerica）的出現，正是這一太平洋共同體的符號象徵。正在崛起的太平洋共同體，乃是一種新的文明秩序，既不是東風壓倒西風，也非西風壓倒東風，而是一種對流風，甚至八面來風，是各種不同的軸心文明共享這個世界的多神教的後軸心文明時代。

一神教的文明與多神教的文明是兩個完全不同的世界。基督教的一神教傳統相信普天之下只有一個上帝，其他的神皆是魔鬼的化身，因而上帝的意志是唯一的、絕對的意志，世界歷史的本質乃是上帝與魔鬼、正義與邪惡鬥爭的過程。十八世紀啟蒙運動後，上帝的絕對意志經過人文的洗禮，世俗化為普世的絕對價值，而這一普世的絕對價值在黑格爾那裏被演繹為統一的世界精神。然而，真正的困境在於，世界的絕對精神並沒有超越民族國家的客觀形態，世界精神之實現，最後總是落實在具體的國家，那些自以為擔當了世界使命、能夠拯救全人類的超級帝國。但至今為止的帝國秩序，都是不平等的等級貿易、等級金融和等級權力的世界秩序，十九世紀英帝國主宰下的世界如此，二十世界美國統治下的世界亦是如此。

何種中國時刻？在我看來，所謂「中國時刻」的出現，應該是改變這種一神教世界歷史的時刻，讓整個世界不再在不平等的金融、貿易和權力等級秩序下繼續生存，而在多神教的文明之尋求平等的合作與共處。如果說，一神教相信的是神正論之下的普遍一元秩序，那麼多神教追求的是各種不同價值理念之間的多元和諧。中國儒家文明中的和諧觀念，將為世界的多神教新秩序之建立，提供重要的東方智慧。在傳統的中國文明的天下觀之中，不是只有一種宗教、一個神靈，而是儒道佛三教合一，是一個眾神狂歡、生機勃勃的和諧世界。孔夫子說「君子和而不同」，意味着一個君子所生活的世界，乃是一個可以由不同宗教、信仰和神靈所組成的大家族，既承認不同宗教之間的差異性，但又尋求不同宗教之間的和諧之道，即在共享的價值基礎上，相互融合，互補短長，構成一個有機的眾神共同體。古代中國與古代希臘一樣，都沒有一神的宗教，在遠古的歷史當中充滿着神話的傳説。神話世界是一個眾神和諧的世界，從神話中轉化出來的哲學，也是一個充滿了和諧精神的智慧。

以中國的天下智慧，來重新構建未來世界的多元文明秩序，將是一個可欲的方向。李零指出：「歐洲只有宗教大一統，沒有國家大一統。我們中國，正好相反，特點是國家大一統，宗教多元化。」[7] 歷史上的歐洲，是一個宗教，多個國家，而歷史上的中國，則是一個國家，多種宗教。基督教的一神教傳統，使得西方人充滿熱情地把上帝的福音傳播到全球，卻缺乏如何尊重異教的神祇、與別的文明和平共處的經驗。而歷史上的中國文明，雖然以儒家為核心，但從來不是儒家獨綱，在大部分歷史時期，心靈秩序上是儒道佛三教並存，政治秩序則是霸王道雜之。無論是處理人的精神信仰，還是建構政治共同體，中國文明有自己的「多元一體」的歷史經驗。以中國歷史上最後一個王朝大清帝國為例，它雖然由滿清少數民族統治，卻是一個政治相當成熟的龐大帝國。帝國內部民族關係錯綜複雜，既包括中原農耕民族，也包括藏民族、遊牧民族和滿族，宗教形態也相當多元，儒道佛回並存。清帝國以「多元一體」的方式成功地將這些不同的民族、宗教和地域整合進來，作為大一統象徵的帝國王權。清朝統治者在漢族區域以儒教治國，在蒙藏民族那裏尊奉喇嘛教。這一多神論的雙重政教體系使得清帝國維持了將近三百年的統治，若非更高級、更強大的西方文明入侵，可以想像清帝國將會有更長的壽命。

中國文明的這些歷史經驗剛好可以為逐漸降臨的太平洋多神教文明秩序提供借鑒。所謂「中國時刻」的出現，不是僅僅參與現存世界秩序，而一定是以中國的智慧重新定義世界歷史，改變世界秩序的時刻。今天的世界已經形成多元文明的格局，亨廷頓因此認為未來的世界戰爭將以文明衝突為軸心。問題在於如何在多元文明之中形成一體的秩序？這個一體以一種什麼樣的建制得以實現？不同的文明之間不可通約，需要有多神教的智慧，相互和諧。

而和諧的基礎，乃是在各種文明之上，有近代啟蒙的普世文明和普遍人權。普世文明超越於各軸心文明之上，既是對軸心文明、也是對國家理性的制約。二次世界大戰後，整個世界在價值觀上已經逐漸接近，公認聯合國各種宣言、決議所確定的自由、民主、法治、人權、公平正義等為普世的文明價值觀——儘管不同國家對其理解和何為優先性上理解不同——但至今為止，世界的普遍秩序依然在理念形態，而缺乏超越國家主權的約束性建制。康德所追求的「世界永久和平」如何實現？全球的文明價值如何落實為一套有效治理世界不同主權利益衝突的機制？二戰之後建立的聯合國以及安理會是一套成熟的機制，但功能有限，哈貝馬斯設想過全球的公共領域、《帝國》的作者哈特、奈格里想像的全球的「雜眾」共同體等，至今為止都是烏托邦，還沒有落實為現實的建制。因為全球治理秩序的缺位，美國因此得以常常充當世界警察的角色。隨着未來多元文明的格局來臨，世界面臨的最大問題恐怕是怎樣建立一個超國家的有效的國際機制，以維護「多元一體」的和平秩序。

世界核心秩序從大西洋的一神教文明到太平洋多神教文明的轉換，到目前為止還只是一種可能的發展趨向，尚未能完全現實。歐洲和北美經過二十世紀二次世界大戰慘痛教訓，擴張性的國家主義得到了抑制，整個西歐和北美在現代文明價值和民主憲政體制的基礎上得以整合。而冷戰結束後，整個歐洲又基本實現了一體化，一神教的大西洋文明實現了長久的穩定秩序。相形之下，東太平洋地區至今為止依然不太平，潛伏着局部戰爭的威脅。布熱津斯基將二十一世紀的新亞洲視為二十世紀上半葉的老歐洲，他說：「世界的權力正在從西方向東方轉移。新亞洲在二十一世紀會像老歐洲在二十世紀那樣熱衷於國家之間的爭鬥，最終成為自我毀滅的受害者嗎？」[8] 布熱津斯基的擔憂不是沒有理由的。東亞和南亞各國在經濟上崛起後，民族主義情緒高漲，普遍將國家利益視為最高原則，多國之間領土糾紛、海洋資源和水資源的爭奪達到了白熱化的程度。另一方面，從文明的角度而言，東太平洋地區的各種文明像歐亞大陸的結合部中東地區一樣複雜：東亞的儒家文明、混合形態的日本文明，南亞的印度教文明，東南亞的小乘佛教文明，印尼、馬來亞的伊斯蘭教文明、韓國的基督教文明、菲律賓的天主教文明……各種軸心文明在東亞和南亞地區已內在化，它們與國家利益相糾纏，同樣潛伏着文明衝突的危險。

三、中國作為世界民族的天下使命

當整個世界都在期待「中國時刻」到來的時候，中國準備好了嗎？要回答這個問題，要首先討論所謂的中國時刻，究竟意味着什麼。關於中國時刻的出現，有兩種不同的理解，一種是中國的綜合國力超過美國成為世界老大的那一刻，還有一種是中國文明的崛起，重新定義世界歷史的時刻。

如前所述，至今為止的世界歷史，是以西方為中心的歷史敍事。中國早在一八四〇年鴉片戰爭後就被迫加入全球化，成為世界歷史的一部分。但在差不多一個半世紀中，中國始終在這個以西方為中心的世界之邊緣，而在毛澤東時代，甚至一度在世界歷史之外。自鄧小平時代之後中國重新進入世界歷史，經濟高速發展，經過三十多年的改革開放，終於從邊緣走向中心，在綜合國力上趕超德國和日本，成為世界第二，並在不遠的將來壓倒美國，成為頭號經濟強國。然而，即使這一刻到來，也並不意味着中國時刻的出現。因為世界秩序並沒有隨中國的崛起而改變，而反過來倒是中國被世界秩序所改變。中國為了加入世界，自己也便成了歐洲的一部分，到了今天，甚至比歐洲更歐洲，今天的中國人，比今天的歐洲人更像十九世紀的歐洲人：野心勃勃、勤勞節制、充滿着貪婪和慾望，相信弱肉強食、適者生存，而與重義輕利、懶散中庸的傳統中國人大異其趣。簡單地説，到目前為止，中國的崛起只是富強的崛起，還不是文明的崛起。

早在晚清的時候，無論是嚴復，還是梁啟超，都發現歐洲的崛起有兩個秘密，一個是富強，另一個是文明。所謂富強，指的是近代的科學革命和工業革命帶來的科學技術、馬克斯・韋伯所説的世俗化與工具理性化，以及由此發展出來一套理性化秩序與制度設置，以及永不滿足、無限追求的浮士德精神。而所謂文明，乃是指一套啟蒙價值觀以此相適應的制度化建制，即嚴復所説的「自由為體、民主為用」。富強是中性的、去價值的，從世界實踐來看，可以與各種不同的意識形態嫁接，產生不同的現代性制度類型。而文明則有着確定的價值內涵：自由、平等、民主，以及相應的制度建構，包括現代的法治、責任制政府等。

在富強方面，中國不僅學得惟妙惟肖，而且在有些地方青出於藍而勝於藍，比歐洲還歐洲。比如社會達爾文主義所崇尚的競爭法則，如今在中國已經到了上面「贏者通吃」、下面「末位淘汰」的登峰造極地步；為了當下的成就和享受，不惜破壞生態環境，對老祖宗留下的地下資源進行掠奪性開採，提前預支子孫後代幾代人的紅利。然而，在富強崛起時，中國卻面臨着文明價值失落和制度改革空缺的巨大危機。傳統的中國文明已經解體，毛時代遺留的意識形態也陷入虛空，而普世的啟蒙價值尚未成為主流。與此同時，現代的法治、政府的合法性權威和廣泛的民主參與——這些政治秩序的基本建設，依然有待於清掃地基。

今天的中國，是否會重蹈十三至十四世紀蒙元帝國的覆轍？當年的蒙元帝國徒有強大的軍事力，而缺乏先進的文明。古代的世界由軍事力決勝負，今天的世界則是經濟力定乾坤。今天中國這個新帝國的崛起，所憑藉的也是橫掃世界的中國產品和中國投資。各大洲都可以看到中國商人的活躍身影，湧入眾多國家的中國熱錢。然而，中國商人給世界帶來的只是金錢和商品，卻沒有像當年的西方列強那樣，還有更厲害的軟實力——文明的價值觀和先進的制度。實力所能征服的只是國家，唯有文明方能俘獲人心。一種缺乏文明導向的實力崛起，給世界帶來的只是恐懼、不安和誤解，而不是世界的新希望。

黑格爾在《歷史哲學》中說：「一個民族在世界歷史的發展階段中究竟佔據什麼樣的位置，不在於這個民族外在成就的高低，而在於這個民族所體現出的精神，要看該民族體現了何種階段的世界精神。」[9] 中國不是一般的民族，盤古以來就是一個世界性的民族，是有着天下主義胸懷、對世界精神有擔當的民族。軸心文明的核心國家，都有這樣義不容辭的世界歷史使命。

作為一個古老的文明帝國，中國到了十九世紀之後，被全球化的資本—權力體系邊緣化，開始了民族國家化的歷程。然而，作為一個有着龐大人口、國土、資源和悠久歷史文化傳統的國家，在其文明內部一直有着再造帝國的原始衝動。這頭被拿破崙稱為「東方沉睡的獅子」，要麼不醒來，一旦蘇醒，就不會甘於僅僅作為一個邊緣性的民族國家存在，她一定會走向世界的中心，天生就是一個帝國的命。在冷戰時期，毛澤東試圖在美蘇之間，建立一個領導第三世界的紅色帝國。帝國的真正夢想是在鄧小平決定打開國門、加入全球世界體系之後開始實現的，中國逐步從世界資本與權力體系的邊陲走向半邊陲，隨後在二〇〇八年全球金融危機之後進入了世界體系的中心。相隔一個世紀後，中國在國際社會不再作為受屈辱的民族國家，而是作為一個世界帝國被尊重和對待。

世界帝國之間的爭霸，不僅是實力的高下，更取決於文明的制度和話語的較量。至今為止，全球的文明話語權依然在西方手裏，西方也繼續顯示出政治制度的強大生命力。崛起的中國無論在文明話語的塑造、還是制度的合法性建構，依然處於過渡的、不穩定狀態。中國步入了全球的經濟中心，但尚未成為國際事務的政治中心。三十年毛澤東的閉關鎖國和三十年鄧小平的韜光養晦，使得中國對全球事務依然陌生，對國際法則和普世價值相當隔膜。在文明的意義上，中國並沒有準備好擔當一個世界性帝國的角色。一個擁有世界第二實力的大國，陷入了文明的迷茫中。

白魯恂說中國是一個用民族國家偽裝的文明國家，按照中國的本性來說，這話不錯。然而偽裝得時間長了，假作真來真亦假，今日的中國真的忘記了自己的文明本性。文明國家考慮的是天下，而民族國家想的只是主權；文明國家追求的是普世之理，而民族國家在意的只是一己之勢。自晚清之後，中國被西方列強的勢力打怕了，越來越重視勢，而不在乎理，以理代勢、勢就是理，在中國似乎成為不可逆轉的趨勢。基辛格在與中國領導人接觸和會談中，留下一個強烈的印象：在中國人看來，國家利益壓倒其他所有的原則，是最重要的國家利益，國際關係是由國際利益和國家目標決定的，再無其他。[10] 今天的中國從上到下，從政府到媒體、知識界，所熟悉和操作的都是民族國家的話語，從主權政治和地緣政治角度觀察世界，為中國定位，唯獨陌生的是超越國家利益的普世文明。我們不再懂得用世界通行的文明話語為自己辯護，不再懂得對國家利益的最好守護，乃是站在文明的制高點上。美國之所以持續強大，不僅在於軍事、金融的統治力，更重要的是掌控了文明的話語權。難怪北京一位學者如此感嘆：毛澤東解決了中國的挨打問題，鄧小平解決了中國的挨餓問題，但至今中國還有一個問題沒有解決：挨罵。為什麼挨罵？因為普世文明的話語權不在中國一邊。

中國作為富強的崛起，其潛力已經基本窮盡，要進一步發展，成為改變天下的世界民族，下一步則是文明的崛起。過去拿破崙有一句話，中國是一頭「東方沉睡的獅子」，最好不要喚醒它。這是拿破崙作為偉大戰略家的深思熟慮，中國這個帝國一旦蘇醒就不得了，一定會震撼整個世界，改變世界歷史。但這一切僅僅是「應當」，要將「應當」轉變為「可能」乃至「現實」，首先要改變的是中國自己。如何從民族國家的思維回到文明大國的天下主義思維，如何將民族復興的歷史使命內化到為人類貢獻的世界民族中，如何從全球的世界工廠走向明的思想工廠？——這些問題都值得今天的中國人重新思考。

今日的世界精神，就是各軸心文明和民族國家所公認的普世價值和主流文明。對於至今還迷茫於「打什麼旗、走什麼路」的中國來說，在「外在成就」輝煌、綜合國力崛起的今天，在內在的文明建構上，究竟是要當主流文明的追隨者還是反抗者，抑或發展者？

如果中國僅僅扮演主流文明追隨者角色的話，即使學得再惟妙惟肖，即使從一個只知富強、不懂文明的偏科生進步為德藝雙馨的模範生，那也不算是中國文明的復興，而只是西方文明的勝利。世界精神的中心依然在大西洋，依然是一個一神教的無趣世界，或者用科耶夫的話說，是一個「普遍同質國家」的世界。世界精神即使回到東方，但東方不但對它毫無貢獻，而且以犧牲自己的文明作為代價成全了歷史的終結，窒息了世界精神向更高階段的提升。

那麼，充當主流文明的反抗者行不行？這幾年一些「中國模式」、「中國道路」的鼓吹者試圖將主流文明簡單混同於西方模式，視之為「非我族類、其心必異」的邪路，強調中國文明的特殊性、近代以來中國反抗西方、探索強國之路的「偉大意義」，似乎中國將為天下開闢的，將是一條與之前的世界精神完全迥異的現代化道路。時殷弘曾經做過一個富有啟發性的研究，他借助喬治·莫德爾斯基的世界政治大循環理論，發現近五百年來，所有對世界領導者的挑戰無一不落入失敗者的行列，替代老霸主成就新一代霸業的國家，都是先前世界領導者的合作夥伴。比如十七世紀取代葡萄牙、西班牙的荷蘭、十八九紀的英國和二十世紀的美國。[11] 國與國之間的世界爭霸戰，較量的雖然是實力，但背後是對世界精神的爭奪，是對普世文明的態度：凡欲挑戰主流文明的，最終難免失敗，比如曾經是那樣地野心勃勃試圖的二十世紀上半葉的德國和下半葉的蘇聯。而十九世紀的英國和二十世紀的美國，都曾經是當年世界霸主的同盟與夥伴，他們尊重主流的普世文明，又在自身的文化傳統上有所發展，最後代替老霸主，成為世界精神的領導民族。

對世界主流文明，追隨是沒有出息的，反抗終將頭破血流，唯有在順應主流文明的基點上，有所創新、有所發展，才是中國文明崛起的正道。黑格爾説：「個別的民族精神通過與其他民族的民族精神的融會貫通才能實現自己的任務，才能完成自己，因此，我們可以看到在不同的民族原則之間存在着一個前進、發展的連續的關係。世界歷史哲學的哲學就是要在這種運動發掘其內在連續性。」[12] 一個偉大的世界民族，不是固守自家文明傳統的民族，而是將民族復興的大業融入到世界歷史中的民族。中國需要一種新天下主義精神，能夠將全球優秀的文明遺產（包括自己的文明傳統）都包容進來，一方面融入世界的普世文明，另一方面又保留中國文明的自身主體性；一方面將普世文明轉化為中國的特殊性，另一方面又將中國的特殊性提升為普世文明的一部分，如此中國才能真正成為一個世界民族，中國文明對全人類才有偉大的貢獻。

一個新的世界歷史即將降臨，它將改變過去幾個世紀的大西洋文明的一神教歷史，開始太平洋文明的多神教歷史，而黑格爾所說的世界精神，將存在於被現代文明所內化了的各大軸心文明的共享之中。過去一個半世紀的中國，生存於以西方為中心的世界歷史邊緣，到了二十一世紀，中國重新回到世界舞台的中央，那是各大世界民族展現普遍精神的舞台。中國的返場，東方睡獅的蘇醒，將重新定義並改變世界歷史本身，那就是一個「後軸心文明」時代的降臨。

中國準備好了嗎？

二〇一二年

註釋

1 布熱津斯基，洪漫等譯：《戰略遠見：美國與全球權力危機》，北京：新華出版社，2012，38頁。

2 尼爾·弗格森，曾顯明、唐殷華譯：〈序言〉，《文明》，北京：中信出版社，2012。

3 埃德加·莫蘭，康征、齊小曼譯：《反思歐洲》，北京：三聯書店，2005，1–2頁。

4 黑格爾，潘高峰編譯：《黑格爾歷史哲學》，北京：九州出版社，2011，57–58頁。

5 洛維特，李秋零、田薇譯：《世界歷史與救贖歷史》，香港：漢語基督教文化研究所，1997，68–69頁。

6 黑格爾，潘高峰編譯：《黑格爾歷史哲學》，205頁。

7 李零：〈環球同此涼熱：我的中國觀和美國觀〉，www.douban.com/group/topic/35402627/。

8 布熱津斯基：《戰略遠見：美國與全球權力危機》，162頁。

9 黑格爾：《黑格爾歷史哲學》，58頁。

10 參見亨利·基辛格：《論中國》，北京：中信出版社，2012，420–421頁。

11 時殷弘：〈國際政治的世紀性規律及其對中國的啟示〉，《戰略與管理》，1995年第5期。

12 黑格爾：《黑格爾歷史哲學》，63–64頁。

第十章

世俗時代中國人的精神生活

近十年以來，中國的社會和經濟發生了巨大的變化，進入了一個新的時代。許多人對當代中國的複雜現象迷惑不解：這是一個什麼樣的時代？這個時代如何從歷史演變而來？這個時代的人們是如何自我認同的？這個時代的精神信仰呈現出什麼特徵？這個時代的核心價值和公共文化又是什麼？這一切，都是我們無法繞過的大時代中的大問題。

一、中國世俗化的歷史演變

當代中國，已經全面進入了現代化。所謂現代化，從精神形態而言，按照馬克斯・韋伯的經典論述，這是一個世俗化的時代，是一個除魅的時代，是一個價值多神的時代，是一個工具理性替代價值理性的時代。

在前現代的傳統社會，無論歐洲還是中國，人們的精神生活之上，都有一種超越的神聖價值。這種神聖價值，或者採取外在超越的方式，以上帝這樣的人格神、造物主、意志主宰的形態存在，或者以中國式內在超越的形態，通過自我的心性與超越的天道的內在溝通，以天命、天理、良知等形態出現。無論是內在還是外在方式，在現實的世俗世界之上，都存在着一個超越的神聖世界。這個神聖世界，提供了世俗世界的核心價值、終極關懷和生活的意義。然而，當歷史步入近代，現代化的一個最重要的標誌性事件，便是神聖的超越世界的崩潰。世界進入了一個韋伯所説的祛除神魅的時代，人們的精神生活開始世俗化。隨着人的主體性位置的確立，人替代超越之物成為自己精神的主宰，理性、情感和意志獲得了獨立的自主性。人們的終極關懷、價值源頭和生活的意義不待外求，而從世俗生活本身自我產生，精神生活開始走向世俗化。

當超越的神聖世界失落之後，世俗社會的核心價值是什麼？公共文化的共同基礎是什麼？這些本來都不成為問題的問題，如今都發生了問題。作為現代社會主流意識形態的自由主義，將「好」與「應當」分離，通過借助憲法為中心的法律政治建制，建立公共的政治文化，以此形成社會的底線共識，但在什麼是「好」的價值、什麼是「善」的倫理上，則讓位為文化多元主義。然而，「好」與「應當」的分離，只是自由主義一廂情願的區隔，在實際的政治實踐和倫理生活中，二者藕斷絲連，無法全然區分。當公共的核心倫理價值斷裂之後，文化多元主義也就不可避免地走向了價值相對主義、價值實用主義乃至於後現代的價值虛無主義。當代社會由於公共價值的失落，在宗教、哲學、道德、文化等精神生活層面，發生了嚴重的裂痕。

公共價值的衰落和文化相對主義的出現，使得社會的主流思維模式從傳統社會的價值理性逐漸轉向現代社會的工具理性。人們考慮生活和行動的重心，不再是衡量其有何終極性意義，而是作為達到特定世俗目的之手段，是否有效和合理。工具理性一開始躲藏在入世禁慾的價值理性目標之下，以後逐漸脱離後者而獨立，入世也不再具有宗教救贖的形而上意義，而還其本來的世俗面目，一種新的救贖主義出現了，史華慈將此稱為物慾主義的末世救贖。[1] 人的精神生活不再追求超越的意義，達到上帝的彼岸，或成為現世的道德聖人，而是看其在現實生活中佔有了多少具有社會象徵資本的稀缺資源。由此，個人的自我理解也發生了變化，變成了麥克弗森所説的「佔有性的個人主義」。[2] 這一物慾主義的世界觀和個人觀，在一個生產慾望、消費至上的資本主義市場社會之中，便呈現為消費主義的世俗意識形態。當代人精神生活的意義、個人認同的建立，無不依賴於慾望的滿足、物慾的佔有和無窮的消費基礎之上，社會徹底世俗化了。

物慾主義和消費主義這一徹底的、全面的世俗化，是一個全球性的精神現象，目前正借助經濟、文化和人員流動的全球化大潮，正在向全世界蔓延，也深刻影響到當代中國人的精神生活。不過，當代中國物慾主義時代的出現，並非像國內一些新左派人士所分析的那樣，似乎是全球化帶來的惡果，是全球資本主義的衝擊所產生的本土響應。應該說，當代中國人精神生活的世俗化，有其自身深刻的歷史文化脈絡和內在發展理路。

正如歐美的世俗化從祛除神魅到物慾化的消費主義的出現，經過了三到四個世紀的漫長歷史變遷一樣，中國的世俗化歷程，從十九世紀中葉的「三千年未有之變局」開始，到二十世紀末物慾主義時代的來臨，也經過了長達一個半世紀之久的曲折演變。簡單地說，從古代的神聖社會，走到當代的世俗化時代，期間經歷了四個階段的演變。

第一階段是十九世紀中葉之前的古代中國，那是一個中國式的神聖社會。

古代中國人的精神世界是豐富和完整的，人的生活世界屬於一個更高的、有意義的宇宙。有機論的宇宙觀不僅提供了人們對自然、社會的基本觀念，而且也賦予人們生活的意義。無論是儒家的德性論，還是道家的自然觀，抑或各種民間宗教，人的精神世界都與超越的天道、天理或天命緊密相連。儒家作為中華帝國和基層社會的核心價值和公共文化，通過普遍的禮治而得以建制化。個人在穩定的秩序中獲得公共的、明確的、代代相傳的道德標準和生活價值。

古代中國人的精神世界與歐洲的中世紀不一樣，神聖與世俗、超越與在世之間並沒有一條嚴格的界限，來自天道的精神價值雖然具有超越性，但其價值之實現卻不必通過出世，可以在世俗的日常生活實踐中得以落實。因此有不少學者認為神聖社會與世俗社會這樣的二分法並不適用於對中國歷史的分析。這自然有其道理。不過，我們要注意，即使古代中國的超越價值離不開日常倫用，但中國人的精神世界的價值源頭畢竟不是世俗的，而是超越的、神聖的，從這個意義上説，古代中國的精神世界依然是一個內涵超越性的東方式神聖世界。

另一方面，古代中國是一個人口眾多、土地有限的農業社會，重農抑商、重義輕利成為中華帝國的長期國策，也是儒家禮治社會的基本取向。中國的主流價值觀雖然肯定人性中的自然慾望，注重民生，但更注重的是對人欲橫流的防範。這些也從另一方面抑制了社會的世俗化趨勢。宋明以後隨着江南城市經濟的發展，社會開始出現了世俗化的萌芽，商人的世俗倫理開始向儒、道、佛主流價值滲透，[3]人的自然慾望得到了進一步肯定，富商階級的奢侈性消費也向士大夫階級瀰漫。雖然這一本土性的物慾化的消費主義並非替代社會的主流價值，但為近代以後出現的大規模的世俗化，提供了本土的思想資源和歷史脈絡。

第二階段是從十九世紀中葉到二十世紀中葉，中國面臨「三千年未有之變局」，開始步入世俗化的現代社會。

近代中國的物慾主義，有其本土的思想源頭。按照張灝的分析，儒家思想中有修身（道德）和經世（功利）兩個相互衝突又彼此滲透的面相。到晚清時代發生大變局時，儒家內部的經世思想開始崛起。經世本來也有兩重的內涵：實踐的道德觀和富強功利。富強功利思想及其歷史實踐最初有普世性的道德目標作為價值前提，不過到了後來，就像歐洲新教倫理的入世禁慾一樣，入世（富強與功利）逐漸成為目的本身，宗教（道德）的價值目標漸漸淡出。[4] 到了晚清，國家的富強、人的自然性之解放，替代超越的德性，成為了新的時代追求。

富強也好，功利也好，本身也是西方啟蒙思想的內在命題。當嚴復和梁啟超將國家富強視作比天下成德更緊迫的目標的時候，就為社會的「解魅」和世俗化打開了合法性大門。不過，無論是晚清的啟蒙，還是五四的新文化運動，其對精神生活意義的理解，依然有其神聖性，這就是歷史目的論的神聖性。近代中國思想的最重要變化，乃是從傳統的德性宇宙論轉向了現代的歷史目的論，也就是汪輝所說的從天理世界觀向公理世界觀的轉變。在各式各樣的歷史目的論世界觀中，人的精神生活的終極意義，不再到超越的、有機的宇宙觀（天道）之中獲得，而是與人類歷史的某種目標性前景相連：或者是現代化，或者是國家獨立富強，或者是各種烏托邦的理想。這樣的現實目標儘管已經失去了超越性，回到了歷史本身，但同樣帶有神聖性的意味。甚至一些革命的、激進的烏托邦理想，在動員和煥發人的精神能量方面，在要求人的犧牲精神方面，比較起過去的儒家的道德倫理，有過之而無不及。

不過，在這一階段，無論是啟蒙，還是革命，歷史目的論所喚醒的精神價值，基本發生在少數精英的圈子，或者是啟蒙精英，或者是革命精英。事實上，在精英之外的社會日常生活領域，以沿海大都市為中心，正發生着一場靜悄悄的世俗化變革。在一九二〇至一九三〇年代，工業和商業的飛速發展，使中國沿海城市納入到全球資本主義化的生產體系和文化體系，物慾主義開始在市民階層中流行，消費主義的意識形態借助現代的傳媒、廣告和流行出版物開始有了廣泛的市場。[5] 假如沒有被繼之而來的戰爭和內亂打斷的話，很有可能那個年代中國就將追隨世界的步伐，全面進入世俗化時代。不過，一九四九年中共革命的勝利，使得中國又重新回到了一個神聖時代，一個紅色的神聖時代。

第三階段是從一九四九年到一九七八年，這是一個激進的理想主義時代。

那是一個非常極端的理想主義時代。無論是革命的理想主義，還是小資產階級的理想主義，無論是保爾‧柯察金、卓婭、江姐，還是牛虻、約翰‧克里斯朵夫，都具有極端的理想精神和浪漫氣質。這些理想主義的時代英雄塑造了兩代中國人的精神特徵。

在這三十年中，毛澤東以其個人至高無上的威望和政治統治，重新建立了一個神聖時代。毛澤東以歷史上從未有過的「聖王合一」的權威地位，不僅控制了中國的政治和經濟生活，也壟斷了人民的精神生活。公與私、國家與個人的界限被重新打破，每一個人的心靈世界不再屬於自己，而是屬於共產主義的偉大事業，屬於未來的烏托邦偉大理想。到文化大革命期間，毛澤東的個人神魅達到了頂峰，革命的神聖性和狂熱性籠罩一切，個人的意義被完完全全融化到國家的意志之中，除了革命，別無價值。

在毛澤東時代，國家的富強目標並沒有被放棄，反而在一種唯意志論的精神動員之下，獲得了「大躍進」式的狂熱形式。然而，戰爭年代所形成的軍事化、一統化即使到和平時期依然繼承下來，個人的世俗慾望受到了嚴肅的批判和壓抑，甚至具有原罪的性質。物質生活的貧乏不得不靠接連的政治運動和不斷的精神動員加以克服。禁慾主義成為那個時代的精神特徵和價值符號。

第四階段是一九七〇年代末到一九九〇年代中期，世俗化重新起步，後理想主義成為一九八〇年代的精神特徵。

文化大革命的結束，從某種意義上以從重提「四個現代化」為標誌。國家富強的世俗性目標，又重新置於政治的道德目標之上，成為全黨全國新的努力方向。現代化，作為一九八〇年代最重要的時代詞匯，不僅是思想解放運動的內在目標，而且也是繼之而起的新啟蒙運動的核心追求。現代化，作為一種以西方發達國家為追趕目標的歷史目的論，取代過去虛幻的革命烏托邦理想，獲得了某種神聖性價值。

一九八〇年代的中國人，剛剛從一個禁慾主義的革命年代走過來，既有被解放的感覺，又繼承了上一個時代的理想主義傳統。不過，這種理想主義已經開始務實，開始着地，具有鮮明的世俗特徵。作為對毛澤東時代禁慾主義的反彈，「文革」結束以後的改革開放，首先是從對世俗慾望的解放開始的。隨着國家對經濟生活、社會生活和文化生活控制的鬆動，物慾主義重新出現了，先是在社會的邊緣地帶和邊緣群體，隨後攜着擴大了的商品經濟輻射力，逐漸向核心地帶和主流人群滲透。

在這個時期裏，最具有精神象徵意義的事件，莫過於「信仰的失落」了。毛澤東時代所提供的主流意識形態和神聖信仰，隨着「文革」的噩夢醒來，驟然破滅。但對那代根深蒂固的理想主義者來說，無疑是最痛苦的精神折磨。一九八〇年代初《中國青年》雜誌發起的潘曉所提出的人生道路大討論，之所以引起全國青年的強烈響應，乃淵源於此。[6]

一方面是物慾主義的蠢蠢欲動，攻入主流，另一方面是理想主義仍然堅守心靈，八十年代的人們是分裂的，矛盾的，於是以一種世俗化的後理想主義方式表現出來。而這個「後」，恰恰為後來九十年代物慾主義的大舉入侵，偷偷打開了不合法的後門。

二、世俗社會的物慾主義

一九九〇年代中期以來，在市場經濟的大發展和全球化大潮中，終於成就了世俗化社會，經過傳媒的創造性建構，物慾主義演化為消費主義的意識形態。

一九九二年鄧小平南巡之後，市場經濟席捲全國，世俗化大潮鋪天蓋地，不僅壟斷了經濟和社會生活，而且也侵蝕到精神生活領域。市場社會的出現，使得市場的金錢邏輯成為生活本身的邏輯，物慾主義以一種前所未有的壓倒性優勢價值觀，主宰了中國人的日常生活。國外學者將之稱為暴發戶式的「沒有靈魂的物慾主義」(soulless materialism)。[7]

為什麼一個千年禮儀之邦，一旦進入世俗化社會，物慾主義的出現會被其他世俗化的發達國家更凶猛？這其中一個重要的原因，乃是中國在進入世俗化社會的時候，宗教同時發生了衰落。西方也好，中東也好，南亞也好，當這些國家進入世俗化社會之後，基督教、伊斯蘭教或印度教依然是社會的主流價值觀和意識形態，統治着人們的精神世界。雖然宗教的價值觀與資本主義的世俗價值觀之間有緊張和衝突，但從西方的歷史傳統來説，世俗與神聖之間，一直保持着相對獨立的二元世界，上帝的事情歸上帝管，愷撒的事情歸愷撒管。於是，當社會進入全面世俗化後，宗教由於有其強大的獨立建制和歷史傳統，依然在塑造人的精神生活領域，擁有獨特的影響。而對有着「政教合一」歷史傳統的伊斯蘭世界和印度等南亞國家來説，即使在當代，宗教依然對社會擁有巨大的影響，特別在精神生活領域，維繫着自己壟斷性的文化權力。

與世界上這些國家和地域相比，中國歷史上的神聖與世俗之間，並沒有一條明確的界限，儒家的超越價值中，具有強烈的經世精神。這樣，當近代中國開始進入世俗化社會之後，儒家思想中的經世精神和功利傳統，便適逢其會，與國家富強和人的解放的現代化目標結合，迅速成為社會的主流價值，使物慾主義獲得了超越層面的合法化基礎。雖然在三十年的毛澤東時代，禁慾主義以革命烏托邦的外在形式重新統治了人們的日常生活，但「文革」結束之後，信仰層面的真空使得物慾主義捲土重來，無所阻擋。傳統的儒家價值已經十分遙遠，昨日的革命烏托邦被判定為虛妄。在當代中國人的精神世界裏，由於宗教性的終極價值之匱乏，一旦市場經濟激發起人性中的原始慾望，那種沒有靈魂的、赤裸裸的物慾主義便迅速瀰漫，成為社會的主流價值。

一九九〇年代以後，當中國更加深刻地捲入到全球性的資本主義經濟生產關係和文化生產關係之後，本土性的物慾主義價值觀得到了全球消費主義意識形態的強烈支持。史華慈在二十世紀即將結束的時候，憂心忡忡地談到，十九世紀以來所產生的物質主義進步觀，透過各種世俗的意識形態，到世界之末，已經發展為一種物慾主義的末世救贖論。[8]這種物慾主義的末世救贖論，在現實生活中的表現，便是通過傳媒廣泛傳播的消費主義意識形態。當代中國是一個慾望無限膨脹的時代，這些慾望基本是物質性的。無限膨脹的物慾維持着社會生產與再生產，並導致了無窮的消費慾望。這些消費慾望不是客觀存在着的，而是通過現代傳媒、無所不在的廣告被不斷地生產、建構和放大。物慾化的消費主義是自我繁殖的產物，而傳媒和廣告便是其不可缺少的温床。

物慾主義的價值觀和消費主義意識形態既便在當代中國的日常生活中獲得了主流地位，但與以往的宗教、哲學和道德學説相比，它有一個致命的弱點，即它不具有超越和神聖的性質，無法成為一套進入憲法、教科書、宗教、公民教育等主流建制的冠冕堂皇話語。也就是説，在日常生活的實踐層面，它已經被公眾默認了，成為不言而喻的「潛倫理」、「潛規則」，但永遠無法登堂入室，獲得建制性的合法化身份。於是，物慾主義便自我包裝，通過文學和藝術的方式自我合法化。在當代中國的傳媒和廣告所呈現出來的物慾，都不是直觀地、赤裸裸地呈現，而是以一種精神、藝術和審美的方式巧妙地體現。物慾精神化、消費審美化，原來的物慾與精神、消費與審美、世俗與超越、褻瀆與神聖的明確界限，奇跡般地被遮蔽了。現代消費主義的包裝術、整容術，令沉浸在物慾異化中的消費大眾，茫然無知，竟然從物質的消費中還感受到一絲精神救贖和審美快感。

在社會底層的日常生活領域，雖然物慾主義和消費主義的意識形態成為主流，但由於它們不具有超越性和神聖性，而只是個人慾望的滿足和利益的實現，因此它們無法完全替代傳統的宗教和道德。後者之所以在世俗社會仍然有一席之地，乃是因為人們除了慾望和利益外，還有對希望的渴求、對不可知命運的恐懼和建立各種宗教、情感共同體的需求。這一切，是消費主義意識形態無法提供的。於是，很有趣的現象在當代中國出現了：當神聖性從前門被驅逐出來之後，又從後門溜回來了。在當代中國的底層社會，各種民間宗教廣泛流行，傳統的民間信仰重新複合，乃至邪教和迷信猖獗，都是與世俗化同時出現的現象。越是經濟發達、生活富裕的地區，廟裏的香火越是旺盛，各種祭祀和宗教儀式越是隆重。

但這已經是世俗時代的神聖化了，對各種超越事物的信仰，無不帶有功利的目的、物慾的期望，與純粹的精神信仰相距遙遠。在這個世俗社會之中，世俗審美化，神聖也被物慾化了。

三、自我中心的無公德的個人

九十年代中期以後，當物慾化的消費主義意識形態開始籠罩市場，它也參與了對人的重新塑造。消費主義意識形態，不僅是關於消費的特殊觀念和方法，它也是關於自我形成、自我認同的普遍性的人生觀、價值觀以及關於美的理想。消費主義意識形態塑造了世俗時代一個完整的個人：他是充滿慾望想像的，具有無限的物慾追求；他也同時具有實現這種慾望的能力和本錢。從無窮的慾望到無窮的滿足，構成了消費主義意識形態所勾勒的個人形象。

這樣的個人，就是麥克弗森所說的「佔有性的個人主義」。在一個佔有性的市場社會中，個人的本質被理解為他就是自己的所有者，既不是一個道德主體，也不是某個社群的組成部分，他就是他自己，他通過對自己以及自己所擁有的財產的佔有，來證明自己。社會就是由這樣一些個人所有者所組成的。[9] 九十年代以後，在一些經濟學家的鼓吹下，將人之本性理解為所謂的「經濟人」。這些市場社會中的「經濟人」擁有發達的「經濟理性」，即馬克斯・韋伯所說的「工具理性」，充分認識自己的利益和目的所在，善於以最有效的手段，實現最大效益的目的，佔有更多的物品和資源。這樣的「經濟人」就是從霍布斯到洛克古典自由主義理論中的「佔有性的個人主義」。在過去，人的自我理解和自我認同，與宗教、哲學和文學有關，但到一個世俗化的時候，變成了經濟學、政治學知識中的概念，變成了財富和權力，人的本質屬性與佔有和控制有關，而世俗化的社會，便是一個以權力和金錢為軸心、由佔有性的「經濟理性人」組成的市場社會。

對人的本質的物慾化自我理解，背後蘊含着一種不可救藥的歷史樂觀主義，相信人的無限創造能力，相信科學和技術之萬能，能夠在有限的地球資源之中，無窮滿足人的佔有和消費慾望。人不僅能夠生產慾望，也能夠生產知識，而知識就是力量，一種魔幻性的物質力量。

史華慈將這種歷史樂觀主義稱為「浮士德／普羅米修斯精神」，這種精神指的是一種全方位開放人的潛在能量，用以無止境地控制、主宰自然界和人類社會在內的外在世界，從而幾乎完全忽視了人類內心世界的調控，特別是精神、道德質量的提升。[10] 現代性的浮士德精神是一種物慾化了的個人主義，雖然他體現為「英雄主義的生命理想」，[11] 但這種以物慾、佔有和控制為目標的英雄主義，若無宗教精神或人文主義的制約，將成為毀滅性的力量，以精細而又盲目的理性，摧毀自然的家園和人類社會本身。

當今的世俗社會，是一個「沒有世界觀的世界」。[12] 所謂沒有世界觀，乃是指個人生活的存在已經與宇宙失去了有機的意義聯繫，只剩下作為主體的「佔有性的個人」對作為客體的大自然赤裸裸的佔有、征服關係。查爾斯・泰勒指出：「人們過去常常把自己看成一個較大秩序的一部分，在某種情況下，這是一個宇宙秩序，一個『偉大的存在之鏈』……這些秩序在限制我們的同時，也賦予世界和社會生活的行為以意義。」[13] 然而，這一「偉大的存在之鏈」如今斷裂了，進入世俗化社會之後，人不僅在精神世界中與過去的神聖世界割裂，與有生命、有生機、有意義的宇宙世界割裂，而且在現實世界中也與各種文化社群和公共生活割裂，成為孤零零的原子式的個人。

在傳統中國，個人不是孤獨的，也不是自恰的，他總是從屬於一定的血緣和地緣共同體。社群共同體與個人，既不是個人為中心，也非共同體為本位，而是一種梁漱溟所說的交互式的「倫理本位」。[14] 近代之後，當國家將個人從家族和地域等各種共同體之中解放出來的時候，個人便成為了現代的國民，不過，在梁啟超《新民說》的論述裏，個人與群體（國家）的關係依然是傳統的群己互動，在近代中國，個人的解放與民族國家的建構有着十分密切的內在關係，問題不在於是國家本位還是個人本位，而是所謂的「群己界限」，群體與個人在同一個共同體結構中究竟如何和諧互動。在這樣的互動模式裏，個人的權利與義務是平衡的，公德也由此而產生。

只有到了毛澤東時代，從戰爭年代遺傳下來的革命集體主義，才真正成為壓抑個人的主體。個人直接隸屬於國家的集體，集體之外沒有任何個人的權利。這種嚴酷的集體主義，到「文革」結束之後，便發生了強烈的反彈，隨着市場經濟的出現和私人空間的拓展，麥克弗森意義上的「個人主義」真正出現了。個人再次從國家關係中解放出來，但在這個時候，各種社會的共同體，無論是傳統的家族或地域共同體，還是現代的市民社會和公民團體，不是被摧殘殆盡，就是尚未組織起來。於是，被解放了的個人，便被拋到社會上，成為無所依傍的孤零零的原子化個人。

世俗時代的原子化個人，既沒有歷史，也沒有精神，只是一個充滿了物慾和追求的經濟理性人。他孤獨地面對整個世界，而這個外部世界，是一個以利益為軸心的市場世界，缺乏温情，也沒有意義。個人與這個市場世界的關係，只是物慾的和功利的關係，也就是由各種交換、佔有和控制形成的非人格化關係。市場的殘酷競爭，使得原子化的個人，失去了任何共同體的保護，不得不獨自面對一切來自社會的壓力，而所有的社會問題也被化約為個人的生存能力，讓個人獨自去承擔。在八十年代，個人的獨立曾經是人人羨慕的解放力量，而如今卻成為了弱勢個人不堪承受的巨大壓力。

當代社會的個人，有了非常清晰的個人權利意識，也學會了公開表達自己的意願和聲張自己的權利。但由於公共生活的缺乏，卻缺少相應的義務感和責任感。閻雲翔通過對黑龍江一個村莊的人類學研究，將世俗社會中湧現出來的個人，稱之為「自我中心的無公德的個人」。他認為，國家是促使這些「無公德的個人」崛起的主要推動者。[15] 因為國家摧毀了傳統的家族、地域的共同體關係，而改革開放之後，國家從私人領域退了出來，而社會的公共領域尚未開放時，人們在私人領域就獲得了前所未有的自由，產生了個人權利意識，他們開始知道：我要什麼，我擁有什麼樣的權利，但相應的責任意識和義務感，反而遲遲未能落實。在民法所調整的私人領域裏，人們非常清晰地知道自己擁有的權利，而在公法調整的公共空間，由於相應的權利之匱乏，所謂的責任和義務也就流為口號。被各種瓦解了的共同體拋出來的個人，特別是年青的一代人，實現了「以自我為中心」，卻找不到與公共生活、公共社群的有機聯繫，因而也無從產生社會所需要的相應擔當，於是成為了「無公德的個人」。

四、世俗時代的精神生活

在物慾主義的世俗時代中，不是沒有自己的文化和精神生活，而是文化和精神生活發生了很大的世俗性轉向，傳統的精英文化不再成為主流的文化，而逐漸為大眾文化和流行文化所替代，後者不僅塑造和建構了一般民眾的精神生活，同時也成為他們精神生活的主要來源和消費對象。

世俗時代文化的基本特徵是多元化。在神聖時代，文化是一元的、統一的。一元和統一並不意味着神聖時代的文化沒有多種形式——比如宗教文化、道德文化、民俗文化等多種形態——而是説，在這些文化背後，都有共同的價值標準和超越意志。在前現代時期，這種文化的統一性通過宇宙道德論或上帝意志論的空間超越方式表現出來，到了啟蒙時代，空間的超越性轉換為時間的目的論：各種文化的意義最終都指向人類社會演化的某個理想狀態和歷史終點，或者是自由主義的現代化、或者是各種激進的烏托邦社會。然而，到了世俗時代，當各種神聖價值和歷史目的論被質疑、被無情地拋棄之後，文化走向了眾神的世俗狂歡，變成了多元生活狀態的自由選擇。多元文化在真正的意義上第一次出現了，文化出現了分化、斷裂和分層：城市內部的精英文化和大眾文化、貴族文化和平民文化、城市以英語為表徵的全球化文化與鄉村的本土文化之間，出現了深刻的裂痕和鴻溝，彼此之間互相敵視，不可通約。在文化分裂的背後，則是社會的隱秘分層。社會等級的差別，不僅體現在收入上，而且在體現在文化身份上。享受什麼樣的文化，便意味着屬於什麼樣的階層，處於什麼樣的社會地位。文化變成了可炫耀的象徵資本。對於一部分城市中產階級而言，泡酒吧、聽歌劇、喝咖啡，不再僅僅是精神生活本身，而蛻變為周期性的高貴身份之自我驗證。由於各種文化之上缺乏共同的價值觀，彼此之間也匱乏整合的鎖鏈，在當代中國，文化的多元化實際上只是一種離散化，一種支離破碎的碎片化，反映出深刻的、難以跨越的社會鴻溝。

不過，從整個趨勢而言，傳統的精英文化和民俗文化處於衰落之勢，而城市的大眾文化和流行文化，借助全球化的公眾傳媒和網絡世界的傳播優勢，逐漸佔據文化的主流。大眾文化或流行文化，都是世俗時代典範性的文化，它們具有各種各樣的形態。與以往的神聖文化和精英文化不同，它們彼此之間不再有審美和價值上的好壞之別，即使要分辯，也缺乏一個公認的超越尺度去比較它們。一切取決於個人的口味和意志的選擇，眾聲喧嘩，一個文化平民主義時代出現了。

二〇〇五年的「超級女聲」，作為一個文化事件，是文化平民主義誕生的精神宣言。文化從過去少數精英（無論是思想精英還是藝術精英）對民眾的啟蒙式教育，變為由公眾廣泛參與的娛樂狂歡。誰是文化英雄、是這個時代的精神偶像，不再有超越的預設標準，而是通過直接投票、現場歡呼的廣場式民主得以產生。民眾們顛覆了傳統精英、歷史傳統和各種教科書教導他們的主流價值，推選出他們心目中的草根英雄。在一場場殘酷的PK決戰中，平民戰勝了上流，草根打敗了精英，市場佔據了主流。

從表面看起來，當代的文化是平民的文化，是多元的文化。個人歸屬於什麼文化，不再有外在意志和外在標準的束縛，似乎完全是個人趣味和意志自由選擇的結果。然而，自由的選擇，並非僅僅是意志的一念之擇，同時還須有自我理解、自我實現的能力。世俗時代的原子化個人，既沒有歷史，也沒有精神，只是一個充滿了物慾和追求的經濟理性人。當個人的內涵被掏空之後，他也就失去了自我的判斷能力，於是市場的標準便成為了個人的標準。流行和時尚內化為大多數人的審美觀念和價值準則。表面看起來，世俗時代的人們是自由的，有自由選擇的空間，實際上，他們中的大多數人卻被「匿名的權威」所擺佈，只要控制了公共傳媒，控制了廣告的發佈權，便可操控多數人的口味和意志。

世俗時代一個有趣的現象是，操控多數人比操控個別人容易得多。操控的方式有多種多樣，其中一個最簡便的方法便是製造偶像。當神聖的終極世界崩塌之後，崇拜並沒有因此而終結，而是從對神聖之物的崇拜轉向了對世俗明星的崇拜。世俗時代的明星與以往神聖時代的先知和理想主義時代的英雄不同，他們與各種終極世界沒有任何的聯繫，也不承當任何價值的重負。他們只是平民理想的化身，是各種慾望的人格化：成功、富有、青春、健康、風流、瀟灑……於是，娛樂界和體育界的明星便成為世俗時代最輝煌的人物。他們是殘酷競爭中的優勝者，是贏者通吃的王者，是集財富和美麗於一體的慾望化身。當平民文化能夠越來越深入地介入偶像的製造時，那些反精英的、反英雄的草根好漢、鄰家女孩，就越來越具有大眾的偶像意義，芙蓉姐姐的大成功，便是這種背景的產物。

在世俗時代，不僅精神生活的內容發生了轉變，而且其形式也相應發生了變化。精英文化是啟蒙的、智性的，訴諸於人們的理性和想像。而世俗時代的流行文化則是反智的、反深度、反啟蒙的，它直接訴諸於人們的感官和直覺。於是，文學家的文學被流行寫手的暢想書代替，儀式化的戲劇被狂歡節般的歌星演唱會替代，藝術化的電影被美輪美奐的科技大片替代，雋永含蓄的敍述被拳頭加枕頭的感官刺激代替。

視覺文化從整體上打敗了印刷文化，文字是需要想像的，而視覺是直觀的，想像與深度有關，而慾望的滿足只需要視覺的衝擊。當今的世俗時代，是一個視覺藝術的時代，文字成為視覺的配角，廣告則是這個時代藝術的經典體現。日常生活的慾望化和慾望的審美化，使得視覺藝術完成了一個幾乎不可能的任務：將慾望與審美結合起來，美成為可欲的對象，而慾望又在虛幻的審美中獲得其存在的合法性。

人的慾望與理性不同，慾望是永無止境的，需要不斷的推陳出新，需要永遠的新鮮感，以刺激容易疲倦的大腦皮層。於是，流行文化永遠在追求創新：新的創意、新的玩意、新的活法。現代的科技手段和網絡文化為不斷翻新提供了技術上的可能性。於是，唯恐落伍的人們被時尚的惡狗在身後追逐，不斷擴張和生產着自己的慾望。精神生活的節奏越來越快，快得令人眼花繚亂，由此產生的緊張感和不安感，與世俗時代的自由氛圍，恰成鮮明的對照。

近十年來，互聯網的出現和普及，從根本上改變了文化的存在方式、日常生活方式、社會互動方式和精神生活方式。網絡不僅是一種技術平台，它已經形成了一種全新的文化，一種我們目前還不可知、還在繼續發展中的文化。網絡文化的虛擬性、互動性、隨意性和匿名性，使得人們的自我認同產生了扭曲。當今時代的人們，特別是熱衷網絡交往的年青人，生活在兩個世界裏，一個是真實的現實世界，另一個是虛擬的網絡世界。在現實世界裏，人們經常帶着面具生活，以一種虛偽的面目存在，而在網絡世界裏，處於匿名狀態的人們反而顯露出真實的一面，發泄自己的慾望、幻想，在虛幻世界裏實現真實的自我。於是，假作真來真亦假，真實被虛幻顛覆。人們精神生活的兩重性在網上網下得以體現，令人驚訝的是，如今的年青人已經習慣了類似的人格分裂，甚至適得其所：現實生活中的各種挫折，如今可以通過網絡的虛擬角色得以排解和消除。網絡的匿名狀態，使得人性中的崇高和惡毒同時具有了宣泄的管道，而不必因此而承擔相應的社會代價。網絡使人成為了白天和夜晚雙重身份的怪獸。

網絡作為一種新的媒介和新的文化，擁有自己的虛擬社會，也在生產自己的價值。網絡作為一個社會，是虛擬的存在，但它所產生的價值，卻一點兒也不虛擬，反而極大地影響了現代生活的價值觀，實現對現實世界的殖民化。現實生活中的核心價值是靠一系列公認的經典維持的，這種經典不是文學的，就是哲學的或者歷史的。經典世代相承，是線形的存在，有其歷史的開端，所謂古典時代的先知，也有其終極的目的，所謂的烏托邦理想狀態。網絡時代的年青人也有自己的經典：那就是周星馳的《大話西遊》。大話式的文化作為一種「無厘頭」文化，沒有歷史，沒有過去，也沒有未來，更沒有烏托邦，只有當下和現在。一切意義只有在當下語境之中才能體現。不求永恆，只要瞬間。瞬間的快樂、幸福和意義，構成了世俗時代文化的核心內涵。

五、公共文化與核心價值

改革開放以來，中國社會空前活躍，高速發展，但這種變化和發展是不平衡的，於是造成種種的斷裂：城市與鄉村的斷裂、沿海與內地的斷裂、物質追求與精神世界的不平衡、文化內部的不平衡等。當代中國人的精神生活已經高度分化，高度多元化。但社會的斷裂和文化的斷裂無所不在，因此有社會學家將當代中國稱為「斷裂社會」。16

為什麼會發生社會的斷裂和文化的斷裂？其中最重要的原因之一，在於公共文化和核心價值的喪失。當社會進入世俗化年代，價值的超越源頭——不管是道德化的宇宙還是歷史目的論——失落之後，中國就出現了認同的危機，社會不再有普遍的價值和倫理標準。

即使有道德的話，由於缺乏共同的客觀標準，也是相互衝突、內在矛盾。正如麥金泰爾所說：「所謂的當代道德分歧，不過是些相互對立的意志的衝突而已，每一意志都是由它自己的某些武斷選擇所決定的。」[17] 當價值喪失了客觀性源頭，而又缺乏公共的討論來獲得共識和自我立法的時候，就出現了價值的相對主義、實用主義乃至虛無主義。

價值的相對主義體現在日常生活中，便是關於什麼是好、什麼是善、什麼是正當這一系列有關價值的核心標準的模糊和不確定。當現代社會祛除神魅之後，好與正當這兩組價值開始分離。「好」屬於德性倫理，「正當」屬於規範倫理。當代中國在私人領域已經相當開放，默許並寬容人們具有各自的人生理想和生活方式，問題在於「什麼是正當」這一規範倫理，也隨着各種道德價值觀的解體而崩潰，變得模糊起來。雖然什麼可以做、什麼不可以做、什麼是光榮、什麼是恥辱在法律規範和道德規範上有明確的規定，但由於這些法律和道德規範背後的倫理源頭被掏空了，缺乏一個具有超越的客觀性或歷史正當性的倫理體系的支撐，因此，這些法律和道德法則對於許多人來說，只是外在的、強制性的規範，而沒有內化為自覺的、天經地義的良知。另一方面，在制訂這些法律和道德規範的時候，缺乏公眾的普遍參與和公共討論，因而，這些規範雖然在內容上是善的，在產生程序上卻是外在的、強制性的，無法成為公民的自我立法。於是，便出現了這樣的現象：一方面各種法律和道德規範無所不在，甚至細微到人們日常生活的各個角落，另一方面，這些規範卻形同虛設，並不為公眾所真正信仰，只要缺乏有效的行政權力的監視，人們便會毫無顧忌地違法，並不因此而承擔相應的道德責任和良知義務。

在日常生活中，普遍地違背公共道德和公共規範，並不意味着公眾普遍地喪失了道德的感覺，而只是他們將價值相對化和實用化了。在當代中國，價值相對主義背後的道德正當性，是建立在價值實用主義基礎上的。在傳統儒家道德體系和毛澤東時代的意識形態之中，價值都有其確定性內涵，有其絕對性標準。價值之上，沒有更高的標準。而一九七八年實踐是檢驗真理標準的大討論，雖然將整個國家從僵化的原教旨主義中解放出來，社會和思想獲得很大的自由和發展，但也帶來了另外一個未曾預料的結果：社會普遍地實用化、功利化，不再相信有超越的、不變的、至上的價值之存在。所謂檢驗真理標準的實踐，並非是過去儒家式的道德性實踐，而是一種世俗性實踐，其內涵乃是滿足人們不斷被激發起來的利益需求。當價值由世俗性的實踐活動決定是否有效時，價值就成為了工具本身，其不再有內在的道德內涵，而只是衡量其對於實現特定的功利目的是否有效而已。於是，價值的內涵、道德的標準便成為一種權益性的、可變通的工具理性。從社會整體而言，價值的實用主義體現在功利主義的公共道德觀，「用最大多數人的最大利益」來衡量公共政策的有效性和道德性，從社會個體來說，在不同的語境下實用地、靈活地理解和運用價值標準，也成為日常生活的潛規則。對於許多家長來說，如何對子女進行道德教育，如今已經成為一個頗為尷尬的任務。一方面，在抽象層面上，家長們要向孩子灌輸那些千年不變的大道理，但在具體的實踐語境中，他們又不得不向孩子傳授一套高度變通的潛規則。久而久之，在這種普遍的價值實用主義的氛圍中，人們便習慣了按照道德的雙重標準、乃至多重標準生活，道德人格趨於分裂而又不自覺地按照某種實用理性統一起來。

價值的相對主義和實用主義雖然否認統一的、至上的道德標準，但畢竟還承認道德本身的正當性。但在當代中國一部分價值虛無主義者裏，連價值和道德本身也被唾棄了。價值虛無主義的始作俑者是一九九〇年代初開始大紅大紫的作家王朔。王朔的小說無情解構了政治意識形態的虛妄，同時也將人類一切美好的價值也一並解構了。崇高和偉大開始成為可笑和虛偽的代名詞，道德的神聖性開始剝落。一九九〇年代中期在知識圈出現的後現代思潮，為價值虛無主義提供了知識的合法性論證，一輪又一輪的後學衝擊消解了文化傳統的正當性，也使任何重建價值的努力被判定為壓迫性的「宏大敍事」的復辟。在大學知識體制內部，各種社會科學的知識都開始去價值化，崇尚「價值中立」的科學方法大行其道。到世紀之交，以《大話西遊》為代表的「無厘頭文化」的出現，使得這個時代的價值虛無主義登上了一個新的台階，各種話語背後的意義，都變得那樣的不可確定，只有在具體的語境裏，才能體會個中的解構奧秘，「無厘頭文化」是非道德、超道德的，同時也是反道德的。而二〇〇六年以胡戈為代表的惡搞之風的出現，更將價值虛無主義推向了高峰。人們在惡搞中，享受破壞和虛無的愉悅。從解構到無厘頭再到惡搞，價值虛無主義一步一步走向極端，在一片解構和惡搞中，雖然各種虛偽的意識形態轟然倒塌，但社會所賴以存在的那些核心價值也同時被漫畫化、虛無化，更進一步加劇了公共文化的危機。

核心價值的衰落，與公共生活的缺乏直接相關。毛澤東時代的中國，公共的政治生活十分發達，那是一種被動員了的公共性。進入世俗化社會之後，過度的政治化經過八十年代的過度，到九十年代變為過度的私人化。如今的中國社會，私人生活非常豐富，也相當自由，各種形式的交往關係也異常地活躍。然而，過去由國家統一組織的公共生活，卻沒有轉化為自主性的市民社會或公民社會，公共生活由此而大為衰落。

公共生活，本來是公眾們為了實現公共交往和公共利益而建立起來的公共空間，它是衡量一個共同體是否具有自主性的重要標準。共同體的核心價值並非靠一紙法律或某人的意志得以產生，而是通過共同體內部成員經常和持久的公共生活，通過相互交往、相互對話而逐漸形成的，並由此內化為每個成員的基本信念。然而，在當今中國，人與人之間的相互關係普遍地處於一種非人格化的利益交往中。權力的公共性本來應轉化為公民的公共性，如今卻轉化為市場的公共性。市場的利益交易法則，作為人際交往的普遍規則，滲透到公共生活領域，替代了倫理性的核心價值。

公共生活的匱乏，同時還表現在公共輿論的缺席。一個社會的核心價值，不僅靠硬性的法律和制度維持，更重要的是通過一套公共輿論機制，通過公共的對話和討論，形成社會的公共理性和核心價值。這套公共輿論是建立在公眾自由參與的公共生活基礎之上的。由於公共生活的缺乏，公共輿論也就無處立足。當小區的輿論、鄉里的輿論無法介入到人們的日常生活時，一般的是非觀念、善惡標準也就無法建立，價值相對主義、實用主義便成為主導人們行為的普遍規則。

在培養公共文化、塑造核心價值方面，學校本來是最重要的場所。學校所傳授的，不僅是有用的知識，而且是社會的公共文化，這些公共文化，是幾千年歷史傳統的傳承，體現了人類文明的核心價值，是一套代代相傳的線性傳承系統。然而，這些年學校教育的產業化，使得教育成為了一項買賣知識的交易。大學內部人文學科的衰落與應用學科的旺盛，使大學失去了塑造核心文化的功能。當大學的線性傳承衰落的時候，傳媒和網絡替代學校成為塑造靈魂的最重要的場所。然而，傳媒本身提供的價值是多元且混亂的，而網絡的交往又大多是同代人或小圈子的互相影響，於是，社會的文化傳遞出現了一個重大變化：同代人的文化替代了上下代的文化傳遞，人類文明的傳承發生了斷裂。而同代人的文化又是多元的、複雜的、多變的，隨機的。經濟上的盛世伴隨着人心中的亂世，形成了一個空前活躍又無序的現實景況。

這就是我們所期盼的現代生活嗎？這就是世俗化所不得不付的代價嗎？當「發展是硬道理」代之以「和諧社會」新的理想的時候，發展與和諧、多元與整合、世俗與精神諸般因素之間，又該如何協調？這是新世紀給走向世俗社會的中國人提出的嚴峻問題。

二〇〇七年

註釋

1 史華慈：〈中國與當今千禧年主義〉，《世界漢學》，2003 年第 2 期。

2 C. B. Macpherson, *The Political Theory of Possessive Individualism: Hobbes to Locke*. Oxford: Oxford University Press, 1962。

3 余英時：〈中國近世宗教倫理與商人精神〉，《士與中國文化》，上海：上海人民出版社，2003。

4 張灝：《烈士精神與批判意識：譚嗣同思想的分析》，台北：聯經出版公司，1988，21–25 頁。

5 許紀霖、王儒年：〈近代上海消費主義意識形態之建構〉，《學術月刊》，2005 年第 4 期。

6 潘曉：〈人生的路啊，怎麼越走越窄〉，《中國青年》，1980 年第 4 期。

7 Jing Wang, "Bourgeois Bohemians in China? Neo-Tribes and the Urban Imaginary," *The China Quarterly*, 183(9): 532–548.

8 史華慈：〈中國與當今千禧年主義〉，《世界漢學》，2003 年第 2 期。

9 C. B. Macpherson, *The Political Theory of Possessive Individualism: Hobbes to Locke*. 參見萊斯諾夫：《二十世紀的政治哲學家》，北京：商務印書館，2001，93–142 頁。

10 史華慈：〈中國及其他〉，參見林同奇：《他給我們留下了什麼：史華慈史學思想初探》，《世界漢學》，2003 年第 2 期。

11 張灝：〈新儒家與當代中國的理想危機〉，《張灝自選集》，上海：上海教育出版社，2002，101 頁。

12 趙汀陽：《沒有世界觀的世界》，北京：中國人民大學出版社，2003。

13 查爾斯·泰勒，程煉譯：《現代性之隱憂》，北京：中央編譯出版社，2001，3頁。

14 梁漱溟：〈中國文化要義〉，《梁漱溟全集》第三卷，濟南：山東人民出版社，1990，79–95頁。

15 閻雲翔，龔小夏譯：《私人生活的變革：一個中國村莊裏的愛情、家庭與親密關係》，上海：上海書店出版社，2006，239–261頁。

16 孫立平：《斷裂：20 世紀 90 年代以來的中國社會》，北京：社科文獻出版社，2003。

17 麥金泰爾，龔群等譯：《追尋美德》，中文譯本為《德性之後》，北京：中國社會科學出版社，1995，11頁。

第三編

啟蒙如何起死回生？

第十一章

兩種啟蒙

文明自覺，還是文化自覺？

以陳獨秀創辦《新青年》雜誌為標誌，新文化運動至今百年了。這場運動，也被稱為中國的啟蒙運動，然而，百年之後，何為啟蒙，何為文化自覺，依然懸而未決，爭議頗多。新文化運動，究竟是何種意義上的啟蒙，其所產生的思想覺悟，究竟是文明自覺，還是文化自覺？在新文化運動匯入世界主流文明的時候，中國的文化主體性何在，中國人的文化認同何在？這些在百年中國思想史中反覆回蕩的時代主題，依然擺在二十一世紀中國知識分子的面前。

一、文明自覺與文化自覺

在走向近代的過程中，中國和德國的歷史頗為相似。啟蒙運動發生在十八世紀的法國和蘇格蘭，但正如詹姆斯•施密特所指出的那樣：「啟蒙運動是歐洲的一個歷史事件，但是，『什麼是啟蒙』這個問題，卻獨一無二地是一個地地道道的德國問題。」[1] 對於英法來說，啟蒙意味着走出中世紀的宗教愚昧，人憑藉自身所擁有的理性，代替上帝成為歷史的主體、世界的立法者，啟蒙是一個從愚昧到文明的「走出洞穴」過程。但對於十九世紀的德國來說，啟蒙的含義卻要複雜與矛盾得多。一方面，德國的啟蒙運動是對英法啟蒙的正面回應，康德因此說啟蒙就是「有勇氣公開運用自己的理性」，這是一種向英法看齊的文明自覺，意識到德國作為歐洲國家必須認同十八世紀普世的西歐文明。另一方面，德國作為後發展國家，拿破崙的入侵激發起強烈的民族主義意識，試圖以德意志的特殊文化對抗英法為代表的普世文明，因此產生了另一種啟蒙意識。這「另一種啟蒙」，與英法的啟蒙運動不同，不是以人的普遍理性去發現普遍人性與普世文明，而是相信每一個民族、社群和個人，都有其自身的獨特性，以賽亞·伯林指出，「雖然他們對自己的民族精神渾然不覺，但其自覺到自身獨特性的過程，就是啟蒙的過程。」[2]

對於英法來說，啟蒙運動既是文明的發現，也是自身文化的發展，文化與文明具有同一性，普世的現代文明處在自身民族特殊文化的延長線上，對普世文明的認同，也意味着對民族文化主體性的認同。因而何為啟蒙不成為一個問題。然而，對於德國來說，啟蒙卻具有文明與文化的內在緊張性，啟蒙意味着融入英法為代表的西歐普世文明，然而，這個文明並非德意志民族自身文化傳統的自然延續，文明是外來的，而文化是自身的，這就發生了文化與文明之間的緊張與對抗。在近代德語之中，文明（*Zivilisation*）意味着屬於全人類共同的價值或本質，而文化（*Kultur*）則強調民族之間的差異和族群特徵。文明的表現是全方位的，可以是物質、技術和制度，也可以是宗教或哲學，而文化一定是精神形態的，文化指的不是抽象的「人」的存在價值，而是某些特定的民族或族群所創造的價值。[3]

德國的啟蒙運動，有兩種不同的思想自覺。一種是文明自覺，希望通過啟蒙克服自己的獨特性，成為英法那樣的普世國家。普世國家追求的不是民族的本真性，而是超越民族的普遍人性。另一種是文化自覺，在普世文明的外在壓力下，試圖從德意志自身的歷史、語言和宗教傳統中發現民族獨特的本真性，德意志人之所以為意志人的民族精神，從而實現民族的文化認同。如果說十八世紀末的康德是德國文明自覺的思想旗幟的話，那麼十九世紀的費希特則是文化自覺的精神象徵。而處於兩種自覺之間的橋樑，則是身在十八世紀、卻代表了十九世紀精神的赫爾德，他是一個在啟蒙時代意識到民族文化主體性、又自覺將文明自覺與文化自覺融為一體的重要人物，代表着超越文明與文化之間緊張性的方向與可能。

文明自覺與文化自覺指向的認同是不同的。文明的認同是普世的，它追求的是適合全人類的普世之「好」，而文化的認同是特殊的，通常以「我們的」作為自己辯護的理由，文明的主體性是全人類，是普遍的、抽象的人性，而文化的主體性是一個個具體的民族或族群，是在個別的歷史、文化與宗教脈絡中生長出來的「我們」。在近代德國、俄國和中國的啟蒙運動中，因為「好的」普世文明來自於西歐，並非來自本身的歷史文化傳統，於是追求「好」的普世價值的文明自覺與追求「我們的」民族精神的文化自覺之間發生了巨大的裂痕。德國的理性主義與浪漫主義的衝突、俄國的西化主義與泛斯拉夫主義之間的論戰，皆淵源於此。

中國的古老傳統不僅是以中原為中心的華夏文化，而且也是具有人類意識的普世文明，它是特殊的，所以講夷夏之辨，又是普世的，因此是天下主義的。然而夷夏之辨是相對的，天下主義是絕對的，何謂華夏，何為夷夏，不是種族之分，乃是文化的分野，東夷、南蠻、西戎、北狄只要接受了中原文化，便從「他者」變為「我們」，被接納為漢民族之成員。因此中華文化同時也是中華文明，它是以中原為中心的華夏—漢民族特殊的文化，又是具有擴展性的、無種族、民族邊界的全人類的普世文明。其所關注的不僅是華夏—漢民族自身獨特的價值，而且是超越於夷夏、統攝全人類的普世之「好」。無論是儒家，還是道家、佛教，都具有這樣的天下主義情懷。「我們的」就是「好的」，「好的」就是「我們的」，文化認同與文明認同合二為一，無所間隔。

二千年的文化自信，到了晚清被新崛起的西方文明打破，中國過去所遭遇的外敵，一種是像佛教那樣有文明而沒有實力，另一種是像北方遊牧民族那樣有實力而沒有文明，最終無論是佛教文明還是遊牧民族都被中國同化。然而鴉片戰爭之後所出現的西方，既有實力，又有文明，二者都比中國高級，於是引發了中國前所未有的文明危機。原來在中國文明之外，還有「更好的」西方文明，而這個「更好的」西方文明，取代了中國佔據了普世的位置，相形之下，中華文化便失去了普世文明的寶座，下降為只是一種特殊的民族文化。晚清各種國學的出現、民族意識的崛起，都表明對中國自身的認知，已經從原來普遍主義的文明認同蛻變為特殊主義的文化認同。即使是張之洞提出的「中學為體、西學為用」，其也失去了傳統的天下主義情懷，只是一種拯救中國文化的特殊性方案，「中體西用」並非適用於全人類，其只是對中國有效的民族主義救世之方。當文明的寶座拱手讓給西方，在學習西方文明與保存中國文化之間，文明認同與文化認同便發生了撕裂。認同什麼樣的文明，如何守護中國文化？西方文明與中國文化各自處於什麼位置？便成為各家各派共同面對的難題。

新文化運動就是在這樣的思想背景下發生的，接下去我們將看到，五四只是一個文明自覺的年代，而真正的文化自覺，則要到二十年之後的一九三〇年代才出現，但依然沒有消解文明認同與文化認同之間的緊張與衝突。

二、新文化運動是一次文明之自覺

張灝教授將一八九五年到一九二五年稱為中國思想史上新舊文化交替的「轉型年代」。在這三十年中，清末民初的前二十年（一八九五至一九一五年）與五四新文化運動的後十年（一九一五至一九二五年）是兩個非常不同的年代，簡單地説，清末民初是一個民族主義的年代，亡國危機嚴重，民族國家意識高漲，社會上下形成共識，要學習西方的文明，但這個被晚清中國人所理解的西方文明乃是以富強為中心，所謂物競天擇、適者生存的社會達爾文主義，圍繞着器物和制度的變革，很少觸及到西方文明之中的價值層面。而一九一五年的新文化運動，是一個重要的轉折點，中國知識分子意識到富強只是西方崛起的表象，更重要的是文明深層的價值與倫理，因此陳獨秀提出在器物和制度改革之後，需要最後的「倫理覺悟」，在思想文化上進行啟蒙，因而發生了文明的自覺，從特殊的民族主義立場轉向了普世的世界主義，傳統的天下主義到了五四時期獲得了新的生命形態。

在一九一五至一九一九年間的五四時代前期，在中國知識分子群體中，無論是晚清最後一代維新士大夫，還是民國第一代啟蒙知識分子，都發生了一場思想巨變，亦可稱之為強國夢的轉變：從國家富強轉向了文明的自覺。在這一轉變過程中，歐洲世界大戰（當年稱為「歐戰」）是一個非常重要的歷史契機。

晚清以來中國知識分子所接受的西方思想，基本上是十九世紀歐洲的資本主義文明，這一文明以歷史進化論為核心，以國家主義為動力，迅速向全世界擴張。晚清中國強烈的富強論導向，即是十九世紀歐洲文明的產物。追求強國夢的知識分子們原本以為，當中國人也像西方人那樣，具有了生存競爭的實力，擁有永不滿足的浮士德精神，變會打造出一個強大的現代民族國家。然而，歐洲慘絕人寰的悲劇，使得知識分子們如夢初醒，開始重新思考文明的趨向。

在晚清介紹過十九世紀歐洲文明的嚴復，在歐戰結束之時給門生的信中說：「不佞垂老，親見脂那七年之民國與歐羅巴四年亘古未有之血戰，覺彼族三百年之進化，只做到『利己殺人，寡廉鮮恥』八個字。回觀孔孟之道，真量同大地，澤被寰區。此不獨吾言為然，即泰西有思想人亦漸覺其為如此矣。」[4]「三百年歐洲文明進化，最後只落得「利己殺人，寡廉鮮恥」八個字，可見嚴復內心失望之重，這畢竟是他曾經希望過的文明，曾經寄予全部熱情和嚮往的十九世紀文明。晚清一代知識分子對西方文明的失望，體現在從國家主義與物質主義的夢幻中醒悟。歐戰之後，梁啟超遊歷歐洲，發現過去的富庶之地，如今一片廢墟，他感慨地説：「一百年物質的進步，比從前三千年所得還加幾倍，我們人類不惟沒有得着幸福，倒反帶來許多災難。」[5]在西方文明中，物質主義與國家主義有着內在的邏輯關係，帝國主義的強權正是建立在船堅炮利的國家實力基礎上。中國公學的教師所編輯的《新群》雜誌，其發刊詞中檢討將人類和中國引向歧路的誤繆學説，罪魁禍首便是國家主義，它引用杜威博士的話説，國家主義只是歐洲對付宗教戰爭一時的政策，卻被誤認為人類公共生活的原理原則，「所以釀出了這次歐洲大戰爭的慘劇。」雜誌大聲呼籲要「破除國界」，「不該依口學舌的提倡國家主義」。[6]杜亞泉在歐戰爆發之初，便提出要用和平的「協力主義」來彌補國家主義的狂暴。他説：「極端的國家主義，足以長國民之貪心，增國民之戾氣。」[7]國家主義之危害，豈止在於帶來國際的衝突與戰爭，同時也敗壞了國民的風氣，助長了人性中的貪婪之心和暴烈性格。國家主義不是孤立的，它總是與物質主義與功利主義內在地結合在一起。對國家主義的清算，也同時意味着反思晚清以來的這些主流思潮。

反思最徹底的，往往是當年陷入最深者。梁啟超發現，他曾經奉為金科玉律的社會達爾文主義，正是歐戰的思想根源。社會達爾文主義與功利主義、個人主義以及尼采主義相結合，「就私人方面論，崇拜勢力，崇拜黃金，成了天經地義；就國家方面論，軍國主義、帝國主義成了最時髦的政治方針。這回全世界國際大戰爭，其起原實由於此。」[8]他痛定思痛，斷然拋棄了強權主義與極端的國家主義，一方面強調「我們的愛國，一面不能知有國家不知有個人，一面不能知有國家不知有世界」，[9]另一方面進一步反思國家主義背後的物質主義與功利主義。梁啟超指出，科學昌明之後，第一個受傷的便是宗教。宇宙間一切現象，不過是物質與物質運動，那裏還有什麼靈魂和天國。那些唯物論的哲學家，托庇於科學之下建立了一種純物質、純機械的人生觀，把一切內部和外部的生活，都歸結到物質運動的必然法則之下。然而，假如意志沒有自由，還有什麼善惡的責任？他感慨地說：「那些什麼樂利主義、強權主義越發得勢力。死後既沒有天堂，只好盡這幾十年盡地快活。善惡既沒有責任，何妨盡我的手段來充滿我個人慾望。然而享用的物質增加速率，總不能和慾望的騰升同一比例，而且沒有法子令他均衡。怎麼好呢？只有憑自己的力量自由競爭起來，質而言之，就是弱肉強食。近年來什麼軍閥、什麼財閥，都是從這條路產生出來，這回大戰爭，便是一個報應。」[10]梁啟超的的這段反思，從晚清以來流行的物質主義、功利主義出發，發掘強權主義得以產生的社會心理基礎，可謂一語中的。昔日的強國夢已墮入歧途，歐戰結束了十九世紀舊式文明，掀開了二十世紀文明新的一頁。

敏感的中國知識分子在富強之外，開始探索新的文明之路。杜亞泉在歐戰結束之際，在《東方雜誌》發表〈大戰終結後國人之覺悟如何〉，指出歐戰是新舊文明的轉折點，所謂舊文明，乃以權力競爭為基礎之現代文明，而新文明，則以正義公道為基礎之未來文明。歐戰和民初以來的亂局，證明了舊文明已呈沒落之勢。歐洲所競爭者，為國家權利，故發生國際戰爭，中國所競爭者，為個人權利，故發生國內戰爭。杜亞泉相信：「世界人類經此大決鬥於大犧牲以後，於物質精神兩方面，必有一種之大改革。凡立國於地球之上者，決不能不受此大改革之影響。」[11]

歐戰前後的思想巨變，不僅發生在嚴復、梁啟超、杜亞泉等最後一代士大夫身上，而且也屬於民國新一代知識分子，胡適便是一個典型的個案。一九〇五年當他還是上海澄衷學堂的學生少年時，就讀了《天演論》和梁啟超的文章，深信物競天擇，適者生存的天演公理，胡適這個名字就是由此得來。他深受梁任公魔筆的影響，是一個狂熱的國家主義者和強權主義者。老師出了一個作文題《物競天擇，適者生存，試申其義》，十四歲的胡適慷然寫道：「今日之世界，一強權之世界也。人亦有言，天下豈有公理哉！……以劣敗之地位資格，處天演潮流之中，既不足以赤血黑鐵與他族角逐，又不能折衝樽俎戰勝廟堂，如是而欲他族不以平等相待，不漸漬以底滅亡亦難矣！嗚乎！吾國民其有聞而投袂興奮者乎？」[12] 如此的強權主義思想，直到辛亥革命後留學美國之初依然如舊：「有權力者必強，無權力必弱，天演之公例也。」[13] 他相信真正的世界公民者，乃是愛其祖國最真摯者。[14] 不過，隨着留學期間讀書範圍的擴大，胡適漸漸受到世界主義的影響，發現在愛國之上還有公理所在。時值歐戰爆發，在美國的校園中，學生經常舉行有關國家主義與世界主義的大辯論。有一次，世界學生會開會，辯論一個命題：My Country right or wrong- my country（吾國是耶非耶，終吾國也）。擅長辯論的胡適發言指出：這個命題是錯誤的，因為它預設了雙重道德標準，文明國家對待國人有明確的是非正義標準，但對待他國卻無論對錯，皆以吾國為是，他國為非。胡適呼籲「余以為吾人不管國內、國外只應奉行一個是非標準。」[15] 晚清中國的強權主義乃是對西方國家對內文明、對外強權的雙重標準的反應：以文明對抗文明，以強權對抗強權。胡適當年也堅信這一邏輯。然而一九一四年後，胡適從殘酷的戰火硝煙中逐漸意識到強權主義對人類世界帶來的禍害，他開始相信強權之上有公理，有普世的是非善惡。他開始清算強權主義和俠義的國家主義：「今之大患，在於一種俠義的國家主義，以為我之國須凌駕他人之國，我之種須凌駕他人之種，凡可以達此自私自利之目的者，雖滅人之國，殲人之種，非所恤也。……以為國與國之間強權即公理耳，所謂『國際大法』四字，即弱肉強食是也。吾輩醉心大同主義者不可不自根本着手。根本者何？一種世界的國家主義是也。愛國是大好事，惟當知國家之上更有一大目的在，更有一更大之團體在，葛得宏斯密斯（Goldwin Smith）所謂「萬國之上猶有人類在」（Above all nations is humanity）是也。」[16]

俠義的國家主義的實質乃是強權主義，相信強權之上無公理，強權即公理也。胡適從歐戰的血腥中看到強權主義的禍害，他要給國家主義一個更高的價值制約，那就是世界主義。世界主義的價值何在？胡適認為就是人道主義：「今世界之大患為何？曰：非人道之主義是已，強權主義是已。弱肉強食，禽獸之道，非人道也。以禽獸之道為人道，故成今日之世界。……救世之道無他，以人道易善道而已矣，以公理易強權而已矣。」[17]

胡適在清末民初所發生的思想變化，是大部分中國知識分子當年走過的心路歷程。從一個狂熱的愛國憤青，相信強權就是公理，富強就是一切，慢慢在歐戰的悲劇中發現十九世紀西方文明的負面。對於西方文明的兩張面孔，中國人在清末民初看到的多是物質主義、國家主義的強大一面，試圖以強制強，以暴制暴。但在一九一四年後，他們開始意識到這一面的可怕，物質主義、強力主義和狹隘的國家主義不僅造成了民國初年的叢林秩序，而且也將毀滅人類。於是到了五四時期，年青的啟蒙知識分子開始重視西方文明的另一面：以自由為核心的現代文明，而當年的維新士大夫則回過頭來從中國傳統中發掘平衡西方文明狂暴的文明資源。儘管文明的路向有分歧，但雙方的立場是一致的：從國家富強轉向了文明的自覺。

五四啟蒙運動的起點，源自於文明問題的提出。陳獨秀在《新青年》雜誌（原名《青年雜誌》）創刊號上發表〈法蘭西人與近世文明〉，認為世界各國，無論古今東西，只要是教化之國，皆可謂文明。但近世文明卻為歐洲所獨有，即西洋文明。法蘭西是近世文明的代表。德國的科學雖然強大，「特其多數人之心理，愛自由平等之心，為愛強國強種之心所排而去，不若法蘭西人之嗜平等博愛自由，根於天性，成為風俗也。」[18] 在歐戰對陣雙方中，德國是新起的帝國，從卑斯麥的鐵血政策，到威廉二世的侵略擴張，其以國家富強為核心的崛起之路，曾經為眾多中國知識分子所仰慕。但陳獨秀卻指出，自由平等博愛是經世文明的靈魂，德國人更多的是「愛強國強種之心」，非近世文明之楷模。作為五四新文化運動的旗手，陳獨秀敏銳地注意到，近代文明的核心不是國家富強，不是物質的豐裕，也不是韋伯式的制度合理化，而是法國大革命提出的自由平等博愛的核心價值。陳獨秀說，「自西洋文明輸入吾國，最初促使吾人覺悟的是器物層面的科學，與西方比較相形見絀，遂有洋務和自強運動，其次是政制的覺悟，發現吾國政制也不如西洋，遂有戊戌變法和晚清新政。」然而共和政體建立之後，政治為武人和黨派所操縱，多數國民不知國為何物，缺乏國民的自覺，國民之思想人格與專制時代毫無變更。陳獨秀遂呼籲在科學、政制覺悟之後，要有第三次覺悟：「繼今以往，國人所懷疑莫決者，當為倫理問題。此而不能覺悟，則前之所謂覺悟則非徹底之覺悟，蓋猶在惝恍迷離之境。吾敢斷言曰：倫理的覺悟，為吾人最後覺悟之最後覺悟。」[19]

陳獨秀所説的「倫理之最後覺悟」正是一種文明的自覺：通過文化的啟蒙，讓國民覺悟到民族的復興之路，不是僅僅追求國家的富強，或制度和體制的合理化，最重要的是追求現代文明的核心——自由平等的普世價值，這是共和政體的靈魂，「共和立憲制，以獨立平等自由為原則。」[20] 自由平等，雖然在晚清的維新運動中已提出，但始終沒有作為核心價值出現，國家的富強是壓倒一切的中心目標。為了實現富強的目標，團體的實力、國民的競爭能力提升至關重要，於是，普天之下的公理，概括為二個字，曰「競爭」。這是晚清充斥各家輿論的普遍共識。競爭靠的是力，無論是武力還是智力。要論實力，無論是軍備還是科學，歐戰中的德國是最強的，但最後還是敗給了英法美等自由國家組成的協約國。中國知識分子歡呼歐戰的勝利是「公理戰勝了強權」。五四時期的公理，不再是「競爭」的公理、「強權」的公理，而是「自由」的公理、「平等」的公理。

陳獨秀在《每周評論》發刊詞上回答什麼是公理、什麼是強權時，他一言而蔽之：「凡合乎平等自由的，就是公理；依仗自家強力，侵害他人平等自由的，就是強權。」[21] 五四時期公理的內涵與晚清比較，發生了巨大的變化，不再是物競天擇、適者生存那般冷酷無情，不再是技術化、中性化的實力競爭，而具有了文明的普世價值，具有了以人為中心的倫理尺度。公理被重新賦予了與啟蒙思想接軌的價值內涵。自由平等成為五四知識分子的共同理想，成為現代文明的核心內容。

新文化運動最熱烈的一個話題是中西文明的比較。無論是《新青年》的陳獨秀、李大釗、胡適，還是《東方雜誌》的杜亞泉，都將中西文明視為兩種性質和風格迥異乃至對立的文明。陳獨秀認為：西洋民族視為以戰爭、個人、法治和實力為本位，東洋民族以安息、家族、感情和虛文為本位；[22] 李大釗與杜亞泉雖然在不同的陣營，但都將西洋文明視為動的文明，東方文明是靜的文明。他們的區別主要是結論不同，陳獨秀等人將東西文明的差異視為是新舊與古今的不同，從進化論來看，西洋文明代表了更高級的現代新文明，勢必取代古老的、舊式的中國文明；而杜亞泉則堅持中西文明「乃性質之異，而非程度之差」，相互之間各有流弊，可以互補調和。[23] 值得注意的是，新文化運動中，這場中西文明的大論戰，雖然立足點在為中國尋找未來文化的方向和出路，但其論述的方式不是「文化」的，而是「文明」的，對立的雙方不是從中國需要什麼樣的民族文化角度展開論戰，而是從世界文明的大視野，從普世的人類立場，比較中西文明之優劣，從而在世界文明的整體大趨勢中尋找中國文化的道路。

五四時代與清末民初不同，那是一個世界主義的時代，五四的知識分子無論是文化激進主義還是文化溫和論者，都延續傳統的天下主義情懷，從整個人類文明演化的大背景中來定位中國文化。即使像杜亞泉表面看起來似乎是文明多元論立場，將中西文明視為空間上並列的兩種不同的地域文明，但最後他依然要訴諸於文明一元論以支持他的調和立場。杜亞泉特別指出，所謂新舊，因為時代不同，意義也不同，在戊戌時代，以主張仿效西洋文明者為新，而以主張固守中國習慣者為舊。但是歐戰之後，西洋文明暴露其物質主義、國家主義之弊端，西洋既有之文明，已不適合新時勢，而失去其效用。「吾人若因時代之關係而以新舊二字為之標誌，則不能不以主張創造未來文明者為新，而以主張維持現代文明者為舊。」[24]

杜亞泉所說的創造未來文明乃是中西文明之調和，而與他持同樣看法的李大釗則明確地寄望於第三種文明的崛起：「東洋文明既衰頹與靜止之中，而西洋文明又疲命於物質之下，為舊世界之危機非有第三新文明之崛起不足以渡此危崖。俄羅斯之文明誠足以黨媒介東西之任。」[25] 以後李大釗轉向俄國式馬克思主義道路，其最初出發點不是民族主義的，倒是世界主義的——從世界文明的大趨勢來尋找中國的道路。

進化論是主宰晚清和五四兩代知識分子的主流歷史觀，中國要走什麼樣的道路，不是取決於中國自身特殊的國情，而是要跟上世界的潮流，異中求同，世界潮流變化了，中國也不能自外於世界。早年的陳獨秀將法蘭西文明視為近代文明的領潮者，而杜亞泉則認為歐戰之後，世界潮流變了：「吾代表東洋社會之中國，當此世界潮流逆轉之時，不可不有所自覺與自信。」[26] 這一自覺與自信乃是一種「文明之自覺」，而非「文化之自覺」。雖然陳獨秀、杜亞泉所覺悟到的領導世界潮流的文明內涵不同，但他們都是世界主義者，而非民族主義者，或者說是以世界主義姿態出現的民族主義者，將民族復興的方位置於天下潮流的羅盤中，作為東方國家的中國毫無特殊性可言，是世界的普世文明、而非中國特殊的文化決定了中國未來發展的路向。

對於具有深刻天下主義情懷的五四知識分子來說，他們關心的與其說是中國文化的前途，不如說是世界文明的人類前景。梁啟超在歐戰結束之後遊歷歐洲，其《歐遊心影錄》中的下篇題名為《中國人之自覺》，這個自覺，乃是文明之自覺，而非文化之自覺，故他的系列論述中的最後一節收尾在《中國人對於世界文明之大責任》。他說：「人生最大的目的，是要向人類全體有所貢獻，而建設國家只是人類全體進化的一種手段，我們不是將自己國家搞到富強便是目的，最重要的是要讓自己的國家有功於人類全體。因此，中國有一個『絕大責任』橫在前途，就是拿西洋的文明來擴充我的文明，又拿我的文明去補助西洋的文明，叫它化合起來成一種新文明。」[27] 這個新文明即不是西方的，也不是中國的，而是全人類的普世文明。這種「為天地立心」、「為萬世開太平」的人類意識，也貫穿於五四時期梁漱溟名著《東西文化及其哲學》中。他以恢弘的氣魄縱論中西印文明，一方面在空間上以文化相對主義的立場將東西方文明視為性質完全不同、各有其發展路向的文明體系，另一方面又從時間上以一元主義的歷史觀論證世界普遍的歷史將從西方文明發展到中國文明最後歸宿在印度文明。文明的視野打開後，五四的知識分子似乎要急切地尋找普世文明的內在邏輯，在世界地圖中，安置各種不同文明的地理空間和歷史角色。就這點而言，五四知識分子與梁漱溟的看法非常相似，他們內心裏面設置的是世界時間，不同的時代有世界歷史的不同時刻。按照梁漱溟的看法，西方文明是生氣勃勃的人類青年期文明，中國文明是心智成熟的人類中年期文明，而印度文明則是最高覺悟的人類老年期文明。中國文明當下的危機只是它心智過於早熟了，尚未經歷青年期的西方文明，就提前進入了中庸的中年文明，因此要補上西方文明那一刻，然而對於西方文明來説，它的歸宿卻在東方，要從年輕人的血氣方剛邁入中年人的圓通和諧。[28] 只有在這樣的世界時間中，才能理解為什麼在五四知識分子看來，中國是一個黑格爾所說的世界民族，中國文明不僅屬於中國人，而且屬於全人類。

三、九一八事變後的文化自覺

當新文化運動沉浸在世界主義的文明比較、從普世文明的視野中尋找中國文化未來的出路時，有一個問題被洶湧的時代大潮遮蔽了，那就是中國文化的主體性何在？什麼是中國人的文化認同？

從一八九五年到一九二五年的思想轉型時代中，有兩代啟蒙者，第一代啟蒙者是晚清末代士大夫中的新潮派：康有為、梁啟超、嚴復、章太炎等，第二代啟蒙者是民初第一代知識分子：陳獨秀、李大釗、胡適、魯迅等。在新文化運動中，最初一代新潮派已經「老」了，他們被一般年輕人視為舊派人物，或者說是「半新半舊」人物，就像有人批評杜亞泉那樣：「你說他舊麼，他卻象新，你說他新麼，他卻實在不配。」[29] 五四是新知識分子主宰輿論的時代，縱論中西文明，從天下看中國，以世界大勢研判民族之未來。然而，就在這氣勢磅礴、壓倒一切的時代大潮之中，在舊派啟蒙人物康有為、嚴復、梁啟超、梁濟等人那裏，卻逐漸萌生了一種文化自覺。他們在晚清守舊派士大夫的包圍中，曾經積極倡導西學，然而到了民初，特別是受到歐戰的刺激，開始轉而注意到「國魂」、「國性」、「立國精神」，思考在引進西學過程中如何保持中國文化的主體性？

何謂「國魂」？康有為說：「凡為國者，必有以自立也，其自立之道，自其政治教化風俗，深入其人民之心，化成其神思，融洽其肌膚，鑄冶其群俗，久而固結，習而相忘，謂之國魂。」他認為，民國以來，舉國發狂，凡本國政治教化風俗，不問是非得失，皆革而去之；凡歐美政治教化風俗，不問是非得失，皆服而從之。中國人身雖存，而中國魂已亡矣。[30] 因此，他要提倡孔教，建立孔教會，試圖重新招回失去的「國魂」。康有為講「國魂」，嚴復、梁啟超談「國性」。嚴復在一九一三年發表《思古篇》，批評晚清以來的西潮澎湃：「且諸公所以醉心於他族者，約而言之，什八九皆其物質文明已耳。不知疇國種之階級，要必以國性民質為之先，而形而下者非所重也。中國之國性民質，根源盛大，豈可厚誣？」[31] 民國初年的嚴復雖然沒有放棄國家富強的理想，但誠如史華慈所分析的，此刻他的社會合理化追求，與自由平等的價值觀念發生了分離。[32] 早年的嚴復批評「中體西用」

是牛體馬用，指出西方自有其體用，即「以自由為體，民主為用」。[33] 如今當他看到國人對西學的興趣皆集中於形而下的物質主義，而辛亥以後建立的共和政體又是不堪入目，他對西方自由價值的信念動搖了。改而認為，韋伯式的制度合理化不必與普遍的自由價值相聯繫，也可以嫁接在中國特定的「國性民質」基礎上。目睹物質主義、強權主義的泛濫成災，嚴復相信比形而下的富強更重要的，是形而上的「國性民質」，是對「根源盛大」的中華文明的重新肯定和光大。「大凡一國存立，必以其國性為之基。」[34] 這個國性，在他看來，就是「忠孝節義四者為中華民族之特性。而即以此為立國之精神。」[35]

在剛剛進入世界的晚清時代，梁啟超深切感覺到中國與西方的差距，他關心的是如何異中求同，儘快地融入世界，異中求同，成為「世界的國家」。然而到民國之初，他的態度與康有為、嚴復一樣，發生了微妙的變化。一九一二年，梁任公發表《國性論》，認為國所立者，必有所本，無以名之，名之曰國性。國之有性，如同人之有人性。國性何以表現？梁啟超提出乃為三個要素：語言、宗教和風俗。他特別指出：「國性可助長而不可創造也，可改良而不可蔑棄也。」中國的國性有至善美而足以優勝於世界者存也，但「吾數千年傳來國性之基礎，岌岌乎若將搖落焉，此吾所為栗然懼也。」[36]

「國性」、「國魂」、立國精神，雖然表述不同，但都是同一樣東西，即某個特定的近代民族國家所擁有的獨特的民族精神或文明基礎。在英美經驗主義傳統中，並沒有民族精神這類形而上的說法，它來自歐洲的浪漫主義傳統，是對法國啟蒙運動的一種反動。啟蒙運動繼承了基督教的普世理想，以世俗化的普遍理性塑造了一個全人類的近代文明。但從意大利的維柯到德國的哈曼、赫爾德，強烈質疑啟蒙運動的普遍人性和一元主義文明觀，世界主義排除了一切使人最有人性、最有個性的因素。赫爾德認為：「存在着多種多樣不能彼此通約的文化，這些文化各屬於特定的共同體，通過共同的語言、歷史記憶、風俗習慣、民族宗教與情感這些傳統紐帶，將他們的成員彼此聯繫在一起。」[37] 民初康有為、嚴復、梁啟超所強調的「國魂」、「國性」，正與歐洲浪漫主義傳統中民族精神與民族文化相似。這些在晚清鼓吹世界主義的維新士大夫，在學習西方建構普世性的民族國家過程中，一旦發現以富強為核心的技術合理化工程將摧毀中國自身的道德文明傳統的時候，紛紛轉向了赫爾德式的文化民族主義，重新強調世界文化的多樣性，普世文明論的基礎開始動搖，中國文明的歷史特殊性開始被提出來。

事實上，最早提出文化多元論的是章太炎。當康有為、嚴復、梁啟超在晚清還沉浸在人類普遍的歷史進化模式時，章太炎就提倡「國粹」：「用國粹激動種性，增進愛國的熱情。」[38]「國粹」一為反滿，二為反歐化。汪榮祖的比較研究發現，如果說晚清的康有為是一個世界主義者的話，那麼章太炎就是一個文化多元論者，他是中國的赫爾德，但他的思想來自莊子的〈齊物論〉。他反對普遍的公理觀與進化史，中國文明自有其與西方不同的語言文字、典章制度和人物事跡，乃至於國粹宗教。[39]文化多元主義到了民國初年竟然被章的論敵康有為、梁啟超接過手去，成為「國性」、「國魂」說的學理基礎。

一九一五年，梁啟超在《大中華發刊辭》中進一步論述「國性」。開篇即指出，國民志氣之消沉，至今日而極矣。維新運動二十年來朝野上下昌言之新學新政，其結果乃至全社會所厭倦和厭惡。為了振奮人心，實現救亡，必須恢復國性：「中國歷數千年，未嘗一息亡，既屬歷史上鐵案如山之一事實，此其中必有不亡之原因焉，我國民所最宜深省而自覺也。國之成立，恃有國性，國性消失，則為自亡。」梁啟超認為：「古今東西，有三種已亡之國，一種是本無國性而稱不上國者，第二種是國性尚未成熟而猝遇強敵，中途亡於非命者，第三種是有國性而自摧毀之而亡者。中國是一個有悠久文明之古國，且發展成熟，亡國的最大威脅是『有國性而自摧毀之者』。國家與朝代不同，一朝可亡，但只要保持自己的國性，便能避免亡國。」[40]國性是文明，也是天下，是國家之所以成為國家的靈魂。亡國不是一朝一代之亡，乃是天下大亂和文明秩序的解體。

在新文化運動時期，有此文化自覺的，除了第一代啟蒙士大夫之外，還有學衡派知識分子。陳寅恪、吳宓、梅光迪這些學衡派與康有為、梁啟超等不同，他們在美國名校受到系統的、良好的知識訓練，對陳獨秀、胡適等人對西學一知半解就在國內領一時之風騷，非常不以為然，在他們看來，西方文明最精髓的部分，是古希臘的人文主義傳統，而胡適等人引進的以科學為中心的機械主義和盧梭發端的、濫情式的近代浪漫主義，是西方文明的末流，而白璧德所發揚光大的古希臘人文主義，與理性、中庸的儒家文明有內在相通之處。同樣是中西文明比較，學衡派知識分子不是向前瞻望，而是回溯古希臘與先秦的理性傳統，從中西古典文明的共通性中產生文化自覺，提出不能對中國儒家文化妄自菲薄，「欲融會西方文化，以浚發國人的情思。」[41] 在一九二〇年代，從新學陣營中有明確的本民族文化意識的，當屬陳寅恪和吳宓。在王國維投湖而死，眾人紛紛猜度其死因時，他們提出了王國維並非殉清、乃是殉中國文化。陳寅恪在悼念王國維的致詞中如此說：「凡一種文化值衰落之時，為此文化所化之人，必感苦痛，其表現此文化之程量愈宏，則必受苦痛亦愈甚。」[42] 陳寅恪與其說是解王國維，不如說是夫子自道，表明自己以中國文化為己任，立志成為中國文化托命之人。吳宓在王國維落葬時發誓道：吳宓學問不及王國維十分之一，但「願以維持中國文化道德禮教之精神為己任者」。[43] 這一文化自覺在陳寅恪後來為馮友蘭的《中國哲學史》下冊撰寫審查報告時，講得更為明確：「其真能於思想上自成系統，有所創獲者，必須一方面吸收輸入外來之學說，一方面不忘本來民族之地位。此二種相反而適相成之態度，乃道教之真精神。新儒家之舊途徑，而二千年吾民族與他民族思想接觸史之所昭示者也。」[44]

陳寅恪可謂新文化運動時期文化自覺之先驅，其「一方面吸收輸入外來之學說，一方面不忘本來民族之地位」，乃是文化自覺之最準確表達。陳寅恪自稱「平生為不古不今之學，思想囿於咸豐同治之世，議論近乎湘鄉南皮之間。」他雖然繼承了曾國藩、張之洞的思想傳統，但與清末的「中體西用」有區別。晚清對西學的開放和了解還是有限的，張之洞以傳統的體用二分，將西學限制在工具性、實用性的層次。然而，陳寅恪所處的時代乃是中國向世界全方位開放，這些文化自覺者對西學的了解已經相當深刻，絲毫不亞於胡適這些全盤西化派，他們深知中西之間之異同與各自利弊，「一方面吸收輸入外來之學說」，乃是繼續以開放的態度對待西學，不分體用，只要是好的儘量吸納。但這種吸納乃是建立在自覺的文化主體性基礎上，以「本來民族之地位」來選擇和衡量西學，無論是文明比較，還是文化重建，不必固守本民族傳統，但不能沒有自身的主體意識。

王國維、陳寅恪、吳宓這些清華國學院導師在新文化運動大潮中是一群「不合時宜」的邊緣人，並沒有形成有影響的公共思潮。社會思潮整體發生大轉變，乃是要到一九三一年的「九一八事變」之後。如果説歐戰觸發了五四新文化運動從迷戀法蘭西文明轉向第三種新文明的話，那麼，「九一八事變」則刺激了中國強烈的民族主義意識，隨着東北淪陷、華北危機，思想界風向發生逆轉。在十八世紀末的德國狂飈運動中，德國的主流是赫爾德為代表的、有世界主義背景的温和文化民族主義。到十九世紀初拿破崙入侵，以費希特為號召，德國轉向了具有強烈民族主體性認同的政治民族主義。民族主體性的突出，是以「他者」的出現，尤其是外敵的出現為前提的。東西文明比較退潮了，天下主義的情懷讓位於民族國家的本位意識，中華民族的生死未來不再是到世界歷史的普世潮流中去定位，而是要到中國自身的歷史文化傳統中去發掘。

文化自覺的問題浮出水面，乃是一九三五年的中國本位文化大論戰。一九三五年一月，王新命、陶希聖、何炳松等十位教授，在有官方背景的《中國文化建設》刊物上，發表了〈中國本位的文化建設宣言〉，宣稱：「在文化的領域中，我們看不見現在的中國了」，「中國在文化的領域中是消失了；中國政治的形態、社會的組織和思想的內容與形式，已經失去它的特徵。」十位教授提出，「要使中國能在文化的領域中抬頭，要使中國的政治、社會和思想都具有中國的特徵，必須從事於中國本位的文化建設。」[45] 該宣言在思想界引起軒然大波，贊成、批評者有之，遂引發了一場中國本位文化的大論戰。在反對派陣營之中，有胡適、陳序經等全盤西化派大將，但比起五四時期，整個風向變了，中國本位文化的説法得到了知識界和社會輿論更多的同情和共鳴。

問題在於，所謂的「中國本位」究竟意味着什麼？宣言對此語焉不詳，只是模糊其詞地説：「此時此地的需要，就是中國本位的基礎。」十位教授皆是接受過新文化運動洗禮、擁有西化知識的新知識分子，他們雖然要發掘中國文化的特殊性，與西方文化劃清界限，但並不想完全回到傳統，他們心目中的「中國本位的文化」是一種既不守舊、也不盲從的新文化，特別強調依據「此時此地的需要」的創造精神，「是創造，是迎頭趕上去的創造」。[46] 從五四的「文明自覺」，到三十年代的「文化自覺」，雖然是兩個時代，卻有一以貫之的「文化創造論」脈絡，相信文化建設不是一個簡單的事實認同，而是有待創造的建構過程。五四時期的李大釗、杜亞泉試圖融會中西文明創造二十世紀的「第三種文明」，而三十年代的中國本位文化論者希望根據「此時此地的需要」再造「不守舊、不盲從」的新文化。然而，新文化運動中李大釗、杜亞泉的「第三種文明」之創造，是有所本的，那就是在性質相反、功能互補的中西文明基礎上進行調和，是一種實在論的文化創造，而三十年代的中國本位文化論者抽離了中西文明的傳統，以實用主義的「此時此地的需要」作為文化創造的衡量標準，陷入了唯意志論的陷阱。文化上的唯意志論是一種否定普遍主義的歷史主義，列奧・施特勞斯說過：對於歷史主義來說，「唯一能夠革繼續存在的標準，乃是那些純屬主觀性的標準，它們除了個人的自由選擇之外別無其他依據。……歷史主義的頂峰就是虛無主義。」[47] 伊藤虎丸將之稱為「能動的虛無主義」：[48] 不相信任何價值的實在性，唯一真實的只是個人與民族的自由意志，從虛無開始，戰鬥性地走向創造新世界的能動。中國本位文化論者表面以「此時此地的需要」作為創造的基石，其實與費希特一樣，最終所膜拜的只是虛無主義的民族自由意志。

在中國本位文化大論戰中，論戰的雙方無論是全盤西化派，還是中國本位文化論者，看似立場對立，背後都分享了一個共同的理論預設：文化工具主義。他們都將文化視為進行國家救亡或實現民族復興的工具，而非民族的內在價值。胡適的全盤西化背後乃是優勝劣敗的進化論，他說：「在這個優勝劣敗的文化變動的歷程之中，沒有一種完全可靠的標準可以用來指導整個文化的各方面的選擇去取。」[49] 文化不再具有內在的價值，只問有用還是無用。而對於鼓吹中國本位文化的十位教授來說，與他們的對立面胡適、陳序經一樣，文化不是發自內心情感深處的生命體驗，不是安身立命的認同對象，更與根源感、家園感和歸宿感無關；文化僅僅是一種工具，一種滿足人類各種需求的有效工具。因此，民族主義與文化的關係，也不再有價值認同、共同體歸屬的問題，而僅僅是一種工具性的效用關係：什麼對民族國家有用，就是「有效」的文化，雖然它在內在價值上不一定是「好」的文化。所謂有待創造的中國本位文化，不管其內在價值如何，只要對形成現代民族國家有效，便有資格成為中國未來的核心文化。顯然，這是一種虛假的文化自覺，一種被掏空了民族文化實在內涵的、反文化的文化本位。

在三十年代的中國本位文化論戰中，自由主義陣營內部有文化自覺意識的，乃是是一批與胡適、陳序經不同的文化民族主義者，代表人物是張君勱、張東蓀。張君勱是一個心與物、文化與政治的二元論者，在政治制度上他是一個英美式的憲政主義者，但在倫理道德和心性哲學上，早在五四時期後期，他就主張回到中國的宋明理學，因此挑起了科學與玄學的大論戰。他在「九一八事變」之後，多次憂心忡忡地談到，「吾國之思想界中，隱然有美英法德俄國之勢力範圍存乎其中」，中國已經喪失了「思想的自主權」。[50] 他們批判胡適等人的科學主義立場，認為「全盤西化」論也好，「充分西化」論或「從根本處西化」論也好，是「自己忘掉自己」，失去了文化的主體和民族國家的本位。張東蓀說：「必須恢復主體的健全，然後方可吸取他人的文化。……一個民族失了自主性，決不能採取他族的文明，而只有為他族所征服而已。」[51] 張君勱特別欣賞中國本位文化宣言十位教授之一的陶希聖的「自己發現自己」這句話，他認為：「文化之創造與中興，無論在任何時代，離不了自己，」如果「民族自己不知道自己，不要說不能有所創造，就是要模仿人家，也是不能成功的。」[52]

張君勱自然也關心文化的功用性，但他所理解的文化不僅是工具理性意義上的，更是價值理性的對象。在文化立場上，張君勱是一個德國式的浪漫主義者，對他而言，文化是個人對群體的歸屬、對歷史之根的追尋。對於一個民族或一個人而言，文化不是外在的、可以隨意選擇的工具，而是內在於人性、內在於歷史、內在於主體選擇的生命本身。張君勱對文化的浪漫主義理解，決定了其在民族主義思想中的核心地位，他的民族主義因而也與以賽亞•伯林所理解的文化民族主義十分接近：民族主義意味着人們首先屬於某個特殊的人群，正是這個群體獨特的文化、歷史、語言、宗教、制度和生活方式等，塑造了這個群體特殊的目的和價值。[53]

張君勱認為，自信心來自中國的民族性，中國的民族性與歐洲不同，他們是從無到有，而中國是「從已有者加以選擇，引起信心後，另造出一種新文化來。」[54] 其中，最重要的是要有「思想的自主權」，即民族文化的本位意識，運用自己的思想力，尊重本國的固有文化，不跟着西人的思想走，貴乎獨創，不貴模仿。[55] 從這裏我們可以看到，三十年代張君勱的民族主義繼承了德國赫爾德、費希特的文化民族主義傳統，試圖通過對民族文化的重構，讓民族在生存危機面前獲得精神上的再生，建立一個以民族精神為認同核心的民族共同體。

費希特在《演講》中，是以一種世界主義的眼光來理解德意志民族復興的。在他看來，德意志的復興問題同時也是人類如何從病態階段（即利己主義）進入健康階段（即理性的自覺）的問題。在這一過程中，世界主義將變為一種建立理性王國為宗旨的愛國主義。[56] 費希特特別強調，德意志民族獨特的種族、歷史、語言和文化，構成了民族的本原性和民族精神，這是一種對本原性的神秘而神聖的信仰，它是國民生命中永恆的一部分，是他們的天堂所在。具有永恆外殼的民族，值得每一個國民為之獻身，犧牲自己。而要使國民具有高尚的愛國主義情操，最重要的是要實施國民的民族教育，讓他們成為理性王國的新人。[57]

張君勱在對費希特的介紹中淡化了其愛國主義背後的世界主義敍述脈絡，而特別突出了其演講所處的特殊歷史背景——德意志民族受到外敵入侵的危機時刻，這樣，費氏民族主義背後的人類普世意識到張君勱這裏成為一種特殊主義的民族情感。事實上，在二十年代梁啟超的《歐遊心影錄》中，還能夠發現類似費希特的以普世主義為背景的民族主義：「拿我的文明去補助西洋的文明」，但到張君勱這代知識分子，特別是三十年代以後，民族主義僅僅在民族救亡的意義上得以敍述，世界主義的普世意識已經大大淡化了。

四、「好的」文明與「我們的」文化

從五四的文明自覺到三十年代的文化自覺，中國現代思想史上的這段心路歷程，意味着中國文化內在的複雜性與緊張性。中國文化一方面是普世的，與猶太教－基督教、伊斯蘭教、印度教－佛教和古希臘羅馬文明一樣，是古老的人類文明，具有全人類的意識；另一方面，這種普世性又是從華夏－漢民族獨特的歷史文化傳統中昇華而來，因而中國文化又是特殊的，有自身的文化主體性意識。這種矛盾並非到了近代才出現，在上下三千年的中國歷史中，中國文化就具有天下主義和夷夏之辨雙重性質，天下主義意味着以中原文化為中心的無邊際、無疆域的普世性文明，夷夏之辨意味着以文化的有無或高下來區別「我者」與「他者」，有明確的、毋庸置疑的中華文化主體意識。因為普世的天下主義文明主體與特殊的夷夏之辨文化主體乃是同一的華夏—漢民族，因而文明與文化主體性之間的緊張在古代世界並未表面化，沒有成為一個真正的問題。

到了近代，情形發生了逆變。中國人第一次遭遇了無論是實力還是文明都高於自身的西洋文明，天下主義轉變為西方為中心的近代文明論，夷夏之辨蛻變為以種族意識為基礎的近代民族主義。[58] 於是天下意識與夷夏意識之間發生了不可調和的緊張：近代文明論的文明主體不再是中國，而是西方；但近代民族主義的文化主體則是受到西方宰制的、有待覺悟的中華民族。文明的主體與文化的主體發生了歷史性的錯位，中國究竟是需要文明之自覺還是文化之自覺？

新文化運動是一場文明自覺運動，陳獨秀、胡適這些激烈反傳統主義者相信西方文明代表了人類普遍的歷史，中國自不能例外，區別僅僅在於：普世的人類文明究竟是法蘭西文明（陳獨秀）還是英美文明（胡適）？而李大釗、杜亞泉則將人類的普世文明寄托於中西調和之後的「第三種文明」，而梁漱溟更是為中西印文明描繪了一幅普遍的歷史演化圖景。無論他們的觀點有多麼大的差異，卻共享了一個文明自覺的立場，五四時期的知識分子深受傳統的天下主義和近代的普遍進化論影響，都從人類演化的普世歷史定位中國未來的文化，確定中國文化在普世文明中的獨特價值，五四的知識分子很難想像有一個脱嵌了世界普遍歷史的中國文化主體，中國文化的主體內在於世界的普遍文明中。

在新文化運動時期，對西方文化有深邃了解的陳寅恪、吳宓等學衡派學人，已經注意到並不存在一個高度同一性的西方文化，西方文化內部有多種歷史文化傳統，中國儒家文明與古希臘文明有內在的相通性，中國在吸收西洋近代文明時，萬萬不能忘卻民族文化之本位。這一文化自覺在五四時期不啻為空谷足音，在思想界幾乎沒有影響，一直到三十年代後社會大背景的變化，文化自覺意識才浮出水面，成為社會主流思潮。這兩個大背景，除了「九一八事變」之後民族危機所重新激發出的夷夏之辨意識外，另外一個因素乃是隨着更深入了解西洋文化，各種主義之間發生劇烈分化，科學主義與人文主義、理性主義與浪漫主義、自由主義與社會主義的種種分野，使得迷茫於各種外來主義的中國知識分子在選擇未來中國文化的時候，急切需要有明確的文化主體性立場。然而，繼文明自覺而出現的文化自覺，不僅沒有緩和，反而加劇了天下主義與夷夏之辨、文明主體性與文化主體性之間的緊張，中國究竟需要一種普遍的人類文明意識，還是特殊的文化主體意識？如果説中國文化同時也是一種世界文明，那麼被錯位了的文化與文明如何重新獲得其同一性？

正如前述，文明與文化各自所回應的問題是不一樣的，文明回應的是什麼是人類普遍之「好」？而文化回答的是什麼是「我們的」特殊偏好？在西化派看來，人類文明普遍之「好」就應該同時是中國的，中國文化不能自立標準；而在本土派眼裏，各民族與族群之間的文化無可通約，無從比較，並不存在一個放之四海而皆準的普世文明，「我們的」就是「好的」。新文化運動百年以來，中國思想界動蕩於黑格爾式的一元論歷史觀與後現代主義的文化相對主義兩極之間，文化的主體性問題陷於散焦的尷尬狀態。文明與文化之間的衝突一直沒有解決。

有沒有可能走出文明自覺與文化自覺的二律背反？德國十八世紀末的啟蒙運動給我們留下了一個走出歷史困境的歷史啟示。同樣為古典人文主義的思想領袖，康德是十八世紀的，而赫爾德屬於十九世紀。康德代表了十八世紀德國文明自覺那一代，他承繼法國理性主義傳統，思考整個人類共同的命運和文明前途。而與康德同時代的浪漫主義思想家赫爾德則代表了十九世紀的文化自覺一代。理性主義相信世界上存在着確定的事物結構和價值，人們可以憑藉自己的理性去發現它，找到一個普遍的、完美的答案。但浪漫主義卻相信一個民族的文化要依靠自己的天性去創造，只有人才能隨意地創造事物，但這種創造不是在普遍的理性框架之中，而是各個民族獨特的歷史環境。[59] 赫爾德開創了德國的文化民族主義傳統，但這一文化民族主義並非與世界主義相衝突，恰恰相反，其構成了普世文明不可缺少的一部分。赫爾德相信，一個美好的世界，乃是由各種不同的多樣性所構成。每個人是獨特的，每個民族也是獨特的，世界就是由各種多樣性組成的大花園。沒有一個民族是上帝選定的地球民族。以賽亞•伯林如此概括赫爾德的思想：「作為一個人，他應該說出他認為是真的真理。對每個人而言，他所相信的真理都是絕對正確的。多樣的色彩構成了萬花筒般的世界，但沒有人能夠看到全部的世界，沒有人能看到全部的森林，只有上帝能夠看到整個宇宙。人，由於屬於特定的群體，生活在特定的區域，他們不可能看到整個宇宙。每個時代都有它特定的理想。」[60]

赫爾德所說的民族文化獨特性不是以排斥、抗衡人類文明的普遍性為前提，而是一種普世文明下的文化自覺。每一個民族文化都有其獨特性，它們構成了整個世界的多樣性，但又共享同一個世界文明，普遍性存在於特殊性中，而非特殊性之上。赫爾德是一個文化民族主義者，但同時又是一個世界主義者，他在世界文明的大背景中思考民族文化的獨特性，在各民族文化的多元存在中瞻望世界文明的共同前景。與赫爾德心心相通的以賽亞•伯林意味深長地說：「我們是兩個世界的後代：一方面是浪漫主義的繼承人，拒絕單一，相信人的創造性，另一方面，仍然相信有一種絕對普遍的價值觀，仍然屬於某種確定的傳統。」[61]

以赫爾德為代表的早期德國浪漫主義者，他們並非是時人所誤解的文化相對主義者，而是真正的文化多元主義者。文化相對主義認為不同的文化價值沒有可比較的通約性，因而也沒有絕對的對與錯。任何的「好」都是相對的、局部的，只有對個別民族的「好」，沒有普遍的人類的「好」。而文化多元主義則承認人類的普遍價值，但在不同的歷史文化脈絡之中，普世價值會有不同的文化形式和具體表現。離開了民族文化的根基，普世價值便成為無本之源。文化相對主義往前跨越一步，便是尼采式的虛無主義。而文化多元主義則可以與啟蒙的普世價值兼容共存。伯林認為，不同的文化價值是平等的：同等真實，同等終極，同等客觀，不存在價值的等級秩序。但對於人性來說，不管多麼複雜善變，只要還可以稱之為人，其中必然含有「類」的特徵。不同文化之間也同樣具有可通約的共同價值。雖然民族文化的差異很大，但核心部分是相互重疊的，這些核心價值和終極目標都是敞開的，是人類所共同追求的。

新文化運動百年之際，尚未解決的真正問題有兩個：其一，如何將「好的」文明內化為中國人能夠認同的「我們的」文化？其二，如何將「我們的」文化提升為全人類普世的文明？

一些具有世界主義情懷的朋友常常認為：只要是「好的」，就應該是「我們的」，不應該有「自我」與「他者」之分。假如基督教能夠拯救中國，我們為何不可接受它為中國的主流價值？要知道，再好的外來文明，也需要轉換為「我們的」文化，而在「我們的」空間裏，並非一片空白，外來的文明，必須與已有的本土文化交流和融合，實現外來文明的本土化，融化為「我們」，成為中國文化的一部分。在歷史上，佛教是外來的宗教，但如果沒有禪宗把「好的」佛教變成「我們的」佛教，佛教也不會化為中國文化的一部分。宋代之後最壯觀的文化景觀乃是儒道佛三教合流。對於普世的文明，人們總是以理性的態度衡量它是否「好」，是否值得接受，但對於自身的文化，人們通常是以情感的態度感受它是否是「我們的」，是否願意認同。一種外來的文明倘若僅僅停留在富強、救世的工具主義之「好」，其依然是外在的、異己之「好」，意味着尚未在民族文化的土壤裏扎根，隨時有被清除的可能。一旦其融入了民族的歷史傳統，成為中國人的內在生命所在，那麼它就從外在的客體轉變為內在的主體，成為「我們的」身心不可分離的一部分，那麼，外來的普世文明便轉化為民族的自身文化，具有了家園感、根源感和歸屬感。

「我們的」文化雖然在情感上值得認同，但在理性上並非自明，其好不好，要放在世界的普世文明的大背景下加以衡量。一些中國本位文化論者常常將「我們的」簡單等同於「好」，似乎只要是「我們的」文化，符合中國特殊的國情，就是無須論證的「好」。如果說那些世界主義者用普遍性取消了特殊性、用文明取代了文化的話，那麼這些民族主義者同樣用特殊性取消了普遍性，用文化取代了文明。中國文化不僅是一種特殊的民族文化，而且是對全人類有普遍影響的普世文明。對中國「好的」價值，特別是涉及到基本人性的核心價值，同樣應該對全人類有普遍之「好」。普世文明，不僅對「我們」而言是「好的」，而且對「他者」來說同樣也是有價值的。中國文明的普世性，只能建立在全人類的視野之上，而不是以中國特殊的價值與利益為皈依。

如何從「我們的」歷史文化傳統與現實經驗的特殊性之中提煉出具有現代意義的普遍性之「好」，另一方面又將全球文明中的普世之「好」轉化為適合中國土壤生長的特殊性之「我們」，這是重建中國文化主體性的核心議題。這一主體，既是民族文化的主體，同時又是人類文明的主體，只有當文化與文明的主體重新合二為一，不再撕裂與對抗，中國才能走出百年來的二律背反，重拾民族的自信，再度成為一個對人類有擔當的世界民族。

文明自覺還是文化自覺？新文化運動百年過去了，那是兩種自覺分裂的百年，下一個百年，是否將是文明與文化同時自覺的新時代呢？一切取決於我們的自覺。

二〇一五年

註釋

1 詹姆斯·施密特，徐向東、盧華萍譯：《啟蒙運動與現代性：18 世紀與 20 世紀的對話》，上海：上海人民出版社，2005，前言第 1 頁。

2 以賽亞·伯林，彭淮棟譯：《俄國思想家》，南京：譯林出版社，2001，147 頁。

3 諾博特·伊里亞思，王佩莉譯：《文明的進程：文明的社會起源和社會心理起源的研究》，第 1 卷，北京：生活·讀書·新知三聯書店，1998，61–63 頁。

4 嚴復：〈嚴復致熊純如〉，《嚴復集》第 3 冊，北京：中華書局 1986，692 頁。

5 梁啟超：〈歐遊心影錄〉，《梁啟超全集》第 5 冊，北京：北京出版社，1999，2974 頁。

6 〈新群發刊詞〉，引自劉洪權、劉洪澤編：《中國百年期刊發刊詞》，北京：解放軍出版社，1996，152–155頁。

7 杜亞泉：〈社會協力主義〉，《杜亞泉文存》，上海：上海教育出版社，2003，22頁。

8 梁啟超：〈歐遊心影錄〉，《梁啟超全集》第5冊，2972頁。

9 同上註，2978頁。

10 同上註，2973頁。

11 杜亞泉：〈大戰終結後國人之覺悟如何〉，《杜亞泉文存》，205、208頁。

12 胡適：〈物競天擇，適者生存，試申其義〉，載季羨林主編《胡適全集》，第21卷，合肥：安徽教育出版社，2003，2–3頁。

13 胡適，《胡適留學日記》上冊，海口：海南出版社，1994，140頁。

14 同上註，79頁。

15 同上註，134–136頁。

16 同上註，263–264頁。

17 同上註，305頁。

18 陳獨秀：〈法蘭西人與經世文明〉，載任建樹等編：《陳獨秀著作選》第1卷，上海：上海人民出版社，1993，136–139頁。

19 陳獨秀：〈吾人最後之覺悟〉，《陳獨秀著作選》第1卷，175–179頁。

20 同上註，179頁。

21 陳獨秀：〈每周評論發刊詞〉，《陳獨秀著作選》第1卷，427頁。

22 陳獨秀：〈東西民族根本思想之差異〉，《青年雜誌》，1卷4號，1915年12月。

23 傖父（杜亞泉）：〈靜的文明與動的文明〉，《東方雜誌》，13卷10號，1916年10月。

24 傖父（杜亞泉）：〈新舊思想之折衷〉，《東方雜誌》，16卷9號，1919年9月。

25 李大釗：〈東西文明之異點〉，《言治》季刊第3冊，1918年7月。

26 傖父（杜亞泉）：〈戰後東西文明之調和〉，《東方雜誌》，14卷4號，1917年4月。

27 梁啟超：〈歐遊心影錄〉，《梁啟超全集》第5冊，2986頁。

28 參見梁漱溟：〈東西文化及其哲學〉，《梁漱溟全集》第1卷，濟南：山東人民出版社，2005，488–540頁。

29 杜亞泉：〈新舊思想之折衷〉，《杜亞泉文存》，401頁。

30 康有為：〈中國顛危誤在全法歐美而盡棄國粹說〉，載湯志鈞編：《康有為政論集》下冊，北京：中華書局，1981，890、913頁。

31 嚴復：〈思古篇〉，《中國現代學術經典·嚴復卷》，601頁。

32 參見史華慈：《尋求富強：嚴復與西方》，211頁。

33 嚴復：〈原強〉，《中國現代學術經典·嚴復卷》，547頁。

34 嚴復：〈讀經當積極提倡〉，《中國現代學術經典·嚴復卷》，603頁。

35 嚴復：〈導揚中華民國立國精神議〉，王栻編《嚴復集》第2冊，北京：中華書局，1986，344頁。

36 梁啟超：〈國性篇〉，《梁啟超全集》第5冊，2554–2555頁。

37 以賽亞・伯林，馮克利譯：〈反啟蒙運動〉，載伯林：《反潮流：觀念史論文集》，南京：譯林出版社，2002，1–28頁。

38 章太炎：〈東京留學生歡迎會演説錄〉，姜玢編選：《革故鼎新的哲理：章太炎文選》，上海：上海遠東出版社，1996，142頁。

39 參見汪榮祖：〈章太炎的文化觀〉，載汪榮祖：《章太炎研究》，台北：李敖出版社，1991，175–185頁；汪榮祖：《康章合論》，北京：新星出版社，2006，39–49頁。

40 梁啟超：〈大中華發刊辭〉，《梁啟超全集》第5冊，2823–2825頁。

41 吳學昭：《吳宓與陳寅恪》（增補本），北京：三聯書店，2014，41頁。

42 同上，91頁。

43 同上，74頁。

44 同上，143頁。

45 王新命等：〈中國本位的文化建設宣言〉，《文化建設》，1卷4期，1935年1月。

46 同上。

47 列奧・施特勞斯，彭剛譯：《自然權利與歷史》，北京：生活・讀書・新知三聯書店，2003，19頁。

48 參見伊藤虎丸，李東木譯：《魯迅與終末論：近代現實主義的成立》，北京：生活・讀書・新知三聯書店，2008，117頁。

49 胡適：〈試評所謂「中國本位的文化建設」〉，《胡適文集》，北京：北京大學出版社，1998，450頁。

50 張君勱：〈思想的自主權〉，載張君勱：《民族復興之學術基礎》，北京：再生雜誌社（北平），1935。

51 張東蓀：〈現代的中國怎樣要孔子？〉，《正風》，第1卷第2期，1935年1月，引自羅榮渠編：《從「西化」到現代化：五四以來有關中國的文化趨向和發展道路論爭文選》，406頁。

52 張君勱：〈今後文化建設問題——現代化與本位化〉，《再生》第4卷第1期，1935年。

53 以賽亞・伯林，馮克利譯：〈民族主義：往昔的被忽視與今日的威力〉，載《反潮流：觀念史論文集》，南京：譯林出版社，2002，407頁。

54 張君勱：《中華新民族性之養成》，《再生》第2卷第9期，1934年6月。

55 張君勱：〈思想的自主權〉。

56 參見梁志學：〈光輝的愛國主義篇章〉，載費希特，梁志學等譯：《對德意志民族的演講》，沈陽：遼寧教育出版社，2003，譯序3-6頁。

57 參見費希特：《對德意志民族的演講》第7-9講。

58 拙作：〈天下主義、夷夏之辨及其在近代的變異〉，《華東師範大學學報》，2012年第6期。

59 以賽亞・伯林，呂梁等譯：《浪漫主義的根源》，南京：譯林出版社，2008，107、127頁。

60 同上，70頁。

61 同上，140頁。

第十二章

啟蒙如何起死回生？

二〇〇九年是五四九十周年，也是法國大革命二百二十周年。這兩個運動都與啟蒙有關。五四被稱之為中國的啟蒙運動，而法國大革命也被認為是啟蒙運動的產物。啟蒙代表着光明，啟蒙時代是一個光明時代的來臨，因為啟蒙背後有理性，理性是人自身的光明，它可以克服宗教與傳統帶來的愚昧。啟蒙曾經是美好的，但在現今卻處於四面楚歌，八方受敵的困境。當今世界與中國的許多問題，都被認為與啟蒙的負面有關。啟蒙不再代表光明，而似乎是人類自大、貪婪的象徵。啟蒙面臨着前所未有的危機和挑戰。於是，在五四九十周年的日子裏，我們要問的是，啟蒙是否已經死亡？啟蒙是否還有自我拯救的活力？

一、啟蒙面臨的三大挑戰

改革開放以後的中國思想界，可以分為八九十年代與二〇〇〇年以來三個階段。八十年代是「啟蒙時代」，九十年代是一個「啟蒙後時代」，所謂“later enlightenment”，而二〇〇〇年以來則是一個「後啟蒙時代」，這個「後」是“post enlightenment”的意思。八十年代之所以是啟蒙時代，乃是有兩場運動：八十年代初的思想解放運動與中後期的「文化熱」，現在被理解為繼五四以後的「新啟蒙運動」。新啟蒙運動與五四一樣，謳歌人的理性，高揚人的解放，激烈地批判傳統，擁抱西方的現代性。它具備啟蒙時代一切的特徵，充滿着激情、理想與理性，當然也充滿了各種各樣的緊張性。到九十年代進入了「啟蒙後時代」，或者叫「啟蒙後期」。八十年代啟蒙陣營所形成的「態度的同一性」，在市場社會出現後，逐漸分化，分裂為各種各樣的「主義」：文化保守主義、新古典自由主義、新左派等。啟蒙是一個文化現象，最初是非政治的，啟蒙運動的內部混沌一片，包涵着各種主義的元素。歐洲的啟蒙運動發生在十八世紀，也是到十九世紀經濟高速增長、階級分化的時候，出現了政治上的自由主義、社會主義與保守主義的分化。不過，在九十年代，許多基本命題依然是啟蒙的延續，依然是一個「啟蒙後時代」。但是二〇〇〇年以來，情況發生很大變化，之所以稱之為「後啟蒙時代」。乃是這個"post"的意思是說，在很多人看來啟蒙已經過時了，一個新時代已經來臨。

在當今中國，有三股思潮同時從不同的方向在解構啟蒙。第一股思潮是國家主義。自一九九九年中國駐南斯拉夫使館被炸到二〇〇八年的火炬傳遞事件，中國民間出現了一股強烈的民族主義狂飆。民族主義狂飆是一個內部非常複雜的思潮和運動，有文化認同的需求，也有中國崛起的訴求。而國家主義是民族主義思潮中比較右翼的極端主義。民族主義追求民族國家的崛起，這無可非議。但國家主義主張以國家為中心，以國家的強盛作為現代性的核心目標。雖然民族國家的建立也是啟蒙的主題之一，但啟蒙的核心不是國家，而是人，是人的自由與解放。如今這股國家主義思潮則把國家作為自身的目的。隨着「中國崛起」呼聲日益強烈，「國家」的確成為這幾年的中國思想界核心。二〇〇八年，王曉明在《天涯》第六期上反思汶川地震的文章，有一個敏銳的觀察。他發現，八十年代啟蒙運動的時候，大家都在談「人」，關鍵詞是「個人」；九十年代隨着階級的產生和分化，核心詞變為「階層」；這幾年則轉移為「國家」。那麼，國家與啟蒙究竟是什麼關係？從各種宗教、家庭和地緣共同體中解放出來的「個人」，與現民族國家的關係如何？在傳統自由主義理論中，國家理論比較薄弱，特別是當代中國的自由主義。由於過於迷信國家只是實現個人權利的工具，缺乏對國家的整體論述。於是，在自由主義缺席的領域，國家主義乘虛而入，這幾年的施米特熱、馬基雅維利熱、霍布斯熱，都與中國思想界的「國家饑渴症」有關，構成了對啟蒙的挑戰。

對啟蒙的第二個挑戰是古典主義。古典主義有中外兩種類型，西方的古典主義在中國是列奧・施特勞斯熱。施特勞斯從古希臘的古典立場批判以啟蒙為核心的現代性，他要從現代的多元社會回到柏拉圖，回到古希臘的自然正義。從施特勞斯開始，如今在中國思想界掀起了一股重讀古希臘的西方經典熱。另一種古典主義的類型是中國傳統的，論語熱、莊子熱、先秦諸子百家熱，各種各樣的讀經熱。中外的古典主義同樣也是面對現代性的兩個軟肋，一是世俗時代中意義世界的崩潰，二是多元社會中核心價值的匱乏。而古典哲學對意義和價值有着非常豐富的資源。中外古典熱如今在中國有匯合之勢。一批學者正在致力於打通中西古典，他們的假想敵都是以啟蒙為核心的現代性。特別需要指出的是，近年興起的古典主義與九十年代初的文化保守主義與新儒家不同。新儒家和文化保守主義雖然不同意八十年代的啟蒙者將中國傳統看作為一個負數，但他們並沒有將傳統與現代對立起來，而是尋找二者的接榫點。他們與激進的啟蒙者一樣，認同現代性的普世目標，只是要尋求普世現代性中的中國特色，而這一特色在他們看來正是中國的文化傳統可以提供的。這有點類似日本現代著名思想者丸山真男，承認普世性的現代目標，發掘日本特殊的歷史文化傳統。然而，今天所出現的古典主義完全不同。他們不再承認現代社會的正當性基礎，古典傳統對於現代性而言也不再是實現特殊現代性的本土資源，而是倒過來，試圖用回到古典的方式重新奠定現代社會的正當性，創造反現代的另類現代性。

挑戰啟蒙的第三個思潮是多元現代性。以往的現代性思潮，都把西方作為當作普世性的典範，非西方的現代性只是個案和特殊性，但這十年來從日本引入的東亞現代性，則完全推翻了西方為普遍的現代性經典模式。在他們看來，太陽不是只有一個，而是有多個，現代性也是多元的。東亞現代性的歷史和文化起源與歐洲完全不同，因此其模式也是純粹東方的。東亞現代性思潮有點類似德國十九世紀的浪漫主義。德國的浪漫主義就是從批判英法啟蒙的普世性開始。啟蒙所持的是普遍性立場，它不是從個別的民族，而是從普遍的人性和理性出發闡釋科學、社會和文化。但浪漫主義一反普遍的理性，從民族國家特殊的語言、歷史和文化奠基現代性的獨特道路。以此相似的是，如今的多元現代性特別是東亞現代性同樣否定現代性所共同約定的普世性價值、東亞與西方，不是特殊對普遍，而是特殊對特殊，東方具有與西方完全不同的多元現代性圖景。

這三種挑戰啟蒙的思潮，是二〇〇〇年以來的顯學，影響非常大，相互之間既平行又有交叉，出現了一個聚焦，兩大結盟與三種轉向的新格局。所謂「一個聚焦」，乃是無論是國家主義，還是古典主義或東亞現代性，都聚焦於以「中國崛起」為核心訴求的另類現代性，即中國特色、中國本位、中國立場的現代性。「兩大結盟」首先表現在激進的新左派思潮與保守的國家主義思潮其部分代表人物有結盟的趨勢，本來激進與保守就是一個角幣的兩面，有着非常弔詭的糾纏關係。另外一個結盟是古典主義與國家主義的結盟，也就是施特勞斯與卡爾・施米特的聯姻，他們共同的敵人都是自由主義。而「三種轉向」，第一乃是民族主義的訴求從被動抵抗型轉向了積極崛起型，從過去屈辱的「反抗政治」轉變為如今要求平等對待的「承認的政治」。這從最近的暢銷書《中國不高興》中可以看出。恰恰這批作者，當年策劃了那本《中國可以說不》，其中的變化很有意思。《中國可以說不》體現的心態是一個心理剛剛發育的小孩，想掙脱家長的控制，開始對大人說「不」。十二年之後，覺得自己已經長大成人了，可以與西方列強平起平坐，甚至可以與西方叫板了，所以要讓洋人看看中國大人「不高興」的臉色。這種心態的微妙變化表明他們沒有把中國與西方理解為一個平等關係，從過去屈辱性的不平等轉為今天「東風壓倒西風」式不平等。第二個轉向是從文化民族主義轉向政治的國家主義。民族主義的正當性基礎不再是九十年代初文化保守主義的那種中國獨歷史、文化和人文精神，而是建立一個強有力的國家。中華民族的象徵不再是古老的中華文明，而是一個有實力、有資格「不高興」的國家。第三個轉向是從關注現代性的內部關係轉向了關注民族國家的外部關係，特別是中國與西方的關係。這個轉向遮蔽了中國現代性內部尚未完成的制度與文化的改革。

總之，啟蒙所面臨的挑戰是嚴峻的，也是強有力的。在不少人看來，八十年代啟蒙所追求的現代性普世價值與普世目標，在今天已經變得非常荒謬：理論上沒有新東西，現實上也很迂腐，更重要的是，用他們的話説：喪失了中國的主體性。於是各種另類現代性的方案，包括後學與新左派提出的批判解構式的現代性、政治保守主義提出的國家主義現代性、中外古典主義提出的反啟蒙的現代性，以及各種各樣的多元現代性方案等，都強烈衝擊着以啟蒙為核心的自由主義現代性方案。在五四九十周年的今天，繼續以啟蒙為天職的自由主義知識分子不得不反思：我們能夠回應這些挑戰嗎？啟蒙能夠在回應強大的論敵基礎上，發展出新的理論、提升到新的境界嗎？自由主義所必須回答的問題至少有三個：第一，面對國家主義掀起的「中國崛起」的狂飈，自由主義有自己的國家理論嗎？第二，面對中外古典主義提出的價值失落和生活意義問題，自由主義有自己的倫理學説嗎？第三，面對多元現代性否定普世價值、主張文化相對主義，自由主義有自己的文化哲學嗎？

假如中國的啟蒙捍衞者只是被動地守住自由、權利、市場等教條概念，不主動地回應時代所出現的新潮流、新問題，五四以來的啟蒙傳統到我們這代人真的會中斷，甚至死亡。如果要讓啟蒙起死回生的話，我們要重新盤點啟蒙的家底，看看有哪些正面的資源可以用來重新激活啟蒙，回應挑戰。

二、啟蒙的內在複雜性

從學理意義上說，二〇〇〇年以來出現的國家主義、古典主義與多元現代性有非常積極的價值。它們從啟蒙的外部強有力質疑了啟蒙本身的幽暗面。問題在於，當他們在啟蒙的外部批判啟蒙的時候，按照這個思路走，他們所建立的現代性，很有可能成為反現代的另類現代性，乃至於完全與啟蒙背道而馳的偽現代性。而這些另類現代性方案在歷史上曾經有過悲劇。比如德國，從浪漫主義開始，追求另類現代性，從費希特、黑格爾走向施米特，最後走到希特拉。這意味着，反現代的現代性蘊含着自我顛覆的危險。那麼，有沒有可能從啟蒙內部發掘資源來挽救啟蒙？

哈貝馬斯有一句名言，「啟蒙是一個未完成的方案」。在他看來，啟蒙所提出的普世性價值，對自由、民主、平等的追求，今天遠遠沒有實現。哈貝馬斯試圖從啟蒙內部拯救啟蒙。啟蒙並非一些簡單的教條，其內部具有非常豐富的資源，啟蒙本身也並不自洽，它內部具有極大的緊張性。

從西方啟蒙運動來看其緊張性，雖然啟蒙以理性為號召。但歐洲的近代理性傳統有兩種不同的資源，一種是法國笛卡爾式唯理主義，一種是英國培根、洛克式經驗主義。雖然它們都追求理性與科學的確定性，但形成了一個內部相互批判的趨勢，經驗主義在歷史上曾經對化解教條化的唯理主義有過積極意義。其次，啟蒙內部不僅有理性，也有懷疑論。理性包含着自負與懷疑雙層意義，一方面相信理性的全知全能，另一方面又懷疑理性之外的一切權威。這個懷疑精神追究到底的話，最後也要質疑其自身。啟蒙是樂觀的，相信理性的確證和改造能力，理性又是懷疑的，懷疑一切現存的權威。而恰恰在早期啟蒙思想中，有強烈的懷疑論思潮，對唯理主義構成了平衡。比如法國的蒙田，意大利的維科，他們留下的深刻的懷疑論傳統，對消解理性本身的獨斷是一味解毒劑。

從廣義來說，浪漫主義本身也是啟蒙的一部分。按照以賽亞•伯林的研究，浪漫主義的源頭從意大利的維科開始，到德國的哈曼，其一開始就是個啟蒙的產物：追求人的精神自由。浪漫主義是一種反啟蒙的啟蒙思潮，它反對的是法國啟蒙運動中的普世理性，但繼承了啟蒙價值中的人的自由和個性創造，在情感和意志的基礎上將之發揚光大，並進一步發展出民族歷史文化的獨特性和多元性。而從歌德到洪堡，以及早期的德國浪漫主義者，非常強調人的個性與獨創性。浪漫主義只是到了後期逐漸保守，與國家主義結合，產生了神秘的國家神學。

此外，啟蒙內部既有唯物論也有唯心論。既有建立在機械唯物主義上，把人看作機器，人性就是追求幸福最大化的功利主義哲學，也有從康德開始強調人的精神尊嚴的道德形上學。到十九世紀中葉，先是經過約翰・密爾，後來是格林為代表的牛津唯心學派的引入，泰晤士河開始流淌萊茵河水，發展出與古典自由主義不同的、影響至今的新自由主義傳統。不僅是自由主義，法國大革命之後的十九世紀所出現的各種意識形態包括保守主義與社會主義，都是啟蒙運動的產物，啟蒙是它們的共同的思想源頭。

如果說啟蒙代表了現代世界的普世價值的話，這一普世價值並不是單數，而是複數。普世價值也在不斷發展。隨着更多的非西方民族與國家加入到全球現代性行列，他們也貢獻了更多的普世價值。比如儒家思想中的「和諧」、「和而不同」、「己所不欲、勿施於人」，逐漸為世界接受，成為全球倫理的基礎之一。

啟蒙是一個偉大的現代性之母，混沌博大，充滿着包容，又內在緊張。歐洲的啟蒙如此，中國的五四啟蒙運動何嘗不是這樣？張灝先生專門研究五四中的思想兩歧性問題。在他看來，五四啟蒙之中有四重兩歧性：理性主義與浪漫主義，懷疑主義與新宗教，個人意識與集體意識，民族主義與世界主義。這些都是五四啟蒙思想的一部分，構成了相互衝突又彼此彌補的兩面性。五四啟蒙中理性主義當然是主流，但同樣有另外一些非理性主義的思潮制約它。胡適是最信科學的人，但他同樣也崇拜尼采，強調人的個性。他提倡的易卜生主義式的個人不是純理性的，其中明顯受到德國浪漫主義的影響。

不要以為只有《新青年》、《新潮》才代表啟蒙，陳獨秀那種激烈反傳統才是五四精神。五四是多元的，啟蒙更是複雜的。與《新青年》並存的，還有「另一種啟蒙」。比如《東方雜誌》的主編杜亞泉，比如一九一八以後的梁啟超。他們不是與啟蒙過不去的保守派，而是代表了溫和路線的「另一種啟蒙」。他們不是激烈地反傳統，而是對古今中西文化採取「接續主義」：不是在傳統的廢墟上重新開始，而是在會通中西、博採眾長的基礎上創造新文化。當年扎扎實實埋頭做文化啟蒙基礎工作的，不一定是慷慨激昂的《新青年》，倒是這些人到中年的敦厚之輩。作為商務編譯所負責人的杜亞泉翻譯了多少動物學、植物學大辭典，將科學的火種引進神州。梁啟超主辦的共學社邀請了杜威、羅素，在全國巡迴演講，掀起啟蒙的狂飆。

啟蒙內部是非常複雜的，完全有可能提供自我反思、自我解毒和自我提升的多元資源。對五四最好的紀念，乃是以寬廣的視野和豐富的心靈重新理解啟蒙，從啟蒙內部提煉資源，繼續啟蒙的未竟事業。

三、軸心文明與早期現代性

以色列著名的社會學大師艾森斯塔特在《反思現代性》中提出一個看法，他把現代性看作是人類歷史上第二次軸心文明。軸心文明最早由雅斯貝爾斯提出，他認為在公元前五〇〇到六〇〇年同時出現的猶太教—基督教文明、古希臘文明、伊斯蘭教文明、印度教文明和中國文明，都是影響至今的軸心文明。第一次軸心文明是在文明的相對封閉的狀態下獨立誕生，但第二次軸心文明現代性具有擴張性和瀰漫性。問題在於，當現代文明出現後，那些古老的軸心文明是否逐漸解體？啟蒙與軸心文明呈現出什麼關係？

在當今世界，我們發現，現代性越是深入，軸心文明不僅沒有消解，反而以一種更激烈的反彈力量出現。最明顯的例子是二〇〇一年的九一一。九一一雖然不是一次簡單的文明衝突，但顯然有着文明衝突的背景。按照哈貝馬斯的經典論斷，九一一觸動了世俗社會的宗教神經。也就是說，以世俗化為標志的現代性所到之處，都與原來軸心文明留下來的民族文化傳統發生激烈碰撞。最重要的問題在於，普世的現代性可以給人們帶來繁榮的物質、文明的制度，卻無法解決人們心靈深處的文化認同。認同這個問題隨着全球化的到處凱旋，反而變得越來越尖鋭。於是，伴隨着世俗化的深入，全世界各種各樣的宗教也在復興。

精神信仰這個問題，軸心文明能夠解決，但啟蒙解決不了，現代性也解決不了。啟蒙賦予了人選擇的自由和理性能力，但安身立命的問題不是僅僅憑理性能夠解決，它還要有信仰。於是便成為現代性木桶中的短板。再完美的木桶短了這一塊，現代性方案就有大問題。

對於現代性而言，這塊短板真的無法彌補嗎？我這裏想提出一個「早期現代性」的觀念予以回應。過去我們總是以為早期的東西都是幼稚的、有缺陷的，所謂的「不成熟」，似乎越成熟的就越好。不過假如我們觀察現代性的歷史實踐，事實恰恰倒過來，現代性越是到了晚期，毛病越多。現代性發展到今天，蛻變非常厲害，人性中的驕傲與貪婪空前膨脹、技術與理性的畸形發展、物質主義、享樂主義壓倒一切、精神世界的衰落等。成熟的現代性打敗了過去的傳統後，反而呈現出畸形的一面。但是回過頭來看早期現代性，比如歐洲啟蒙運動前的十五至十七世紀，我們會發現那個時候有很多軸心文明的遺產：古希臘、羅馬傳統、猶太教—基督教傳統、儒家文明傳統等。再來讀讀早期啟蒙思想家的作品，會發現他們的論述反而更周全、更成熟。比如，十六七世紀的蒙田、帕斯卡，就是法國的早期啟蒙者。他們尊重人的價值，尊重人的理性能力，但濃厚的懷疑主義氣質和宗教感使得他們並不像後來的理性主義者那樣相信人可以像上帝那樣全知全能。人有理性，但也要有信仰。人雖然獲得了解放，成為世界的主人，但並不在上帝那個位置上。人只是會思想的蘆葦。人非常偉大，具有「可完善性」，但同時又非常脆弱，人性中有另一面「可墮落性」，經不起慾望的誘惑。人是天使，也有可能是魔鬼，人性中的狂妄和貪婪都會使人墮落。成熟現代性所產生的問題，從人性角度來説，都與人的狂妄與貪婪有關。啟蒙運動以後，人坐上了主體的位置，「可墮落性」被忽略了，相信理性的全知全能，最後導致了一系列歧路和悲劇。然而，在早期啟蒙思想中，因為還有中世紀的宗教和古典的人文平衡，理性是中庸的，正在它應該在的位置上。再舉英國的例子亞當•斯密。今天的人們只記住他的《國富論》，市場那只看不見的手，而忘記了亞當•斯密除了是個經濟學家外，首先是一個倫理學家，還是《道德情操論》的作者。在他看來，人性之中不僅有利己的一面，還有利他的一面，人性中蘊含着同情心。亞當•斯密所設想的理想社會，是以人性中這豐富的兩面為依據的，同情心與利己性保存着微妙的平衡。

在早期啟蒙思想中，有太多的這些可以解決當代問題的豐富的思想資源。由於與軸心文明之間有着非常緊密的血脈關聯，早期現代性反而更豐富，更有思想的張力，一方面開始追求現代性的核心價值：自由、理性和人的解放，另一方面受到宗教和人文的內在限制，沒有把人放到上帝的位置，以為解放了的奴隸就可以為所欲為、無所不能，不再對神聖之物有敬畏之心。這幾年由於古典主義的推動，學界開始出現一個好風氣，即重視研讀經典。在我看來，不僅古希臘、希伯來和先秦的古典要研讀，近代來，特別是早期啟蒙中的經典更值得研讀，今天我們這個社會現代與傳統已經撕裂，如果想重新彌合的話，早期啟蒙思想顯然更有啟示性，因為近代的經典連接着古代與現代，繼承了第一次軸心文明的傳統，又開始擁抱第二次軸心文明現代性。歐洲大陸的維科、蒙田、帕斯卡，英國斯密、洛克、休謨，哪怕是十九世紀的托克維爾、約翰•密爾、格林，他們思想中的複雜性，值得我們反覆玩味。

其實中國早期啟蒙思想的豐富，何嘗不是如此？梁啟超、嚴復等這些晚期早期的啟蒙先驅，不以中西為溝壑，而是古今兼學、中西匯通，氣象很大。他們對西學雖然有誤讀，但很多正是創造性的誤讀，遠非今天教條主義式的西化論者所能比肩。五四一代知識分子的心靈世界也異常豐富。魯迅不用說了，哪怕是李大釗，他身上有理性的冷峻，也有浪漫的激情。他擁抱啟蒙，又不割絕傳統，歐洲的三種啟蒙傳統：法國的理性主義、英國的自由憲政和德國的浪漫主義，在李大釗那裏可以相得益彰，並行不悖。無論是晚期還是五四思想家內心世界的複雜，容納古今、吞吐中西的博大，都是啟蒙運動中最寶貴的歷史遺產。

四、現代性的普世與多元

啟蒙運動是複雜的，現代性也是複數的，那麼，現代性是普遍的還是特殊的呢？在西方中心論得到普遍質疑的今天，多元現代性獲得了相當廣泛的認同。問題在於，如何理解多元現代性？顯然，有兩種不同的思路。一種是文化相對主義的，認為不同民族與國家的現代性都是特殊的，不可比較的，沒有一個可通約的普遍標準，如果有的話，背後就是潛伏的、隱蔽的西方中心主義。另外一種思路是承認現代性可以有歐洲的模式、美國的模式、日本的模式、中國的模式，它們都是特殊的現代性，但特殊之中有普遍，多元現代性之間有一些彼此可以通約的普世價值。

這兩種對現代性的理解，體現了歷史主義與啟蒙主義之間的緊張關係。啟蒙是普世的，但歷史主義反對啟蒙的普世價值，一切都只能在民族與文化的具體歷史語境中才能獲得意義，而不同歷史語境的文化是難以通約的。歷史主義有其睿智，可以解決文化認同的問題，但也有其危險性，有可能消解現代性本身，把現代性本身解構為一個空洞的符號，導致後現代的價值相對主義乃至虛無主義，而價值虛無主義又恰恰是法西斯主義的歷史温床。從歷史主義到價值虛無主義，再到反現代的另類現代性，這一下行路線有其深淵所在。

那麼，一方面承認現代性的多元性，另一方面又要堅持現代性的普世價值，多元與普世之間究竟如何處理？傳統的啟蒙主義有一個弊端，即導致了僵化的，獨斷的一元論現代性。特別是六十年代美國的現代化理論，把現代化解釋為以美國為標準的放之四海而皆準的一統模式，帕森斯還將現代化歸納為三條鐵律：市場經濟、民主政治和個人主義。非西方國家只有一條出路，就是如何從傳統（本土）走向現代（西方）。這種赤裸裸的西方中心論如今已經被普遍地唾棄。九十年代初中國出現了一個修正方案，即承認現代性是普世的，但中國的歷史與傳統是特殊的，中國不能簡單學西方，要尋求與西方不同的中國特色的現代性。

類似這樣的修正現代性方案日本也曾經有過，比如丸山真男對日本現代性的解釋。但正如酒井直樹非常犀利地批判那樣，這類修正的現代性方案，雖然追求民族國家的特殊性，反而更強化了西方的普遍性，因為西方的普遍性需要非西方的「他者」，需要各種特殊性作為前提。各種非西方的特殊的「他者」的出現，更鞏固了西方的「普遍」。在普遍中追求特殊這一修正現代性方案不通，那麼，我們究竟如何為普遍的現代性方案與多元的特殊性獲得一個理解的基礎呢？

到了二十一世紀，全球的現代性方案形形色色，五花八門。仔細考察，是同中有異，異中有同。假如用帕森斯的三條鐵律來衡量，的確無法解釋。這表明，以本質主義到思維理解現代性，已經面臨着不可逾越的內在障礙。要超越這一困境，解開現代性的普世與多元內在緊張的死結，維特根斯坦的「家族類似」理論會給我們一條新的路徑。維特根斯坦在研究各種詞的意義的時候，發現其意義是不確定的，只有放在具體的歷史語境中，一個詞才能獲得確切的意義，但不同語境下的同一個詞的意義又是相似的，他將之稱為「家族類似」。也就是說，一個家族的成員，他們的容貌都有相似之處，但並沒有共同的本質，維特根斯坦「家族類似」理論對我們理解現代性的普世價值，在不確定的歷史語境之下獲得現代性的確定意義非常有啟發。它提示我們，現代性並不是一種僵硬的本質或確定不移的目的，不是帕森斯式的三條鐵律。現代性意味着一組價值，包括自由、權利、民主、平等、博愛、富強、幸福等。都是現代性的價值。這些價值按照以賽亞•伯林的説法，彼此之間很難和諧，相互之間經常有衝突。於是對於不同的現代性價值需要選擇。不同的民族、不同的人在哪種價值具有優先性的問題上理解是不一樣的。之所以在當今世界有不同的現代性，乃是它們對何種價值優先的理解和處理不同。比如，英美比較注重自由與法治；法國突出民主；東亞注重發展和富強。不同的現代性，隱含了價值優先性的差異。不過，如果説它們都是現代性的話，一定具備了現代性這組價值中的大部分，具有「家族類似」的特徵。不同的現代性既具有相似性，也具有可比性，現代性有品質高下之分，有好的與不好的區別。當一個國家的現代性過於偏重某個價值，比如只注重國家富強，公民缺乏基本的人權保障，或者民主制度有了，卻沒有相應的法治秩序，貪污賄選成風；或者社會實現了平等，卻在普遍的貧窮中掙扎……凡此種種，我們都可以判定不是一種好的現代性。

當我們以這樣一種新的思維重建理解現代性的話，一方面可以避免本質主義的西方中心論的現代性方案，哪怕它以各種偽裝的形式出現，另外面也可以與文化相對主義和價值虛無主義劃清界線，堅守現代性的普世價值。在五四九十周年、法國大革命二百二十周年的今天，啟蒙不是死了，而是雖死猶生。啟蒙是一項未完成的歷史事業。啟蒙創造了現代性、現代社會和現代生活，也從此播下了衝突的種子。要解決這些問題，僅僅從啟蒙的外部比如古典的立場、後學的立場來「超克」啟蒙，雖然犀利，但只是一種法道有限的外在理路。啟蒙要獲得新的生命，重要的是從複雜的歷史傳統中，從啟蒙的內在理路中重新發掘啟蒙的豐富資源，從而讓現代性獲得繼續提升的空間。

啟蒙死了，啟蒙萬歲。

二〇〇九年

第十三章

政治自由主義，還是整全性自由主義？

西方的自由主義政治哲學，在上世紀末發生了從整全性自由主義十轉向政治自由主義的理論轉向。密爾、康德以來的西方自由主義傳統，都是整全性的，有一套關於從個人倫理到社會政治的完整學說，這套整全性學說成為自由主義制度和法律的價值基礎。不過，自一九七〇年代以後文化多元主義在西方強勁崛起，各種不同的宗教、道德和哲學學說與自由主義爭奪文化領導權，以羅爾斯為代表的自由主義主流傳統，為了擴大正義原則的公共文化基礎，不再將自由主義建立在特殊的一己學說之上，而是從各種異質的宗教、哲學和道德學說之中尋求「重疊共識」，從而從整全性的自由主義退為政治自由主義。西方自由主義政治哲學的這一轉向，有着其回應文化多元主義挑戰的特殊背景，現在的問題是：中國的自由主義，是否有必要緊隨西方，從整全性自由主義變為政治自由主義？

我的回答是否定的。中國的自由主義與西方不同，其面臨的主要問題，不是如何「統戰」富有生命力的基督教、天主教、伊斯蘭教、佛教、儒教乃至各種多元文化，在正義問題上達成「重疊共識」，它所面對的是一個日趨價值虛無和文化真空的社會，需要自由主義拿出一個從倫理到政治的整全性敍述，為轉型中的中國社會公共文化和法律制度提供基本的核心價值，奠定社會倫理與政治的一般基礎，並為人生的意義（個人美德）問題指出一個規範性的方向。這一要求並非苛刻，事實上，從密爾到康德的整全性古典自由主義傳統在這方面有非常豐富的思想資源。如何重新回到古典自由主義，獲得從德性到知識、從倫理到政治的文化領導權，成為當代中國自由主義面臨的重要使命。

一、物慾主義的瀰漫與自由主義的缺席

當代中國所出現的，是伯爾曼所說的「整體性危機」。所謂「整體性危機」，乃是指從個人到民族都迷茫於生存的意義何在，應該向何處去？人們對制度和法律產生嚴重的不信任，宗教信仰喪失殆盡，整個文化面臨徹底崩潰的可能。[1] 雖然經濟的高速發展使中國成長為一個世界性經濟大國，發達地區的居民物質生活也實現了小康，然而，如民間所流傳的那樣，「形勢大好，人心大壞」，物質生活的空前繁榮與秩序的不穩定、精神的虛空同時並存。晚清以後，當傳統的宇宙—社會—心靈秩序崩潰以後，中國一直處於政治秩序危機和心靈秩序危機中。雖然在毛澤東時代（一九四九—一九七六）這兩種危機得到了暫時的克服，但到一九八〇年代以後，政治秩序和心靈秩序的危機再次延續。自改革開放以來，

以個人和市場為軸心，社會不斷地分化，如今的中國已經基本脫離了毛澤東時代的集體主義，逐步演化為一個個人主義的社會。

不過，這一個人主義的社會，並非洛克式的自由主義社會，而是霍布斯意義上的「唯我式的個人主義」（egotistical individualism）社會。在這一社會中，人人充滿無窮的物質慾望，謀取的是個人最大利益。但個人與個人之間，是相互斷裂的，有市民而沒有市民社會，有法律而沒有法治。原子化的個人無法在民主和法治的基礎上重新整合，只能依靠威權主義的強勢政府，維持社會的基本秩序。只要政府的統治稍稍弱化，就會蛻變為一個弱肉強食、異常殘酷的叢林世界。在制度性秩序缺失的背後，是公共文化和核心價值的匱乏，社會對善惡是非這些最基本的問題普遍持有實用主義和相對主義的曖昧態度，乃至於價值上的虛無主義。法律形同虛設，並不被人們所信仰，社會秩序只是靠着趨利避害的理性計算得以維持。

在這個社會中，政治也被私慾深刻地腐化了，成為各種私人利益爭相追逐壟斷性資源、權力尋租的場所。在堂而皇之的「公共利益」下，都能找到或明或暗的私慾衝動。政治失去了其公共性，成為了私性的政治。霍布斯式的個人主義社會，沒有宗教，也不需要道德，但它需要一種為國家和大眾所共同尊奉的新意識形態。這便是市民政治學。市民政治學將政治看作是對私人慾望的滿足和交易，其核心精神不是政治的，即古希臘時代的民主和公民參與，而是經濟的，即國家的強盛以及民眾物質生活的富裕。一個強勢的國家權威，正是市民政治學得以實踐的首要因素。正如丹尼爾・貝爾所說：「十九世紀的意識形態是普世性的、人道主義的，並且是由知識分子來倡導的。亞洲和非洲的大眾意識形態則是地區性的、工具主義的，並且是由政治領袖創造出來的。舊意識形態的驅動力是為了達到社會平等和最廣泛意義上的自由，新意識形態的驅動力則是為了發展經濟和民族強盛。」[2]

市民政治學同時也需要一套市民的人生價值觀作為其日常生活的意識形態基礎，這就是如今在中國普遍瀰漫的物慾主義享樂觀和人生觀。物慾主義的出現，從歷史過程來看是對毛澤東禁慾主義的反彈，是一九八〇年代以來對人的自然慾望解放的結果，另一方面，也與現代資本主義的生產方式密切相關。經濟的快速增長，不僅取決於生產能力的擴張和科學技術水平的提升，更重要的是慾望的不斷的生產和再生產。這便需要改變對人性、快樂和道德的理解。物慾主義所理解的個人，乃是一種麥克弗森所指出的那種「佔有性的個人主義」。[3] 按照霍布斯和洛克的預設，所謂個人就是自己稟賦和財產的佔有者和消費者，他不是德性的主體，而是個人慾望的主體。丹尼爾・貝爾指出：「資產階級社會與眾不同的特徵是，它所要滿足的不是需要，而是欲求。欲求超過了生理本能，進入心理層次，它因而是無限的要求。」[4] 當對人性的自我理解發生變化以後，享樂主義的道德觀也隨之出現了。「在過去，滿足違禁德慾望令人產生負罪感。在今天，如果未能得到快樂，就會降低人們的自尊心。」[5]

物慾主義的快樂觀和道德觀在中國的出現，不但沒有化解晚清以來的社會心靈危機，反而加劇了危機本身。物慾主義是霍布斯式個人主義社會的大眾意識形態，也是威權主義所得以統治的正當性基礎。當代的威權主義政治是去政治的（對民主的消解）、去公共的（私性政治），也是去道德的。法律背後沒有倫理精神，統治的正當性不再依賴普世的公共價值，而只是建立在對人之慾望的不斷滿足的市民政治學基礎上。無論是大眾的物慾主義，還是國家主流意識形態的發展主義和民本政治，都將人視為動物性的自我，所謂的「自由」被限定在私人領域的個人致富的自由，所謂的「人權」也被化約為物慾性的生存權或自我保存權。黑格爾將人性理解為慾望、理性和自尊。大眾的物慾主義和國家的發展主義剝奪了人在道德和精神層面的自尊和被承認的尊嚴，只為自利性的市民留下了慾望和理性，而這個理性只是有效實現個人慾望的工具理性而已，不含任何價值性取向。

政治上的犬儒主義、人生觀上的物慾主義和道德上的虛無主義，這就是當今中國精神狀況的現實。這些內在關聯的精神現象加劇了精神層面的心靈危機。雖然許多人相信快樂就是生活的目的，就是最大的善，但是物質的佔有永遠比不上慾望的膨脹，即使擁有了也不一定意味着幸福。人性中除了有向下沉淪的動物性外，同時也潛伏着向上提升的神性。物質的富有與精神的虛空在小康的中國人身上同時發生。公共領域的無所作為，使得人們越加重視自己的內心世界，尋求安身立命的庇護所在。然而，過去曾經是那樣豐富的古典德性資源如今都被掏空了，中國人有了選擇自己信仰的自由，卻失去了選擇的能力，得到了自由，卻失去了靈魂。在價值相對主義和虛無主義的包圍下，人們普遍地感覺精神的迷惘和無所適從，善與惡、是與非、正義與不公的界限變得模糊不定。在一個去政治化的個人主義世俗社會中，關於什麼是美好的人生、如何才能實現內心的安寧和幸福這些有關個人心靈的問題，甚至比自由民主、法治這些公共政治問題，對於許多人來說更為直接，更具有某種當下的緊迫感。沿海與內地、城市與鄉村的差別之大，使得當代中國人的訴求也開始分化，當底層的民眾依然在爭取基本的生存權利、受教育權利和社會保障的時候，已經初步實現了小康的城市中產階級、白領階層和知識分子，卻更多地憂慮於個人如何安身立命，在競爭激烈、動蕩不安的社會中尋找精神的家園。

當代中國的自由主義，雖然對政治秩序的重建擁有從自由市場經濟到民主憲政法治的一整套方案，然而對於如何解決心靈秩序的危機基本是缺席的。相反地，現代自由主義中影響比較大的權利自由主義和功利自由主義兩大流派，一來到中國，都發生了某種變異和走形，社會大眾對其做了實用性的選擇性吸收：對於權利自由主義，只要是權利，不講責任；對於功利自由主義，突出的是個人利益的最大化，而忽視多數人的公共利益。特別是中國的經濟自由主義者，將人性宣傳為通過工具理性實現個人利益最大化的經濟人，在社會中產生了很大影響，所謂的經濟人假設，如今已經成為相當普遍的自我意識，成為「唯我式的個人主義」自我辯護的常見性理由。經濟人的假設是反道德、非精神和無靈魂的，它的流行加劇了當代中國的心靈秩序危機。而政治自由主義所關心的，只是公共領域的正義問題，而將什麼是美好的人生，放逐到私人領域，留給個人自由選擇，在倫理道德領域表現出的是一種理論蒼白、無所作為的消極姿態。

一方面是人們的心靈危機日趨嚴重，另一方面是自由主義的難堪缺席，就在這一現實的背景下，古典主義悄然登場了。所謂古典主義，乃是指西方古希臘哲學和中國先秦經典在當代中國的復興。古典主義所針對的問題，正是如今日趨嚴重的心靈秩序危機問題。其針對現代性過程中所出現的工具理性和物慾主義，在自由主義無從解答的德性倫理領域，借助豐富的中外古典智慧，提出了多種人生意義的解決之道。古典主義在自由主義棄權的領域，發動了一連串的攻勢。從「列奧·施特勞斯熱」、知識界回歸各種中外經典，到社會上的「國學熱」、「讀經熱」，乃至于丹的「心靈雞湯」。近兩年來，古典主義浪潮以突如其來的大紅大紫席捲全國，吸引了一大批年青的學院精英和白領精英，其勢頭之盛，大有壓倒自由主義和後學之趨勢。

如果說一九九〇年代自由主義的主要論敵是新左派的話，那麼如今古典主義便成為了自由主義的主要對手。除了社會正義問題外，如何反思現代性的缺失面，回應物慾主義的挑戰，提出人生的意義和方向，如今成為各家各派爭奪知識和文化領導權的焦點所在。

二、為什麼中國需要整全性自由主義？

在這樣嚴峻的現實背景下，當代中國的自由主義是否還有必要像西方那樣，退回到政治自由主義呢？

從自由主義的發展歷史看，早期古典的自由主義都是整全性的。其關於自由的基本理念，最早脱胎於基督教，伯爾曼指出：「自由之民主主義乃是西方歷史上頭一個偉大的世俗的宗教——是與傳統基督教相分離，同時又吸收了傳統基督教的神聖觀念和它一些主要價值的第一個思想體系。」[6] 早期古典自由主義學説背後，有一套以自然法為核心的宇宙觀和歷史觀，發展到康德的自由主義，又建立了更為豐富複雜的道德形而上學系統。古典的自由主義，不僅是政治哲學，也是倫理哲學，有着對宇宙、人性和社會的獨特闡釋和論述，因而其充滿了人性和道德的力量。

十九世紀以後，當超越的自然法和道德形而上學逐漸解魅後，自由主義自身開始世俗化，出現了功利主義。大多數人的最大善，不僅是政治的原則，也是倫理的原則。就在功利主義的時代，自由主義逐漸在西方佔據主流意識形態，獲得了國家的建制化。到了當代，作為國家基本建制的自由主義面臨着來自不同宗教、文化和思潮的挑戰，作為制度平台的自由主義，如何包容這些相互衝突的教義，如何將這些多元的文化、異質的人群組合成「我們」——同一個政治共同體，成為首要的問題。於是自由主義往後撤了一步，它不再堅持其特定的善，只是在正當這一問題上要求各家各派形成重疊共識。自由主義作為一個國家建制的公共平台，在善的問題上嚴守中立，以保護各種合理的宗教、文化和哲學自然競爭、多元並存和理性對話。

通過上述自由主義發展史的簡單回顧，我們會發現，事實上存在着兩種自由主義，一種是「在野的」自由主義，即作為眾多學說之一的整全性自由主義，它並沒有獲得國家建制化的特權，也並非公共文化的制度性平台。它以其道德、理性的魅力吸引眾人，以競爭性方式爭取知識和文化的領導權。另外一種是「在朝的」自由主義，即國家已經建制化了的自由主義，為保持在信仰問題上的國家中立，自由主義必須放棄整全性，在各種多元宗教、文化的對話和共識中獲得自己的公共文化基礎。「在朝的」自由主義主要是作為一種政治哲學的政治自由主義，雖然也有其規範倫理的價值預設，但不涉及到個人人生價值的德性倫理。而「在野的」整全性自由主義，不僅有自己的政治哲學，也有獨特的倫理哲學；不僅有指導人們如何共同相處的規範倫理，也有告訴人們如何獲得生活意義的德性倫理。顯然，這兩種自由主義各自的功能是不同的，「在朝的」自由主義作為國家建制，規定了一個民主憲政國家的規範性原則和公共理性，也是各家各派重疊共識的價值底線，這也是「正當優先於善」的內涵所在。而「在野的」自由主義則是競爭性的，只是現代社會價值諸神中的一神。整全性自由主義有自己對正當和善的實質性理解，通過與其他各種宗教、哲學和道德教義的對話，爭奪知識和文化的領導權。在民主憲政國家的公共文化中，只是其中的一部分，而不是全部。

回到中國的現實，顯然中國的自由主義遠未建制化，那還是一個相對遙遠的理想。自由主義在中國依然是一種「在野的」理論及相應的實踐運動，至今仍然與各種其他的意識形態如古典主義、激進左翼、國家主義、民粹主義乃至物慾主義等，在學院與媒體這些公共領域爭奪知識和文化的領導權。中國的問題是全方位的，既有社會經濟領域的發展與公平的問題，也有政治領域的人權、法治、民主與憲政的問題，同時也有文化精神領域的核心價值、公共倫理和個人德性問題。所有這些問題，對於一個志在爭奪知識和文化領導權的意識形態來説，不能沒有自己全方位的回應，在任何一個領域缺席，都意味着競爭中的局部失敗。因而，中國的自由主義不能不是整全性的，不能沒有一套從經濟到政治、從公共倫理到個人德性的整全性話語。

在中國自由主義者內部，流傳着一種看法，認為中國目前主要的問題是缺乏民主，只要民主制度建立起來了，一切包括文化的、道德的問題都可以迎刃而解。這樣的看法至少是不了解中國的歷史。在近代中國的歷史上，民主制度不是沒有出現過，在民國初年，議會民主、多黨制統統曾在中國出現過，因為缺乏與制度相應的公共文化，缺乏與民主相適應的公民素質，結果民主政治流變為私性政治，在共和的體制下行使專制政治之實。制度的建立一天就可以實現，但相應的公共文化培育，卻需要三代人的積累。從長遠的大視野觀察中國未來，問題的嚴峻性與其說在政治，在制度的滯後，不如說在文化，在核心價值和公共文化的匱乏。

那麼，面對當代中國心靈秩序的危機和古典主義的強勁崛起，中國的自由主義將何以應對，將面臨着怎樣的現實挑戰和理論問題？正如前述，中國心靈秩序危機的表徵主要體現在核心價值和公共文化的匱乏、物慾主義的泛濫以及「唯我式的個人主義」缺乏選擇能力與公共責任感。這些表象背後所反映的，是需要自由主義在學理上予以回應的三個重要理論問題：第一，政治秩序的正當性基礎何在？僅僅取決於民主程序下的公共文化和重疊共識，還是要有特定的價值作為其倫理基礎？第二，究竟如何理解人之所以為人，人生的價值和意義究竟何在？第三，公民的自由選擇意味着人的自主性，然而公民的選擇能力從何而來？與人的德性有何內在的聯繫？

自由主義有足夠的理論能力回應這些問題嗎？如果有的話，其思想資源何在？

三、倫理自由主義的思想資源

在近代古典的自由主義思想傳統中，政治與倫理是不可分的，無論是洛克、邊沁，還是約翰·密爾、康德，不僅有自己的政治哲學，也有自己的倫理哲學，倫理哲學是政治哲學的基礎。而在當代的自由主義哲學中，政治哲學與倫理哲學有日趨分離的趨勢。不僅西方是這樣，在中國更是如此。在當代中國，從洛克到哈耶克的自由之上主義，對於建立自由市場經濟、強化公民的權利意識和建立法治，產生過非常廣泛的影響。而羅爾斯為代表的尋求自由與平等平衡的自由平等主義，對於解決中國發展中的社會公平問題，也提供了重要的思想資源。不過，這兩種在中國有着重大影響的自由主義，對於解決當代中國的心靈秩序危機，由於不在其問題意識之內，基本沒有助益。我們必須在自由主義內部另闢資源，尋求倫理自由主義，以恢復整全性自由主義的古典傳統。

在近代古典整全性的自由主義思想傳統中，有着非常豐富的倫理和德性資源，其中最值得我們重視的，是約翰·密爾和康德這兩個傳統。作為現代倫理學中目的論和義務論兩大流派的代表人物，密爾和康德不僅在規範倫理，而且在德性倫理方面，都給我們留下了富有啟發的思想遺產。

當代中國核心價值和公共文化的匱乏，是一種規範倫理的危機。中國的自由主義者致力於社會政治秩序的重建，這固然不錯，不過，在社會普遍瀰漫價值相對主義和虛無主義的背景下，即使民主憲政制度建立起來了，也需要有相應的公共文化予以支持。一種缺乏核心價值、缺乏公民普遍信仰的制度，是不穩定的，也是不能長久的。規範倫理解決的是擁有不同價值和利益的異質人群如何共同相處的問題，康德也好，密爾也好，都將人的自由與尊嚴放在最重要的地位。只有賦予每個人以平等的尊重，保障他們平等的權利，這樣的社會才是正義的。民主制度不僅是一套決策的程序，更重要的是法律背後所體現的倫理價值，符合我們內心的道德感和正義感。制度背後的價值正當性何在，其倫理基礎何在，需要我們從倫理自由主義的層面進行細緻的論證，提供一套令人信服的理由。在這方面，無論是康德，還是密爾，都有非常厚實的理論資源。

規範倫理回應的是何為「正當」（right）的社會公共倫理問題，而德性倫理針對的是何為「好」（good）的個體人生價值問題。自由主義的政治哲學如今將「正當」與「好」分離，僅僅討論何為社會的公共正義，而將人生的價值何在留待個人自由選擇。而且預設了「正當」優先於「好」的基本立場。不過，在古典自由主義傳統中，「正當」與「好」雖然已經區隔，但並非截然二分，他們不僅回答社會的正義秩序如何安排，而且對「好」的人生價值也有所規範。康德和密爾儘管都認為最好的人生是個人自由選擇的結果，但在他們看起來，不同的人生目標並非在價值上同等，沒有什麼客觀的標準去衡量它們；相反，人生價值有高低之分，其衡量的尺度就是對人之所以為人的人性本身的理解。在康德的哲學中，人是一個道德的存在，因而具有意志的自主性，雖然人可以選擇自己的生活目標，但這樣的選擇必須是道德的、符合人的尊嚴，以人為目的，而不是物化的、非人的。密爾雖然繼承了邊沁的功利主義傳統，將追求最大的快樂作為人生合理的目標，但密爾的快樂主義與時下世俗社會的感官快樂主義完全不同，他修正了邊沁的「針戲與詩歌同樣有效」的量化快樂原則，認為人生的快樂和幸福有質的差別。作為一個人，「尊嚴代表了他們幸福中最根本的一部分」，快樂不等同於感官慾望的滿足，幸福是更高層次的精神享受，「寧可做一個不滿足的人，也不做一頭滿足的豬，寧願成為不滿足的蘇格拉底，也不願成為一個滿足的白痴。」[7]

如今，當我們重新閱讀康德、密爾這些古典自由主義思想家的作品，內心所獲得的道德崇高感和精神振奮感，要遠遠大於讀羅爾斯、哈耶克那些充滿理性和邏輯的著作。對於當代中國人日益枯竭的靈魂來說，密爾的意義要高於羅爾斯。古典自由主義的思想傳統不像當代自由主義思潮那樣壁壘分明，分化越來越細密，他們是整全的，也是混沌的，除了自由主義外，還包羅了社群主義、共和主義等多種成分，比如密爾就是如此。[8] 他所說的幸福，並非是行為者自身的幸福，而是與行為有關的所有人的幸福。密爾認為，「人類發展的內在要求絕不是讓人成為自私自利之徒，只專注於可憐的自我存在而對其他一切麻木不仁；而是在於某種更高的追求，即充分體現人何以為人的實質」。「功利主義唯有普遍地培養人民的高尚情操，方能實現其最終目標，哪怕每個個體只能通過他人的高尚而受益，哪怕自身的幸福在澤被眾人的過程中受到嚴重的削弱。」[9] 這些話按照現在的說法，已經很像一個社群主義者的口吻了。而在《代議制政府》一書中，密爾並不認為政府應該價值中立，一再強調政府有責任培養公民的公共德性，改造人心，培養他們的政治參與能力。這些觀點又與當代的公民共和主義又有眾多共鳴之處。

康德和密爾這樣的古典自由主義者對人性的複雜性的認識是非常深刻和睿智的。人性中有利己的原始一面，也有利他的道德衝動。他既是一個像霍布斯、洛克所描繪的追求個人利益最大化的經濟人，也有可能是一個康德所說的擁有道德自主性的倫理人、社群主義所希望的對群體有文化歸宿感的社會人，以及公民共和主義所寄托的具有公共責任感的政治人。而能夠成為什麼樣的人，不僅依賴於個人的自由選擇，更與社會的文化環境、個人所受到的教育密切相關。知識和文化的領導權在誰的手中，一個國家的國民就最有可能成為什麼樣的人。

西方近年來在與政治自由主義論爭過程中逐漸復興的公民共和主義和社群主義，也逐漸為中國知識界所引進和熟悉。這兩種思潮有效地彌補了權利自由主義在人性、德性和公民參與方面的不足。作為整全性的自由主義，可以像古典自由主義那樣，將它們容納將自己的理論體系，以強化自由主義的倫理和德性基礎。

公民共和主義強調一個社會的公共善。所謂的公共善，就是當代中國特別匱乏的核心價值和公共文化。它不僅是有關正義內容的政治的善，也是與該核心價值相應的倫理的善，即人道、理性、寬容等良善品質。在一個民主社會中，公共善並非本質主義的先驗規定，而是在公民普遍參與的公共商議過程中逐漸形成。一旦形成，社會政治共同體便具有共同的目標，這樣的目標影響和規約了公民的個人選擇。當我們說公民具有自由選擇權利的時候，這個自由除了不得侵犯他人利益外，同時也會受到公共善的制約。當代人的困境在於，雖然有了選擇的自由，卻缺乏相應的選擇能力，不知道如何選擇，按照什麼去選擇。自由和選擇成為不可承受之重。人只是作為一個意志的存在，其理性反思能力和內在德性資源都被掏空了，選擇什麼，不選擇什麼，都不再有正當的理由，要麼人云亦云，為社會的流行意見所擺佈，要麼自甘沉淪，成為一個被異化了的物慾人。公民共和主義雖然鼓勵人們按照自己的意志自由選擇，但對於什麼是好的和善的，卻認為需要通過公共善的建設給人以理性的指導，並鼓勵公民在參與公共善的建設過程中，使自己的德性得以提升。

社群主義在培養公民的德性方面與公民共和主義相似，但它更強調歷史文化傳統對於形成個性、人格和德性中的作用。一個人的選擇與自我的認同、自我的目標緊密相關，而自我並不是一個抽象的、空洞的概念，不是沒有歷史文化內容的意志的自我，按照社群主義的解釋，自我是構成性的，有根基的，這個根基便是他所生活於其中的歷史文化傳統。社群賦予個人以深刻的文化和心理的歸宿感，也塑造了自我的目標、品質和德性。社群主義強調自我與社群的良性互動，權利與義務的適當平衡，有助於克服現代人日趨嚴重的「唯我式個人主義」傾向。

從思想史的血緣關係而言，公民共和主義與自由主義有眾多近親關係，而社群主義近年來也有與自由主義相互融合的趨勢，像查爾斯•泰勒、桑德爾都是一些具有自由主義底色的社群主義者。中國的自由主義如果要回應古典主義的挑戰，戰勝形形色色的物慾主義、犬儒主義和價值虛無主義，除了回歸康德、密爾的近代古典自由主義傳統外，如何從當代公民共和主義和社群主義中吸取相關的思想資源，重新整合為富有倫理和德性精神的整全性自由主義，恐怕是解決問題的方向所在。

今日中國的意識形態領域，繼續演繹着一場知識和文化領導權的爭奪戰。無論在理解中國現實問題的複雜性、提出現代性的大思路、大理論，還是回應普遍性的精神心靈危機，中國的自由主義並沒有在這場文化爭霸戰中佔據優勢地位，相反，由於他們在理論上墨守教條、滿足常識，正在失去一大批年輕的知識精英。這些年輕人如今更熱衷於激進左翼與古典主義思潮，認為它們有新意，有深度，認為自由主義在理論上沒有什麼吸引人的東西。在當代中國，當儒學被「去政治化」的時候，[10] 自由主義也在被去倫理化。自由主義在倫理道德問題上的缺席，使得它正日益失去知識和文化的市場，失去一大批從學院精英到城市白領的知識大眾。

自由主義不僅是一種市場和法律的制度性安排，不僅是一套公正的、理性的程序，它同時也是一種包涵文化精神、道德力量和德性倫理的理念。作為啟蒙運動以後第一個世俗的宗教，自由主義所提供的核心價值、公共文化和個人美德，曾經吸引了眾多進步人士為之而着迷、奮鬥和獻身。曾幾何時，自由主義被逐漸工具化、技術化和去倫理化，失去了其早年曾經有過的道德光芒。如今，當古典主義填補自由主義留下的空缺，以一種倫理的姿態重新崛起的時候，自由主義已經到了置死地而後生的時刻。為了回應古典主義的挑戰，戰勝瀰漫於中國的犬儒主義、物慾主義和價值虛無主義，自由主義必須回歸到近代古典時代，回歸到整全性自由主義，重新發揚自由主義的倫理精神。而在這一回歸的過程中，公民共和主義和社群主義可能是使自由主義獲得提升的重要資源。

在一九九〇年代，圍繞着社會公平問題，自由主義面臨的是新左派的挑戰，雖然這一挑戰並未終結，還在繼續深化，但新世紀以來在倫理道德戰場上，自由主義又面臨着中外古典主義的崛起。古典主義不是自由主義的敵人，他們對現代性缺失的批評展現了古代哲人深刻的睿智。對於古典主義的崛起，自由主義不應是簡單排斥，嗤之以鼻，而是應該積極地展開對話互動，尋找自由主義與各種古典主義包括儒家、道家、佛教和古希臘哲學的接榫點，通過內化古典主義的合理價值，提升自由主義的理論層次。在歷史上，自由主義曾經成功地回應了社會主義關於平等問題的挑戰，發展出平等自由主義，那麼，只要自由主義有足夠的耐心、寬宏和知識上的智慧，也有可能化解古典主義的挑戰，發展出倫理自由主義，以克服人類越陷越深的精神危機。

二〇〇八年

註釋

1 伯爾曼，梁治平譯：《法律與宗教》北京：三聯書店，1991，35頁。

2 丹尼爾·貝爾，張國清譯：《意識形態的終結》，南京：江蘇人民出版社，2001，463頁。

3 Macpherson C. B., *The Political Theory of Possessive Individualism: Hobbes to Locke.* Oxford: Oxford University Press, 1962.

4 丹尼爾·貝爾，趙一凡等譯：《資本主義文化矛盾》，北京：三聯書店，1989，68頁。

5 同上書，119頁。

6 伯爾曼：《法律與宗教》，86頁。

7 約翰·密爾，葉建新譯：《功利主義》，北京：九州出版社，2007，25頁。

8 張福建：〈社群、功效於民主：約翰·彌勒政治思想的另一個側面〉，載陳秀容、江宜樺主編：《政治社群》，台北：中央研究院中山人文社會科學研究所，1997，103–124頁；江宜樺：〈約翰·密爾論自由、功效於民主政治〉，載江宜樺：《自由民主的理路》，台北：聯經出版公司，2001，139–168頁。

9 密爾：《功利主義》，29、35、41頁。

10 貝淡寧：〈《論語》的去政治化：于丹《〈論語〉心得》簡評〉，《讀書》，2007年第8期。

第十四章

自由主義為何要與軸心文明接榫？

自由主義所提供的一套權利觀念在當今中國已深入人心，雖然並沒有完全被建制化，其豐富、複雜的學理也未必有多少人了解。不過，近十年來圍繞着自由主義的爭論和責難也不絕如縷，其中一個最流行的批評，乃是認為自由主義在道德上提倡價值中立、文化多元，導致了當代世界的價值虛無主義和道德危機。不少自由主義者對此已經作了有力的回應，證明自由主義並非價值中立和道德虛無，其基本學說建立在自由、平等、公正這些最基本的道德觀念基礎上，它們構成了當代社會道德的正當觀念，當代社會的虛無主義和道德危機要由自由主義來承當是缺乏依據的。然而，這類批評是否蘊含着另一種值得反思的合理性：自由主義雖然塑造了當代世界普遍化的政治秩序，卻無力重建人們的心靈秩序，因而形成了自由主義自身的盲點，不得不由基督教、伊斯蘭教、印度教和儒家這些軸心文明來補充？或者說，當代的政治自由主義因為建立在重疊共識的基礎上，本身沒有一個整全性的哲學基礎，自由主義需要各種軸心文明作為自己的文明基礎呢？

一、自由主義文明基礎的三種選項

所謂文明，乃是指一套整全性的宗教或哲學，不僅規定了好的生活、好的人生的形式化條件，即政治和社會的制度性設置，而且對什麼是好的生活、好的人生有實質性的答案，從而不僅是政治的、倫理的，而且是道德的、宗教的。文明是一套整全性的意義系統，它讓人們生活在這個世界能夠安身立命。

在公元前四〇〇至六〇〇年前後所形成的猶太教—基督教文明、古希臘羅馬文明、伊斯蘭教文明、印度教文明和中國的儒家與道家文明，被雅斯貝爾斯稱為人類歷史上的軸心文明，雖然近三個世紀受到了世俗的現代性大潮猛烈衝擊，但依然頑強地存在於當今世界，不僅如此，被艾森斯塔特稱為「第二次軸心文明」的現代性不僅沒有能取代古老的軸心文明，而且現代性所到之處，都激起了軸心文明的強烈抵抗，現代性發展的伴生現象乃是古老宗教的復興。在當代中國，除了基督教在全國各地發展、伊斯蘭教在西北地區流行外，中國本土的儒家、道教和佛教更是蓬勃復興。冷戰結束後，福山曾經預言歷史已經終結，人類往何處發展的終極問題已無可爭議，然而，近二十年的歷史已經證明，最終終結的是「終結論」本身，人類往何處發展，依然是一個懸而未決的問題。

在歐洲，自由主義本來是從基督教母體中生長出來，基督教尤其是世俗化的新教倫理為自由、平等、法治這些自由主義的核心價值提供了文明的基礎性支持。然而，自由主義作為一種現代的意識形態，在其自身演化的過程中表現出與其文明的母體逐漸分離的趨勢。其基本的權利觀，最初奠基於人類的自我法則：自然法，隨後發展出一套整全性的道德形而上學。而在近半個世紀，隨着全球化帶來的人口遷移和信仰多元化，自由主義又從一種特定的整全性理論，演化為建立在多種宗教和哲學重疊共識基礎上的政治自由主義。在西方基督教社會中，自由主義的命運尚且如此曲折，一旦它來到非基督教社會的中國，其與文明的關係就變得更加複雜。今天在自由主義內部關於各種文明的爭論，形成了多種方案的競爭。第一種方案為「獨根的自由主義」，相信自由主義離不開它的母體基督教，必須將基督教與自由主義一起引進中國，為把自由主義扎根中國打造一個外來的基體；第二個方案為「造根的自由主義」，相信自由主義不必依賴包括基督教在內的各種軸心，其自身就可以發展成一套整全性的現代文明；第三個方案為「尋根的自由主義」，自由主義往後撤退一步，謹守「正當」（right）的政治疆域，將何為「善好」（good）的問題交給不同的宗教和哲學解決，集中致力於「正當」與「善好」的接軌，即政治自由主義與多種文明融合的可能性。

關於第一個選項「獨根的自由主義」，毋庸置疑，基督教在中國如今已經有很大的發展，有幾千萬的教徒，它的一些宗教精神如自由意志、獨立人格、寬恕、懺悔等也受到部分中國人接受，內化為中國觀念本身。不過，縱然基督教的前景在中國再廣闊，作為一種外來宗教，它也很難成為中國文明的中流砥柱，至多與佛教、伊斯蘭教、佛教等一樣，成為當代中國多元宗教中的一元。從中國歷史看，中國自身有長達二千年的以人文代宗教的文明傳統，中古時期，印度傳來的佛教何等強盛，遠甚於今日之耶教，但因為中國缺乏一神教傳統，佛教與儒教、道教的競爭，最終所形成的並非一教獨霸，而是三足鼎立甚至三教合流。基督教在未來中國之命運，恐怕與昔日的佛教無異。如同一千年的佛教一樣，基督教還面臨一個如何本土化、如何將「好的」義理轉化為中國人所願意認同的「我們的」信念，而這種深厚的根源不僅來自於現實感，還來自於一個民族自身的文化傳統和歷史積累。佛教進入中國並內化為中國自身的文化傳統，差不多經歷了近千年的時間，雖然當今社會的節奏要比古代社會快得多，但一種文化的形成乃至被內化為「我們的」傳統，依然需要一個非常漫長的歷史過程。因而，「獨根的自由主義」要期待其母體基督教在中國的全面鋪展，乃是「俟河之清，人壽幾何」。

二、作為整全性文明的自由主義是否可能？

既然無論在西方，還是在中國，自由主義都無法依賴其原初的母體基督教作為自己的文明基礎，那麼，其自身發展為一個整全性的文明是否可能呢？

在羅爾斯的政治自由主義前，歐洲古典的自由主義如約翰•密爾的自由主義，康德的道德形而上學不僅有政治哲學，而且有自己的倫理哲學，的確是一種整全性的自由主義，而當代的一些自由主義學者如英國的拉茲也致力於發展至善論的自由主義。然而，即便是康德的倫理自由主義，所着力的也是現代的規範倫理，而非古代的德性倫理。正如羅爾斯在《道德哲學史講義》中所説，古希臘人討論的是如何生活，個人德性如何實現，而現代人的倫理着重的是：在什麼樣的條件下，人類社會得以可能？[1] 自由主義確實提供了一套什麼是「正當」的倫理規範，從這個意義上説，自由主義絕非價值虛無主義，它在公共倫理上有明確的價值取向。問題在於自由主義是否有自己的德性倫理。什麼是人的存在？人存在的意義是什麼？什麼樣的生活是「好的」生活？這些德性倫理所追尋的終極性問題，自由主義能夠提供方案嗎？如果自由主義要成為一種普世性文明，不得不對此有有整全性的回應。

顯然，整全性自由主義為人們提供了何為「正當」的規範倫理，告訴我們自由、平等是多麼的重要，但在回答上述與終極性相關的存在和意義問題時，卻顯得比較單薄，對於什麼樣的生活是好的生活，什麼樣的人生才有意義這些存在層面的問題，自由主義並沒有特定的答案，它只是為每個人自由選擇好的生活，提供制度性的保證。自由主義相信，最好的人生是自由選擇的人生，但究竟什麼是「好」，自由主義並沒有實質性的結論。一個人只要享有選擇人生的自由權利，被法律和社會平等地對待，並且同樣平等地對待他人，就是一個有道德尊嚴的人，意味着幸福、有意義的人生。倫理自由主義不是沒有自己的人生觀，只是這種人生觀不是實質性的，而是康德式形式化的人生觀。無論是康德的義務論倫理自由主義，還是密爾的功利論倫理自由主義，都將個性的精神自由視為人生價值的重要尺度。不是所有自主選擇的人生都是等價的，自由選擇並不意味着一切，人生有高尚和低下之分，品性也有卓越和平庸的區別。從這個意義上說，古典的倫理自由主義不是完全沒有自己的德性倫理，缺乏對何為「善」的論述，然而因為現代道德哲學的重心，已經從古代的德性倫理轉移到了規範倫理，因此，對何為「善」的討論，多少從屬於何為「正當」的核心主題。如果說，政治自由主義認為「正當」優先於「善」的話，那麼倫理自由主義則將「正當」視為「善」本身。

沃格林認為，人類社會有兩套秩序，一是政治秩序，二是心靈秩序。自由主義在社會政治秩序上有一套完整的學說，但在心靈秩序方面卻無直接的、實質性的答案。自由主義有無可能發展出自己的整全性，有何為至善的完整論述？當代至善論自由主義的代表拉茲認為：一種至善的自由主義，不僅要告訴人們擁有自主性，而且要告訴人們什麼是好的，在各種善之中做出選擇。[2] 自由主義可以成為一種代替古代軸心文明的現代世俗文明嗎？這種文明可以與各種軸心文明一樣解決人的終極價值和人生意義問題嗎？問題在於，一套具有終極信仰系統的文明，對於自由主義來說，不僅是不可欲的，也是不可能的。因為具有終極信仰的文明，總是具有某種超越性，預設了一個與現實世界有距離的超越的理想世界，或者如基督教那樣以上帝為中心的外在超越，或者像儒家這樣內心與天理合一的內在超越，如此有限的人生才能夠與無限之物相通，獲得永恆的價值。

自由主義說到底只是啟蒙運動以來各種人文主義中的一種，它從諾斯底主義演化而來，要在人世實現天國，不再相信超越世界的神靈存在，堅信人具有可以替代神意的理性，可以自我立法，具有道德選擇能力，成為完全自主的個人。正因為如此，自由、平等、公正這些得以保障個人自我選擇的制度性條件才是如此重要，「正當」成為第一美德，而個人德性之「善」則降低為第二等重要的事情。一旦自由主義與其文明的母體基督教剪斷了臍帶，它就變成了與超越性脫嵌的「無根的自由主義」，它用「正當」代替「善」，用公共的倫理規範代替個人的道德德性。自由主義的政治「正當」不再來源於軸心文明的「善」，而是獨立於、優先於「善」。即使是整全性自由主義的「善」也只是政治的公共善，而非與超越世界的絕對性相聯繫的個人德性。即使像格林和拉茲那樣發展出至善論的自由主義，由於其非超越的世俗性質，仍然留下了一些問題是其無法回應和解決的，比如人的存在、關於如何面對生命的苦難、死亡、如何在來世中獲得永恆的等。至善論的自由主義能夠開拓的「善」，只是世俗道德意義上的「善」，而非宗教意義上的「至善」，宗教意義上的「至善」與世俗意義上的「善」之區別，乃在於「善」是否有終極的、超越性的源頭。而作為啟蒙運動產物的世俗化自由主義拒絕這樣的超越性源頭，因此無法回應生命的苦難、死亡、超度、永恆等這些與終極性相關的重要問題。

苦難是人們在日常生活當中經常遭遇的逆境，人所經歷的苦難，一部分來自社會的不義，另一部分則來自自身的命運，命運的無常、情感生活中的受挫、精神的寂寞、肉體的疾病乃至對死亡的恐懼等——這些日常生活、而非社會政治意義上的苦難，似乎是人們所面臨的常態。即使在一個缺乏正義的社會中，大多數人在現實生活中面臨的苦難，未必是體制造成的，而是自己內心的困境。自由主義對社會不義造成的苦難，有有效的救世方案，但對這些日常生活和存在意義上的苦難和死亡，自由主義對此的回應基本是一張白卷。這意味着自由主義即使有自己的道德哲學，假如沒有發展出自己的存在哲學、宗教哲學和生命哲學的話，依然無法在整體上取代富有超越性資源的各種軸心文明，無論是基督教、伊斯蘭教、印度教文明，還是儒家、道家文明。

哈貝馬斯之前一直堅守啟蒙的理性傳統，堅信人的交往理性，但近十年來開始注意到世俗理性的有限性，越來越重視宗教在當代「後世俗社會」不可替代的力量，他在與後來成為羅馬教宗的拉辛格的對話中，說過一段意味深長的話：「反思的理性追到深處，就發現自己的起源來自另一個東西。它如若不想陷入一種自相矛盾的死胡同而失去理性的導向的話，就必須承認這另一種東西的命運攸關的力量。……理性在一開始並不帶有神學的目的，但是當它沿着這條道路走下去，意識到自己的局限性時，就轉向另一面，不論它表現在一種與宇宙融為一體的包羅萬象的意識之中，還是表現在一種對拯救信息的歷史結果的捉摸不定的希望中，抑或表現在推進對勞苦大眾的同情和繪製實現拯救的藍圖中。」[3]

在哈貝馬斯看來，反思的理性追到最後，就會發現其自身的局限性，它最終來自於黑格爾後形而上學中的「匿名的眾神」。[4] 在這裏，哈貝馬斯又重新回到了德國古典哲學，無論是康德還是黑格爾，從終極性而言，都沒有隔斷與神的最後聯繫，假設了上帝的存在，以保證道德與自然的一致性。自由主義本來是祛魅化的產物，其關於自由、平等的所有價值理念，來自於人類學意義上的人道主義，人成為一個自足性的、自我規定、自我立法的主體，切斷了與自然、永恆、超越世界的聯繫，最終人生的意義、價值的源頭只能在非自然、非超越的人類歷史本身尋求定位，這種歷史主義的世俗理性因為失去了客觀的自然或超越的意志的背書，陷入了永無止境的「眾神之爭」，亦無法確保人類歷史的發展必定向善。

在與哈貝馬斯的對話中，拉辛格公允地指出，西方的兩大文化，無論是基督教的信仰文化，還是世俗理性文化，在事實上都沒有普遍性，都有其內在的限制，因而需要對話和互相監督。「宗教和理性也許應互相限制，從而指出各自的局限性，推動他們走向正面的道路。」[5]

軸心文明所提供的是一套與終極價值相關聯的意義系統，但世俗的自由主義所要拒絕的，恰恰是各種絕對的、超越性的實質意義。這種拒絕，有其自身的理由，因為自由主義深刻地意識到，各種軸心文明所主宰的時代，都是一神教或一元論的時代，那個時代的價值和意義是確定的、客觀的和唯一的，然而，自由主義所面對的正是祛魅的多元社會，在這個社會裏，不是沒有宗教，不是沒有神魅，而是眾聲喧嘩，多神並存，在各種互相衝突的價值上，不再可能出現一個超越於各種宗教的、可以通約的終極性價值，自由主義自身打造不出、也不欲打造這樣的價值。為了讓具有不同利益、不同價值的人們共同生活在同一個世界，自由主義承認價值的多元性，它所扮演的不再是上帝那樣的價值之終極裁判者，而只是現實世界有限的法官，即以自由平等公正的「正當」來維護政治秩序的一統性，至於心靈秩序的「好」與「善」的問題，則放開給各種軸心文明和現代哲學自由競爭。然而，正因為拒絕超越、拒絕絕對，自由主義在與終極、永恆相關的至善、苦難、拯救、來世等問題上有其理論體系上的短板，註定不能發展為像基督教、伊斯蘭教、儒家那樣的整全性文明。誠如周濂所說，自由主義只能成就一半的社會，作為政治框架的設計，它回答的是「我們如何生活在一起」的問題；而另一半的社會，也就是那個更為重要的問題「我（我們）如何過一個美好的人生」，這個問題自由主義把答案開放給其他宗教和主義。[6] 於是，自由主義的真正問題不在於自身造根，而只能從各種軸心文明當中去尋根，尋找自己缺失的另一半。

三、為何信仰與理性同樣重要？

政治自由主義作為一種「無根的自由主義」，它可以離開文明的滋養發展出「正當的」政治秩序嗎？不少自由主義者有這樣的自信。當各種超越性的價值源頭都消解後，自由主義作為啟蒙的產物，唯一相信的乃是人的理性，相信來自理性的個人的自主性選擇。羅爾斯正義論的整個論述，建立在人擁有兩種基本的道德能力的基礎上：一是擁有正義感的能力，二是擁有善的觀念。[7]現在的問題在於，是否每一個人的理性能力都是同等的？在現代社會中，做一個追求正義的公民和道德意義上的好人，除了理性，是否還需要理性之外的東西？

經驗告訴我們，人的理性能力，就像聰明才智一樣，在先天上都不是同等的，有些人強一些，有些人弱一些，雖然通過後天的教育可以彌補，但要具備自我反思能力、通過理性實現自我選擇，對於不少人來說，是很高的、難以企及的智性要求，他們往往不是通過理性、而是借助道德的直覺或信仰賦予的意志進行自我的選擇。自由主義相信每個人都有充足的理性能力，理性面前人人平等，這可能本身就是一個虛妄。各種軸心文明和宗教之所以在啟蒙運動之後長期存在，而且復興勢頭猛烈，乃是因為人的理性無法全然代替神的啟示和人文的情感力量。對世界上一部分人來説，自我的選擇是何等的艱難和痛苦，他們苦於自身理性能力的不足，寧願皈依於某種信仰，讓神的意志幫助自己抉擇，或者在人文的薰陶中，憑藉自己內在良知的道德直覺行動。

即使是一個理性很強的人，他的行動也非全為理性所支配，而會受到情感、意志和慾望的擺佈。休謨説過，理性是情感的奴隸。人的情感之中包括人的各種慾望，而慾望唯有通過人文和宗教的力量方能馴服。歐洲早期的啟蒙思想因為有基督教傳統的規約，對人性的光明和幽暗有複雜的理解，但到啟蒙的全盛期，因為對理性的膜拜，充滿了人性的樂觀主義精神。作為啟蒙產物的自由主義，對人性的期待同樣很高，對人的道德自主性賦予過高的信心，而對人性的可墮失性估計不足。

羅爾斯所説的兩種道德能力，其價值指向乃是自由和平等，以實現人的普遍的道德尊嚴，在馬克斯·韋伯的兩種理性觀中，顯然不是屬於工具理性，而是價值理性。價值理性所內涵的除了道德的直覺和觀念外，同時也是一種信仰般的信念力量，為了實現價值的目標而在所不惜。尤其在缺乏自由民主制度環境的社會中，要成就公共的正義，僅僅憑藉羅爾斯所説的兩種道德的理性能力，是無法應對恐懼的。何況還有另一種計算利益的工具理性時刻誘惑着人們。只有對人生的終極意義、對何為「善」，有一種信仰般的力量，才能超越各種慾望、貪婪、恐懼和虛榮。在不同的善之間進行選擇，需要的是審慎的理性，而在善與惡之間的選擇，與其說需要理性，不如說更需要道德的勇氣和堅強的意志，勇氣和意志不是來源於智性，一定出自於信仰。至於信仰什麼，倒是不重要的。基督、儒家、佛教、道家、乃至自由主義，都有其信仰的源泉。追求正義的代價無比昂貴，如果僅僅只是「因果（結果）稱義」，最多只是自我利益的看護人，很難成為一個積極爭取正義的公民。只有到了約伯這樣的「因信（信仰）稱義」的聖徒境界，才能擔當起非常人所能承受的苦難，從而成為義人。這也就是為什麼東歐那些公共知識分子，比如哈維爾，對人的存在問題，都有非常深邃的思考和論述，生活在真實中，不是一個簡單的政治倫理，更是一個深刻的德性倫理。拉茲說過：「道德善，不僅在於人們能按照道德規範來安排自己的生活，同時還體現在：當環境及其惡劣，充斥着各種邪惡的誘惑和壓力時，依然向善如故。」[8]

一個非正派的社會，不僅在於自由和正義的匱乏，更重要的是「善」的普遍喪失，道德底線無論是公共倫理還是個人私德一再被突破。當普遍性的「善」墮失的時候，自由、平等的「正當」也就失去了來自德性的支持，權利意識會蛻變為某種精緻的利己主義或機會主義，自由不再是與信念有關的內在價值，而只是實現個人利益最大化的工具。「正當」與「善」，公共的規範倫理與個人的德性倫理，並非二元結構，彼此沒有關係，問題只是在於究竟二者誰為優先。自由主義堅持「正當」優先於「善」，自由和平等的「正當」原則優先於各種宗教和哲學的「善」，然而，這只是自由主義的特殊原則，並非為社會各方接受的普遍共識。在一個正派社會中，各種不同的宗教和哲學可以接受自由主義的「正當」，卻未必同意「正當」優先於「善」，相反，他們對於自由和平等的認肯，來自於具有不可動搖之優先性的自身的「善」。自由、平等、公正這些價值，不是為自由主義所壟斷，在各種軸心文明中，也有這些「正當」的元素，只是比較片斷，蘊含在軸心文明內在的「善」。對於許多基督徒、儒教徒來説，「正當」來自於「善」，他們是從各自所信奉的「善」而接受了自由主義的「正當」。晚清的梁啟超在《新民説》裏討論過公德與私德的關係，如果將「正當」理解為公德，「善」理解為私德的話，梁啟超顯然認為「正當」的原則來源於「善」的德性：「一私人而無所私有之德性，則群此百千萬億之私人，而必不能成公有之德性。」[9] 雖然現代的「正當」未必像古代的儒家那樣，是從「善」中推演出來，但個人的德性之「善」會賦予公共的「正當」以內在的生命源泉。

桑德爾在討論羅爾斯的《正義論》的時候指出：「一種政治的正義觀念，必須以某種對它括置的道德問題的回答為先決前提，至少是在關涉到嚴肅的道德問題時必須如此。」[10] 這意味堅守「正當」優先於「善」的政治自由主義，雖然在理論上可以將何為「善」用括號暫時括起來，但是最終依然無法迴避「善」的問題。自由平等之普遍「正當」的政治哲學，不僅需要自由主義自身特殊的倫理哲學來論證它，而且在一個眾神競爭的社會中，還要得到來自各種同樣特殊的宗教和哲學的「善」的觀念，作為其多元的支援意識。各大軸心文明作為宗教和道德的力量，其內涵豐富的「善」之資源，顯然是自由主義所必須正視的尋根所在。

四、為什麼自由的選擇需要善？

自由主義最偉大的意義在於賦予人以平等的選擇自由。現代人的選擇自由，來自於馬克斯・韋伯所説的信仰的祛魅，一個絕對性時代的結束。在傳統社會有佔主流地位的宗教、哲學和習俗告訴和指導人們如何選擇，獲得好的生活和好的人生意義。在那樣一個為絕對性所主宰的時代裏，古代人對自由的渴望並不像現代人那樣迫切和必要。然而，現代社會是一個價值諸神競爭的時代，整個社會不再有確定的、客觀的、唯一的絕對性存在，個人被拋向自由，未來的人生、生活的意義和確定性的價值，一切取決於個人的選擇。因為需要選擇，個人的自由和平等才變得如此的重要；因為承認人的道德自主性，自由與平等才成為現代社會唯一公認的客觀價值，超越於任何主觀價值上。

不過，自由與平等，並非善本身，只是個人實現善的制度性條件而已。現代人要的不僅是自由，而且是幸福（善好的生活），究竟是自由具有優先性，還是善好具有優先性，這也是一種價值選擇，因人而異。自由主義不僅要告訴人如何獲得自由，而且要告訴人們如何獲得幸福，過怎樣的生活才是善的與好的。自由與平等這些價值之所有具有客觀性和絕對性，乃是因為在現代社會中，是實現各種不同的善的形式化和制度化條件，但人不是為自由和平等而活着，而只是為追求幸福與善好的生活而活着。對現代人來說，唯有自我選擇的生活才是好的生活和幸福的生活，這與生活在有絕對性價值主宰的古代人不同。然而，自我選擇的生活，未必必定是好的和幸福的生活。對於現代人來說，有一些痛苦來自於選擇的不自由，而另一些痛苦倒是來自於選擇太自由，以至於許多自由人因為缺乏確定的價值導引，不知如何選擇，產生不可承受之重。

如前節所說，在絕對的善與惡之間作選擇，與其說需要道德的理性，不如說需要來自信仰（或內在良知）的意志和決斷。然而，相對主義時代中各種不同價值都有各自善的理由，它們屬於多元社會中的合理分歧，沒有絕對的善惡、是非和對錯可言。因為終極的、絕對的、元話語意義上的善的喪失，現代人在不同的善之間的選擇往往是決策主義的，缺乏明確的公共尺度，找不到一個終極性的判斷。現代社會自由人的道德困境其實在這裏，對於善惡之間的大是大非並沒有實質性的分歧，真正的分歧在於各種合理的善之間的選擇，比如在西方關於墮胎是非合法，在中國計劃生育是非合理，都是沒有終極答案、頗具爭議性的問題。

拉茲在討論自主與價值的問題時指出：「自主的價值僅體現在對善的追求中，自主的理想只是要求具備各種道德上可以接受的選項。」「自主要求人們在各種善中做出選擇，而善與惡之間的選擇是不夠的。」[11] 這裏說的各種善，乃是現代社會各種合理的、多元的宗教和哲學，特別是富有終極性善的軸心文明。一個道德自主的現代人，對於不同的善的選擇不能採取機會主義、實用主義的態度，哪個好用、對我有利就選擇哪一項。自由不僅意味着擁有不受強制的外在自由，而且也意味着具有內在的自我，擁有穩定的、一貫的善的觀念。這樣的自由是格林意義上的積極自由觀念，自由就是一種選擇善的能力——不是個人之獨善，而是與其他成員分享的公共善。正如金岳霖在分析格林的自由觀念時說的那樣：「這種積極的自由概念具有優越性，是因為它意味着共同善的思想。自由不僅是做和經歷某件值得去做和經歷的事的能力，而是與其他人共同去做、去經歷。」[12]

一個好的個人選擇，同時需要外在和內在的兩種不可或缺的條件。外在的制度化條件乃是自由主義所追求的自由與公正的社會政治體制，而內在的精神性條件則是有好的宗教和德性倫理。前者保障你的選擇在意志上自願的，是不受外力干預的自主性決定，後者幫助你的選擇在理性上是自覺的，有確定的善為你導航。羅爾斯的政治自由主義滿足了第一個條件，卻將第二個條件用括號擱置起來，存而不論。因此桑德爾批評羅爾斯關於自我的觀念是一個缺乏歷史內涵的、沒有目的預設的「無牽無掛的自我」，他指出：「只有當自我優先於其目的時，正當才能優先於善。只有當我的認同從來沒有與隨時擁有的目標和利益聯繫在一起的時候，我才能認為自己是一個擁有選擇能力的自由和獨立的行動者。」[13] 然而，一個沒有確定的善的目標的自我，即使擁有自由的選擇能力，也是一個缺乏自覺意識的、盲目的自我。而這樣游離於一定的文化社群、缺乏內在「善」的孤獨的、原子化的自由人，最容易被當下的各種政治意識形態操弄，或者跟着流行的大眾意見行動，從而所謂的自由選擇最終蛻變為沒有內在的「善」導航的芸芸從眾中的一員。

現代人所追求的除了自由，更重要的是美好的生活。美好生活之實現，需要揚善抑惡。邪惡無所不在，既寄生在制度中，又隱藏在人性中。傳統社會對惡的制約，乃是依靠上帝或天命這一絕對的神秘力量。當這一超越性意志到現代社會被祛魅之後，自由主義提出的替代性方案乃是通過人自身創造的制度制約人世之惡，以權力制約權力，以野心對抗野心。這是一種以惡制惡的方案，也是非常有效的制度性規範。然而，這並不意味着傳統之善對於惡的制裁已失效。自由主義的憲政只能防範人世之惡，卻無法根除人性之惡，雖然它能夠通過制度性的環境，讓人性中的正能量得以發揮，負能量得以抑制。根除人性之惡，最終還是要依靠人性本身之善，尤其是來自超越世界的終極之善，那就是對美好生活、美好心靈和美好德性之追求，或者通過善之追求獲得拯救，獲得終極性的人生價值。因此，自由主義的消極防範制度之惡是一種方案，而各種軸心文明積極地追求「善」與美好生活是另一種方案。自由主義對何為美好的生活，只能做出形式化的原則規定，卻無法對不同的人生和生活進行價值性排序。密爾曾經以「最大多數人的最大的善」的功利原則，並以個性的自由和精神價值，提出不同的人生與文化有卓越和平庸的區別，繼密爾之後，格林修正了從洛克到邊沁的唯物論自由主義傳統，將德國唯心主義的萊茵河水引入泰晤士河，將人的精神尊嚴和道德使命視為美好生活和美好人生的重要準則。即便如此，自由主義的倫理哲學對美好人生問題所給出的答案也止於形式化的規範，所缺乏的正是軸心文明所擁有的實質性的德性指南。因此，無論是政治自由主義，還是整全性自由主義，都必須放下理性的傲慢與偏見，向古希臘羅馬文明、基督教、伊斯蘭教文明以及東方的印度教和儒家文明開放，吸取軸心文明中豐富的「善」的資源，為現代人的自由提供不可缺少的內在選擇能力。

自由主義如何獲得自己的文明基礎？守住基督教的母體之根在現代多元社會不可能，而自由主義也無法打造一個自身的整全性文明基礎，那麼唯一的途徑，便是走上尋根之路，到人類幾千年的智慧結晶軸心文明裏去尋找自己的文明根基。自由主義要以謙卑之心，承認自己的不完備性，致力於與各種軸心文明接榫，從那裏尋找自己的根源感。這個文明的根源，可以讓自由和平等不僅在政治上是「正當的」，而且在文明上也是「善」的、值得認同的。自由主義建立了一個低度的、合理的制度平台，但這並不意味着人們生活的所有。自由主義有其不可超越的盲點和死角，而這些死角正是需要神學、佛教和人文性的儒家來填補，即便是制度平台本身，其背後的公共文化也無法忽視這些整全性宗教和學說的滋養，從而從「獨根的自由主義」或「無根的自由主義」發展為「多根的自由主義」。這也是羅爾斯認為公共正義來自多元宗教和哲學的「重疊共識」的本意所在。

比較起其他社會政治學説，自由主義最大的生命力，乃是其多元性，適合現代社會各種繁紛複雜的眾神競爭的格局，譜寫出自由主義的不同敍事：基督教自由主義、天主教自由主義、儒家自由主義、佛教自由主義、道家自由主義、社群主義的自由主義等。歷史遠遠不會終結，自由主義自身也會變種，其發展具有無限的、開放的可能性。在可以預見的將來，各大軸心文明乃至現代的宗教、道德和哲學將與自由主義長期共存，互相監督。對於自由主義來說，真正的問題只是一個，如何向軸心文明敞開，通過對話、交流、互嵌和接榫，獲得自己堅實的文明根基。

自由主義的尋根之旅，路漫漫其修遠兮，吾將上下而求索！

二〇一三年

註釋

1 羅爾斯，張國清譯：《道德哲學史講義》，上海：三聯書店，2003，4–12頁。

2 拉茲，孫曉春等譯：《自由的道德》，長春：吉林人民出版社，2006，390–391頁。

3 哈貝馬斯、貝辛格：〈世俗化的辯證法〉，引自張慶熊、林子淳編：《哈貝馬斯的宗教觀及其反思》，上海：三聯書店，2011，134頁。

4 同上註。

5 拉辛格：〈什麼把世界維繫在一起：自由國家的前政治的道德基礎〉，載張慶熊、林子淳編：《哈貝馬斯的宗教觀及其反思》，122–125頁。

6 周濂：〈政治社會、多元共同與幸福生活〉，《華東師範大學學報》，2009年第5期。

7 羅爾斯，姚大志譯：《作為公平的正義：正義新論》，上海：三聯書店，2003，33頁。

8 拉茲，孫曉春等譯：《自由的道德》，長春：吉林人民出版社，2006，390–391頁。

9 梁啟超：〈新民説〉，《梁啟超全集》，第2冊，北京：北京出版社，1999，714頁。

10 桑德爾：《自由主義與正義的局限》，萬俊人等譯，南京：譯林出版社，2001，247頁。

11 拉茲：《自由的道德》，390–391頁。

12 金岳霖：〈T.H. 格林的政治學説〉，載劉培育編：《道、自然與人：金岳霖英文論著全譯》，北京：三聯書店，2005，343頁。

13 桑德爾：〈程序共和主義和無牽無掛的自我〉，載應奇、劉訓練編：《公民共和主義》，北京：東方出版社，2006，341頁。

第四編

反啟蒙思潮批判

第十五章

普世文明，還是中國價值？

中國歷史主義思潮批判

十年河東，十年河西，以此來形容中國思想界的潮流變化，再確切不過。十年前的世紀之交，一場自由主義與新左派的大論戰剛剛落幕，圍繞着現代性、自由、民主與公正等問題，從八十年代啟蒙陣營分化出來的雙方激烈交鋒，天搖地動。進入二十一世紀，中國知識分子的內部分裂已成定局，對話轉化為獨白，冷諷代替了爭論。剛剛過去的二〇〇〇年代，是中國崛起的十年，二〇〇八年北京奧運與全球金融危機之後，中國的崛起已經成為世界公認的事實，崛起的中國，將走向何方？作為一個世界大國，將以什麼樣的文明價值向世人展示？

在這一新的時代背景下，對立的中國知識分子又有了新的思想聚焦，其焦點落在中國發展背後的價值正當性上：是繼續三十年來的改革開放，堅守人類的普世價值，融入全球主流文明，還是尋求獨特的中國價值，為世界提供一個另類現代性？這場「普世價值論」與「中國特殊論」的隱匿論戰，雖然沒有在公共領域直接展開，但在有關中國的所有問題上，幾乎都可以窺見其背後的刀光劍影。在各種各樣的「中國價值」、「中國模式」、「中國主體性」等流行於當下思想界的敍事背後，有一個共享的理論預設，這就是反啟蒙的、對抗普遍理性的歷史主義。新世紀之初的歷史主義思潮，浩浩蕩蕩，蔚成大觀，成為中國思想界一時之顯學。

一、從八十年代的普遍理性到九十年代啟蒙的歷史化

特殊與普世，皆是相對而言，如同黑格爾的主奴關係，是一種互為前提的辯證存在。在上下二千年的古代歷史中，中國一直是世界文明大國，在東亞地區代表着普世文明。這一華夏中心主義的位置直到十九世紀中葉被顛覆，隨着歐洲文明稱霸全球，中國開始被邊緣化，成為全球普世歷史中的特殊案例。晚清之後幾代中國人的奮鬥，皆為實現中國的富強，成為西方那樣的現代性普世國家。然而，新中國的締造者毛澤東對於西方普世文明具有強烈的反叛性，他主導的另類現代性實驗，不僅顛覆了歐美的資本主義文明，也背離了蘇俄的社會主義正宗，試圖借助中國特殊的歷史文化傳統，通過民粹運動的常規化，以準宗教的革命精神為動力，實現國家富強與國民均等的毛式現代性目標。這一被汪輝稱之為「反現代的現代性」，排斥的是西方現代性，卻又胸懷天下主義抱負，要在拯救全人類的共產主義理想中，走一條中國特殊的道路。這一內涵着宇宙、自然、人類與民族普遍規律的大同理念，因為其殘酷的烏托邦實踐與世俗時代人性的背離而無法維持下去。「文革」結束後，在鄧小平的領導下，中國迅速回到世俗化軌道，打開國門，第二度融入全球化的普世文明。

思想史意義上的八十年代，從一九七八年的改革開放之始，延續到九十年代初全球冷戰結束。八十年代的時代特徵乃是五四之後的第二次思想啟蒙，從共產主義的超越世界回到哲學人類學意義上的普遍理性，從中國的特殊道路回到西方為中心的普世歷史。八十年代的中國雖然呼喚「中華民族復興」，但真正的出發點不是民族，也不是國家，而是「人」，那個超越了具體種族、民族與國家界限的抽象的「人」。毛澤東的「文革」被理解為違背了普遍人性的封建專制，因而啟蒙所追求的也就是一種符合普遍人性的普世現代性。現代性的正當性來自人類的普遍法則，而不是特殊的民族國家利益或歷史文化傳統。在八十年代，世界的尺度也是民族的標準，世界的現實，就是中國的未來。民族的所有價值都要放在世界的天平中去衡量。八十年代也有愛國主義，但其背後是一種世界主義意識：中國要實現民族復興，最重要的乃是走向全球的普遍歷史。相比之下，中國特殊的歷史文化傳統反而成為負資產，是走向普遍歷史過程中必須被克服的對象。八十年代愛國者普遍的憂慮，不是「中國的消失」，而是「被開除球籍」，他們關懷的共同點是如何從封閉走向開放，從「黃土地」走向「藍色文明」，因而八十年代的啟蒙思想，存在着一種根深蒂固、未經反思的二元式敍事：中國 vs 世界、傳統 vs 現代、歷史 vs 規範、特殊 vs 普遍……這些範式實質上只是同一種二元敍事的不同表述而已：「中國」象徵着封閉和落後，象徵着妨礙現代化的特殊傳統；而「世界」意味着先進與未來，意味着普世的價值與規範。這個「世界」有其可模仿的典範，那就是西方的現代性。當九十年代初全球冷戰結束，西方模式似乎從此不可挑戰。李慎之興奮地說：「世界經過工業化以來兩三百年的比較和選擇，中國尤其經過了一百多年來的人類史上規模最大的試驗，已經有足夠的理由證明，自由主義是最好的、最具普遍性的價值。」[1] 八十年代在一片樂觀的「歷史終結」歡呼聲中落下帷幕。

與「漫長的」八十年代相比較，九十年代相對比較「短暫」。其之所以「短暫」，乃是從各個方面來說都是一個過渡期，具有分化、組合、混沌不清、重新出發這些過渡期的特徵。當八十年代的啟蒙獲得話語領導權後，也是其走向分化的開始，以普遍理性為核心的啟蒙陣營到九十年代中期發生了重大分裂：自由主義與激進左翼、人文精神與市場世俗主義、世界主義與民族主義……這些本來同處一個陣營的對立雙方，紛紛從啟蒙的旗幟下破繭而出，自立門戶，形成九十年代激烈的思想論戰。[2] 每一次論戰的結局，都深刻顛覆了啟蒙所賴以存在的思想與現實根基。

九十年代對啟蒙的普遍敘事的挑戰，首先來自於反西方主義的出現。在八十年代的新啟蒙運動中，西方是現代性的世界典範，是全球普遍歷史的終極象徵。然而，到了九十年代中期，隨着啟蒙陣營的分化，西方這一象徵符號也發生了裂變，在新崛起的激進左翼和極端民族主義裏，西方模式成為了需要被超克的對象。張頤武、陳曉明運用剛剛引進的薩伊德後殖民文化理論，重新審視五四以來中國的啟蒙話語，判定它們是西方的「東方主義」在中國的殖民化，宣佈現代性在中國終結，必須代之以具有本土意識的「中華性」；崔之元、甘陽為代表的海外新左派，以西方的「分析馬克思主義」、「批判法學」、「新進化論」為理論，主張「第二次思想解放」，從對西方的迷信中解放出來，在中國通過「新集體主義」等多種制度創新，實踐一條超越資本主義與社會主義兩分的中國道路。到了一九九六年反西方主義思潮出現了山寨版《中國可以說不》，集中宣泄了極端民族主義者對西方的仇視。[3]

當西方的太陽在地平線上隕落，中國的月亮便在樹影中升起。如果說八十年代的風氣是告別東方、走向西方，那麼到了九十年代中國真正融入全球化、全面擁抱西方的時候，西方卻不再代表理想中的普世價值，轉而變為一個壓抑中國的怪獸。去西方化、在中國發現歷史，追求知識話語的本土化，成為知識界新的時尚。即使是自由主義者，對八十年代那套「傳統與現代」、「中國與西方」的二元式敘事也有所反思，於是出現了兩種修正的現代性敘事：文化民族主義與保守自由主義。

作為對八十年代激烈反傳統的修正，九十年代初出現的文化民族主義思潮，在俠義上是一種文化保守主義，在廣義上表現為各種寬泛的學術本土化的努力。九十年代的文化保守主義，通過回溯近代中國思想史中的杜亞泉、學衡派和新儒家，重新肯定中西調和論的歷史價值，試圖實現人類的普世文明與儒家傳統的對接。如同歷史上的張君勱、梁漱溟、熊十力、牟宗三這些新儒家，九十年代的文化保守主義也將義理與制度分為兩截，在制度上肯定啟蒙的基本目標，承認民主與科學的價值正當性，他們思考的重心是：如何從「老內聖」（儒家義理）開出「新外王」（民主與科學）？傳統的儒家思想如何適應並轉化出現代價值？而寬泛意義上的文化民族主義，追求的是西方知識話語的本土化：如何借鑒中國的「地方性知識」，將外來的社會科學知識譜系，轉化為具有中國特色的本土話語？無論是文化保守主義，還是知識本土化，他們的基本立場依然是世界主義的，承認現代性價值在中國的普遍正當性，只是認為其來到中國後，應該有獨特的本土資源而已。九十年代這種溫和的文化民族主義與下面將論述的歷史主義不同，他們不是以中西方對抗來證明自己的存在，而是通過調和東西方文明，以實現具有中國特色的現代普世文明。

一方面是文化民族主義者試圖與現代價值接軌，另一方面自由主義也在尋求自身的本土化。劉軍寧在九十年代是英國式保守自由主義的積極倡導者。他所焦慮的是：來自西方的自由主義價值如何在中國找到本土資源，特別是自由主義比較缺乏的超越價值？在他看來，假如自由主義缺乏本土傳統中超越價值的支撐，「普世價值及其制度載體就得不到民眾來自信仰層面的認同」。他試圖將中國傳統中老子的「天道」與自由主義相結合，賦予世俗性的普世價值以本土化的超越源頭，發展出一種「天道自由主義」。[4] 自由主義的這一本土化轉向，與上述文化保守主義可以說是殊途同歸，差別僅僅在於：自由主義將普世價值作為核心，尋找中國傳統內部的相應資源，但這些資源僅僅只有工具性價值；而文化保守主義堅守儒學傳統有其不可替代的內在價值，努力證明其與現代的民主科學並不衝突。

八十年代的改革並不深入，因而啟蒙只是康德式的抽象理念，只是一種理性的形而上學。為了走向「世界」，幻想「去中國化」，穿越傳統為現代化設置的各種屏障。當九十年代改革進入艱難的攻堅戰，啟蒙也因此從玄學回落到人間，被還原到中國的具體歷史語境與現實條件，於是啟蒙不得不「再中國化」，從抽象的價值規範回到具體的中國問題研究。另一方面，啟蒙所得以建立的普遍主義哲學到九十年代受到各種後現代思潮的強烈阻擊，普遍主義的價值基礎搖搖欲墜，留下的是一片相對主義和虛無主義的精神廢墟。為填補普遍主義失落而產生的碩大虛空，於是「中國價值」、「中國模式」、「中國主體性」等各種民族本真性敍事開始出現，經過九十年代的短暫過渡，到二十一世紀初，歷史主義思潮在中國思想界隆重登場。

二、挑戰普遍性：歷史主義的興起

歷史主義思潮（historicism）是一種對啟蒙運動的反彈，按照梅尼克的經典性研究，雖然歷史主義在歐洲與理性主義一樣古老，但作為一種思潮，出現在十八九世紀之交的德國，其核心概念有兩個：個性和發展。[5] 從古希臘的自然正當、中世紀的基督教倫理一直到世俗化的啟蒙理性，都認為歷史的價值在普遍的自然、神意或人性中，有其客觀性的保證。但歷史主義相信歷史的背後不存在客觀的法則、超越的意志或普遍的人性，歷史只是以個性的方式存在，國家乃是個性化的集中體現。在這個世界上，並不存在什麼普遍有效的價值或跨越歷史文化的普遍秩序。所有人類的價值都屬於特定的歷史世界，屬於某種文化、文明或者民族精神。價值是否正當，唯有置於具體的歷史文化傳統、從民族國家的視角才能加以衡量。正如伊格爾斯指出，歷史主義的要旨在於「拒斥啟蒙運動的理性和人道主義的觀念」，「認定人沒有本性，而只有歷史」。[6]

中國雖然不是歷史主義的精神故鄉，但如同其他非西方國家一樣，當啟蒙運動的狂飆席捲之後，都會出現對普遍理性的反彈，出現以民族精神對抗世界精神的各種形式的歷史主義。九十年代的文化保守主義雖然重視民族的歷史文化傳統，但它並不反抗啟蒙的普世目標，相反，試圖將儒家文化與啟蒙理想相結合，在啟蒙的普世價值中找到中國的特殊道路。但是到二十一世紀初，歷史主義將中國傳統與普世價值直接對立，他們抵抗的對象不再是九十年代反西方主義所仇視的「現實的西方」，而是「理念的西方」，即啟蒙所代表的普世價值，對「現實的西方」的批判，上升到了對「理念的西方」的理論抵抗。

詹姆斯•施密特指出：「啟蒙運動是歐洲的一個歷史事件，但是，『什麼是啟蒙』這個問題，卻獨一無二地是一個地地道道的德國問題。」[7]「什麼是啟蒙」意味着後發展國家的普遍焦慮，希望通過啟蒙克服自己的獨特性，成為像英法那樣的普世國家。普世國家追求的不是民族的本真性，而是超越民族的普遍人性，康德當年對這個問題的經典回答，正是哲學人類學意義上的「有勇氣公開運用自己的理性」。然而，「什麼是啟蒙」的問題來到中國，經過九十年代後現代思潮的洗禮，到二十一世紀初已經從康德式的規範性定義，變成一個福科式的詰問：「啟蒙話語是如何被歷史地建構的？現代性如何從歐洲的特殊歷史演繹成一個普世的神話？」

對啟蒙價值的批判，首先從解構西方文明的普世性開始。張旭東運用黑格爾的辯證法，顛覆了普遍性與特殊性的既定理解：「普遍性不過是特殊性的特殊的表現，是特殊性的一種過度陳述。……用一種帶黑格爾意味的辯證法的詞匯來說，普遍性是特殊性的自我意識，但卻並不是它的客觀真理。」[8] 所謂的普世文明，不過是一種自我宣稱式的特殊文明，是特殊文明當中一種過度膨脹的自我意識，當普世文明還原到歐洲的具體歷史語境之後，它只是西方文明的特殊表現，是西方文明在全球擴張過程之中人為建構的歷史神話。「從私有財產、主體性、法制、市民社會、公共空間、憲政國家，一步一步推到國際法，然後推到世界歷史，然後反過來以世界歷史的方式，以普遍性的名義來為自己的特殊道路和特殊利益作辯護。」[9] 張旭東提醒說：「這種假『普遍』之名的特殊價值觀決定了全球化過程內在的文化單一性和壓抑性」，使得當代中國人以為「現在有一種普遍的東西，有一種文明的主流，中國只要靠上去、融入進去就行了。」當中國融入普世價值後，獲得的是「現代性」，付出的代價卻是喪失了「中國」。[10] 中國的歷史主義所批評的對象，不僅是激進的「普世價值論」，同時也是温和的「中西調和論」，因為九十年代以來的文化保守主義雖然試圖追求中國特色的現代性，卻預設了一種「西方＝普世性、中國＝特殊性」的二元立場，這種追求中國特色的特殊主義與西方為中心的普遍主義不僅不矛盾，而且相互補充。酒井直樹曾經批評丸山真男以西方普世主義為尺度追求日本特殊道路的立場，認為後者的日本特殊性不僅不形成對西方普世性的反抗，反而強化了西方的中心地位，因為西方的普遍主義需要各種各樣非西方的特殊主義作為「他者」來確認自己唯一的主體性。[11]

這是一種文化對文明的反抗。在十九世紀初英法思想傳播到德國時，德國的知識精英們用德國的文化去抵抗英法的文明。這種德國的文化就是歷史主義。伊格爾斯指出：「在德國的 *Kultur*（文化）與盎格魯－撒克遜的 *Zivilisation*（文明）之間展開的文化戰爭——那是德國精英們藉以確立他們對於德國民眾的統治權的一套意識形態——中，德國『一九一四年觀念』與法國『一七八九年觀念』迥然有異」。[13] 這個「一九一四年觀念」就是抵抗英法普世文明的德國歷史主義文化。列奧・施特勞斯從他古典主義的視野出發，將德國的歷史主義視為一種價值的虛無主義，他們都是特殊的民族文化的愛好者，並以此拒斥人類的普世文明。施特勞斯所說的文明，不僅包括歐洲近代文明，更指的是以自然正當為基礎的古希臘文明。文明是一種將人造就為人的人性文化，有其客觀的自然基礎，文明是被發現而非被創造的。而德國的虛無主義不是對現代性、而是對文明本身的拒斥。[14] 文明擁有永恆的原則，屬於全人類，放之四海而皆準；而文化是歷史主義的，僅僅屬於特定的民族或族群，因時代的變遷而變異。文化與文明的大戰，是特殊性與普世性的抗衡，為的是抵抗從古至今的普世文明，捍衛民族文化的本真性。

在中國的歷史主義看來，西方的普世現代性預設了一個黑格爾式的歷史目的論立場，非西方民族在當代世界不可避免的宿命，就是從傳統進化到現代，爭取成為西方那樣同質化的普世國家。汪輝說：「『現代』作為一種時間的觀念，用區分的方式把其他的時期排除在現代之外，在這個意義上，『現代』是一個排斥性的概念，它把生活在同一時空中的其他東西排除掉，建立一個霸權式的等級結構。」[15] 黑格爾式的歷史目的論，通過傳統與現代、落後與先進的時間序列，將世界歷史整合為一個具有統一終點的發展過程。任何民族的發展最後都會指向一個共同的「神聖時刻」，那就是達到西方式的現代性。這種以西方為唯一典範的現代性，因為排斥了另類發展的可能性而形成了以單一性的霸權等級結構。即便你追求的是中國特色的現代性道路，依然跳不出西方普世文明的如來佛手掌。如同子安宣邦對近代日本的特殊道路所批評的，這只是「在近代思維中思考近代」，雖然想超克近代，最終還是落入西方普世主義的法則。[16]

究竟如何抵抗文明一元論的宿命呢？歷史主義從抵抗西方普世性出發，走向了抵抗人世間所有的普世性。既然沒有客觀的永恆價值，一切隨歷史的變遷而變化，那麼唯一真實的價值，便是民族的本真性，是整體化的民族精神。所謂的普世現代性既然是一個被人為建構的虛幻神話，那麼非西方民族就有理由在「近代思維之外思考近代」，在西方的現代性之外走自己的路，這就是多元現代性。汪輝認為：「所謂多元的現代性，也即一方面承認現代的某種不可避免性和價值，另一方面承認在不同的傳統和社會條件下，曾出現過不同的現代模式，不能因為它們同西方的現代性有差異，就簡單地把它們貶入傳統的範疇。」[17] 文明一元論的現代性方案到二十一世紀初發生了「去時間化」的巨變，現代性的太陽不是只有一個，而是有多個。不同民族的現代性道路，都具有同等的價值和自主性意義，在它們之上，不存在更高層次的價值標準。中國的多元現代性方案明顯受到日本、韓國學者的東亞現代性思想的啟示，孫歌、汪輝以及在中國任教的丹尼爾・貝爾等熟悉東亞歷史的學者，將探究現代性的目光從歐美轉移到東亞，通過對東亞與中國的歷史文化研究，論證東亞的現代性並非源自西方的影響，而是有其迥異於西方的歷史起源，由此形成的東亞現代性模式，構成了對西方普世主義的挑戰。[18] 普世的現代性方案因而被歷史化與空間化了。

啟蒙理性相信人性是客觀的存在，世界上存在着終極性的道德價值與普遍法則。但歷史主義對這些普遍法則嗤之以鼻，他們更相信的是超越了客觀性限制的民族意志的創造力。梅尼克指出：歷史主義的產生過程中充滿了與自然法觀念艱苦卓絕的搏鬥，歷史主義的誕生有賴於打破僵硬的自然法觀念、對至高人類理念和人性齊一性的信念，並將生命的流動性注入其間。[19] 既然沒有普遍人性，也沒有高於民族意志之上的普世法則，那麼，每個民族都可以憑籍各自的歷史文化傳統，充分發揮民族的個性意志，自由創造個別的民族法則。與人類文明不同，民族文化並非人性之中有待發現的客觀存在，而是自由意志的選擇和創造。民族文化的內在性質就是多元與差異，而非同一與普遍。

這種崇拜個性與意志的歷史主義，在中國思想史中同樣能夠找到與此呼應的唯意志論傳統。從明代陽明學的「良知解放」到清代龔自珍的「我氣造天地」，從梁啟超的「個性主義」到張君勱「創造性的民族意志」，以及毛澤東的破壞即創造的「反現代的現代性」，都可以發現一條清晰的中國式歷史主義的思想脈絡。汪輝認為：「現代性並不是天然存在的現成的東西，它是我們的創造物，並不是一個既定的版制。如果現代性是一個創造物的話，就意味着有往哪個方向在什麼條件下進行創造的問題，因此，人們對不同的現代性的描述，本身也是為了創造不同的價值和現代取向。」[20] 一方面是對「第二次思想解放」的呼喚，無節制地膜拜思想與實踐的獨創性；另一方面，又大量引用西方學者的理論、觀點為自己的「中國價值」和「中國模式」背書。魯迅式的「拿來主義」與對獨創性的迷戀構成了一幅反差性強烈的諷刺景觀。類似的情形當年在日本也曾經出現過。丸山真男在《日本的思想》一書中對此批評說：「一方面，日本『學界』整天忙於經銷輸入的『產品』，另一方面社會又產生了一種逆反現象，就是『獨創性』崇拜，即把零碎片段的偶然想法當作『獨創』來極度尊崇，這種尊崇在評論界和大眾傳媒的推動下得以不斷地再生產。」[21]

伊格爾斯指出：歷史主義相信由意志、非理性、個體的自發性和意志所建構的道德秩序，它為一切價值的相對化鋪平了道路。[22] 當中國的歷史主義對普遍性發出挑戰、相信現代性的背後不再有人類的普世價值、不再有來自人性的絕對善惡的時候，也從一個側面印證了當代中國的價值危機。這一危機的直接呈現便是各種普遍性的死亡，剩下的是「一片白茫茫大地真乾淨」的價值虛空。在這張虛無的白紙中，可以畫各種又新又美的圖畫，獨創各種中國品牌的另類現代性。列奧・施特勞斯說過：對於歷史主義來說，「唯一能夠繼續存在的標準，乃是那些純屬主觀性的標準，它們除了個人的自由選擇外別無其他依據。……歷史主義的頂峰就是虛無主義。」[23] 伊藤虎丸曾經將魯迅精神形容為一種「能動的虛無主義」，[24] 看透了現代社會宏大價值的虛妄性，又不像世俗的虛無主義那樣隨波逐流，放浪形骸，不是楊朱，便是犬儒。「能動的虛無主義」以魯迅式的「過客精神」，從虛無開始，戰鬥性地走向創造新世界的能動。同樣，當代中國的歷史主義者面對全球的普世文明，大聲回答：不！我什麼也不信！他唯一相信的是他自己，是創造自身價值的超人意志。這一創造價值的個體，不僅是能動的個人，也是能動的民族，是正在創造中國崛起奇跡的民族整體。

當各種普遍性敘事都受到質疑的時候，唯一的確定性價值就降臨到民族生命體身上，那就是中國。然而問題在於：什麼是中國？各種各樣的「中國價值」、「中國模式」、「中國主體性」的民族敘事背後，都有一個未曾意識到的二元預設，即整體化的中國與西方。這種二元結構式的中國/西方，只是一種互為「他者」的抽象符號：當整體性的中國作為一種象徵符號被西方所定義的時候，同質化的西方也同樣被中國所假設。符號性存在的背後，是一種虛幻的意識形態，它將在全球化過程中不同文明所共同面臨的現代性困境，簡單化約為東西文明的衝突。在經歷了長達一個半世紀的開放之後，事實上已經不存在一個可以與西方截然區分的、透明的中國。西方的各種文明傳統，從資本主義制度的理性化、自由主義的理念與價值，乃至到馬克思的社會主義理論，都已經深刻地鑲嵌到當代中國的現實中，內化為中國自身的現代話語和歷史實踐。當代中國已經成為各種外來與本土文化的混血兒。為獲得一個未被西方污染的民族共同體，一些極端的民族主義者故意放大中國與西方的二元對立，試圖通過抵抗來清除異己的西方，提煉出一個純粹的、清晰的中國。一位年輕的哲學學者如是説：「在過去三十年，中國哲學完成了某種主體性的轉變：從抵抗中持守的主體，轉變為對話的主體。但在這種轉變中，也蘊涵着某種巨大的危險：在渴望被理解的追求中，從根本上喪失了主體性地位。所以，我覺得在對話的主體當中，要有抵抗的意識。」[25] 由《中國可以説不》的原班人馬二度炮製的政論暢銷書《中國不高興》，也將反抗西方作為形成「我們」的不二法門。自該書暢銷走紅後，一系列的「中國」暢銷書系列：《中國沒有榜樣》、《中國怎麼辦》、《中國站起來》等紛紛搶灘，形成了蔚為壯觀的「中國大合唱」。

然而，大合唱中的「中國」是如此地曖昧，其作為民族共同體的「我們」之存在，竟然有賴於西方這個「他者」。更可悲的是，與「他者」的對話將會喪失中國的主體性，唯有通過與敵人的對抗，方能實現對「我們」的認同。強世功乾脆將世界按照對中國的態度劃為敵我兩個部分：「全世界要麼作為我們的朋友站在擁護中國和平崛起的一邊，要麼作為敵人站在遏制和肢解中國的另一邊。」[26] 這種建立在對外「區分敵友」基礎上的認同政治，勢必將以對內高度的同一性與強制性為前提。當對「他者」進行抵抗的時候，敵人是有了，但作為主體的「我們」卻是模糊的，唯有依靠「他者」獲得暫時性的自我認同。即使擁有某種與西方對立的價值，同樣是一種魔幻的、缺乏反思性的民族同一性。酒井直樹曾經這樣評論竹內好對西方的抵抗：「為了反對西方的侵犯，非西方必須團結組成國民。西方以外的異質性可以被組織成一種對西方的頑強抵抗。一個國民可以採用異質性來反對西方，但是在該國民中，同質性必須佔優勢地位。」[27] 然而，這種同質性只是一種假想的、脆弱的同一性，是神秘的、符號化的「中國」。在一個普世價值被不斷歷史化、情境化的時代，被歷史主義賦予實體意義的中國，其實只是一個空洞的主權意識，不僅有政治主權、經濟主權，還有什麼文化主權，學術主權等。正是近代以後所建構起來的民族國家主權意識，支撐起幾乎全部的「中國主體性」，而其背後的價值內涵卻被掏空殆盡。古代中國作為一個文明帝國，其主體性有儒家文明作為支撐，今日中國的「主體性」除了主權，還剩下什麼？一旦遭遇與西方的外交、政治與文化衝突，幾乎搬不出一個像樣的價值論述作自我辯解，只能以一句粗暴的「這是中國的主權和中國的內政」以抵擋外界的批評。這種只講主權、不論文明的「主體性」意識，深刻地印證了中國自身的認同危機，一個擁有五千年歷史的文明大國經過一個半世紀的掙扎，卻蛻變為一個掏空了文明內涵的「純主權」國家。

三、爭奪普遍性：以中國崛起為背景

二〇〇八年對於中國與世界來說，都是非常重要的一年，北京以空前輝煌的開幕式和壓倒美國的金牌第一，成功地舉辦了第十三屆夏季奧運會；在世界驚呼中國崛起同，美國爆發了傳染全球的金融危機。在各國普遍出現負增長時，風景這邊獨好，中國以強有力的政府投資，實現了二〇〇九年 GDP 增長 8% 的目標。中國迅速走進了世界舞台的中央，有西方人士分析說：「按照這個勢頭發展下去，到二〇五〇年，中國將替代美國，成為全世界頭號霸主。」[28] 如果說二〇〇八年之前是「世界發現中國」的話，那麼二〇〇八年之後已經變成「中國在世界崛起」。這一驟然而至的巨變也給具有歷史主義傾向的知識分子帶來了微妙的心理變化。不久之前他們還在小心翼翼地論證中國現代性的特殊經驗，如今說話的口氣變得狂傲起來，摸着石頭過河的「中國經驗」上升為成體系的「中國模式」。這一模式不僅適應中國的特殊國情，而且昇華為足以與西方抗衡的另類現代性，變身為可供非西方國家借鑒與模仿的最新典範。過去是以「中國特殊論」抵禦普世價值的進攻，如今特殊變普世，「中國模式」將揚帆出航，到國際舞台去爭奪全球文明的話語霸權。

潘維的話得最透徹。在他看來，「冷戰是人類歷史上第一次靠意識形態競爭決出勝負的文明間的大戰。冷戰史證明，政治觀念體系競爭的成敗是文明興衰的關鍵。」[29] 蘇美間冷戰之所以蘇聯敗北，不是輸在軍備實力上，而是話語主導權的喪失。先是蘇聯知識界被西方征服，然後其領導集團被征服，最終導致了觀念上的崩潰與投降，於是整個民族陷入失敗的絕望。潘維憂心忡忡地説：「中國未來如果垮掉，中國模式如果失敗，很可能也是從政治話語權開始的，是被人説着説着就説成了。」[30] 他引用黃平的話説：「我國已成功解決了挨打、挨餓問題，現在卻面臨挨罵問題。」因為話語主導權在西方手裏，中國做什麼事總是錯的。潘維提出要在思想戰線上與西方打話語競爭戰：「第一，要解構所謂『普世』價值，説破這『皇帝的新衣』，把一個藥方應付百病的荒唐揭穿；第二，要實事求是地總結我們中華的生存方式，給出關於『中國道路』或者『中國模式』的讓知識界信服的闡述和理論解釋。」[31] 近年來各種各樣總結中國奇跡和中國模式的説法紛紛出爐：喬舒亞・庫珀・雷默提出所謂的「北京共識」，認為中國的發展模式與新自由主義的「華盛頓共識」不同，具有可在全球推廣的自身特點：根據本國的歷史與經驗、以「摸着石頭過河」的經驗主義方式不斷創新試驗；追求經濟發展的可持續增長；政府在國內主導市場，在國際上堅決捍衞金融主權等。[32] 潘維版的中國模式是：官民一體的「社稷」社會模式，一黨代表民眾執政的「民本」政治模式和國企主導的「國民」經濟模式。[33] 姚洋認為中國模式有四大特點：中性政府、財政分權、新的民主化道路和務實主義政黨。[34] 張維為總結中國成功背後有八條經驗，如民生為大、政府是必要的善、良政比民主化更重要、政績合法性等。[35]

這些形形色色的「中國模式」，無不充滿着富強至上的國家主義色彩。近年，中國思想界出現了一些引人矚目的現象：民族主義從溫和的文化保守主義蛻變為極端的政治保守主義，反現代性的施特勞斯主義與國家理性至上的卡爾・施米特主義攜手合作，激進左翼集體右轉，轉向認同當下政治秩序的國家主義。國家主義的出現，與歷史主義的思潮有着密切關係，哲學上的歷史主義演化為政治上的國家主義，個中存在着詭秘的邏輯通道。

歷史主義拒絕啟蒙的普遍理性，不承認世界上存在着普遍的人性與永恆的法則，一切隨時間與空間、歷史與文化的變化而不同，因而個體性是歷史主義的核心原則之一。但歷史主義的個體性不是自由主義原子式的個人，它是一個更大的整體中的自我，是一個為整體所定義的「真正的自我」。以賽亞・伯林在分析費希特的個體觀念時指出，費希特的自我與康德的道德自主性不同，它從孤立的個體飛躍到真正的主體，自我只是作為整體模式的組成部分而存在，是一種種族和國家的集體性自我。「個體的自決現在變成集體的自我實現，民族變成了由統一的意志組成的共同體。」[36] 歷史主義個體性中的個體，不僅指的是個人，更重要的是指作為個人的集體性存在者——國家。相對於啟蒙理性念念在茲的抽象的人性與普遍理性，歷史主義更關注的是個別民族國家的個體性。民族國家具有雙重的性質：對於人類來說，是一種獨特的個體性；而對於自己的國民來說，又是一個具有共同文化和同一意志的共同體。國家既然是一個獨立的、自在的個體，那麼它就只服從國家理性這一自身的法則，而不必在乎人類的普世價值。另一方面，國家作為最高道德個體，代表國民真實的、整體的公意，那麼每個國民都有服從作為「真實的自我」——國家的道德義務。這樣，歷史主義從高揚個體性開始，最終走向了對國家有機體的神秘膜拜；從對啟蒙的普遍理性反叛開始，最終落入了對國家權力的精神皈依。

十九世紀初的德國歷史主義曾經走過這段心路歷程，二十一世紀初的中國歷史主義也正在重蹈德國人的覆轍。摩羅在九十年代曾經是一個在文學界有相當影響的尼采式的個人主義者，最近他出版的引起很大爭論的《中國站起來》，卻「轉向」為狂熱的反西方的國家主義者。摩羅如此解釋自己的思想「轉向」：「之前我是站在底層的個人視角向強權吶喊。現在我是站在一個相對的底層國家，向西方強權國家吶喊。」[37] 當意志的「個體性」由於價值上的虛無無法支撐起自身的信仰時，個人便向一個更大的「個體性」——整體性的民族國家皈依，而且都是以弱勢反抗強權的名義，不過這一次反抗的目標從國內的強權轉向了國外的強權，並曖昧地向曾經反抗過的國內強權認同。前述有關「中國模式」的各種敘事，都是從抵抗西方、拒絕普世價值出發，試圖在中國的歷史與現實當中尋找與西方不同的民族「個性」：或者在秦朝以後的古代歷史中發現外儒內法式的監護型權威政治；或者從建國六十年的現實之中總結出一以貫之的富強現代化道路，於是理直氣壯地對外宣佈：不要老是拿普世價值到中國來説事兒！中國有自己特殊的民主、特殊的憲政，有中國製造的現代性！

中國的歷史主義不僅反對西方的價值，而且連不同文明所共享的普世價值也不願承認，他們堅信各個民族的價值不可通約、各個國家都有其特殊的現代性。於是所謂的現代性就被抽離掉其普世的、確定的價值，唯一可確定的內涵，便是以GDP為量化指標的國家富強和馬克斯·韋伯意義上的制度合理化。毛澤東「反現代的現代性」堅持的是法家式的富國強兵，排斥的是現代性的制度合理化，鄧小平的改革路線一面繼承了毛的富強現代性，強調發展是硬道理，另一面採取了一種超越意識形態分歧的不爭論策略，注重在制度合理化層面與西方接軌。所謂韋伯式的制度合理化，乃是指以工具理性的方式，將社會各個層面通過以成本核算的會計制度和非人格化的科層官僚制組織起來，也就是普遍的公司化管理。這種制度合理化是一種去價值、去政治、以提升管理效率和控制能力為目的的理性化改革，它可以與各種政治體制相結合，既可以適應自由憲政體制，也可以服務於現代威權體制。當國家主義者摒棄了現代性的普世價值、剔除了現代性中的倫理性、制度性要素之後，他們所說的現代性只是一種富強的現代性和價值中立的制度合理化。這樣的去價值、去政治的現代性只是一種目的論（目標—手段合理化）的現代性，而非價值論的現代性，現代性不再擁有其不可讓渡的內在價值，所有的一切只是實現某種具體目的（比如國家富強）的工具性手段。

西方的現代性，是一個具有多重對立元素的文明複合體。富國強兵與自由民主、權力意志與人的尊嚴、資本主義合理化與批判理性傳統、國家主義與世界主義……這些兩歧性的元素在西方近代歷史過程之中一直存在着內部鬥爭的緊張性。富強與啟蒙，可以說代表了西方現代性的不同面向。在早期資本主義發展史中，以物質主義和國家主義為核心的富強現代性壓倒了啟蒙價值，曾經導致了殖民擴張、世界大戰等種種罪惡。梅尼克指出：「希特拉時代的德國民族性格之成為可能，是由於自從歌德以來靈魂力量之持續不斷換位的結果，我們可以把它理解為合理的與不合理的兩種力量之間的靈魂平衡受到了干擾。一方面是過分突出了算計的智能，而另一方面則是感情上對權力、財富、安全等的渴望，於是行為的意志力便被驅入到了危險的境地。任何在技術上能夠加以算計而又可行的事情，只要能帶來財富和權力，看來似乎就被證明是有道理的——甚至於就被證明在道德上也是有道理的，只要它能為自己民族的利益服務。」[38] 當一個民族不再有普世的精神價值規範其國家行為，而僅僅追求自身利益最大化的時候，「什麼是好的」倫理問題便會被「什麼是我們的」立場問題替代，民族靈魂中的惡魔因素便會無限膨脹，從而走向現代性的歧路。

當中國的國家主義在抵抗西方、追求中國特殊道路時，卻是以最西方的方式實踐着自以為是中國的理想，他們排斥了西方文明中彌足珍貴的普世價值，繼承的卻是西方文明中野蠻的富國強兵。一九四一年日本發動太平洋戰爭，試圖超克西方，對此子安宣邦反問道：「這個歐洲『近代』普遍性主張所孕育出來的對立者亞洲，可以逃脱『近代』原理嗎？使對立者登上世界史舞台的不正是近代歐洲世界史發展的結果嗎？而使日本成就為最強有力的對立者的，不正是因為成功地接受了近代歐洲的國家原理所使然的嗎？」[39] 酒井直樹也如此批評日本的「超克近代」的思潮：「他們所反對的是，在世界的歐洲中心主義的體系中，日本人假定的統一性碰巧被排斥在中心之外。而他們所希望能夠實現的是，把世界改造成讓日本人佔有中心和主體的位置以便用日本人自己的普遍標準來規定其他特殊性。為了達到此目的，任何西方的東西只要符合現代國民國家（nation-state）的結構，他們就願意贊同。促使他這樣做的遠遠不是一種反西方的決心而是追隨現代性道路的意志。」[40] 這裏所說的現代性道路，當然是一種去價值、去倫理的富強現代性，並由此打造國家/國民高度同質化的民族意志。當代中國的國家主義同樣也是如此。當他們抗拒西方的重心落實在西方文明中的啟蒙價值時，卻悄悄地放過了最可怕的富強現代性。表面與西方對着幹，實際上打來打去，卻打成了一片，成為西方的精神俘虜，而且是最缺乏文明價值那部分的精神俘虜。

在富強現代性的背後，是一種深刻的價值虛無主義。不同的現代性在價值上無可通約，精神價值與政治文明都是特殊的，無普遍性可言；唯獨在物質實力和制度合理化層面是普世的，可以用量化的數據和實用的效率比較衡量，一決雌雄。當上帝死了後，倫理上的各種價值之神陷入了永恆的戰爭，不再有一個終極的價值裁決它們。正如伊格爾斯所批評的德國歷史主義那樣：「歷史不再是一個有意義的過程，並且成為了無法解決的價值衝突的領地。……韋伯留下來的是一樁危險的遺產，因為他審察一切價值的意願，卻避開了這整個傳統對之頂禮膜拜的一個偶像，那就是國家這一偶像。」[41]摩羅曾經是一個反抗者，但骨子裏籠罩着虛無主義的陰影：「存在的虛無感和精神的虛妄感緊緊地纏着我，內心的那份失落和凄惶壓得我喘不過氣來……當我面對內心那顆孤獨的靈魂時，我對『人』、『生命』、『真理』、『正義』、『價值』等東西全都產生了根本的懷疑。」[42]當巨大的虛空壓得他再也不堪忍受撕心裂肺的孤獨時，於是便一頭扎進國家主義的懷抱，在虛幻的愛國主義之中尋找皈依：「在國家成為人類社會分群界線的第一原則的時代，功臣與罪人、聖人與魔鬼的區分標準，與個人品德全無關係，僅看他謀求的是哪國的利益，損害的是哪國的生命。這個標準簡單地說其實就是所謂『愛國主義』。」[43] 在倫理價值的廢墟上，除了國家意志之外別無一物，民族利益成為了唯一有價值的價值。歷史主義就這樣一步步地從相對主義滑向虛無主義，最後墮入國家主義的萬丈深淵。

當一部分追求富國強兵的歷史主義者墮入國家主義的時候，另一部分具有人文情懷的歷史主義者則跨越富強現代性，試圖重新建立中國文明，與西方爭奪普遍性的話語領導權。最早有此自覺意識的是甘陽。早在二〇〇三年底，甘陽就提出了中國要從民族國家發展為一個文明國家。他所希望的「文明國家」並非一個接受了普世價值的文明，而是「去西方化」的中國文明。他以近代土耳其為鑒，認為如果一個國家學習西方、自毀本民族的文化傳統，那將是「自宮式的現代化」，最終成就的只能是一個「自我撕裂的國家」。甘陽認為：「我相信中國將會選擇『現代化但不是西方化』的道路。中國不是一個一般的小國家，中國的悠久文明歷史決定了它是一個有『文明慾望』的大國，是一個有它自己『文明利益』的大國，因此中國不會滿足於僅僅作一個土耳其那樣的三流國家，也不會滿足於僅僅作西方的附庸。」[44] 在九十年代的文化保守主義那裏，復興中國文明僅僅是為捍衞民族文化的特殊性，而到了二〇〇〇年代，在中國崛起的大背景下，中國文明的復興者萌生了強烈的與西方爭奪普遍性的「文明慾望」。張旭東説：「今天提出『全球視野下的中國價值』這個問題，就是要把『中國價值』放到『普世文明』的高度上和框架內來思考。」在他看來，中國價值與普世價值不存在任何緊張性，因為普世價值不是西方的專利品，「『中國價值』必然是『世界文明主流』的組成部分。『中國價值』的題中應有之意，就是在理論上、哲學意義上不承認中國實踐需要先驗地接受任何既有的參照系。」中國價值的實現，就是一次具有普遍意義的歷史性實驗，是一次「打破舊世界、建立新世界」的革命性集體行動。[45]

那麼，如何進行「中國價值」的革命性實驗、重歸世界普世文明的主流？如果説歷史主義中的激進左翼比較強調中西之爭，力圖以中國價值的主體性壓倒西方文明霸權的話，那麼古典主義者則更關注古今之爭，希望以中西文明的古典價值批判和超越日益陷入危機的現代性。在他們看來，中西之爭的核心是古今之爭，今日的中國已經完全認同於西方現代性，要拯救現代性的窮途末路，最重要的乃是尊重自然與天道，回到古希臘和先秦時代的古典傳統。二〇〇〇年代所出現的中西古典主義，與九十年代的文化保守主義全然不同。後者雖然追求中國文化的特殊性，但他們對普世價值之正當性深信不疑；而二〇〇〇年代的古典主義者不再承認現代文明的正當性基礎，他們試圖用回到古典的方式重新塑造現代社會，創造反現代的古典「現代性」。一批年輕的中國古典主義者如是説：「自夏商周三代以來以禮樂為核心、歷數千載演進而不廢的中國思想傳統，仍在很大程度上構成我們追尋美好生活的基本視域。以千載觀百年，則中國的現代並不是中國古典文明之外的另一個文明。」[46] 而這條中國特色的文明道路，「與『中國特色』相關聯的並不即是原始意義上的『中國道路』，而是一條在中國發現的普遍道路。」[47] 九十年代的文化保守主義所期待的，只是一個為普世文明所規約的中國特殊現代性，而二〇〇〇年代的古典主義所追求的，卻是一種碰巧「在中國發現」、卻具有全球普世價值的新文明。西風壓倒東風已成昨日，東風壓倒西方的「中國世紀」終於降臨了。

在對待中西文明的問題上，中國的歷史主義採取了一種雙重標準的立場：一面批評西方不過是假冒普遍性的特殊文明而已，同時對自家的文明則認定天生具有普世資格。這一實用主義的雙重標準，無疑是一種潛意識中「區別敵我」的「文明衝突論」。文明究竟是普世的還是特殊的？對此顯然不能以「區別敵我」的方式來定案。世界上所有的高級文明，都具有雙重的性質：從歷史的發生學來説，它們都與特定的社會文化傳統相聯繫，以此作為其自身產生與發展的歷史條件，因而所有的文明都是特殊的。而從文明比較的內涵來看，無論是基督教、伊斯蘭教、印度教，還是人文化的儒家文明，都不是從特殊的民族個性，而是從上帝、宇宙、自然和社會的普遍視野裏提出全人類的問題，因而高級文明總是具有內在的普世價值。自從軸心文明時代以來，萌生於特定文化背景中的各種高級文明都力圖突破特定的地域性，在世界上獲得超越本民族的普世性質。不同文明之間也因內含共同的普世關懷，得以進行深入對話，實現文明間的「視界交融」。

四、「殊途同歸」、「分道揚鑣」與「理一萬殊」

當代中國思想界有兩種極端的傾向。一種是原教旨自由主義者所主張的「文明一元論」，相信世界各國、各民族的現代化發展道路「殊途同歸」，萬川河流不管來自是黃土地、紅土地還是黑土地，最後都會彙集到西方的「藍色文明」中。中國的未來只有一條道路，那就是西方所代表的普世的現代化道路。以此截然相反的是歷史主義者所持有的「文化相對論」，認為各個民族與國家的現代化道路由於國情與文化不同，各有其價值所在，不同文化之間不可通約，不存在一個為不同文化和民族所共享的普世文明，全球的現代性模式不是「殊途同歸」，而是「分道揚鑣」，你走你的陽關道，我走我的獨木橋，彼此之間沒有什麼共同的道理可講。吳增定相信：「每個文明都註定無法理解、也不可能接受其他文明的最高理想，而在任何文明之間都不存在一個所謂的普世價值，因為任何『普世價值』僅僅對這個文明本身才有普遍意義，一旦超出自己的自然界限，那麼它就註定要成為一種尋求擴張和征服的堂皇藉口。」[48] 無論是「文明一元論」的「殊途同歸」，還是「文化相對論」的「分道揚鑣」，其背後的理據都是需要予以重新討論的。

原教旨自由主義視西方為文明的普世模式，這種黑格爾式的文明發展一元論將導致科耶夫所批評的並非美妙的「同質化的普遍國家」，不同民族的文化多樣性與豐富性將被這種同質化的一元文明所徹底摧毀。普世文明的確存在，但對此有兩種不同的理解。亨廷頓在《文明的衝突與世界秩序的重建》中，明確區分了兩種對普世文明的闡釋：一種是將普世文明解釋為以西方為典範的、值得各非西方國家共同仿效的文明，另外一種是將普世文明理解為各文明實體和文化共同體共同認可的某些公共價值，以及相互共享與重疊的那部分社會文化建制。唯有這樣的理解，我們才有可能在走出「文明一元論」泥沼的同時，又不致於陷入「價值相對主義」。

與原教旨自由主義用「普世價值」代替「中國價值」相反的是，中國的歷史主義有一種將「普世價值」與「中國價值」人為對立的預設。似乎普世價值就是西方的價值，中國的「好」一定要與西方的「好」對着幹。的確，西方現代性具有複雜的雙重性，既有內涵普世文明的啟蒙價值，也有野蠻擴張的國家理性。人類的普世價值自然不能被西方所壟斷，它是各種高級文明共同參與的結果，但也絕非與西方全然無關。問題的關鍵在於吸取何種西方文明：是自由民主的普世價值呢，還是野蠻擴張的國家理性？令人驚異的是，中國的歷史主義似乎與子安宣邦、酒井直樹這些日本左派學者不同，他們批評西方的炮火，不是瞄準以富強為導向的馬基雅維利主義——在這方面，反而令他們驚羡不已——而是靶指自由民主的啟蒙價值。於是，對西方現代性的討伐變成一個有選擇的逆向揚棄：拋棄了制約人類狂妄自大的文明價值，而獨獨留下了最可怕的馬基雅維利主義。

中國的歷史主義在乎的只是「我們」與「他者」的區別、如何用「中國的」價值代替「好的」價值，以為只要是「中國的」，在價值上就一定是「好的」。這種封閉的「區別敵我論」並不能構成有效的價值正當性，因為「我們的」價值無論在邏輯還是歷史當中都無法推理出必定等同於「好的」和「可欲的」價值。中國的目標如果不是停留在民族國家建構，而是重建一個對全球事務有重大影響的文明大國，那麼她的一言一行、所作所為就必須以普世文明為出發點，在全球對話之中有自己對普世文明的獨特理解。這一理解不是文化性的，不能用「這是中國的特殊國情」、「這是中國的主權，不容別人來說三道四」這類慣常語自我辯護，而是要用普遍的文明標準來説服世界，證明自己的合理性。中國作為一個有世界影響的大國，所要重建的不是適合於一國一族的特殊文化，而是對人類具有普遍價值的文明。對中國「好的」價值，特別是涉及到基本人性的核心價值，也同樣應該對全人類有普遍之「好」。普世文明，不僅對「我們」而言是「好的」，而且對「他者」來説同樣也是有價值的。中國文明的普世性，只能建立在全人類的視野之上，而不是以中國特殊的價值與利益為皈依。中國文明在歷史上曾經是天下主義，到了今天這個全球化時代，天下主義如何轉型為與普世文明相結合的世界主義，這是一個文明大國的目標所在。

這種意義上的普世文明，是一種以「文化多元主義」為基礎的普世文明。與「文明一元論」的「殊途同歸」與「文化相對主義」的「分道揚鑣」不同，「文化多元主義」的基本理念是「理一萬殊」。它承認不同的文化之間雖然有質的不同，但彼此之間是可以相互理解的，並且在一些最重要的核心價值上，有可能獲得共約性，比如自由、平等、博愛、公正、和諧等，在當代社會便成為不同民族和文化共享的基本價值。只是在這些價值之間何為優先，什麼最重要，不同的民族與國家可以有自己不同的理解和選擇。這種意義上的普世文明，是一種以文化多元主義為基礎的普世文明，文化多元主義與國家主義者所堅持的文化相對主義有着非常重要的差別。「文化多元主義」可以與普世文明並存，主張用文明的對話取代文明的對抗，在各種文明平等的對話與交流之中獲得普世文明的價值共識。中國文化的確是特殊的，就像西方文化也是特殊的一樣，但中國文化畢竟是偉大的軸心文明，特殊之中蘊涵着豐富的普遍性，蘊涵着可以與人類其他文化分享的普世文明。「中國特殊論」貌似政治正確，卻將文明降低到文化的層次，大大矮化了中國文明，實非中國之福音也。

在歐洲思想史中，早期的歷史主義有其特殊的理論貢獻，它糾正了啟蒙運動中普世理性忽視不同民族文化獨特性的偏頗，為人類普世理想的實現奠定了多樣性的民族文化之根。只是到費希特之後，歷史主義開始變得保守，逐漸與國家權力聯手，變得歇斯底里。一種在歷史上有影響的主義思潮，本身具有多歧性，就看與誰聯姻，近朱者赤，近墨者黑。歷史主義有多種內在的發展脈絡，其在歐洲思想史中擁有與啟蒙同樣悠久的傳統，在意大利、英國和法國都有其表現。但為什麼到了德國之後就發生了蛻變？德國歷史主義家梅尼克在納粹滅亡後，痛定思痛，他發現十九至二十世紀的德國歷史主義拋棄了德國早期啟蒙運動中歌德、康德和赫爾德的人文主義傳統，而與普魯士保守的國家主義勾搭成奸，最後敗壞了德國文化的好名聲。[49]德國的這段沉痛往事足以為中國的歷史主義者們敲響警鐘：你可以秉持「中國價值」、「中國模式」的歷史主義立場，問題在於你的歷史主義在多元的中國文明當中與誰結盟，與那種傳統相結合？是與人文傳統的儒家，還是富國強兵的法家？或者外儒內法的政治傳統？中國文明早已不是一個同質化的整體，它早已風化為各種有待激活的思想碎片，就看你的歷史主義青睞何種傳統，與哪一種歷史傳統發生化學反應了！

普世文明，還是中國價值？或許這是一個偽問題。確切的答案是：以普世文明的胸懷，重建中國的價值。

二〇一〇年

註釋

1 李慎之：〈弘揚北大的自由主義傳統〉，載劉軍寧編：《北大傳統與近代中國》，北京：中國人事出版社，1998，序言 4–5 頁。

2 許紀霖、羅崗等：《啟蒙的自我瓦解：1990 年代以來中國思想文化界重大論爭研究》，吉林：吉林出版集團公司，2007，第 1–8 章。

3 關於九十年代中國的反西方主義思潮，參見許紀霖：〈在巨大而空洞的符號背後〉，《另一種啟蒙》，廣州：花城出版社，2000。

4 劉軍寧：〈天道與自由〉，劍虹評論網，www.comment-cn.net/culture/chinaculture。

5 梅尼克，陸月宏譯：《歷史主義的興起》，南京：譯林出版社，2009。

6 格奧爾格・伊格爾斯，彭剛、顧杭譯：《德國的歷史觀》，南京：譯林出版社，2006，3 頁。

7 詹姆斯・施密特，徐向東、盧華萍譯：《啟蒙運動與現代性：18 世紀與 20 世紀的對話》，上海：上海人民出版社，2005，前言 1 頁。

8 張旭東：《全球化時代的文化認同：西方普遍主義話語的歷史批判》，北京：北京大學出版社，2005，14 頁。

9 同上註，18 頁。

10 張旭東：〈全球化時代的中國文化反思：我們現在怎樣做中國人？〉，《中華讀書報》，2002 年 7 月 17 日。

11 酒井直樹：〈現代性及其批判：普遍主義與特殊主義的問題〉，載張京媛編：《後殖民理論與文化批評》，北京：北京大學出版社，1999。

12 諾貝特・埃利亞斯，王佩莉譯：《文明的進程：文明的社會起源和社會心理起源的研究》，第1卷，北京：生活・讀書・新知三聯書店，1998，61–63頁。

13 格奧爾格・伊格爾斯：《德國的歷史觀》，3頁。

14 列奧・施特勞斯，彭磊、丁耘等譯：〈德意志虛無主義〉，《蘇格拉底問題與現代性：施特勞斯講演與論文集：卷二》，北京：華夏出版社，2008，116–118頁。

15 汪輝：〈「中國製造」與另類的現代性〉，《裝飾》第181期，2008年5月。

16 子安宣邦，趙京華編譯：《東亞論：日本現代思想批判》，長春：吉林人民出版社，2004。

17 汪輝：〈「中國製造」與另類的現代性〉，《裝飾》第181期，2008年5月。

18 有關對東亞現代性的論述，參見孫歌：《主體論述的空間：亞洲論述之兩難》，南昌：江西教育出版社，2002；汪輝：〈亞洲想像的譜系〉，《現代中國思想的興起》，下卷，北京：三聯書店，2004；丹尼爾・貝爾，孔新峰、張言亮譯：《民主先生在中國：東方與西方的人權與民主對話》，台北：左岸文化出版公司，2009；丹尼爾・貝爾，李萬全譯：《超越民主與自由》，上海：三聯書店，2009。

19 梅尼克：〈譯者序〉，《歷史主義的興起》，v頁。

20 汪輝：〈「中國製造」與另類的現代性〉，《裝飾》第181期，2008年5月。

21 丸山真男，區建英、劉岳兵譯：《日本的思想》，北京：生活・讀書・新知三聯書店，2009，6頁。

22 格奧爾格・伊格爾斯：《德國的歷史觀》，25頁

23 列奧·施特勞斯，彭剛譯：《自然權利與歷史》，北京：生活·讀書·新知三聯書店，2003，19頁。

24 伊藤虎丸，李東木譯：《魯迅與終末論：近代現實主義的成立》，北京：生活·讀書·新知三聯書店，2008，117頁。

25 〈近三十年學術狀況與「中國思想」的未來〉，《文匯讀書周報》，2008年12月26日。

26 強世功：《烏克蘭憲政危機與政治決斷》，《21世紀經濟報道》，2004年12月15日。

27 酒井直樹：《現代性及其批判：普遍主義與特殊主義的問題》。

28 馬丁·雅克，張莉、劉曲譯：《當中國統治世界：中國的崛起和西方世界的衰落》，北京：中信出版社，2010。

29 潘維：〈敢與西方展開政治觀念鬥爭〉，《環球時報》，2008年1月28日。

30 潘維：〈共和國一甲子探討中國模式〉，《開放時代》，2009年第5期。

31 潘維：〈敢與西方展開政治觀念鬥爭〉，《環球時報》，2008年1月28日。

32 喬舒亞·庫珀·雷默：〈北京共識〉，載黃平、崔之元編：《中國與全球化：華盛頓共識還是北京共識》，北京：社會科學文獻出版社，2005。

33 潘維：〈中國模式，人民共和國60年的成果〉，《綠葉》，2009年第4期。

34 姚洋：〈是否存在一個中國模式？〉，共識網：www.21ccom.net/newsinfo.asp?id=6112&cid=10342300。

35 張維為：《中國成功背後的八個理念》，人民網：http://theory.people.com.cn/GB/10158261.html。

36 以賽亞·伯林，趙國新譯：《自由及其背叛》，北京：譯林出版社，2005，68–71頁。

37 楊時：《摩羅清算摩羅：從自由主義向民族主義悄然調頭》，《中國新聞周刊》，2010 年第 9 期，2010 年 3 月 19 日。

38 梅尼克，何兆武譯：《德國的浩劫》，北京：生活‧讀書‧新知三聯書店，1991，87 頁。

39 子安宣邦：《東亞論：日本現代思想批判》，236 頁。

40 酒井直樹：《現代性及其批判：普遍主義與特殊主義的問題》。

41 格奧爾格‧伊格爾斯：《德國的歷史觀》，223–224 頁。

42 摩羅：〈寫作的限度〉，《恥辱者手記》，呼和浩特：內蒙古教育出版社，1998，466 頁。

43 摩羅：《中國站起來》第 7 章，武漢：長江文藝出版社，2010。

44 甘陽：〈從「民族國家」走向文明國家〉，《21 世紀經濟報道》，2003 年 12 月 29 日。

45 張旭東：《中國價值的世界歷史使命》，《文化縱橫》，2010 年第 1 期。

46 中國思想編委會：〈中國思想叢書與緝刊總序〉，《文匯讀書周報》，2008 年 12 月 26 日。

47 陳贇：〈天下思想與現代性的中國之路：中國問題‧中國思想‧中國道路論綱〉，《思想與文化》第 8 輯，上海：華東師範大學，2008。

48 吳增定：〈全球化時代的中國文明〉，中國改革論壇：www.chinareform.org.cn/open/view/201010/t20101010_45827.htm。

49 梅尼克，何兆武譯：《德國的浩劫》，北京：三聯書店，1991。

第十六章

中國需要利維坦？

國家主義思潮之批判

一股國家主義的思潮正在中國思想界興起，風頭所向，橫掃左翼、保守兩派陣營。在中國當下的語境下，國家主義（statism）從民族主義（nationalism）發展而來，但比民族主義更極端，更政治化，強調國家在社會生活各個領域的至高無上的核心地位，因為國家代表民族和人民的整體利益，可以抵禦私人利益對政治過程的滲透和干擾。中國的國家主義並非傳統的皇權專制主義或現代極權主義的翻版，它的正當性以人民主權論為號召，有某種似是而非的民意基礎，通過民主而實現威權，乃是一種民粹式的威權主義。中國的國家主義在中國崛起的大背景下，力圖證明自己是一種與西方不同的、具有中國特色的政治道路和政治模式，是足以挑戰普世性的西方民主的制度創新，其正在通過將人民利益與中華文明的神魅化，建立一種國家的拜物教。

這一新崛起的國家主義思潮從何而來，其理論脈絡和基本訴求究竟如何，它又將走向何處？我們不得不探究清楚。國家主義思潮不僅在中國思想界內部發酵流行，而且正在與官方的主流意識形態日益靠攏，在「唱紅打黑」的局部地區甚至有大規模實踐的可能性。二十世紀三十年代德國和日本的歷史表明，一旦國家主義瀰漫成勢，將陷整個民族於災難之中，我們不得不認真對待。

一、從左到右：國家主義的兩條思想脈絡

當今中國思想界國家主義思潮的幾位重要代表人物，大都從八十年代的啟蒙陣營中走來，或者在九十年代曾經受過啟蒙的薰陶。八十年代的新啟蒙運動，其核心訴求是人的自由與解放，雖然建立現代的民族國家也是啟蒙的內在目標之一，但在啟蒙運動當中，民族主義的背後有普世的現代性價值作為規約，比較起個人解放的狂潮，民族主義並非是八十年代的顯學。到九十年代，民族主義思潮開始嶄露頭角。九十年代出現的民族主義是一個內部非常複雜的思潮和運動，有溫和的文化民族主義，乃是為了在認同現代性的普世目標前提下，實現本民族的文化認同；也有激進的種族性反西方主義，旨在反抗西方各種霸權，以獲得中國「可以說不」和「不高興」的資格；還有自由主義的民族主義，將建立現代普世文明作為民族國家建構的根本使命。自一九九九年中國駐南斯拉夫使館被美國「誤炸」之後，中國逐漸形成了民族主義的狂飆，到二〇〇八年北京奧運火炬全球傳遞事件形成了高潮。在「中國崛起」的大背景下，民族主義趨於政治化與保守化。而國家主義的出現，正是民族主義與浪漫主義、歷史主義互相結合的產物。民族主義追求民族國家的崛起，這無可非議。但國家主義不同，它主張以國家為中心，以國家的強盛、國家能力的提

升作為現代性的核心目標。國家不再是實現公民利益的工具，國家本身就是善，具有自主性的國家理性，國家就是其自身的目的。

王曉明在四川汶川大地震後，有一個敏鋭的觀察，他發現，八十年代啟蒙運動的時候，大家談的都是「人」，關鍵詞是「個人」；九十年代隨着階級的產生和分化，核心概念變為「階層」；而這幾年則轉移到了「國家」。[1] 為什麼到了二十一世紀初，「國家」替代「個人」和「階層」成為了關注的焦點？這乃是因為九十年代初開始的中國經濟高速發展，使得國家的財政能力、動員能力和控制能力有了質的提升，在國際關係當中擁有了可以與美國、歐洲相抗衡的強大國力，這個令人生畏的巨無霸究竟是福還是禍？思想界對此有不同的聲音。古典自由主義者相信：一個缺乏現代民主制度的國家，將是可怕的壓抑性權力。他們主張要繼續發展社會，通過成熟的市民社會和公共領域限制國家的專斷權力。在自由主義的內部，近年來也出現了一種試圖將國家主義與自由主義融為一體的國家自由主義觀點。高全喜認為：自由主義具有兩個面向，一個面向是保障人權，制約國家權力，另一個面向是構建一個現代國家。「首先要建立一個現代國家，要建立一個利維坦，在這個利維坦之下才有現代公民。」[2] 他強調説：「真正成熟的自由主義是最講國家利益的，可以説，自由主義等於個人主義加國家主義。」[3] 然而，就整體而言，中國的自由主義缺乏關於國家的整體性論述，在民族崛起的歷史過程中，國家究竟起着什麼樣的作用，國家是否有可能代表民族的整體利益，擁有自身的國家理性？這些在自由主義缺席的領域，國家主義便乘虛而入，國家主義正是基於這幾年的馬基雅維里熱、霍布斯熱、卡爾•施米特熱發展出一套關於現代國家的論述，回應了思想界的「國家饑渴症」，掀起了一股國家主義的狂飈。

在中國思想界，國家主義思潮有兩個不同的脈絡和來源，一個是集體右轉的激進左翼，另一個是近十年新崛起的施米特主義。

激進左翼的保守化是近年來思想界出現的一個令人驚異的現象。左派的本來涵義是同情底層民眾，對資本權勢和政治權勢不妥協的批判與反抗，這是激進左翼的魅力所在。中國的左派有老左派和新左派之分，老左派指的是堅守正統社會主義意識形態的原教旨主義者，他們本身就是現存政治體制的一部分，可謂是假左派和真保守派。新左派指的是在九十年代自由主義與新左派大論戰中崛起的一支新的思想力量，他們所焦慮的是九十年代之後一個被「資本主義化」的中國，認定中國在改革當中所出現的問題，從政治腐敗到社會不平等，都是西方新自由主義惹的禍，他們希望中國超越西方的資本主義道路，走一條制度創新之路。其思想資源，除了西方的各種左翼理論外，還一廂情願地從毛澤東時代的社會主義傳統中發掘正面的價值。新左派有兩個基本立場，一是同情和讚美底層民眾，二是痛恨西方的資本主義及其民主。當他們認為九十年代的國家意志在步「新自由主義」後塵、損害底層民眾利益的時候，新左派對權力的批判是有相當殺傷力的。然而到了二十一世紀，當他們發現國家意志逐步從「錯誤的」新自由主義轉為「正確的」社會主義軌道時，新左派於是開始右轉，全面擁抱國家，激進左翼嬗變為保守的國家主義。二〇〇九年國慶六十年之際，一批新左派的代表人物加入了謳歌「偉大的六十年」的輿論大合唱。他們通過選擇性的遺忘與記憶機制，將前三十年和後三十年視為中國社會主義模式一以貫之的成功經驗。王紹光在權威的《中國社會科學》上發文，論證中國六十年的發展，就是堅持社會主義方向的結果，「只要堅持社會主義的方向，未來的道路一定會越走越寬廣。」[4]汪輝將六十年的經驗歸結為中國擁有「相對來說獨立而完備的主權性格」，這一獨立自主性通過政黨的實踐而完成，「由於中國政黨與國家有一種獨立的品格，因而也發展了一種自我糾錯機制。」[5]

左與右、激進與保守，本來就並非絕對的兩級，在特定條件下，它們可以相互轉化，甚至弔詭地結合為一體化的形左實右：下半身是同情底層民眾的左派，上半身又是擁護威權的右派。當代中國的新左派，一開始便具有某種國家主義的內在趨勢，甚至與國家威權難舍難離。早在一九九六年，甘陽就提出中國要「走向政治成熟」。在他看來，中國經濟發展之後，為了避免經濟上強大、政治上軟弱的狀況，必須在政治上成熟起來。其具體方案是通過全國的公民直選，克服日益膨脹的地方利益，讓國家從人民那裏直接獲得合法性授權，以建立一個以「大眾民主」為正當性基礎的強有力的國家。[6] 甘陽是一個激進的民主主義者，同時又是一個保守的國家主義者，他所迷戀的正是馬克斯・韋伯式的民主威權主義。民主具有雙重的功能，它既可以讓公民擁有政治的自主性，也可以加強國家威權的合法性基礎，使得威權統治更加鞏固。韋伯看中民主的，正是後者的這一工具性功能。威權主義不是不要民主，他們要的只是「一次性的授權」式民主。韋伯曾經對魯登道夫將軍説：「在民主制度下人民選舉自己信任的領袖，如果領袖説：『閉嘴吧，照我的辦！』民眾和黨派就可以放心隨他去做。」魯登道夫大喜：「我很喜歡這種民主！」[7] 中國早期新左派的激進民主方案，就是這樣一種韋伯式的以建立強有力國家為宗旨的民主威權主義。

早在九十年代初，王紹光就與胡鞍鋼一起，提出了一份引起了激烈爭論的「加強中國國家能力」的報告，報告明確地將國家能力表述為「國家實現自己意志的能力」，具體表現在吸取能力、調控能力、合法化能力和強制能力。[8] 新左派的集體右轉，並非晴天霹靂，而有其內在的思想與歷史邏輯。以拒斥議會民主制為號召的民粹式民主，在國家制度上勢必要落實在以民主為合法性基礎的個人或寡頭式威權。中國的新左派雖然致力於反抗強權，但在他們的心目中，真正的敵人只有一個，那就是西方的新自由主義。當國家與新自由主義同流合污的時候，他們是國家的批判者，一旦國家疏離西方的新自由主義的「錯誤」方向，回歸社會主義的「正確」軌道，那麼國家在他們眼裏便化身為底層民眾的希望所在。汪輝在九十年代末和二十一世紀初都以「批判知識分子」的姿態，尖銳地批判全球化資本主義與官僚化的「非政治的政治」。然而近一年來汪輝從總結建國六十年來中國崛起的獨特經驗，到肯定「政黨的國家化」、黨國代表人民的普遍利益。[9] 這些遽然的「轉向」似乎透露出在新的政治環境下新左派政治策略的重大調整：當訴諸「全民直選」或「底層民主」受到壓抑、此路不通的情況下，他們的政治重心從訴諸社會運動轉向期望國家意志，從「覺民行道」的下行路線拐向了「替君行道」的上行路線。

國家主義的另一條思想脈絡是施米特主義。自從劉小楓將希特拉的桂冠法學家卡爾·施米特的思想引進中國思想界，近十年來在法學界、政治學界刮起了一股施米特旋風。旋風所到之處，到處播下了國家主義的種子。施米特主義在中國政治論述中的代表，非強世功莫屬。二〇〇四年，烏克蘭等國發生「顏色革命」，強世功惋惜烏克蘭政府囿於自由主義的憲政觀念，對政治缺乏本質的理解，錯失武力鎮壓反對派的意志決斷，最後拱手讓出政權。他以施米特的口吻，大談「顏色革命」給中國留下的教訓：「政治問題的關鍵不是對與錯的問題，而是服從與不服從的問題。只要不服從政治權威，『說你錯，你就錯，做對也錯』。」[10]「政治的首要問題是分清敵人與朋友。在敵人與朋友之間，不存在自由的問題，只有暴力和征服。這就是政治的實質，自由主義者往往不敢面對的實質。」[11]

近十年來，以施米特主義為中心，馬基雅維利、霍布斯等人的國家理性一脈學說在一些知識分子那裏大熱，他們對國家的理解充滿着德國浪漫主義式的膜拜：國家不再是實現人民利益的工具，而是有着自身目的、理性與功能的有機體；國家權力不再是不得不有所限制的必要的惡，而是代表民族整體利益和公共意志的善；國家將不再受到宗教和倫理價值的束縛，它具有自主性的理性，擁有不可分割、不可轉讓、至高無上的主權意志。強世功借助西方的憲政理論，對中國政治體制的正當性作了系統論證，認為中國的國家意志就是黨國意志，中國革命的現代傳統決定了在成文的國家憲法之上，還有黨的意志的不成文憲法，中共是代表人民根本利益的最高主權，就像國王的兩個身體：黨是靈魂，國是肉身。黨政軍「三位一體」的主席制正是中國獨特的憲政體制。[12] 在國慶六十周年之際，各種對中國獨特政治模式的頌揚紛紛出爐，張維為總結說：「政府是必要的善。在中國漫長的歷史中，繁榮的時代都離不開比較開明的強勢政府。不同於美國人所主張的『政府是必要的惡』，中國的變革由一個開明的、致力於發展的政府所領導。」[13] 潘維講得更明確：「中國政治模式最根本的特徵是擁有一個先進的執政集團。中國共產黨是當下領導中國現代化事業的執政集團。這個集團宣稱代表全民向現代化前進的福祉，公正無私，紀律嚴明、團結統一，使分散自由的中華民族擁有堅強的政治領導核心。」[14]

這些保守化的新左派和施米特主義者，並非那些體制內部捧着馬列飯碗、思想陳腐的原教旨主義者，而大多是受過系統西洋教育的現代知識分子。他們在「中國崛起」的感召之下，從「現實的就是合理的」出發，以十八般武藝紛紛論證「合理的現實」。國家主義思潮並非一個統一的思想共同體，雖然理論資源、政治主張並不完全重合，卻有着一個共同的價值立場，即對最高主權和國家意志的膜拜，相信國家代表人民的整體利益，只有加強黨與政府的執政能力，中國才能實現政治上的崛起。這些國家主義知識分子供職於北大、清華、香港等海內外一流大學，以獨立的民間知識分子自居，卻與體制保持着各種若即若離的曖昧關係。而支撐其主張的，不是教條化的馬列主義，而是西方從左到右各種時髦的理論，在我看來，值得認真對待的，不是國家主義的主張，而是其主張背後的理據，正是這些似是而非、卻頗能迷惑人的理論，吸引了不少渴望中國崛起的知性學生。

二、「回應性民主」，還是「回應性威權」？

中國的改革走的是與俄國不同的道路，經濟改革領先，而政治改革滯後。進入二十一世紀後，國內要求民主化的聲浪一直居高不下。「民主」是這個時代的神聖概念，如同過去的「革命」一樣，沒有人敢公開反對民主，分歧僅僅在於，究竟要的是什麼樣的民主？

中國的自由主義者提出的是憲政民主的方案，他們要求將國家的正當性建立在憲政民主的基礎上，確立憲法作為國家政治生活的最高原則，黨政分離，在體制內部實現有限的權力制衡，並建立完善的市民社會與公共領域，實現社會相對於國家的自主性。自由派的這一溫和的改革訴求，在九十年代後期和二十一世紀初曾經一度活躍過，近年來由於受到外部環境的壓抑而沉寂下去。另一個民主的選項是社會民主主義方案，試圖從西方馬克思主義理論出發，將社會主義的平等訴求和公有制方案，與西方的議會民主制度相結合，實現民主化的社會主義理想。這一民主方案曾經一度引起高層的興趣，但很快也被邊緣化。在近年來出現的國家主義思潮中，施米特主義很少談論民主，他們關心的只是最高主權的決斷能力。而新左派有自己的激進民主理想，甘陽曾經提出過全民普選的方案，以實現韋伯式民主威權主義的強大國家，王紹光、崔之元、汪輝等主張底層的大眾民主，即使他們集體右轉成為國家主義者，民主也一直是新左派的核心方案之一。

在新左派當中，對民主問題有系統思考和論述的，當屬王紹光。二〇〇八年他在三聯書店出版的《民主四論》，是一個相當另類的民主方案。所謂另類，乃是相對於競爭性選舉民主而言。從西方的民主歷史進程來看，古希臘和羅馬實行的是古典的直接民主，公民直接參與並決定政治共同體的公共事務，而現代民主則是一種間接的、程序性民主，人民經由競爭性的選舉，挑選精英作為自己的代表而間接實現統治。這一由熊彼特所定義的程序性民主，在現代民主的實踐中被廣泛採納，比如亨廷頓就是以此來衡量一個國家是否有民主，並提出「民主的第三波」理論。[15] 西方現代的代議制民主，遭到了王紹光激烈的批評，斥之為不是民主，而是「選主」，其「限制了民主直接參與決策的機會」、「限制了大多數人參政的機會」、「無法改變選舉的『貴族』、『寡頭』色彩」。[16] 這些批評雖有言過其實之處，但應該承認有其道理。以政黨競爭為中心的選舉性民主的弊端，西方當代的公民共和主義、社群主義、激進民主論早就有深刻的分析和批判，指出其削弱了公民的政治參與精神、選舉容易被金錢勢力操控、導致日常政治的官僚化等。這些代議制民主的批評者因此而提出了協商民主、參與民主、政治的公共善等多種民主方案，試圖彌補代議制民主的內在缺陷。不過，這些民主方案並非要替代乃至推翻以競爭性選舉為核心的代議制民主，而只是在認同現代民主的制度性建構前提下，以古典的民主精神拯救現代民主之不足。

然而王紹光試圖做的，乃是提出一個替代性的另類民主方案，即所謂的「真正的民主」，是「人民當家作主的民主，而不是被閹割、經過無害化處理的民主。」[17] 表面看起來，王紹光想恢復的是古典的直接民主傳統，而且將這些民主權利賦予左派心目中的人民——底層的民眾。這一理想固然不錯，問題在於中國畢竟不是古希臘城邦，在一個地域遼闊、人口眾多的大國，究竟如何實現直接民主？王紹光列舉了信息公開、聽取民意、吸取民智、實行民決等多項參與機制之後，索性爽快地透出底牌：他所說的「真正的民主」，就是毛澤東當年的「逆向參與模式：群眾路線」！[18]

古希臘民主與「群眾路線」，表面看起來都是直接民主，但二者之間在性質上體迴然有別：古希臘城邦的政治主體是公民，但毛澤東「群眾路線」中的政治主體卻是統治者；古希臘城邦關心的是誰來進行統治，而「群眾路線」在意的只是如何有效地實現統治。而在王紹光看來，民主與其說是一種「誰來進行統治」權形式，不如說是「如何有效統治」的政府治理形式。[19] 民主是什麼？「民眾表達意願，政府做了回應，民主就是這個東西。」[20] 王紹光認為，民主雖然有眾多涵義，但最重要的是「政府對人民的回應性，即政府的政策在多大程度上反映了公民的需求、要求和偏好，這種意義上的民主更貼近民主的真實含義。」[21]王氏的這種「回應性的民主」，將政治的主體偷偷地從公民置換為統治者，因此民主的內涵也發生了變化。古希臘民主的內涵在於如何將被統治者的意志凝聚為共同體的意志，而「回應性民主」所關心的，只是統治者如何回應、採納和代表被統治者的意志。協商性民主、網絡民意、專家獻言、公眾諮詢等這些直接民主的方案，既可能是代議制民主的補充，也有可能成為開明威權的一部分。當王紹光斷然排斥了代議制民主的基本建構後，他所能想像的民主的實踐空間，只能祈求於毛澤東留下的民粹主義遺產了。

在王紹光的「回應性民主」方案中，一般民眾通過抽籤、商議、輿論和參與獲得底層民主，民眾通過這些方式表達民意，由政府回應吸納，最後由國家集中體現人民的根本利益。這種大眾民主+威權回應的民主威權模式，無疑是毛澤東「民主集中制」的精神傳承，群眾的「民主」只是一個象徵性的形式，而統治者的「集中」才是真正的決斷性意志，但「民主」又不是可有可無的，它可以為「集中」的專斷意志提供形式上的合法性。這一模式有一個致命的弱點，乃是底層大眾與上層威權之間，由於缺乏競爭性的選舉和制度化的監督問責，上下脫節，民眾的利益和意志無法通過體制的保障，有效地轉化為政府的意志。在西方的民主架構中，有議會代表選民監督政府，有司法按照人民的最高意志審查政府是否違憲。但在「回應性民主」中，政府的權力只要自我聲稱代表人民的根本利益，便可以無所約束，暢通無阻，肆無忌憚地侵犯具體的公民利益。最近頻頻發生的以公共利益的名義拆遷、征地這類政府侵權行為，便是「回應性民主」虛幻化的最好例證。

「回應性民主」究其實質，乃是一種「回應性威權」（responsive authoritarianism）。既有「民主」，也有威權，通過統治者對被統治者利益與意願的回應而獲得「民主」的美譽，從而加強國家威權的統治正當性。這種看似開明的「回應性威權」，政治的主動性始終掌捏在政府的手中：回應和採納民眾的意見，是統治者開明的表示，不回應、不採納，你也無可奈何，缺乏任何制度性的約束。這種民主，更接近傳統儒家中的民本政治，民本與民主，雖一字之差，卻相距千里。民主政治是通過制度性的競爭選舉而實現「人民作主」，而民本政治則是統治者作為政治主體「為民作主」。王紹光雖然一再聲稱要實現人民的當家作主，但在他的「真正的民主」方案中，人民最終還是陷入了「被代表」、「被採納」、「被回應」的被動地位，民主與否的主動權始終牢牢地掌控在統治者的手中。

在現代的民主與儒家的民本背後，有着不同的政治理念。潘維在這一點上倒看得比較清楚，他說：「中古以後的西方發展出『權利本位』思想，而中國的『責任本位』思想則延續至今。『責任本位』和『權利本位』兩個概念凝聚了中西方思想的基本差異，這種差異構成了中西模式差異的思想淵源。」[22]「權利政治」的主體是公民，公民在法治的保護下有權捍衛自己正當的權益，也有權向自己選出的官員問責。而「責任政治」的主體是統治者，從儒家民本思想的道德要求來說，官員必須心系百姓、服務民眾，但這個民眾是抽象的、象徵性的圖騰之物，民眾對官員缺乏制度性的監督，所謂的責任只是軟性的道德束縛，官員實際負責的對象，不是下面的民眾，而只是他的上司。官僚體系內部，層層向上負責，個個向下問責，好一個中國特色的吏治景象！

民主對於公民共同體來說，是一個社會自治的問題，而對於政府來說，是一個公民向政府授權的過程。這個授權，不是韋伯所說的一次性權力轉移，而是通過議會和司法的間接監督和公眾輿論、協商民主乃至全民公決的直接問責，經常性地審查政府決策的正當性。「回應性民主」因為缺乏制度性的授權，而只有自我聲稱式的代表，所謂的回應只是一個匱乏客觀標準和有效監督的開明專制式人治。於是，「回應式民主」從追求民主始，到葬送民主終，不是人民當家作主，而是讓威權為民作主，最終蛻變為一個自我否定、自我顛覆的「回應性威權」。

「回應性民主」蛻變為「回應性威權」的過程，是一個不斷去政治化的政治過程，也就是作為政治主體的公民意志不斷被代表、被邊緣化，而「誰來統治」題偷偷轉換為「如何統治」的問題，於是是否要民主的問題在近年來的中國嬗變為如何善治（good governance）的問題。當新左派出身的王紹光還不願放棄民主旗號的時候，其他的國家主義者索性直接以善治和良政替換了令人心煩的民主。張維為坦率地說：「良政比民主化更為重要。中國拒絕『民主與專制對立』這種老生常談，認為一個政府的性質，包括其合法性，應由其實質內容，即良政來決定；應由政府能向人民提供了什麼來檢驗。」[23] 與「回應性威權」一樣，政治的主體依然是政府，而非公民，政治被技術化、非政治化了，政治的過程成為一個公民缺席的政府治理問題。而這個期待着成為良善的政府，卻是一個缺乏制度性監督的、無所不在、無所不能的公共權力。

然而，在國家主義者看來，中國的國家權力從古至今竟然不是太強了，而實在是太弱了。他們相信，中西之間的實力差距，不是文明的有無，而是國家能力的強弱。吳增定說：「西方現代國家之所以擁有極強的擴張和征服能力，是因為他們的國家權力對社會領域具有高度的整合與動員能力。」[24] 韓毓海重新審視五百年來的中國與世界歷史，認定「這五百年來世界史的消長，其核心實際上就在於『國家能力』這一點上。」中國之所以逐步衰落，就是因為缺乏一個強大的中央政府。他讚頌一九四九年以後「中華民族的偉大復興，首先肇始於中國革命以建立基層組織的方式，極大提高了社會組織能力和國家效率。」[25]王紹光是最早提出國家能力的始作俑者，在他看來，除了關心民主這個政權形式之外，還要重視國家能力的問題，許多民主國家因為缺乏有效的政府能力而陷入長期的民主衰敗。「只有一個強有力的國家才能實現高質量的民主」，[26]「國家是最大、最有效的人權組織」。[27]王紹光的看法只有一半是對的，一個高質量的民主國家固然離不開強大的國家能力，但一個強有力的國家並非天然是「最大、最有效的人權組織」。有像菲律賓那樣無能處理香港人質事件的民主國家，但也有朝鮮這樣的踐踏人權、卻能打入足球世界盃的極權社會。強有力的國家權力，既能大善，也能大惡。國家權力說到底與人性相關，人性之中神魔交錯，在好的制度下有可能成為天使，在壞的制度下會墮落成魔鬼。一個強有力的國家最需要的是民主制度，需要健全的憲政和法治，以防止權力的作惡。能力卓越的國家，既能創造人類的經濟奇跡，也有危害人權與人類的可墮落性。西方國家中，英美之所以強盛而不墮落，乃是有可靠的文明制度加以規約，德國和日本之所以強盛一時而最終敗北，正是片面追求國家能力的擴張、背逆人類普世文明的結果。

在《民主四論》中，王紹光區別了政權形式與國家能力二個不同的概念，前者與制度是否民主相關，後者與國家是否擁有控制力相關。[28]我們也可以這樣理解，政權形式涉及到文明的價值及其建制化，而國家能力取決於政治體制的合理化。合理化的政治體制會提升國家的控制能力和統治效率，比如增強經濟競爭力、迅速解救人質等，但也有可能壓制人權、野蠻拆遷、非法征地等。因此，政權形式是否民主，是否符合普世文明的價值觀，就顯得非常要緊。離開了民主奢談國家能力，蘊涵着巨大的道德風險和政治危機。當新左派的「回應式民主」只不過是一種善治主義的開明威權之後，民主對威權的約束便變得非常虛弱。開明威權是一種高度合理化的行政權力，它具有自我理性化的功能，可以高效率地實現國家的最高意志。理性化的威權只是以具體的政績目標作為其行動的依據，凌駕於普世文明的價值之上，在倫理觀上它是虛無主義和技術主義的。而一種好的民主必定是有價值的，其真正的意義不在於所謂的「人民當家作主」，而是能夠揚善抑惡，體現出更高的文明價值。

這裏說的好的民主，乃是指能夠保障人的自由本性的民主。從民主制度的歷史實踐來說就是憲政民主，即以自由為最高倫理原則的憲政所規範的民主。王紹光最討厭對民主的修飾和限制，在他看來，「真正的民主」是不受限制的、人民直接當家作主的民主。果真有這樣純粹的民主嗎？假如不受更高倫理價值的規約，即使直接體現了絕大多數公民的意志，民主也有可能墮落成可怕的暴政。蘇格拉底便是民主暴政的犧牲品。民主不是只有一種形態，它僅僅表明權力來自於人民的授權或者同意，民主可以與各種主義相結合：憲政主義的民主、威權主義的民主或者民粹主義的民主。民主不是一個自明性的制度，它總是要被修飾，被賦予一種更高的價值；或者是自由的價值（憲政民主）、或者是權威與秩序的價值（威權民主），或者是抽象的人民整體意志（民粹民主）。不同的民主方案選擇，其實是對價值的抉擇，不同價值觀的民主，當然有好壞、高下之分。而從自由主義的價值標準來看，所謂好的民主，一定是能夠保障人的自由本性與基本權利的民主，而不是擁有強大的國家能力的民主。所謂好的政府，也不是無法無天、能力超強的巨無霸，而是符合倫理價值、權力相互制衡、又有行政效率的政府。

中國新左派所欣賞的民主，其實是一種混合式的民粹主義威權民主。他們既相信人民的最高意志，又寄望於政府的強大威權。民主與威權，有時候並非衝突，在現代政治的條件下，往往會發生弔詭的結合。因為民主可以為威權統治提供正當性基礎，而現代的威權統治除了訴諸於整體性的人民意志，別無其他合法化來源。於是，民主便與威權攜手共建強有力的國家，用新左派的話說，叫做「下層與上層聯合夾攻中層」。這裏所謂的下層，指的是底層民眾，上層指的是中央政權，而中層則是地方政府及其利益集團。王紹光說：「古代的帝王都知道，他們往往跟最底層的民眾結合，來制約中間的官僚。美國也是這樣，聯邦政府繞過州政府，跟州裏的黑人結合起來，迫使州政府在民權方面讓步。」[29] 韓毓海講得更透徹：不要以為民主就是簡單的「官民對立」，從中國歷史來看，「國家和普通老百姓其實有着共同的利益和共同的敵人，而這個敵人也就是豪強和『豪民』。」[30] 無須過多引證，我們便可以發現保守化的新左派的民主方案，其實是一個民粹式的威權主義，或者説威權式的民主主義。西方的左派也相信民眾的力量，相信大眾民主，但他們與包括國家、帝國在內的各種壓抑性權力決不妥協，比如《帝國》的作者哈特和奈格里將打破壓抑性權力的希望，寄托在組織起來的全球民眾身上。二十一世紀中國的新左派們卻放棄了原來的社會運動訴求，乞靈於國家威權來回應民眾的意願。他們雖然反對官僚國家，卻沒有像西方左派那樣對國家有天然的警惕，相反，他們將希望寄托於一個民粹式國家，一個以人民的名義實現統治的回應性威權。

為什麼民粹式的民主最後有可能轉化為民粹式的威權？這乃是因為民粹式民主有其不可克服的內在矛盾：一方面它反對任何代議和官僚的權力，希望通過民眾的直接參與政治，實現民眾的自我統治和自我管理；另一方面，它又不得不將分散的民眾意志迅速、有效地集合為一個統一的人民意志，將參與的政治意志轉化為統治的行政意志。於是，民粹式民主只有兩個選項：一個是徹底的無政府主義烏托邦，比如歷史上的巴黎公社與哈特、奈格里的全球民眾聯盟，但這些由人民直接統治的方案都沒有成功過；另一個選項是將民眾意志交給一個「偉大不朽的立法者」，由具有神魅性格的偉人或革命的精英政黨代表人民的同一性意志進行統治，法國大革命時期的雅各賓專政、俄國革命中的蘇維埃政權和毛澤東的文化大革命，無疑都是具有威權性質的民粹民主。當代中國的新左派們試圖在世俗化的後革命時代，延續這一民粹式民主的精神傳統，創造一個「回應性威權」的新模式。民主通向威權的道路，其實並不遙遠，只要去掉各種修飾、打破各種規約，將民主的希望寄托於一個回應性的「為人民服務」政府，民主就會蛻變為威權，而威權也樂於自稱「民主」或「善治」，樂呵呵地笑納來自國家主義的大禮，從而獲得統治的合法性。

三、施米特主義的幽魂：國家的絕對權威

改革開放三十多年來，中國社會出現了巨大的變化與轉型，各種力量都從毛澤東時代的全能主義控制之下解放出來，原來的政治共同體開始解體，但新的政治共同體卻遲遲未能重建，於是產生了深刻的共同體危機。如何重建政治共同體？在中國思想界，形成了兩種對立的思潮，一種是洛克式的有限政府學說，另一種是霍布斯、施米特式的絕對國家

理論。中國的自由主義所要重建的政治共同體乃是以社會為中心，通過市民社會與公共領域的建設，形成具有相對自主性的社會與倫理共同體。在政治體制上，建立以憲政和法治為核心的有限政府，這個政府可以是強大的，卻必須是分權的。自由主義的這一訴求在八九十年代的國家改革實踐當中得以部分的實現，這就是鄧小平及其繼承者的「小政府大社會」的改革思路。進入二十一世紀後，形勢逐漸發生了逆轉，「加強黨與政府的執政能力」悄悄取代了原來的「小政府大社會」，成為支配性的主流意識形態與政治實踐。新的政治路線之正當性究竟何在？國家主義思潮恰逢這個時候浮出水面，試圖全面修正「小政府大社會」的改革方向，重建一個以國家為絕對權威的施米特式政治秩序。

施米特式政治秩序的要害在於同一性與代表性。施米特主義的研究專家米勒指出：「作為對自己理論的總結，施米特主張國家依賴於人民的同一性——人民乃是由通過劃分敵友得到民族意志而構成的政治單位，還依賴於這個政治統一體經由政府的代表性。……大眾民主很明顯是為施米特所肯定的，只是這一民主必須直接包含威權主義，並通過代表性和同一性這兩個範疇而與之保持一致。」[31] 關於施米特式政治秩序，需要注意的是三點：第一，政治共同體最重要的是保持同一性，而這一同一性是通過排除內部和外部的異質性而得以實現的，內部的異質性是各種私人的利益，外部的異質性便是民族的敵人。第二，同一性雖然要借助民主的形式，然而，最終體現在統一的國家意志之上，由其代表人民的意志，擁有超越於憲法與法律之上的最高和最後的決斷權。第三，國家意志是絕對的、唯一的，它以主權的形式表現出來，至高無上、不可分割，也不可轉讓。中國的國家主義者所要建立的，正是這種施米特式的政治秩序。

國家主義首先追求的乃是政治的同一性。同一性當然是現代政治的重要目標之一，然而自由主義與國家主義對此的方案是不同的。自由主義承認現代社會利益與價值的多元性，追求的是在保持合理的分歧基礎上，實現共同的政治生活，政治的同一性以共享的公共理性和憲政為核心。而施米特式的國家主義將政治的本質解釋為區分敵我，政治共同體「我們」的形成有賴以一個共同的敵人。民族的同一性是對異質性的排斥，警惕各種私人利益對國家意志統一性的消解與破壞。因此，當代中國的國家主義思潮雖然來自不同的思想傳統，但他們都擁有一個共同的外部敵人，那就是西方，具體地説就是西方的新自由主義和代議制民主。一個具有高度同一性的西方的想像性存在，成為國家主義自身同一性所賴以存在的外在依據。施米特有一句名言：「告訴我誰是你的敵人，我就能告訴你你是誰」。[32] 同樣，中國的國家主義對中國模式的自我定義，也取決於西方這個敵人的對立性存在。在他們看來，西方的代議制民主縱容社會上的私人利益通過政黨的競爭介入公共政治過程，使得議會變成缺乏統一意志的各種私人利益，特別是有產階級特殊利益的競技場。[33]在這裏，公與私在政治的過程中被斷裂為兩個對立的極端，公是絕對的善，私是絕對的惡。各個政黨所代表的只是私人利益，在議會當中私意之間交易和妥協的結果，只能形成眾意。而所謂的公意，則另有代表，那就是國家。

所謂的私意、眾意和公意，最早是由盧梭提出來的。公意是盧梭政治思想中的核心概念，是一個與私意、眾意有區別、又有聯繫的概念。按照盧梭的說法，公意永遠着眼於公共利益，而眾意只着眼於私人利益，眾意不過是私意（個別意志）的總和而已。[34]也就是說，眾意是私意之和，公意是私意之差，公意是所有私意中共同的、重疊的或交叉的那部分。[35]早在十多年前，崔之元就撰文重新討論盧梭，他提出：一個徹底的、民主的自由主義者，不能不關心公意。[36]盧梭的公意理論是現代政治中的核心命題，一個統一的政治共同體當然需要有一個共同的意志，而這個意志不過是上帝的超越意志的世俗化形態而已。但盧梭有一個致命的問題，他將公意與私意絕對地對立起來，公意的產生以個人意志的泯滅為前提，這樣，在他的公意王國中，個別意志與私人利益完全非法化，導致了後來法國大革命恐怖的雅各賓專政。而美國的革命和建國走的是另一條道路。以麥迪遜為代表的聯邦黨人相信政治是建立在私利的基礎之上，私人利益之間的衝突不可避免，因為人性本身具有可墮落性，而人的理性也有易謬性。「異議、爭論、相衝突的判斷，利益紛爭，互相敵對和競爭的派系的不斷形成，這些都是不可避免的。之所以這樣，是因為這些現象的動因已經『深植於人性之中』。」[37] 盧梭與麥迪遜的對政治的不同立場，乃是基於對人性的不同理解，在麥迪遜看來，人性有幽暗的一面，有逐利的衝動，但只要有適當的分權制度，以惡制惡，相互平衡，可以將惡轉化為善，將私人的利益轉化為公共利益。而在盧梭看來，人性本身是善的，政治的過程就是一個揚善除惡的過程，如何克服私慾走向大公，走向公共的善，成為公意是否能夠實現的關鍵所在。

追隨盧梭思路的中國新左派，同樣表現出對市場與私人利益的仇視。王紹光認為：「市場是必要的，但市場必須『嵌入』社會之中，國家必須在市場經濟中扮演積極的角色；不能允許、也不可能出現一種「脱嵌」的、完全自發調節的市場經濟。」[38] 汪輝也説：「當市場化改革成為主潮之際，若沒有國家內部、政黨內部和整個社會領域中存在的社會主義力量的制衡，國家就會迅速地向利益集團靠攏，而正是中國特有的社會主義傳統挽救了國家的私有化。」[39] 他們與他們所反對的新自由主義雖然水火不容，卻共享着一個基本的預設：市場與國家是絕對的天敵。新自由主義認為禍首是國家，所以要實現完全的市場化，相信市場化可以救中國。而新左派的診斷則倒了過來：市場是一個壞東西，只有通過國家強有力的干預，讓市場重新嵌入到社會，才能避免資本主義之禍。無論是新自由主義，還是新左派，他們都忽視了一個事實：中國今天所出現的，恰恰是國家與市場的互相鑲嵌化！國家不一定反市場，市場也不一定與國家對立，中國的權貴資本主義，正是市場與國家私通所產下的怪胎。

新左派討厭市場，也同樣討厭市民社會。改革開放三十多年來，中國出現了一批NGO（非政府組織），在維護公民權益、公眾慈善和公共服務等方面發揮着自己獨特的作用。王紹光是較早對NGO有系統研究的學者，但他的研究結果證明的是，「近年來被一些人吹得神乎其神的『公民社會』實際上是個無所不包的大雜燴」，[40]「大量所謂「市民社會組織」不過是些追求一己私利的利益群體或壓力集團而已。」[41] 公民組織是志願性、自主性的社會團體，包括政治、社會、福利、文化、娛樂、體育各個領域，它不是政府規劃的結果，而是在社會中自發成長出來的，自然無所不包，關鍵是以什麼眼光來看。若以大一統的尺度視之，NGO的確是各色人等、參次不齊的「大雜燴」。但以現代社會的標準來看，正是社會多元、分化和活躍的表現。王紹光將NGO的功能分為外部效應和內部效應兩種，外部效應注重的是獨立於國家、限制政府的權力，內部效應則是在社團內部培養公共精神、合作互信和交往能力。讚賞社會運動的汪輝比較強調NGO的外部效應，他試圖「通過社會對於國家的民主控制，來防止國家成為國內壟斷和國際壟斷的保護者。」[42] 而在王紹光看來，非政治的、休閑娛樂性的 NGO，要比政治性的公民社團可愛得多，他希望社會上的 NGO 都能夠去非政治化、樂呵呵、溫和順良，與政府保持和諧的互動。他一再強調：「一個有效的國家是市民社會的前提條件。……當國家相對強大並充滿活力時，市民社會更有可能繁榮起來。」[43] 具有諷刺意味的是，在現實中的中國，「當國家相對強大並充滿活力時」，社會卻發生了潰敗，有市民而無市民社會，有公民卻無公民組織。一個缺乏自主性社會組織的眾人只是一盤散沙的雜眾，而雜眾的普遍存在正是威權主義的社會溫床，因為唯有霍布斯式的利維坦，才能將雜眾的分散意志整合為統一的人民意志。當自主性的公民社會缺席的時候，當各種社會組織被剝奪了制約國家的外部功能、只剩下休閑娛樂的內部效應的時候，國家便成為了宰制社會、無所約束的巨無霸。國家主義雖然攻擊的是市場，但他們的真正敵人卻是社會，他們與新自由主義看似對立，卻在仇視社會上空前一致：新自由主義試圖用市場替代社會，而國家主義則要用國家消滅社會。

無論是保守化的新左派，還是施米特主義者，都將中國未來的希望壓寶在一個強大的、無所不能的、至高無上的國家身上。在他們看來，無論是議會民主制度中的政黨，還是市民社會中的 NGO，更不用說追逐自我利益的個人，都只代表萬惡的私意，即使折騰了半天民主，最終形成的也不過是一個「大雜燴」的眾意。而真正的公意，所謂廣大人民最根本的利益，與這些私意、眾意皆無關係，唯有大智全能的政府，才是公意的真正代表，擁有至高無上的、不可分割的、不可轉讓的最高決斷權。汪輝原來是一個具有相當批判意識的知識分子，然而在近兩年發生了令人驚訝的「轉向」，從批評「非政治化的政治」轉向提出「黨國代表普遍利益」論。在二〇〇七年發表的《去政治化的政治、霸權的多重構成與六十年代的消逝》長文中，他一方面批評現代政治的日益官僚化和去意識形態化，尖銳地批評「當代中國意識形態國家機器的運作方式並不是按照特定的價值或意識形態運轉的，而是按照『去意識形態的』或『去政治化的』邏輯運轉的——儘管它經常訴諸於意識形態的語言。」另一方面，他又認為「政黨在執政過程中逐漸地變成了國家體制的主體，從而政黨不再是某種政治理念和政治實踐的行動者，而更接近於一種常規性的國家權力，亦即在一定程度上『政治化的』的權力機器。」[44] 從而為兩年後認同黨國的普遍利益埋下了邏輯的伏筆。到二〇〇九年建國六十年之際，汪輝接受《21世紀經濟報道》專訪，隨後又在《文化縱橫》雜誌發表《中國崛起的經驗及其面臨的挑戰》，正式提出「黨國代表普遍利益」論。汪輝論證說，一九四九年中國革命所建立的國家，從一開始就代表人民的普遍利益，只是到一九八〇年代市場化改革後，分化了的各種利益滲透到國家意志之後，國家才面臨着私人化的威脅。由於國家是市場化改革的主導，又深深鑲嵌到市場之中，國家開始被利益化，國家的各個部門成為各種利益集團的代表。「如何讓國家能夠成為普遍利益的代表，已經成為一個極為尖銳的問題。」他因而將代表普遍利益的希望，寄托在共產黨身上：「中國的社會主義實踐致力於締造一個代表大多數和絕大多數人民的普遍利益的國家，國家或政府與特殊利益的紐帶的斷裂是以此為前提的。」因為共產黨遠離經濟活動，不像西方那樣是私人利益的代表，而代表多數人的多數利益，有可能自我更新，是反腐敗的中堅力量。[45]

汪輝的這些論述，乃是建立在如此的國家信念上：現代國家應該是與私人利益相區隔的、純粹的公意和普遍利益的代表。在市場社會的背景之下，當政府被各種分化了的私人利益深刻滲透的情況下，拯救國家的唯一希望乃是由一個宣稱代表了人民根本利益的政黨來統帥國家意志，而中國的社會主義實踐，正好提供了相應的歷史傳統。然而，汪輝的思路裏隱含着一個他未曾意識到的自我矛盾，一方面他看到了黨的去政治化，不再具有意識形態價值，而日益成為技術化的官僚政治，他希望恢復為特定政治價值進行政治辯論，因為政治本質上就是衝突的。另一方面，他又幻想黨能夠代表無衝突的、所有階級的公共利益，而這種虛幻的公共性又只能建立在技術官僚政治的基礎上，以去政治為其前提的。汪輝所理解的政治，是一種非官僚的、民眾直接參與的大眾政治。但這種激進的左翼政治，與國家的官僚性格是格格不入的。汪輝與王紹光同樣，由於拒斥現代的代議制民主，底層的民眾意志無法進入上層的國家層面，聚合為國家意志，於是他只能寄希望於一個所謂代表普遍利益的政黨。但是無論在理論還是經驗層面，汪輝又無法對此做出稍有說服力的論證，於是只能訴諸於社會主義歷史傳統的虛幻意識形態：「由於社會主義國家以代表大多數人民的利益為宗旨，在市場條件下，它反而比其他國家形式更加脫離利益集團的關係。我們只能在這個意義上將它說成是一個中性化的國家。」[46] 現代政治當然是一種代表性政治，問題在於有不同的代表方式。在民主的制度框架下，無論是政黨還是政府，要擁有代表權，首先需要獲得選民的授權，謝爾頓・沃林指出：「代表權的本質是一個授權的過程。」[47] 沒有授權，何來代表？但汪輝的代表說，顯然來自列寧式的「先鋒隊」理論，缺乏制度性的、程序性的授權，只是一個意識形態上的價值宣稱，是一種未經被代表者同意的自我授權而已。至於汪輝相信有一種代表人民普遍利益的「中性化國家」的時候，顯然背離了激進左翼的批判立場，而走向了保守的黑格爾主義。在激進左翼看來，政治是利益衝突的場所，而國家不過是一個具有特殊利益（無論是某個階級抑或自我利益）的支配性力量。姚洋是最早提出「中性政府」論的學者，他曾經一度熱烈稱頌中國政府是一個「以社會長遠利益為追求目標」的中性政府，[48]但最近他終於發現，中國的確由一個中性政府統治，這是一個與各種利益集團分離的、沒有利益傾向性的中立政府，然而，當它掠奪公民的時候，也是「不問身份的」！[49]

汪輝的「黨國代表普遍利益」論，在陳端洪裏，從憲法學角度獲得了細密論證。他根據盧梭、西耶斯和施米特的理論，區分了制憲權和憲定權兩種不同的權力。制憲權是一個民族的最高權力和政治決斷，它高於憲法，是憲法的意志來源；而憲定權只是根據憲法所產生的權力。「制憲權是一切權力的本源，僅憑共同體的存在就當然存在，是不可分割、不可轉讓的。憲定權是派生的，可以分割，端賴憲法而存在，受憲法之制約，斷不能染指憲法。」[50]陳端洪是激進的，他像盧梭那樣，堅持人民主權思想，相信作為最高的主權——制憲權應該在人民手中，人民必得出場，[51]然而，在現代政治中，人民不可能時刻在場，於是只能委托代表行使人民主權。在陳端洪看來，這個人民的代表便是中共和人大，而且人大在黨的領導之下。「中國共產黨不是憲法創設的，而是中國人民在歷史的過程中創設的，中共中央是人民制憲權的常在的代表機構。這是主權意義的制憲權代表。」[52]於是激進的人民主權論轉化為保守的黨國主權論，黨國代表人民擁有超越憲法的不可分割、不可轉讓的最高主權，盧梭的人民必得出場，變成了黨國的隨時在場。

在當今的法學界和政治學界，類似相信「黨國與人民同一性」的學者不是個別的，而是形成了一股時髦的潮流，其中還有一些是留洋歸來的博士。他們用德國的憲法學理論生搬硬套到中國，以一套學科化的技術語言論證中國靜態政治結構的合法性，存在的就是合理的，歷史的便是正當的。他們所反對的正是自由主義的憲政原則，而將國家的最高權力以人民立憲權的名義託付給一個凌駕於憲法和政府之上的超國家權力。從西耶斯到施米特的這套歐陸的制憲權理論是非常危險的，主權者一旦以人民的名義擁有超越憲法的最高決斷權，就意味着權威與權力的一體化，權力這匹野馬再也得不到繮繩的制衡，有可能直奔深淵。從理論上說，似乎人民的意志超過其代表者的意志，然而誠如《帝國》作者所說：民眾是雜多的，是個別意志的多元體現，而人民永遠是一體的，只有一個意志。[53] 一體化的人民意志只能被代表，人民意志的最高決斷，最終蛻變為最高主權者的決斷。

漢娜·阿倫特在比較法國和美國革命時指出，法國革命的致命失誤，乃是相信權力與權威來自同一源泉：人民；而美國革命的成功經驗，則可以歸結為：權力屬於人民，權威在於憲法。[54] 古羅馬共和政體按照西塞羅的名言，乃是權力屬於人馬，權威屬於元老院。這一權力與權威二元化的古代傳統發展到近代，便演化為權力屬於人民，權威屬於憲法的英美憲政。無論是人民還是及其代表者政府的權力行使，必須在憲定的範圍之內，受到憲法的制約。陳端洪按照西耶斯的理論，區分了制憲權和憲定權，他承認憲定權必須遵從憲法，但認為掌握制憲權的人民有先於憲法、超越憲法的權力。問題在於，握有制憲權的主權者（無論是抽象的人民還是具體的「偉大而不朽的立法者」）其立憲的意志，僅僅憑籍主觀的，例外性決斷，還是仍然受到高級法的制約？所謂的高級法，乃是哈耶克所說的憲法之上的最高立法原則。在英美憲政裏，比憲法更高級的法最初是自然法，後來是羅爾斯所論證的自由、平等的正義原則，它體現為比憲法更為根本的公共理性。憲法權所尊奉的權威，不是憲法的法律條文，而是憲法的靈魂：以自由為核心的最高立法原則，同樣，握有制憲權的人民在選擇自己共同政治生活方式的時候，也不得偏離最高立法原則，這一原則是立國之本，國之靈魂。英國之所以能夠實現光榮革命，美國之所以能夠在利益分歧的情況下實現合眾建國，其中最重要的原因乃是在建國的基本原則上有基本共識，憲政背後有公認的最高立法原則，因而具有長久的權威性和穩定性。制憲權與憲定權相互之間是有制約的。在日常政治中，被人民授予統治權力的政府，必須在憲法的權威之下行使權力，不同權力之間相互制衡，以統一的憲法權威為標尺，也以共同的憲法準則為限度。在非常的制憲時期，人民雖然擁有高於憲法的制憲權，但這種制憲權又不是意志任意決斷，人民的意志決斷不是價值虛無主義的，而是以人民自身的最高利益作為立憲的價值依據，以此構成立憲的終極性依據。這就是最高立法原則，比憲法更高的高級法。高級法作為最高的權威，同樣規約了人民的立憲權。權力與權威的二元分立，可以有效地防止權力與權威一元化所帶來的「有權力就有權威」、「權力之上無權威」的狀況。不管這個權力掌握在具有立憲權的人民手中，還是擁有憲定權的政府手中，只要缺乏最高立法原則的規約，那都是可怕的權力。

對權力腐敗的預防，除了最高立法原則的倫理制約外，最重要的是制度上的權力制衡：以惡攻惡，以權力制約權力。羅伯特•達爾指出：「如果不受到外部制約的限制，任何既定的個人或個人群體都將對他人施加暴政。所有的權力（無論是立法的、行政的還是司法的）聚集到同一些人手中，意味着外部制約的消除。」[55] 然而，中國的國家主義者最反對的就是對國家權力的限制，王紹光批評憲政民主說：「『自由民主』和『憲政民主』把『自由』、『憲政』置於『民主』之上，就等於把『民主』關入『鳥籠』。換句話說，『自由民主』、『憲政民主』就是『鳥籠民主』。」[56] 在他看來，只要統治者回應了被統治者的要求，代表了人民的利益，就是真正的民主，統治者的權力就不應受到制約。姑且不論他所說的民主只是一種以統治者為主體的「回應性威權」，即使是全體公民選舉產生統治者的民主體制，假如民選總統的權力缺乏有效的監督和權力制衡，照樣會產生「民主的暴政」。

王紹光曾經引用邁克爾・曼的觀點，將國家權力分為基礎性權力與專斷性權力，認為以民主為基礎的集中性權力可以強化基礎性權力，避免專斷性權力。[57] 然而，無論是俄羅斯普京式的強人民主、還是陳水扁時代的台灣民粹民主，都證明了只要缺乏自由的最高價值、沒有憲政的制衡以及有效的分權，即使在民主制度下，專斷性權力也會比基礎性權力增長更快。過於集中、有效的國家權力，既能為善，也能作惡，這是權力背後的人性所決定的。

憲政具有雙重的功能，首先是賦予國家權力以正當性，將各自分散的政治力量整合為統一的國家意志。這是「化多為一」的功能，其次還有分權的功能，「化一為多」。統一國家意志的方式可以是憲政，也可以不必通過憲政，比如用專政或威權的方式。專政和威權雖然可以有效地「化多為一」，卻無法防止一統化的國家權力自身發生蛻變，蛻變為無法無天的暴政。而憲政的好處，一方面同樣可以有效地統一國家意志，但這個統一的國家意志，不是以權力的統一性，而是以權威的統一性得以實現，這個權威便是憲法。任何國家權力，都必須在憲法的權威之下活動。十九世紀英國唯心主義政治思想家格林認為，主權有意志與權力兩個層面。[58] 這意味着國家意志必須統一，但國家權力應該分立。為什麼權力必須分立，為什麼民主之上還要有憲政？《聯邦黨人文集》裏有一段精彩的話：「如果人都是天使，就不需要任何政府了。如果是天使統治人，就不需要對政府有外來的或內在的控制了。」[59]行使權力的，都是凡人，不是神，而凡人一旦被賦予無限的、不受限制的權力，既有可能大善，也有可能大惡。美國建國之初，麥迪遜正是意識到人性的幽暗性和理性的易謬性，所以才發明了憲政的鳥籠，以權力制衡權力，以利益對抗利益，以野心平衡野心。

憲政如果沒有分權，就不是真正的憲政。蘇俄留下的「憲政」傳統，乃是一種反憲政的「憲政」，是一種非分權的專政性「憲政」。而這種「憲政」只是賦予「專政」以統治的正當性。即使如此，由於其具有憲政的外在形式，這就使得後人不必訴諸於革命（不管是暴力的革命還是和平的革命），不必走從無到有的制憲，而是有可能通過憲政轉型的溫和道路，舊瓶裝新酒，在已有的憲政框架之內，通過多次修憲，在國家意志保持統一的前提下，逐步實現國家權力的內部制衡，從專政的「憲政」改良為分權的憲政，實現有限的政府，這才是憲政問題的核心所在。阿倫特指出：美國建國的經驗表明，「分權不會帶來無能，反而會產生和穩定權力。」[60]有效率的政府與受制約的政府並非不相容，有限的政府同時也可能是一個最強大、最有行政能力的政府。

當上帝死了之後，當天命隕落之後，現代政治的唯一正當性就來自人民。人民替代上帝具有了某種無庸置疑的世俗神性。施米特主義也好，民粹民主也好，回應性威權也好，它們的共同之處乃是巧妙地接過人民的名義，假借民主的形式，將民族國家的最終決斷權賦予某一個主權者。這是一個類似教皇的位置，是上帝意志的化身，超越於憲法與法律之上，擁有無限的制憲權和例外狀態下的決斷力。似乎民族的生命、國家的未來、人民的利益都寄托於這個唯一的最高主權者身上，任何對主權者的限制都是非法的，都意味着對公意的挑戰，對代表人民根本利益的絕對權威之顛覆。當代中國的國家主義者，雖然各有其不同的學術和政治背景，但在國家的絕對權威面前，卻通通成為了虔誠的膜拜者。

四、趨於神魅化的國家理性

近十年來中國所出現的國家主義思潮，其要害乃是對國家理性的膜拜。在歐洲現代性的歷史過程中，發展出兩種不同的理性傳統：啟蒙理性和國家理性，啟蒙理性的道德價值落實在個人的自由與解放。而國家理性按照梅尼克的分析，從馬基雅維利開始，國家作為一個有機的個體，它像人一樣具有自身生存發展的理由，為了這一目的可以不惜一切手段。[61] 在歐洲的歷史上，古希臘羅馬的德性倫理、中世紀的上帝意志和近代的自然法理論都構成了對國家理性的制約，但國家理性總是有一種內在的衝動，試圖掙脫和凌駕於一切宗教和人文的規約。到十九世紀德國歷史主義狂潮興起，普世的自然法傳統被判為虛妄，國家理性不再有任何普遍性的道德倫理羈絆，權勢成為其唯一的目的，國家成為超道德的利維坦。國家理性的正當性不再是超越的宗教或道德形而上學，而是所謂的國家與國民的同一性。國家掙脫了來自超越世界的普世性規則，它成為它自身，其正當性來自人民的授權，這種授權或者是君主制的代表（公共利益），或者是民主制的周期性選舉。國家自身有其存在、發展的理由，其理由便是公共福祉。國家一旦具有了最高主權的形式，而不再有外在的道德規範，其內在的權勢如同惡魔一樣便自我繁殖，向外擴張。

中國的國家主義思潮，所追求的正是這種掙脫了更高倫理價值的國家理性。強世功說：「政治的本質說到底是強者對弱者的支配。……正如韋伯所言，成熟的政治家必須具有鋼鐵般的政治意志和追求權力的政治本能，這其實就是我們所說的『政權』或者『江山』在誰的手中的問題。政治家聽從的不是什麼美麗的道德說教，而是要為整個民族和歷史擔負責任和使命，這就是韋伯所說的責任倫理。」[62] 在這裏，強世功對韋伯的理解是淺層次的。的確，在韋伯看來，政治家的準則首先是權力，而不是正義，無需宗教與道德的外在規範，國家有其自身的理由。韋伯將國家理性視為判斷各種政治行為的終極價值。國家的理性和歷史的責任，這是韋伯一生的政治態度。德國對未來文明擔當責任，要成為主子民族。這種擔當是一種對結果負責的責任倫理，背後不蘊涵特定的宗教和倫理價值。[63]

然而，在責任倫理與信念倫理之間，韋伯的內心充滿着緊張性，這種緊張性，在中國的國家主義裏是絕對找不到的。信念倫理秉承的一種價值絕對主義，人們的行動只對其動機負責，而動機來自超越的價值之神，只要符合信念，一切可以推諉之上帝。但在一個價值多神論的世俗時代，人們被拋到一個絕對自由的境地，何種價值是可靠的，不同的價值之間是否有可通約的更高價值，成為了一個問題。作為一個悲觀主義的自由主義者，韋伯要堅守的個人的選擇自由，但又相信價值的相對主義，於是一切問題就變為個人的選擇和意志決斷。不同的政治選擇有何評判標準？韋伯遂在信念倫理外，提出了責任倫理，個人要為自己的選擇擔當「後果」的責任。然而，問題並沒有因此而解決，反而變得更複雜。所謂的「後果」評判價值又何在？韋伯沒有給出一個明確的回答，他只是說，責任倫理同樣需要信念倫理的支撐，一個真正的、有決斷力的人秉承各自的信念做出選擇，只是不再有可靠的上帝為你的行動的「正確」而背書，一切結果都得你自己擔當起來。因此，韋伯的責任倫理不僅沒有解決價值的衝突，反而更尖銳化。在韋伯那裏，不僅政治是不同的利益爭奪支配權的場所，而且整個世界充滿着價值之爭。在終極的價值問題上，韋伯是一個猶豫的虛無主義者。在他看來，普遍的官僚制度只能培養萎縮的、缺乏決斷力和擔當的服從型人格，嚴酷的問責造成的結果是普遍的不負責，即只對上級負責，而不對自己的行動和由此而秉承的信念負責，因為官僚沒有信念。韋伯看到了現代性的普遍官僚制對人格圍成的鐵籠，因此他寄希望於競爭的民主制，但不是看中民主的內在價值，而是民主作為一種利益和信念競爭的制度化空間，可以產生神魅型的政治領袖，由他們進行價值決斷，為國家擔當責任。至於何種價值具有終極的意義，並沒有可靠的上帝為你擔保，就看領袖的意志決斷。雖然這種決斷，要擔當世俗的責任，每隔幾年，就要由選民通過民主選舉，對不同的、競爭性的領袖根據其實踐的結果，做出人民自己的決斷。韋伯一生的價值掙扎，如此悲壯。他是一個清醒的現實主義者，深知尼采所說的「上帝已死」的歷史意蘊，人們不再有終極的依靠，自由給人們帶來的，是難以承受的選擇之重。但他還是擔當了本來應該由上帝擔當的價值抉擇，並且以責任倫理自命，背上了命運的十字架——不是為上帝，而是為自己。在韋伯看來，神魔只是一念之間，在一個層次是神聖的東西，在更高的層次上就是魔鬼。這有點像佛教中所說的真諦與俗諦的辯證否定。信念倫理只對目的負責，那麼只要目的為善，便可以窮盡一切手段，不管其手段多麼之惡。但在責任倫理看來，手段同樣要擔當獨立的倫理責任，世界就是在這種價值的衝突中生存，道德的緊張性無所不在。韋伯充分了解到責任倫理與信念倫理之間的弔詭，他的真正悲劇在於：在一個價值相對主義的多神時代，個人在擔當責任和堅守信念中，不惜借助國家理性的魔鬼般力量，以實現神聖的事業。

中國的國家主義者缺乏韋伯思想中那種深刻的緊張性和悲劇性，他們只是膚淺的國家理性的膜拜者，是一批宗教倫理意義上的價值虛無主義者。中國國家主義的出現，與價值虛無主義有着密切的關係。[64] 當代中國最深刻的危機是心靈危機，整個社會缺乏基本的價值共識和倫理基礎。當傳統的儒家價值觀被摧毀後，中國人失去了認同的對象，於是民族國家便成為了情感宣泄的世俗對象。而帝國列強的壓迫，則提供了這種民族國家認同的外部歷史條件。八十年代的新啟蒙運動提供了一套普世主義的啟蒙價值，但到九十年代之後啟蒙價值不斷地受到質疑和批判，傳統的儒家價值遠去，現代的啟蒙價值又開始式微，於是，各種各樣的價值虛無主義在中國思想界蔓延生長，國家主義便乘虛而入，成為一種虛幻的認同對象。國家主義是一種去政治化的政治，去價值的價值、去意識形態的意識形態。國家的價值目標變得無關緊要，唯一重要的只是國家自身的強大。而強有力的國家，不是建立在自由、民主和法治的文明基礎上，乃是一種物質的實力和韋伯所說的制度合理化。這種高效率、合理化的國家具有所謂的「高適應性」，因此王紹光將國家的「高適應性」視為與西方的民主制度相對抗的「制度自覺」和「制度自信心」，他相信中國作為一個「高適應性體制」的國家，「會形成良性發展，不自由會變得自由，不民主會變得民主。」[65] 只要國家強大了，似乎自由、民主便會接踵而來，國家理性本身成為最高的、唯一的價值。國家作為最高主權，其具體的代表者擁有超越憲法與倫理價值的最高決斷力。強世功模仿施米特的說法，呼籲在出現反對派、國家面臨緊急狀態的特殊時刻，主權者具有超越憲法的最高決斷權：「主權不服從憲政狀態，而是在關鍵時刻拯救憲政狀態。主權依賴的不是憲法，而是高於憲法的決斷。危機時刻的政治決斷之服從上帝的意志，而不是憲法。」[66] 雖然國家的最後決斷取決於上帝意志，但無論是施米特，還是中國的國家主義者，他們心目中的上帝並非一個價值的存在，而只是一個意志的存在，在價值內涵上，德國與中國的施米特都是徹底的虛無主義者，上帝死了之後，除了權力意志（國家）別無一物，國家的意志便是上帝的意志，上帝的意志便是賦予主權者以不可分割、不容分享的最後決斷權。國家主義所關心的真正問題，不是何種價值是好的——在他們看來，在一個價值多神的後現代社會，那是無法獲得終極答案的偽問題——而是誰擁有價值的決定權，誰是最高意志的主權者——擁有最後決斷權的主權者，他的政治決斷無需理由，也超越於任何宗教和倫理的價值，只需為自身負責，即為國家理性擔當責任。在最高主權者面前，信仰高於理由，猶如對待上帝一般。上帝世俗化為國家的主體，無須思考，無須質疑，只須虔誠的信仰。

國家作為一個人造的神，雖然代替了神，但正如施米特所發現的那樣，利維坦畢竟是人工合成的贗品，它是一個「會死的上帝」。[67]梅尼克在《馬基雅維利主義》一書中注意到，霍布斯的國家具有自我解體的可能性，其自我中心主義與利己主義，無論多麼理性，都無法產生一種將自利的、分散的個人凝聚起來的社會紐帶。某種更高的道德與思想價值必須添加到國家理性之中，於是德國的黑格爾主義，以歷史主義目的論的論證，賦予國家以最高的善。黑格爾的世界精神需要在歷史中逐步展現，它需要一個像國家那樣的權勢作為主宰人類生活的載體。但手段成為了目的本身，世界精神只是國家權勢的道德表述。國家理性獲得了一種偉大的道德尊嚴。這種自我道德正當化的國家理性，比較起霍布斯世俗主義的國家理性，具有更大的破壞性，這也是德國從國民國家一體化的國家主義走向民粹的法西斯主義的歷史淵源所在。[68]

當今中國的國家主義者，也意識到霍布斯式的世俗國家理性由於其背後缺乏神魅性，而無法保持長久的穩定。現實的政治秩序雖然是霍布斯式的，但他們真正感興趣的不是霍布斯，而是施米特，那個將國家理性神魅化的施米特。國家不僅是功利主義的，而且是浪漫主義的；國家不僅能夠造福人民，維持穩定，而且國家具有內在的善，具有神魅性的價值。國家的神魅性自然不再是上帝或者天命這些超越性源頭，而是世俗性的「人民利益」或「中華文明」。因而國家主義的思潮不是孤立的，它總是要訴諸於其他的主義，不是民粹主義，便是古典主義。在當代中國，國家主義、民粹主義與古典主義以國家為中心，結成了某種微妙的戰略同盟。

民粹主義的國家主義將「人民利益」與「人民意志」加以神化，視為現代政治的最重要的正當性基礎，在儒家政治傳統中，民本本身是合乎道德的，因此一個只要是自我聲稱回應了民意、代表了民生的國家，便獲得了道德性的存在理由。至於「人民利益」究竟如何實現？「人民意志」究竟為何物？這些都並不重要，重要的是人民與國家的同一性而塑造的神聖化國家，國家因為代表人民根本利益而自我神魅化。

古典主義的國家主義則將中華文明的重新崛起視為國家存在的價值基礎，而一個強有力的國家成為文明復興的載體與希望。梅尼克在評論黑格爾的世界精神與國家之間的關係時指出，黑格爾之所以將國家置於如此高的位置，「原因在於他需要它來落實他的宏偉觀念，即世界精神在歷史中，並且通過歷史逐步實現其自身。在歷史中，他現在需要一個像國家那樣的權勢，他將在一個特定和顯著的程度上作為理性目的的載體來行動，與此同時也將是一個主宰整個人類生活的載體。」[69]同樣，國家主義也將中華文明復興的偉大藍圖寄托在一個強大的國家身上，作為文明復興的手段與載體的國家，反過來超越目的，手段成為目的本身，所謂的中華文明只不過是國家理性的價值表述，國家因此而獲得了某種道德神性。

當代中國的國家主義者將施米特主義直接植入中國現實，猶如《潛行凶間》中主人公將自己的理念植入對方的夢境一樣。他們正在從政治人類學走向政治神學，因為它建立在對人性的雙重假設之上，一方面是馬基雅維利、霍布斯式的自我保存說，每個人都追求個人利益的最大化，而利維坦式的國家正是維護公共秩序、實現個人福祉的最好保障。另一方面是德國浪漫主義式的人性論，人是一個具有自我創造、自我意志的個體，而個體的自我實現有賴於一個充滿民族個性的國家。國家主義的人性論基礎，前者是世俗化的唯物主義，後者是具有某種神秘性的唯心主義，兩者十分弔詭地結合為一個整體性的「中國模式」：一個強有力的國家存在，既能滿足人民的安全和民生的需求，又是與西方迥異的「民族個性」的自由創造，是民族整體意志的完美體現。這樣，國家主義便從霍布斯式的政治人類學走向施米特式的政治神學，國家主義在與民粹主義、古典主義聯姻的同時日趨神魅化，而被浪漫化的「人民利益」與「中華文明」將成為神聖國家的世俗性源頭。

本來，國家理性與啟蒙理性都是現代性的內在要求，國家理性與啟蒙理性各有其內在價值，並非目的與手段的關係，然而，當國家理性憑藉「人民」和「文明」的名義擴張其權勢的時候，我們不得不追問：我們要的是什麼樣的國家理性？是「存在的都是合理的」、具有自我擴張性的國家理性，還是審慎的、有更高道德原則制衡的國家理性？國家理性的正當性何在？是虛幻的國民/國家同一性、施米特式的代表性民主，或儒家式的回應性威權，還是自由憲政體制所形成的國家意志？德國、日本現代崛起的歷史表明，倘若國家理性缺乏宗教、人文和啟蒙價值的制約，任憑其內在的權勢擴張蔓延，國家理性便會從霍布斯式的功利主義走向保守的浪漫主義，蛻變為缺乏道德取向的價值虛無主義，而最後催生出反人文、反人性的國家主義怪胎，國家能力越是強大，國家理性便越自以為是，其墜落懸崖的危險性也就越大。

國家，多少罪惡假汝之名而行！

二〇一〇年

註釋

1 王曉明：〈中國之認同的現實與期望〉，《天涯》，2008 年第 6 期。

2 高全喜：〈自由主義與民族主義〉，共識網：http://new.21ccom.net/plus/view.php?aid=3449。

3 高全喜：〈論國家利益：論一種基於中國政治社會的理論考察〉，《大國》第 2 期，北京：北京大學出版社，2004。

4 王紹光：〈堅守方向，探索道路：中國社會主義實踐 60 年〉，《中國社會科學》，2009 年第 5 期。

5 汪輝：〈自主與開放的辯證法：關於 60 年來的中國經驗〉，《21 世紀經濟報道》，國慶特刊，2009 年 9 月。後來汪輝將訪談錄中的觀點發展為一篇更系統化的論述，參見汪輝：〈中國崛起的經驗及其面臨的挑戰〉，《文化縱橫》，2010 年第 2 期。

6 甘陽：《中國何時成為一個「政治民族」》，博客中國網：www.blogchina.com/20080610549408.html。

7 比瑟姆，徐鴻賓等譯：《馬克斯・韋伯與現代政治理論》，台北：桂冠圖書公司，1994，261 頁。

8 王紹光、胡鞍鋼：〈中國政府吸取能力的下降及其後果〉，《二十一世紀》第 21 期，1994 年 2 月號。

9 汪輝：〈中國崛起的經驗及其面臨的挑戰〉，《文化縱橫》，2010 年第 2 期。

10 強世功：〈烏克蘭轉型中的憲政權威〉，《21 世紀經濟報道》，2004 年 12 月 08 日。

11 強世功：〈烏克蘭憲政危機與政治決斷〉，《21 世紀經濟報道》，2004 年 12 月 15 日。

12 強世功：〈中國憲法中的不成文憲法——理解中國憲法的新視角〉，中國選舉與治理網：www.chinaelections.org/newsinfo.asp?newsid=165143。

13 張維為：〈中國成功背後的八個理念〉，中國共產黨新聞網：http://theory.people.com.cn/GB/10158261.html。

14 潘維：〈中國模式：人民共和國60年的成果〉，《綠葉》，2009年第4期。

15 亨廷頓，劉軍寧譯：《第三波：二十世紀後期民主化浪潮》，上海：上海三聯書店，1998，第1章。

16 王紹光：《民主四論》，北京：三聯書店，2008，第1講。

17 王紹光：《民主四論》，242頁。

18 王紹光：《祛魅與超越》，北京：中信出版社，2010，194–206頁。

19 王紹光：《祛魅與超越》，124頁。

20 〈王紹光談民主和「選主」〉，《東方早報·上海書評》，2009年10月18日。

21 王紹光：《民主四論》，73頁。

22 潘維：〈共和國一甲子：甲子探討中國模式〉，《開放時代》，2009年第5期。

23 張維為：《中國成功背後的八個理念》，載中國共產黨新聞網：http://theory.people.com.cn/GB/10158261.html。

24 吳增定：〈重談現代中國革命的「歷史必然性」問題〉，《共和國六十年：回顧與展望》，《開放時代》，2008年第1期。

25 韓毓海：《五百年來誰著史》，北京：九州出版社，2009。

26 王紹光：《民主四論》，130 頁。

27 王紹光：《祛魅與超越》，114 頁。

28 王紹光：《民主四論》，130 頁。

29 王紹光：〈和平崛起與國家良治〉，《21 世紀經濟報道》，2003 年 12 月 29 日。

30 韓毓海：《五百年來誰著史》。

31 揚—維爾納・米勒，張美、鄧曉箐譯：《危險的心靈：戰後歐洲思潮中的卡爾・施米特》，北京：新星出版社，2006，42 頁。

32 施米特，林國基譯：〈詞匯〉，轉引自邁爾：《古今之爭中的核心問題：施米特的學說與施特勞斯的論題》，北京：華夏出版社，2004，58 頁。

33 王紹光：《民主四論》，38–70 頁。

34 盧梭，何兆武譯：《社會契約論》，北京：商務印書館，1980，39 頁。

35 中國老一輩政治哲學家、清華大學政治系教授張奚若，形象地用算式解釋盧梭的公意、私意和眾意：「公意是以公利公益為懷，乃人人同共之意。如甲之意 =a+b+c，乙之意 =a+d+e，丙之意 =a+x+y。所以公意 =a。而眾意則是一私利私意為懷，為彼此不同之意。因此眾意 =a+b+c+d+e+x+y。所以公意是私意之差，而眾意是私意之合。」參見張奚若：《社約論考》，上海：商務印書館，1926。

36 崔之元：〈盧梭新論〉，載崔之元：《第二次思想解放與制度創新》，香港：牛津大學出版社，1997。

37 戴維・赫爾德，燕繼榮等譯：《民主的模式》，北京：中央編譯出版社，1998，113–114頁。

38 王紹光：〈大轉型：1980年代以來中國的雙向運動〉，《中國社會科學》，2008年第1期。

39 汪暉：〈中國崛起的經驗及其面臨的挑戰〉，《文匯縱橫》，2010年第2期。

40 王紹光：《祛魅與超越》，31–33頁。

41 王紹光：《安邦之道：國家轉型的目標與途徑》，胡鞍鋼序，北京：三聯書店出版社，2007。

42 汪暉：《為未來而辯論：在日內瓦論壇上的演講》，海裔譯，烏有之鄉網站：www.wyzxsx.com/Article/Class17/200812/62335.html。

43 王紹光：《祛魅與超越》，142頁。

44 汪暉：〈去政治化的政治、霸權的多重構成與六十年代的消逝〉，《開放時代，》，2007年第2期，同主題更通俗的表達，亦可參見汪暉：〈「去政治化的政治」與大眾傳媒的公共性〉，《甘肅社會科學》，2006年第4期。

45 汪暉：中國崛起的經驗及其面臨的挑戰〉，《文化縱橫》，2010年第2期，亦可參見汪暉：〈自主與開放的辯證法：關於60年來的中國經驗〉，《21世紀經濟報道》，2009年9月國慶特刊。

46 汪暉：〈中國崛起的經驗及其面臨的挑戰〉，《文化縱橫》，2010年第2期。

47 謝爾頓・沃林，辛亨複譯：《政治與構想：西方政治思想的延續與創新》，上海：上海人民出版社，2009，292頁。

48 姚洋：〈是否存在一個中國模式？〉，載中國選舉與治理網：www.chinaelections.org/NewsInfo.asp?NewsID=168567。

49 姚洋：〈北京共識的終結〉，載中國選舉與治理網：www.chinaelections.org/newsinfo.asp?newsid=184445。

50 陳端洪：《制憲權與根本法》，北京：中國法制出版社，2010，133頁。

51 陳瑞洪：〈人民必得出場：盧梭官民矛盾論的哲學圖式與人民制憲權理論〉，《制憲權與根本法》。

52 陳瑞洪：《制憲權與根本法》，24頁。

53 邁克爾・哈特、安東尼奧・奈格里，楊建國、范一亭譯：《帝國》，南京：江蘇人民出版社，2003，107頁。

54 漢娜・阿倫特，陳周旺譯：《論革命》，南京：譯林出版社，2007，141、149頁。

55 羅伯特・達爾，顧昕譯：《民主理論的前言》，北京：東方出版社，2009，29頁。

56 王紹光：《民主四論》，37–38頁。

57 王紹光：《祛魅與超越》，125–126頁。

58 金岳霖：〈T. H. 格林的政治學說〉，載金岳霖，劉培育編：《道、自然與人：金岳霖英文論全譯》，北京：三聯書店，2005，296–297頁。

59 漢密爾頓、杰伊、麥迪遜，程逢如等譯：《聯邦黨人文集》，北京：商務印書館，2004，264頁。

60 漢娜・阿倫特：《論革命》，252頁。

61 梅尼克，時殷弘譯：《馬基雅維利主義》，北京：商務印書館，2008。

62 強世功：〈烏克蘭憲政危機與政治決斷〉，《21世紀經濟報道》，2004年12月15日。

63 蘇國勛：《理性化及其限制：韋伯思想引論》，上海：上海人民出版社，1988，32–43頁。

64 許紀霖：《走向國家祭台之路》，《讀書》，2010年第8、9期。

65 王紹光：《打開政治學研究的空間》，《中國社會科學院報》，第27期，2009年1月13日。

66 強世功：《烏克蘭憲政危機與政治決斷》，《21世紀經濟報道》，2004年12月15日。

67 施米特，應星、朱雁冰譯：《霍布斯國家學說中的利維坦》，上海：華東師範大學出版社，2008。

68 梅尼克：《馬基雅維利主義》。

69 梅尼克：《馬基雅維利主義》，510頁。

第十七章

儒家孤魂，肉身何在？

二千年的儒家曾經是古代中國的公共文化和官方意識形態，到了一百年前在西學的衝擊下，儒家文化解體，失去了其制度之根和社會之根，雖經幾代新儒家學者力挽狂瀾，光大絕學，然而儒家義理猶如孤魂，在少數精英的上空遊蕩，而不再在大地有其肉身。

傳統儒家之所以如此風光，乃是有雙重的制度肉身，其一是漢代的五經博士制度和宋之後的科舉制度。儒家是王權欽定的官方意識形態，儒家士大夫也成為帝國官僚階層的唯一來源。其二是宗法家族社會的風俗、禮儀和民間宗教。儒家是古代社會的文化「小傳統」，在民間有深厚的土壤，成為百姓「日用而不知」的綱常倫理。然而，儒家的這雙重肉身到了現代社會已被連根拔起，摧毀殆盡。雖經一個世紀的磨難，儒家到二十一世紀的中國有了復興的希望，但如今的繁榮更多地只是學院層面的熱鬧，少數精英那裏義理儒家的蓬勃興旺，反過來襯托了制度儒家的落寞荒涼。儒家之魂，悠悠蕩蕩，皮之不存，毛將焉附？

如何改變一個世紀以來儒家的魂不附體、讓其在制度上有所附麗？比較起牟宗三、唐君毅、杜維明等注重義理的老一代新儒家，今日新一代儒家人士開始注意到制度儒家的重要性，而上層頻頻吹來的温馨暖風和社會的精神饑渴，又給制度儒家的復興提供了前所未有的時代良機。問題只是在於：儒家之魂，將依附於何張皮上？是目光往上，得君行道；還是視野往下，覺民行道？

一、王官之學，此路不通

儒家與基督教、佛教不同，不僅是入世之學，且具有很強的政治性，其最高的成就乃是經世致用，實現治國平天下。儒生們的政治抱負雖大，卻有着自身不可克服的軟肋：與基督教相比，缺乏有經濟實力、又可與王權相抗衡的獨立建制；與古希臘公民比較，也沒有參與政治的制度化管道。儒家士大夫雖然謹記孔夫子的「士志於道」，堅信儒家的信仰（道）尊於王權（勢），但在政治實踐中，「道」卻不得不借助於「勢」，看君主的臉色，借「勢」的跑道踐行「道」的理想。

從古至今，凡是有強烈用世之心的儒家，因為擺脱不了「道」依附於「勢」的宿命，總是習慣於走上行路線，時時尋覓明君，希望將一己之學抬升到王官之學。儒家需要明君，明君也需要儒家。秦二世而亡的教訓，讓漢武帝以下的君主們明白，僅僅靠法家官僚用嚴刑峻法治理國家是不夠的，暴力威懾得了百姓，卻無法征服人心。儒家有民本主義的王道政治，以儒補法，可以為王朝的統治獲得長久的合法性。於是，大部分的中國皇帝，從漢武帝到康熙雍正乾隆，其統治方式皆為外儒內法，偶爾濟之以黃老之學，霸王道雜之，三管齊下。

王權與士大夫的結盟，是一個有限的、互為手段的脆弱聯盟。王權最迷信的，永遠是馬基雅維利之學，再熟悉儒家經典的皇帝，其作為權力的化身，決定了他骨子裏流淌的，只可能是法家的血脈，相信「法術勢」這套治理體系無遠弗屆。對於儒生而言，王道政治是體之所在，王權不過是其用；但對王權來說，儒家再好，乃是用也，法家才是體本身。以晚清的洋務、變法和新政為例，士大夫與清廷雖然都為保國，其實是各懷鬼胎。士大夫以富強保中國，最終要保的是天下——那個儒家所心儀的文明秩序，但清廷以富強保中國，最終要保的是江山——那個滿清權貴獨攬天下的小江山。士大夫為了保天下，可以改朝換代；而清廷為了保江山，寧願天下先亡。

王權與儒生相互利用，結成同盟，因為終極目標不同，終有決裂一天。對儒家士大夫來說，伴君如伴虎；人君一時之喜怒哀樂，足以毀棄自己一生之辛苦努力。西漢年間，一代梟雄漢武帝「廢黜百家，獨尊儒術」，為帝國提供了陰陽五行宇宙論的大儒董仲舒備受榮寵。然而，皇帝要的只是董氏宇宙論為帝國論證合法性的一面，而討厭董氏用「天人感應説」在皇權之上置放一個更高的「天命」。漢武帝建元六年，皇帝祭祖之地遼東高廟失火，書生氣十足的董仲舒認為這是上天對當政者發怒，寫了《災異之記》，奏章還沒上，就被人偷偷告到朝廷，漢武帝大怒，決定將董仲舒斬首。後憐其才，又下詔赦免，但被罷免官職，從此，董仲舒再也不敢造次，干預政事，晚年居家以修學著書為事。

儒法的合作結盟，看起來是王權與士大夫共治天下，但這個結盟在實力上是不對等的，也缺乏制度的保障。王權是主動方，士大夫是被動方。儒家在政治上有多少發揮的空間，端賴皇帝是否明君，是否有肚量採納儒生的進言。中國歷代有盛世與衰世，有治亂循環，個中原因並非取決於制度，而是看是否有明君賢相主政。文景之治也好，開元盛世也好，漢武帝、唐太宗也好，正如錢穆先生所言，只是人事好，並沒有立下好的制度。一朝明君，氣象萬千；昏君其後，人亡政息。所缺乏的，正是長遠的制度性設置。

牟宗三先生有一卓見，認為古代中國政治只有治道，而無政道。儒家提供了一套以民為本的形而上義理，法家有成熟的控制社會、駕馭官僚的治理術。但儒法兩家，一個義理上過於空疏，另一個只是在統治上下細密功夫，二者都無法開出超越於人君的、具有最高立法意志的政道，即剛性的憲政架構。

傳統的儒家政治，並非一無可取，在幾千年與王權又聯合有鬥爭的歷史實踐中，積累了豐富的政治智慧：道統與政統的雙重權威、士大夫與君主共治天下、民間的清議傳統、文官考試與御史制度等，這些政治智慧與制度實踐以民意為依歸、以天理為最高價值，以儒家士大夫為社會中堅力量，在相當大的程度上限制了皇權獨霸天下，使得中國政治在若干朝代和歷史時期之中保持了清明、理性與有序，使得古老的中華帝國在一個地域遼闊、人口眾多和文化多元的土地上，持續了二千多年的文明歷史。

然而，儒家政治具有自身不可克服的內在限制，其有形而上的義理，有治道層面的技藝，然而缺乏的是政道層面的根本大法，縱然設計如何完美，最終還是依賴於聖君賢相的個人德性，無法從根本上解決統治的合法性、權力的有效限制和權力的有序更替這三個現代政治的核心問題。從這個意義上説，政治上的儒家在現代社會中不再具有獨立的光復價值，其未來是否有價值，全看儒家在制度上與誰結合勾兑。假如繼續外儒內法，延續古老的秦漢體制，兩千年都沒有走通的老路，豈能指望在二十一世紀枯木逢春、病樹開花？

政治儒家真正的希望，在於與現代的法治與民主制度審慎嫁接，以超越私利的精英智慧平衡一人一票的民粹政治，以天下為公的公意聚焦權利至上的私利之爭。儒家政治本身無抽象之好壞，就看其與誰交友結盟。倘若能夠像牟宗三、唐君毅老一輩新儒家那樣，在法治與民主的現代政治框架中發揮餘熱，那麼就有可能實現自身之創造性轉化。

二、轉型為心靈宗教，可欲不可求

王官之學的上行路線是一條死路，儒家還有另一個選項，便是走下行路線，到民間發展，將儒學改造成儒教，成為像基督教、伊斯蘭教、佛教和道教那樣的心靈宗教。

這幾年，中國社會世俗化的進程掏空了國人的心靈，在精神虛無、價值真空和意義迷失的多重困境下，基督教、天主教、佛教、道教、伊斯蘭教以及各種民間宗教發展迅猛，伴隨着世俗化所造成的心靈秩序危機，宗教復興呈不可逆轉之勢。在這一大趨勢秩序，儒家的位置在哪裏？有沒有可能轉型為像佛道耶回那樣的心靈宗教，在民間有自己的一席之地？

將儒學改造成儒教，歷史上有嘗試過。明末的左派陽明學泰州學派，改變了朱子學的王官學傳統，轉而眼光往下，到民間講學，相信人人心中有良知，皆可成為聖人，他們在庶民百姓、販夫走卒之中啟蒙佈道，發展信眾，距離心靈宗教只有一步之遙。儒學的宗教化努力，最徹底的自然要數民國初年康有為、陳煥章發起的孔教會。康有為只是精神教主，孔教會的真正掌門人是哥倫比亞的哲學博士陳煥章。他不僅按照基督教的模式設計孔教，而且還賦予其若干現代的內容與儀式。但最終還是不免失敗。個中最重要的原因是康有為、陳煥章這些人身在民間，心系廟堂，守不住民間的寂寞，總是想通過國家權力的運作，將儒教抬升為國教。圍繞在孔教會周邊的，多是滿清的遺老遺少、失意的下野政客、傳統的鄉間士紳，知識陳舊，利慾薰心，對救心無所興趣，滿腹的救世雄心。孔教會甚至連晚明的左派王學都不如，其嚴重脫離社會，與庶民百姓無涉。他們取了耶教的形式，卻沒有耶穌的精神，缺乏與王權抗衡、孜孜於民間播種、通過拯救人的靈魂來改變世界那種真正的宗教氣質。

這些年以蔣慶為領袖的一派新儒家，也在重蹈當年孔教會的覆轍，他們在民間建立書院、精舍，卻不安於草根社會，總是想重返廟堂，讓儒教成為國教，讓四書五經成為欽定的教育墫本，甚至列入國家考試的範圍。假如哪一天儒教真的成為了國教，四書五經重返高考，那麼儒教的生命也就此完蛋，不是成為宰制性的意識形態，就是為學子們既重視又厭惡的晉身敲門磚。

我個人的觀察和感受，海峽兩岸的民間儒教學有很大的差異，台灣的儒教有草根氣、人情味，安心於民間社會，關心庶民疾苦，致力於心靈秩序重建；而大陸的一些儒教徒雖然身處民間，卻沾染了江湖氣與官氣。這二者位置不同，其實是精神相通的：都是要當天下老大的霸氣。

研究儒教與孔廟的台灣著名學者黃進興先生分析過，傳統的孔廟是一個與國家權力緊密結合的聖域，孔廟的祭祀是國家權力的展現，是一般百姓不敢進入、令人敬畏的封閉空間。許多大儒平生最大的願望，就是得到皇帝的冊封，在孔廟當中有自己的位置。有一個筆名叫「夢醒子」的儒生，做夢都想在孔廟裏吃一塊冷豬肉，感嘆曰：「人生啊，不吃一塊冷豬肉，愧為此生！」黃先生指出，中國的百姓對孔夫子是尊而不親，儒教「基本上是一個國家宗教，不是一個私人宗教；它是一個公共宗教，不是一個個人宗教」。儒教的基本性格太精英化了，關心的是治國平天下的大事，在一個缺乏民主的社會中，儒教為了實現救世的理想，除了往國家權力的身上靠攏，別無它途。

一般庶民百姓，天高皇帝遠，之所以需要宗教，乃是為了救心，精神有依靠，命運有託付，生死有安排。佛教、道教、耶教和回教皆有此承諾，故可以成為庶民百姓個人之信仰，儒家雖然有宗教性，但畢竟是讀書人的宗教，更重視現世、人文和理性。蔣慶在貴州建立陽明精舍，帶領一幫弟子們苦讀聖賢書，卻與周邊的村民們毫無關係，不被當地人認同。村民們還搬走了精舍特製的瓦片，去蓋了一個村裏更需要的觀音廟。足見如今的儒家復興依然是少數精英折騰的圈內事，與社會底層全然有隔。

這也難怪，儒家非啟示性宗教，不以信為第一要務，儒家更強調的是個人修身，在知識上有所覺悟，並通過道德的實踐，成為眾人表率的君子和聖人。但這個知識和德性的要求太高，只能是少數讀書人的理想，對一般庶民來說，他們只需要「信」，更確切地說，是通過簡單的宗教儀式，獲得神靈的庇護。無論是超越之神的庇護，還是簡化的宗教儀式。這兩點恰恰是儒家的短板，儒家要在民間改造成為耶教、佛教那樣的心靈宗教，既不符合儒家的本來性格，也缺乏自身的歷史傳統和實踐空間。韓國與台灣的儒家傳統保持得如此完整，至今也沒有開拓出個人宗教意義上的儒教，何況儒家傳統曾經中斷過的中國大陸乎？

三、作為「文教」的儒家，希望在民間

歷史上的儒家，從靈魂而言是一個整體，但其有三個肉身或存在形態，一是作為王官之學的國家宗教；二是作為心性之學的心靈宗教，這兩個都具有相當明顯的宗教性格；三是作為倫理道德之學的秩序宗教，這個層面上的儒學，與其說是宗教，不如說是秋風所提出的「文教」。

所謂「文教」，按照我的理解，指的是儒家並非西方意義上的宗教，而是儒家特有的「人文教化」，形成與宗教相對應的「文教」。其中包含四層含義，第一，作為「文教」，儒家不像一般的宗教那樣訴諸於信仰與啟示，而是通過理性的自覺和道德的踐行，得道行道；第二，作為「文教」，儒家不是通過祈禱、禮拜的宗教性儀式與神溝通，以獲得神的庇護，以期在另一個超越性世界裏面獲得生命的永恆，而是注重於現實生活，通過人文教化，在世俗性的日常生活禮儀中，將儒家義理化成人心，造就美俗；第三，作為「文教」，儒家主要不是為個人的心靈秩序提供安身立命與終極價值，而是依據「仁」化為「禮」，為整個社會建立公共性的倫理道德秩序；第四，作為「文教」，儒家的倫理道德價值及其規範，內化到其他正式宗教、民間宗教、祖宗崇拜、日常生活祭祀中，即所謂的「神道設教」。儒學可以說是一種「潛宗教」，潛移默化於民間，百姓日用而不知。

歷史上儒家的三個肉身，到了現代社會，與國家權力重謀蜜月的王官之學已是一條死路，而注重修身的心性之學也只是少數精英的事情，與一般國民無涉。儒家在未來中國最重要的功能，在我看來，應該發展以公共倫理道德為核心的「文教」，重建中國人的社會良序。

那麼，作為倫理道德秩序之「文教」，儒家與其他的宗教以及自由主義是什麼關係呢？

中國與西方不同，是一個多神教國家，儒道佛三教合一，其中道與佛是宗教，而儒家是「文教」，各有各的功能和底盤。秋風認為中國是「一個文教，多種宗教」，一語道出了儒家與其他宗教的關係。儒家因為只是一種致力於公共秩序的「文教」，因而它對注重個人心靈秩序的其他宗教，在態度上是開放的、包容的。雖然儒家自宋明理學後，化佛為儒，有自己的心性之學、修身之道，自有安身立命所在，但畢竟過於理性化，陳義過高，只是讀書人的宗教，一般民眾消化不起。即使在讀書人中，作為心性之學的儒學也有其有限性，因為其只談現世，不論來世，人文有餘，神性不足，故對一些特別重視生死輪回、有神性追求的儒生來說，在儒之外，還會談佛信道，或皈依耶穌。

反過來說，生活在儒家世界的佛教徒、道教徒、基督徒和回教徒，他們也會尊奉世俗的儒家倫理，孝敬父母、祭祀祖宗，入鄉隨俗，從而出現儒家化的基督徒、儒家化的佛教徒、儒家化的回教徒、儒家化的道士等。作為「文教」的儒學身段柔軟，潤物無聲，鑲嵌到各種外來和本土的宗教傳統中，一方面將外來宗教本土化、儒家化，另一方面也從其他宗教傳統中獲得新的養分，進一步固化自己超越於一切宗教之上的「文教」地位。

儒家的這種超越於所有宗教之上的性格，頗有點像現代社會的自由主義。那麼，作為「文教」的儒學與同樣追求公共良善秩序的自由主義是否有衝突矛盾？儒學與自由主義雖然都是世俗化的學説，但同樣各有各的側重和底盤。自由主義雖然也有自己的倫理價值，但骨子裏是一套政治哲學，追求的是符合自身倫理價值的政治哲學，而作為「文教」的儒家，雖然有自己的政治理念，但本質上是一套倫理哲學，追求的是日常生活的禮治秩序。真正與自由主義政治哲學有全面衝突的，不是作為「文教」的儒學，而是作為王官之學的政治儒教，當然這一衝突也並非絕對，正如我前面所説，政治儒學中的若干智慧同樣可以彌補自由主義政治之不足。

作為「文教」的儒學與自由主義，不應對抗，否則親痛仇快，便宜了它們共同的敵人法家。兩家最好的相處之道，乃是「周末夫妻」，有分有合，互補短長。按照哈貝馬斯的理論，現代社會分為系統世界和生活世界。系統世界是一個以市場和權力為軸心的世界，自由主義理當為系統世界的主人，以權利與契約規範市場，以法治和民主制約權力。而系統世界外，還有一個非功利的、人與人情感交往的生活世界，這個世界對於許多國家來説，皆由各自的宗教所主導，而對中國來説，儒家顯然應該成為生活世界的主人。

哈貝馬斯特別強調，系統世界與生活世界各有各的價值軸心，只要不越界築路，都是合理的。問題出在當今社會中，系統世界對生活世界的殖民化，將市場與權力的原則擴大運用到生活世界，以至於人與人之間的自然交往充滿了去人格、去情感、去倫理的功利氣味，不是等級性的權力宰制，就是市場交易的金錢掛帥。在中國，還有相反的情形，即生活世界對系統世界的反向殖民化。儒家作為生活世界的倫理原則，侵入到市場空間和政治領域中，在平等的契約空間中拉關係，在嚴肅的法治秩序中講人情，這是儒家不守本分的僭越，其危害性一點也不亞於系統世界對生活世界的殖民化。

在二十一世紀的今天，系統世界越來越全球化、普世化，那是文明的天下；而生活世界不同，它是文化的空間，不同的國家、不同的民族、不同的族群理應有自己獨特的文化和生活世界。文明是普世的，文化是特殊的。儒家之所以對於中國很重要，乃是中國人不僅生活在由普世文明所主導的系統世界，而且還有一個活生生的、有自身歷史傳統和文化個性的生活世界。「歷史的終結」對於系統世界來説沒什麼可怕，可怕的是將生活世界也一並終結了，形成科耶夫所擔心的「普遍同質化的」世界。在這個意義上説，中國需要儒家，需要一個有謹守生活世界本分的「文教」儒家。

未來的中國文化秩序，應該是三個層面的，第一個層面是政治文化層面，涉及到何為公共政治秩序中的正當，何為公共的政治之善，政治自由主義將扮演核心的角色，而儒家傳統和社會主義傳統也將貢獻各自的智慧。第二個層面是公共倫理層面，涉及到何為公共的倫理之善，何為人與人之間的交往之道，這將是作為「文教」的儒家的地盤，而倫理自由主義與各種宗教傳統也將補充其間。第三個層面是個人的心靈層面，涉及到何為德性、何為現世生活的意義、如何超越生死、獲得救贖或得救，這將是包括儒道佛耶回在內各種宗教的多元空間，中國特有的多神教傳統將讓國人有自己的選擇空間，甚至兼容並包，多教合一。

儒家孤魂，肉身何在？王官之學，已證明是一條死路，心性之學，只是精英宗教而已。儒家在未來中國最廣闊的願景，乃是造就公共倫理秩序的「文教」。這個「文教」，希望不在於國家權力之推廣，而是與公民社會結合，在民間自然、自發地生長。自孔夫子起，儒家起源於鄉野，發展於民間，中間雖然一度入室廟堂、成為官學，但最終隨王權的解體而衰敗，成為遊蕩了一個世紀的孤魂。儒家要想重新拾起蓬勃的生命，唯一的出路還是回到原點，回到民間。

二〇一四年

第十八章

儒家憲政的現實與歷史

儒家文化作為古老的軸心文明之一，到了二十一世紀，它的心靈智慧已經為各家各派所公認。那麼，儒家是否還有其政治智慧？更確切地說，在以民主為歸向的當下政治實踐中，儒家的政治智慧是否還有其現代的意義？以往思想界的一般看法，認為儒家在當代世界的價值，主要是其心性修養，其政治價值，已經失去了意義。即使是二十世紀新儒家代表人物牟宗三，也認為儒家有治道而無政道，新儒家的使命之一乃在於解決老內聖（心性之學）如何與新外王（民主政治）接軌的問題。[1]

然而，近十年以來，在新一代儒學知識分子推動下的儒學復興大潮中，思想風向發生了顯著的變化。最早是蔣慶，在心性儒學外，發掘出以公羊學傳統為主脈的政治儒學，並積極鼓吹激蕩。近一兩年政治儒學被正式命名為儒家（儒教）憲政，並且被不少學者和儒者所接受，廣為論證和傳播。一時間，儒家憲政的思潮成為顯學，有發展為儒家憲政主義的趨勢。

作為二千年中華帝國的意識形態，儒家有其政治智慧是毋庸置疑的。現在的問題是：這種政治智慧是否可以用儒家憲政命名之？即使可以接受這一命名，那又是一種什麼樣的憲政？其給古代的中國政治帶來什麼制度性後果？儒家憲政在現代政治生活中是否可欲？

一、儒家憲政思潮的浮現與內部分野

儒家文化在古代之所以成為中華帝國的主流意識形態，乃是其實現了全方位的制度化。陳寅恪先生有言：「夫政治社會一切公私行動莫不與法典相關，而法典為儒家學說具體之實現。故二千年來華夏民族所受儒家學說之影響最深最巨者，實在制度法律公私生活之方面。」[2] 從國家的政治法律、科舉取士，到民間的風俗、儀式乃至宗法家族內部的倫理教化，儒家無不成為制度化的核心價值。

儒家文化到清末民初走向衰落乃至解體，實與「去制度化」有關。這一「去制度化」的過程，有三個重要的關節點，第一是一九〇五年科舉制度的廢除。儒家本來不似西方的基督教有自己獨立的宗教組織，其憑藉的是對教育的壟斷，以國家的科舉取士制度獲得傳播，形成以師統為核心的網絡系統。一旦科舉廢除，各地學堂和新興學校不再將四書五經作為必修課程，儒家便失去了其所賴以存在的師統建制。第二是一九一一年持續二千年的中華帝制的終結，民國政制趨向西化，儒家學說不再是國家的核心價值，與法律政治制度脱鈎。第三是民初社會流動加速，傳統的宗法家族制度逐漸式微，儒家的社會基礎蕩然無存。在三重巨變中，儒家文化逐漸與教育、政治及社會的基本建制分離，成為失去了軀體的孤魂，無所依附、四處漂蕩的幽靈。

余英時先生指出，傳統儒學的生命力在於通過制度化得以全面安排人間秩序，當制度化的儒學死亡後，其已成為一個遊魂。這個遊魂即使發展出一套可以與西學抗衡的道德哲學，也無法再借屍還魂，「儒家通過建制化而全面支配中國人的生活秩序的時代已一去不復返。有志為儒家『招魂』的人不必再在這一方面枉拋心力。」[3] 在余先生看來，儒家的現代出路在於日常人生化，避開建制而致力於精神價值的重建，放棄治國平天下的目標，在修身齊家層次發揮重要作用。[4]

余先生的斷言是否有理姑且不論，事實上，縱觀整個二十世紀，幾代新儒家的努力，基本是在修身齊家層面，而對於治國平天下，貢獻甚微。儒家的修齊治平，既是一個不可分割的整體，同時由於各代儒家分別突出其中的不同面向，呈現出政治儒學（西漢的董仲舒）、心性儒學（宋代的朱熹）和社會儒學（明代的王陽明）等多種取向。進人二十世紀後，儒學開始衰落。政治儒學在經歷了戊戌變法最後一次迴光返照後，最終失去了與制度的血脈相連，沉寂良久。社會儒學在梁漱溟領導的鄉村建設運動推動下，幾度掙扎，又幾度復興，試圖為中國的社會重建奠定儒學的倫理基礎。反而是心性儒學，經過熊十力、牟宗三、唐君毅兩代新儒家的努力，終於蔚呈大觀，修得成果，成為二十世紀儒學的主流。

新儒家的心性之學，所面臨的是現代性過程中的意義缺失、認同迷惘和道德危機的問題。為重建中國人的心靈秩序，新儒家沉潛往復，窮究義理，建立了宏大的形而上宇宙結構和道德世界，在哲學上獲得了巨大的成功，至今成為學院派儒學再三嚼咀、反覆玩味的思想傳統。然而，心性儒學依然是義理層面的學說，在當今的學院高牆內，義理蛻變為學理，越來越缺乏現實的生命力，更與制度的重建相隔。自然，新儒家並非僅僅注重於內聖，從牟宗三到徐復觀，念念在茲的是老內聖如何開出新外王，如何從儒學的道德主體自我坎陷，發展出制度性的知性主體，建立起現代的民主政道。牟宗三先生說：在傳統中國的政治之中，只有君臣如何治理天下的治道，而無客觀化的制度政道，因此「為君難，為相亦難，相夾逼於上下兩端中，直不能維持其政治上之獨立性與客觀性。因上之君、下之民但不能客觀化故也。吾每感此而興無涯之悲痛，遂發願深思而求其故。」[5] 新儒家固然注重的是「意義世界的缺失」，但這種「制度性焦慮」常常糾結於心頭，百思而難以求解。牟宗三能夠做的，只是為這一客觀化的知性主體奠造形而上的道德源頭，但對於重建制度本身的思考甚少。徐復觀對政治與學術懷有同樣的興趣，然而也沒有在理論上貢獻一二。

個中緣由除了他們本身是哲學家、思想史家之外，更重要的恐怕與他們身居一隅，處於時代的邊緣有關。誠如余英時所說，整個二十世紀的儒學一直處於走下坡路，沒有擺脫困境，[6]新儒家不得不退而結網，補修義理，制度重建的工作只能期待後賢了。

二十世紀以降儒學走下坡路的趨勢，到了近二十年的世紀之交，情勢發生了微妙的扭轉。一九九〇年代之後，席捲了將近一個世紀的反傳統、反儒學的文化激進主義開始在大陸降温，各種文化保守主義強勁崛起，在朝的馬克思主義與在野的自由主義為了尋求本土的文化資源，開始向儒家表示敬意，爭相尋求與儒學結成戰略同盟。于丹因為在央視百家講壇講解《論語》而一炮走紅，儒家經典以及相關的解讀成為書店的暢銷書。許多大學成立了研究儒學為中心的國學研究院，儒家經典閱讀成為許多學校的必修課程，企業老闆和高管對傳統文化趨之若鶩，民間的國學學堂和興趣小組如雨後春筍一般到處湧現……這一切表明，儒學長達一個世紀的歷史背運走到了盡頭，在二十一世紀曙光升起之時，迎來了儒學的早春天氣。

然而，二十一世紀的儒學復興卻仍然與制度無涉，不是停留在學院的義理層面，就是沉溺於社會的日常生活，學究氣的儒學與日常生活的儒學，與往日儒學的輝煌氣象自然不可同日而語。另一方面，經過二十多年的經濟高速發展，中國在世界上已經成為二號經濟大國，中國模式、中國道路的聲音不絕如縷，在一些知識分子看來，中國不僅在經濟發展，而且在政治發展模式上，可以擺脫西方，走一條中國特色的道路，以此彰顯中國文明的復興和昔日帝國的二度崛起。近兩三年來，圍繞着政治制度的頂層計，從自由主義、社會民主主義，到國家主義和新左派，都打破了往日的緘默，紛紛拿出了自己的方案。在這一「制度重建」的熱潮中，新一代的儒者不甘於寂寞，於是儒家（儒教）憲政便應運而生。

最早站出來的是新一代儒家旗幟性代表人物蔣慶。這位西南政法學院的畢業生，與老一代新儒家不同，他的真正興趣不在宋儒的心性義理，而是漢儒公羊學的立法改制。公羊學是以微言大義行托古改制的儒學流派，在太平盛世的和平年代，通常隱而不現，並非顯學，一旦到了禮崩樂壞的亂世，社會面臨制度和文化的轉型時刻，志在改制立法的春秋公羊學便會大行其道。西漢的董仲舒、清末的康有為皆是一代公羊學大家，也是變法創制的推動者。儒家知識分子具有深刻的憂患意識，然而在不同的時代和流派裏，內心的焦慮是不同的。蔣慶說「公羊學的焦慮是制度性的焦慮，而不像心性儒學（內聖儒學）的焦慮是實存性的焦慮，故公羊學最關注制度的建立，把改制立法看作是自己的首要任務。」[7] 蔣慶這代儒者的「制度性焦慮」與上述牟宗三的「制度性焦慮」雖然都在儒家治國平天下的大的脈絡中，卻有明顯的差異，牟宗三的「制度性焦慮」是義理性的，其哲學家的關懷和當年的時代條件，使得他沒有也不可能去從事具體的制度設計和政治實踐。然而，蔣慶畢竟是公羊學傳統的傳承者，他對儒家義理其實缺乏真正的興趣，而是有強烈的用世之心，志在通過制度的頂層設計，參與到當下中國立法改制的建國大業中。這種強烈的「制度性焦慮」與用世之心，成為蔣慶所代表的儒家（儒教）憲政提倡者共同的代際特徵，所不同的只是程度差異而已。[8]

蔣慶在二十年前出版《公羊學引論》，為改制立法作理論準備；在十年前發表《政治儒學》，正式與老一代心性儒學劃清界限，自立門戶；到近十年先是提出恢復儒教，將讀經納入國家教育體系，成立全國性的儒教協會，然後打出儒教憲政的大旗，設計了一整套國家建構的制度性方案，一步一步從學理走向制度，從民間逼近廟堂，旨在重新連結儒學與制度的脱榫，再現儒學作為「王官之學」的昔日輝煌。蔣慶不是一個人在戰鬥，在儒學（儒教）憲政的大旗下，已經聚集了一批同聲相求的知識分子，他們之中有純然的儒家，有國家主義者，也有自由主義者和憲政主義者。儒家（儒教）憲政作為一種思潮，其並非一個綱領明確、陣營鮮明、訴求同一的封閉式同人主張，而只是具有不同知識背景、政治立場和文化色彩的知識分子在當下中國所體現出的某種公認價值、公共取向，他們最大的公約數建立在兩個基本共識上，一是「制度性焦慮」，認為當今中國當務所急乃是建國，完成國家的根本大法和制度之轉型，二是相信儒學應該「二度制度化」，儒學古老的義理與制度傳統應該鑲嵌到現代民主的政治架構中。

大致而言，在當今中國的儒家憲政思潮內部，有柔性的儒家憲政和剛性的儒教憲政兩種不同的價值取向。這兩種取向的風水嶺，乃是對現代性的態度。柔性的儒家憲政，其提倡者中有儒家，也有自由主義和憲政主義者，他們認同現代政治的基本理念，思考的是如何將儒家的若干價值和制度傳統與民主憲政制度結合起來，形成具有儒家色彩的中國現代憲政。最早提出儒家憲政主義的杜鋼建將儒家憲政表述為「仁義禮智信的憲政主義原則」，按照這一原則，「要求興人權，立公正，通和順，符合理，樹忠誠，中國在二十一世紀的憲政建設需要堅持儒家憲理的上述五大基本觀點，充分發揮憲法對政府行為和執政黨行為的制約作用。」[9] 唐文明認為：「儒教、憲政與中國的問題，也就是直面實際的歷史情境，如何在中國的憲政建設中將儒教的精神與理念貫徹進去的問題。」他主張在三個方面以儒家思想修訂中國的憲法，一是將大同說作為中國憲政建設所依據的終極理想，二是除了西方憲政的基本人權外，還要補充儒家的倫理法權，三是要在中國憲政建設中落實儒家的「寓郡縣之意於封建之中」，變中央集權制為地方自治的聯邦制國家。[10] 康曉光發表長篇的《儒家憲政論綱》，提出「承續儒家道統，建立儒家憲政，把中國政府的正當性建立在對中華五千年道統的繼承和對現代民主政治的吸納之上。儒家可以吸收多黨制、競爭性的普選制度、權力分立、有限政府等理念和制度，進而實現傳統與現代的融合。」[11] 香港的陳祖為則認為，儒學不僅具有批評時政的功能，而且可以作為立法以及制定政策的理論基礎，因此可以稱為「儒家憲政」。他不贊成蔣慶式的儒教在政治與社會生活中的全面推廣，主張一種溫和的圓善主義（moderate perfectionism），即在國家立法的時候可以訴諸儒家關於美好人生的具體而零碎的價值判斷。[12] 秋風（姚中秋）發表了一系列文章，從中國歷史的角度論述儒家憲政的歷史形態，認為儒家本身代表着一種憲政主義的理想，在歷史上存在着三種不同的憲政主義形態，一種是西周的貴族封建制，第二是漢代的君主與士大夫共治體制，第三是近代從康有為到張君勱的儒家式現代憲政政體。「這個歷史證明了，憲政主義就是儒家外王之基本取向、核心精神。」[13]

與柔性、開放的儒家憲政主義不同的是，剛性的儒教憲政主義更多表現出原教旨主義的意味。獨樹一幟、劍走偏鋒的蔣慶便是這樣一個儒教憲政的原教旨主義者。他對公羊學為核心的政治儒學近乎狂熱與偏執的衞道，試圖在政治與社會生活中全面推行儒教，使得他將三種對象都作為自己的批評目標。其一是儒家內部的競爭者心性儒學。在他看來，從宋明到新儒家的心性儒學，將內聖與外王視為體用、本末關係，試圖從內聖開出外王，實際上取消了外王的獨立性，使外王成為一種附屬於內聖的微不足道的陪襯，使儒家的人格重心落在生命心性之上，而不能跳出生命落在客觀外在的事功制度，這種偏於內聖一曲的心性儒學，最終結果只能是無法開出外王。蔣慶認為內聖與外王之間，只有結構的平行聯繫，而無體用的從屬關係。[14] 心性儒學只是內聖之學，外王之學當屬公羊學，「二學離則兩美，合則兩傷。」在他看來，「政治儒學是唯一適應於解決政治問題的儒學」，「是儒學傳統中的外王之學。」通過內聖和外王的領地劃分，他試圖將儒學內部立法改制的領導權，牢牢控制在自己所繼承的公羊學傳統手中。

原教旨儒教憲政的第二個批評目標是當下主流意識形態。這種批評是隱形和間接的，並非訴諸於批評性的話語，而是王道政治的建國方案。當有些保守的儒教憲政主義者熱衷於「通三統」，要將儒家的王道與人民共和的黨國體制接通的時候，[15] 蔣慶卻很少談「通三統」，仍然堅持其儒教治國和王道政治的全盤改制方案。在他看來，中國的問題在於「合法性缺位」，「鑒於百年來中國固有文化崩潰，完全與外來文化——或自由主義文化或社會主義文化——作為中國的主導性文化，即僭越了儒家文化在政治與社會中的正統主導地位，偏離了中國文化的發展方向。」他明確表示當下中國的主流意識形態無法解決政治合法性長期缺位的問題，不能作為政治合法性的基礎。[16] 蔣慶的儒教憲政並非保守的，由於其原教旨主義的性質，相反地顯得異常地激進，對現實秩序具有很強的疏離感和叛逆性。

不過，原教旨的儒教憲政最大的批評對象或真正的敵人不是心性儒學，也不是當下主流意識形態，而是西方的自由主義民主政治。這是他們與上一代新儒家的最大不同。熊十力、張君勱、牟宗三、徐復觀等人畢竟受過五四啟蒙思想的洗禮，雖然他們反對啟蒙主流中的科學主義和唯理主義，然而在政治觀上與他們的論敵沒有根本的分歧，而是共享自由、民主、憲政的基本價值，因為新儒家政治上的敵人與自由主義者一樣，都是新老的專制主義——早年是傳統的皇權專制，晚年則是現代的極權主義。他們承認，西方的民主憲政是解決專制主義的不二途徑，「中國今雖尚未能完成其民主建國之事業，然我們卻不能說中國政治發展之內在要求，不傾向於民主制度之建立。」[17] 新儒家與他們的論敵自由主義者之分歧僅僅在於，傳統中國文化是否障礙了民主憲政的發展。在他們看來，中國文化特別是儒家文化包含着現代民主的種子，問題是如何從老內聖中開出民主的新外王。然而，以蔣慶為代表的原教旨儒教憲政的真正敵人不再是新老專制主義，而是西方自由主義所代表的所謂「庸民政治」。在他們看來，在西式選舉為中心的民主政治下，受過教育的精英與普通民眾一樣，一人一票，只重數量，缺乏質量。民意獨大，民意決定一切，現代政治缺乏古典政治那種超越性和歷史文化性。因此，蔣慶要恢復建立儒家式的以精英為核心的王道政治，在民意（人）之外，再建超驗價值（天）、民族歷史傳統（地）的三重政治合法性。[18] 牟宗三當年批評中國的儒家政治只有治道（統治者如何治理的善治），沒有政道（客觀的制度性架構），因而要引進西方的民主憲政制度，[19] 但在蔣慶看來，缺乏政道是心性儒學的問題，注重外王的公羊學有自己的政道，中國有自己的憲政，即以王道政治為中心的制度性架構。「所謂儒教憲政，就是中國式憲政，說具體點，就是具有中國歷史文化特色的中國憲政，也就是人類離開自由民主政治之外的另一條政治發展之路。」[20] 蔣慶在這裏說得非常清楚，剛性的儒教憲政既與老一代新儒家不同，也與柔性的儒教憲政有別，後二者雖然對西式民主有批評、有反思，但還是在現代性的普世價值和制度框架之內尋求儒家的位置，形成中國的特色，而蔣慶則要在現代性之外開闢一個另類的王道政治、另類的中國憲政，因而說他是原教旨的儒教憲政，並非言過其實。

那麼，儒家憲政究竟意味着什麼？它是否可以成為當代中國可欲的政治方案？既然儒家憲政來自於中國的歷史，不妨讓我們回到歷史，從其本源探究，然後再來做出現實的抉擇。

二、歷史上的士大夫與君主共治格局及內在限制

儒家憲政，乃是近兩年來新一代儒家的創新之詞。歷史上的政治儒家是否有憲政形態，假如有的話，又是什麼類型的憲政？要梳理這一點，首先讓我們來了解何謂憲政。

所謂憲政，乃是與政治權力有關的制度設置，它通過客觀的制度和法律的安排，對政治權力進行創建、安排和限制。在這其中，憲政具有三重功能：第一是用法律或者制度賦予權力以合法性，從而建構和安排統治者的權力；第二是用法律或者制度規範和限制權力，以實現政治共同體特定的目標，第三是用法律或者制度規範權力的更替，以保持政治共同體的持續穩定。

憲政是各種政治秩序中的一種特定形式，它的特點在於：其憲政的意志必定高於統治者（無論是君主、貴族還是人民）的意志，憲政本身具有統攝權力的權威性，這是憲政區別於其他政治秩序的根本含義。因此，憲法（成文法或者不成文法）雖然是憲政的表面特徵，但有憲法的政體並不意味着必定是憲政體制，假如統治者的意志高於或者等同於憲政的意志，比如傳統中國的法家、斯大林時期的蘇聯，則是有憲政之名，而無憲政之實，這是一種反憲政的「憲政」。憲政必定是有權威的，這個權威乃是凌駕於政治統治的權力上，

能夠對權力進行駕馭、控制、限制和更替。憲政之所以必要，乃是多少相信權力具有某種邪惡性，需要通過制度和法律的形式加以規範。

自然，憲政本身無法自己創建其權威性，它總是來自於更高的立憲意志，也就是説，任何憲政，都有其特定的道德價值和立憲目標。歐洲中世紀的基督教憲政，通過規範與限制世俗的權力，乃是為了實現上帝的意志，現代的自由主義憲政，乃是為了保障每一個公民的自由、平等以及道德尊嚴。而儒家憲政，則是為了實現天下為公、仁義禮智的大同理想。

現代憲政的經典形式被認為是自由主義憲政，這主要因為自由主義憲政所欲達致的自由與平等的價值，在現代社會被普遍接受，而其在歷史實踐過程中也被證明較好地實現了這一價值。然而，這並不意味着歷史上的憲政只有這一種形式，歐洲中世紀的基督教憲政、中國古代的儒家憲政，以及可能有過的其他文明體的憲政形式，都是可以比較的歷史實踐。衡量一個憲政好不好，用其欲達致的價值目標來衡量是困難的，因為不同的價值之間難以通約，然而，假如從憲政相對於權力而言的權威性出發，顯然我們可以對各種憲政的好壞，設定幾個評估的標準：第一，是否可以有效地賦予權力以與特定價值目標相聯繫的政治正當性？第二，憲政的意志是否真的在權力之上，可以用法律和制度的手段，及時、充分地限制權力？第三，當權力腐敗墮落的時候，是否有制度性或程序性的方式，和平穩定地更替統治者？下面我們將看到，儒家憲政在第一項權力的正當性賦予方面是強項，在第二項權力的限制方面是弱項，而在第三項權力的和平更替方面則為不及格。

西方的現代憲政有兩個歷史源頭：自上而下的超越性意志和自下而上的契約性貴族社會。弗里德里希在《超越正義：憲政的宗教之維》中指出，憲政論「植根於西方基督教的信仰體系及其表述世俗秩序意義的政治思想中。」[21] 在世俗的權力之上，始終存在着比權力更高、更具權威的超越性意志，在中世紀，是上帝的意志，到了近代，上帝的意志世俗化為自然神、自然法或者道德形而上學。

除了自上而下的超越性意志外，西方憲政的另一個歷史源頭乃是自下而上的契約性貴族社會。英國成為第一個現代憲政國家不是偶然的，它既不同於王權佔絕對優勢的法蘭西，也區別於諸侯割據、王權式微的德意志，英國的貴族與王權處於某種均勢狀態，於是便有可能相互妥協，簽訂自由大憲章、牛津條例、權利法案等這些後來成為英國憲政基礎的最重要歷史文件。憲政與貴族制密切相關，它是對權力的雙重防範；既對抗一個人說了算的君主制，也防範多數人暴政的民主制，憲政試圖在君主、貴族和人民之間保持某種和諧的平衡，按照亞里斯多德的理想，各種力量平衡的政體便是共和政體，共和與憲政後來在美國立憲過程中結合在一起，以憲政保障共和，以共和維繫憲政，憲政通過各種利益和力量之間的相互制約和均衡，以實現共和的最高目的：政治共同體的公共利益。

那麼，中國的儒家憲政如果有的話，是一種自上而下還是自下而上的憲政？在這裏，我們首先要了解中國政治的雙重權威問題。[22] 在古代中國，有兩種不同的權威，一種是士大夫所代表的道統，另一種是王權所代表的政統，其權威的源頭，都來自於超越性的天命。換言之，宇宙的超越性意志，當降臨到人世之後，一分為二，體現為道統與政統這雙重權威，這是中國文明的特殊現象，是其他幾個古老的軸心文明無論是猶太教基督教、伊斯蘭教，還是印度教、古希臘羅馬文明都不曾有過的。中國的皇帝與讀書人、政統與道統種種說不清、理還亂的糾葛衝突，都與雙重權威有關，而儒家憲政的歷史秘密，也淵源於此。

從遠古開始，天命就將人間的統治權授予君主，君主貴為天子，秉承天命統治天下。然而，君主的統治是否符合天之意志，其解釋權並不在其手中，而另有他人。起先是通曉天意的巫師，但巫師與王權尚不可分離，到了春秋戰國時代，中國文明發生了大突破，民間出現了儒、道、墨等諸子百家，開始形成獨立的道統，擁有了解釋天命、議論政治的話語權，這就是與王權平行的另一種權威：與政統抗衡的道統。儒家的道統，其背後還有掌控教育網絡的師統。按照儒家的看法，道統高於政統，師統更在王權之上。於是，按照儒家理想所設想的儒家憲政，同樣具有自上而下和自下而上的雙重源頭。

所謂自上而下，乃是以君主為代表的政治權力，在其之上有更高的、超越性的天命所限，君主的意志必須秉承天命，因為天是有德性的，因此現實的君主也要以德治國，實現王道政治。許倬雲先生說，董仲舒將孔子放上王者的寶座，執行褒貶的權力，「如此，儒生操持了批評論斷現世界的權力，而儒家的經典成為評斷事務是非長短的依據，儒家為漢室的政治肯定了合法性，可是也相對的把知識分子提升到與政權抗衡的地位。」[23]儒家的道統，對皇權的政統來說，是一種目的論的制約，從漢儒陰陽五行宇宙論，到宋儒的天理說，皆是試圖通過建構一個超越於世俗秩序的宇宙秩序，一方面賦予王權以統治的正當性，另一方面以天道壓王權，控制和限制君主的濫權。然而，道統對政統的制約，不同的義理形態所產生的政治效果，其強弱是有差別的。張灝先生指出，儒家的這套天人之際思想，有兩種表現形態，一種是脫胎於殷周的古老神話傳統的天人感應說，後來發展為漢儒的陰陽五行宇宙論，另一種是軸心文明突破時期的天人合一說，天命內化於人的心靈，後來發展為天理心性合一的宋明理學，但二者與政治的分離度和批判性是不同的，「天人感應的思想，只能以人世秩序的基本制度的神聖不可變性為前提而發揮有限度的批判意識，天人合一的思想則以內化超越為前提，蘊含了權威二元化的激烈批判意識。」[24]也就是說，作為儒家憲政的不同形式，董仲舒的宇宙論模式更多地賦予王權以統治的正當性，雖然其也有限制王權的另一面，但相對來說比較弱，而朱熹、王陽明的宋明理學因為其擁有獨立於王權的心靈秩序，而這一心靈秩序又與宇宙秩序內在相通，因此更具有批判性。

儒家憲政的自上而下源頭，除了超越性的天命、天道和天理外，還有一個介乎於超越與世俗之間的概念，叫做天下。天下是世俗的，它首先代表君主統治的疆域，是一個地理性的概念，但天下又不僅於此，它高於國（王朝），是一個文化性、倫理性的概念，代表着儒家的禮教秩序，國為私，乃一家一姓之王朝也，天下為公，因而與天理相通。天下秩序既是形而上的宇宙秩序，也是世俗性的禮教秩序。天下在現實的王朝秩序上，而且是王權統治的正當性所在，王朝是一個人的，但天下乃天下人之天下。「公天下」的觀念乃是針對「家天下」而言，三代以上天下為公，三代以下就是「家天下」，天下屬於皇帝私有。黃宗羲說：「三代以上有法，三代以下無法」，因為三代以上之法乃是為天下之法，而三代以下只是一己之法、一家之法，非天下之法也。[25]儒家以蘊含着天理的天下來限制王權為核心的國家，但這種限制只是一種目的論的憲政，而非制度性、程序性的憲政。目的論的憲政，與禮治相關，天下說到底就是一套以德性為中心的禮治秩序，所訴諸的是目的合理性（天下為公）、對權力之治道的規約和統治者的個人德性，它所缺乏的是憲政所必需的政道，即制度性、程序性的規定。憲政所追求的乃是政治正義，但儒家憲政因為是一種目的論、倫理為中心的憲政，因此它在意的是實質的（目的論）的正義，所謂天下為公，而忽視了程序正義的制度性設計。關於這一點，下面我們將進一步展開分析。

中國特有的雙重權威，使得儒家士大夫擁有超越人間權力之上的天命解釋權，皇權統治是否正當，是否符合天道和民意，皆在讀書人一端，君主本身無法自圓其説。自孔孟到董仲舒、朱熹，儒家又發展出完整的道德政治的義理，形成了以四書五經為核心的經典，並經過五經博士、科舉取士等制度，讓士大夫們牢牢控制了中華帝國的意識形態話語權。從玄虛的天命到經典形態的儒家義理，是一層自上而下，而從義理再往下落實一層，則為士大夫的清議，清議作為古代中國的社會輿論，發自士林，又直達朝廷，使歷代君主哪怕是暴君在施政時不得不有所顧忌，不敢過於得罪輿論，因為清議所代表的，乃是帝國的核心價值觀，是讓君主都有所畏懼的天命。清議是否強勢，取決於其所憑藉的建制，東漢有上萬士人雲集的京城太學，晚明有遍佈南北的書院社團，士大夫的輿論便浩浩蕩蕩，廣為散佈，對統治者構成了巨大的壓力。然而，無論是體制內部的東漢太學，還是體制之外的民間書院，皆缺乏制度的穩定保障，士大夫的輿論激蕩，引起君主的警惕和宦官勢力的激烈反彈，東漢的黨錮事件和明末的魏忠賢迫害東林黨，便證明了士大夫的輿論對權力的限制，是多麼的脆弱，其是否可以發揮作用，最終取決於君主個人是開明抑或是昏庸。

除了從天理到清議的自上而下的制約，儒家憲政還有另一個自下而上的源頭，這乃是秋風所説的「士大夫與皇權共治體制」。[26] 從漢唐到兩宋，中華帝國雖然名為君主國，但因為存在着雙重權威，參與統治的除了皇帝及其家族外，還有士大夫官僚集團。一個有着共同的儒家家族信念的文人集團，在帝國政治裏扮演重要的角色，在古代世界政治裏，亦是罕見的現象。錢穆先生曾詳細分析，在西周，是血緣為中心的皇室分封制，經過秦制的過渡，到西漢的漢武帝，所建立的政府不再是西周的貴族政府，也非漢初的軍人政府，而是由平民中有知識有教養的賢人所組成的政府，此乃「文治政府之創建」。[27] 文治政府與之前不同，政府與王室、國家之公務與王室之私事，有了明確的區分，秦朝與漢初的宰相只是皇帝之私臣，不但要管國家的政務，還要過問皇室的家務。[28] 自漢武帝後，有了外朝（政府）與中朝（王室）之分。文治政府與皇帝為首的中朝之間有了相對的分離，遂使士大夫與皇帝的共治，具有了理論和實踐的可能性。

從西漢到兩宋的皇帝與士大夫的共治，因為不像中世紀英國的貴族與君主之間，有憲法性的契約規定，明確了各自的權利與義務，因此往往取決於人的因素，在共治的背後，充滿了衝突和鬥爭。在不同的朝代裏，要看士大夫與君主之間的力量對比和意志較量。君主比較弱，權力會向士大夫一方傾斜，如果人君非常強勢，就近乎君主專制。士大夫與王權之間，缺乏有效的制度制衡，在二者之上，沒有一個憲法性的典章超乎其上，一切取決於人治的微妙平衡。但是，也並非完全無章可循，因為在道德治國、王道政治的儒家理念下，確實存在着人與人之間的制衡。[29] 不是依靠明確的法治，而是更靈活、彈性的人治，來維繫政治各種勢力的平衡。

士大夫與君主共治天下，首先表現在相權與君權的劃分。漢唐到兩宋的宰相權力很大，君主的命令必須經由宰相的副署方能生效，歷史上常有宰相以「封還詔書」和「不肯平署」的方式抗拒皇帝的旨令。[30] 然而，王權與相權之間，畢竟是君臣關係，它不是西方的法權關係，而是三綱之下的禮教關係。禮教所強調的並非權利，而是在倫理共同體中各自的職責。錢穆先生說，中國的政治沒有西方式的主權或主體性概念，所看重的只是職責，政治的責任由誰來承擔。[31] 這就意味，在傳統中國政治裏，政者（政治的主體）是缺位的，只有治者，所有的人只有治人者與治於人者的區別。當士大夫與皇帝共治天下時，是以治者的身份，而非類似古希臘的公民那種政者的身份出現。共治格局並非契約性的法權格局，在其之上沒有成文或不成文的憲法，而只是儒家倫理和王朝的敬天法祖所形成的禮教格局，君臣之間，各守本份，各盡其職。本份是否守得住，職責是否能擔當，取決於君臣個人的德性，顯然，這是一種倫理的軟約束，而非制度的硬約束。對共治體制稱讚有加的錢穆先生，對此也有清醒的認識，他說，「中國一向似乎看重的不成文法，往往遇到最大關節，反而沒有嚴格的明白的規定。這也可以說是長處，因為可以隨意應變，有伸縮餘地，但也有壞處，碰着一個能幹又雄心的皇帝，矜才使氣，好大喜功，常常要侵奪宰相的職權，並不像現代的西方國家，皇帝私人，無論怎樣好，憲法上規定他不能過問首相的事，漢武帝雄才大略，宰相便退處無權。」[32]

在共治體制中，由於君權在相權之上，屬於主動、強勢的一方，因此是否能夠實現共治，往往取決於君主的個人意志。邢義田先生指出：「宰相的職權並沒有制度上的保障，它幾乎完全基於一些成文或不成文的傳統，尤其重要的是皇帝的信任與尊重。」「整個官僚系統是否能夠客觀和合理地運行，端視皇帝是否信任與尊重。客觀合理的制度可以因皇帝的私心而完全潰敗。」[33] 士大夫與君主的共治格局是公天下，但一家一姓的君主是家天下，也是私天下，僅僅憑傳統或不成文的傳統，相權平衡不了君權，公敵不了私。手握大權者通常不願有人與他分享權力，即便開明者如北宋時期皇帝，余英時先生也指出：「積極倡導『同治』或『共治』的是宋代的士大夫，而不是皇權。」[34] 因此，與其說是共治體制，不如說是共治格局更恰當一些。體制是超越於個人意志的硬約束，而格局則是因人而宜的可變之局。因為「皇帝所擁有的是最後的權源，任何帶有根本性質的變法或改制都必須從這個權力的源頭處發動，所以皇帝個人的意志是一個決定性的力量。」[35]在權力系統中，皇權是硬權威，士大夫是軟權威。士大夫是否可以發揮士人政府的效用，完全取決於皇帝個人的德性和能力。閻步克先生分析說，漢代初年的丞相一度威望隆重，權勢頗大，對皇帝直言不諱，甚至言所不當言，因為當時丞相多由打下江山之功臣擔任，君相關係尚未定型。真正的文治政府自漢武帝始，封布衣出身的公孫弘為相，但相權較之以前卻大為削弱，皇帝對丞相動輒斥責乃至處死，公孫弘之後的六位丞相，獲罪自殺者兩人，下獄處死者三人，以至公孫賀在拜相時不受印綬而頓首涕泣，視丞相為畏途。[36]從漢唐到兩宋的所謂中外朝，中朝（內朝）以君主為中心，由皇族成員、外戚宦官組成，外朝乃是以宰相為首的文人政治。中朝是決策者，外朝乃執行者。聰明的皇帝會在二者之間保持平衡，以士大夫抑制內朝的驕奢淫逸，用內朝防範權力外傾於文人集團。但無能昏君者對士大夫猜忌心重，往往倚重內朝的皇親國戚和宦官勢力，西漢漢武帝之後外戚專權，東漢和中唐宦官橫行。兩朝之間，經常殘酷搏殺，血雨腥風，東漢的黨錮之禍，便是明證。

從漢唐到兩宋，相比其皇權，士大夫的相權走的是一條下行路線，其地位日趨衰落，這可以從宰相上朝覲見皇帝的待遇可見一斑。漢代丞相求見，皇帝要起身相迎；唐代三省長官在殿上與皇帝討論國事，尚可飲茶閑談，坐而論道。然而，到了宋代宰相去見君主，只能立奏。林麗月指出：「傳統宰相權力的衰落，宋代是一大關鍵。宋代的宰相不僅失去軍事與財政大權，而且也喪失了用人與司法的權力。」[37] 到了明清，宰相索性被永久廢除，代之以內閣或軍機，不復有外朝存在，士大夫官僚皆成為君主個人的奴僕，內閣重臣見皇上，常須跪奏，毫無尊嚴了。

宰相在歷史上的地位之所以日薄西山，乃是於宰相背後的社會勢力衰落有關。錢穆先生說，中國士大夫的影響一在清議，二在門第。[38] 漢初宰相說話有分量，乃是其多為軍功人士，隋唐相權之重，令君主不得不尊重，乃是其背後有世家大族的支撐，到了北宋，門閥政治衰落，宰相多自科舉寒門出身，如邢義田先生所云：「就社會而論，隨着科舉制度的興起和唐宋世家大族的消亡殆盡，社會上已沒有足以和皇權分庭抗禮的力量。宋代以後科舉出身的士大夫原是一群等待天子賜予『黃金屋』和『千鍾粟』的士人舉子，他們不再有南北朝和隋唐世族那樣的社會地位和財富。在這種情形下，帝王自然容易牢籠士人，肆意擺佈」。[39] 宋之後的讀書人因為失去了世家大族的社會基礎，唯有以義理對抗擴張的王權。

世家士大夫擁有的不僅是文化力量，還有可資獨立的社會資源，但被鏟平了社會根基的科舉士大夫，剩下的只是道德的勇氣和洶湧的清議。門第已去，清議日盛，然而士大夫的清議是一種純粹的精神批判，其背後是被掏空了的社會。宋以後的鄉紳雖然在鄉村社會貴為一方精英，但鄉村社會與世家大族不同，它不是政治性的，也非跨區域的，鄉里村莊支離破碎，各據一方，龐大的帝國政府通過郡縣制將其聯成整體，而鄉紳本身無法構成一個有機的社會網絡。科舉制度下的士大夫已經不是君主的對手，政治是憑實力說話的，以制度為重心的憲政也是在王權與貴族的力量均衡中產生，你吃不了我，我也吃不了你，你活我也活，方需要規則和制度。然而，宋以後的士大夫徒有清議而已，無法支撐起體制內部的生存空間，皇帝的權力越來越大，宰相的空間日益逼仄，最後出來一代梟雄明太祖，將宰相一廢了之，從此在權力中樞，再無與王權平衡的位置，通過兩宋的轉折與過渡，中經元代的異族統治，士大夫與君主共治格局徹底壽終正寢，到明清時代最終奠定了君主的絕對專制。

三、為何儒家憲政是一種殘缺的禮治型憲政？

士大夫與君主共治的儒家憲政，有一以貫之的良美義理，也有漢唐的制度設計，為什麼會步步走向末途，抵擋不了王權的無限擴張，最終讀書人匍匐在君王的腳下口稱奴才？研究思想史的往往會產生知性的錯覺，誤將聖人的義理視為制度本身，又將政治設計視為歷史現實。事實上，思想史不是政治史，儒家義理也代替不了歷史真實。即便是儒家義理，孔子之後，也有孟荀兩家。孟子重仁，德性的內在自覺，荀子重禮，外在的制度規範。孟子是道高於勢的儒家理想主義者，而荀子則是兼容混雜的儒家現實主義者。外儒內法的中國皇帝，其實都不那麼喜歡喋喋不休說王道的孟子，而傾向於霸王雜之、有政治現實感的荀子，故晚清的譚嗣同感慨：「二千年來之學，荀學也！」[40] 歷史上的儒家，在義理層面，孟學是主流，但在政治層面，荀學卻佔支配地位。不了解荀學，便無法理解儒學與制度的現實關係。

荀子的禮治，並非歐洲以羅馬法為中心的法律制度，而是道德性的日常生活秩序，由家而國，家國一體，董仲舒的三綱，即是禮治的典範，君臣之間的國之倫理，亦與父子、夫婦之間的家之倫理同理同構。法是權利與義務的關係，但儒家憲政，並非法治，乃是禮教，所守住的並非抽象的、普遍的法，而是具體的、兩相對應的禮。法治下的權利與義務，超越人格，成為普遍性的法理規範，而禮教之中的君臣關係，是道德人格的互動，君有為君的倫常，臣有為臣的職責。錢穆先生說，中國人講政治，一向看重在職責，不問主權歸屬。主權的背後，是自由的意志，而職責所在，乃是盡力踐行的道義。[41] 儒家憲政的根基，乃是傳統的禮法社會。這裏的法，並非超越政治權力之上的羅馬式法典，乃是君主意志可以駕馭的刑名之律。內涵道德價值的禮，高於工具性的律法，賦予律法以倫理性的價值。在禮教為先的家國共同體之中，君主乃帝國之家長，百姓之父母。帝國有自己的家法（禮法），君主要受到禮法的限制，他也要聘任管家（士大夫官僚）管理帝國的日常事務，而且對禮法的解釋權也在士大夫手中，然而，最終的禮法裁決權和政治決策權毋庸置疑地在一國之君手中，家法對君主的約束並非客觀的、法理性的硬制約，而只是有彈性的、倫理的軟制約，全依賴於君主個人的德性與能力。以禮治為核心的儒家憲政，最終落實到實處的，乃是聖君賢相的賢人政治。

以荀學為核心的儒家憲政與西方的憲政最重要的區別，不在於對人性的估計，而是如何防範人性之惡，是依靠制度的制約呢，還是賢人政治？制度設計的背後，乃是對人性的深刻理解。西方憲政的誕生，在中世紀與基督教有關，到了近代深受霍布斯主義的影響。

二者一為超越性宗教，一為世俗的功利主義，然而都對人性的幽暗面有充分的體認。霍夫施塔特在談到美國憲政創立的時候如此說，美國憲法的基礎「是霍布斯哲學和加爾文教，他們認定人類的天然狀態是戰爭，俗人的心智與上帝相抵觸……他們對人類已是無信任可言，但相信良好的政治制度必有力量控制人類」。這個制度便是憲政的智慧：以慾望制服慾望，以權力制約權力。[42] 荀子對人性之惡也有類似的認識，在他看來，人生而有好利、妒惡之心，耳目聲色之慾，若聽其發展，不加限制，則爭則亂，亂則窮，社會無安寧之日。荀子的解決辦法也是依靠制度，但他所說的制度不是以野心抗衡野心的法治，而是倫理性的禮治。人雖然本性非善，但人有知的能力，可以學習禮儀，變化人性，將外在的禮儀內化為人的良心。只要人人依禮而行，便是天下之大治。那麼，禮儀又是從何而來？在荀子看來，人心本身並無創造價值的能力，但人心有理解和辨知價值的能力。禮儀制度的核心乃在於「分」，讓每個人各安其位，各守本分，禮儀需要有超越於凡夫俗子之上的聖人來創造，然後傳授給普通百姓。人性就像一塊彎曲的木材，等待智慧超群的聖賢人物來塑造和調理。生命的全部意義便是循禮而行，按照聖人所架構和指引的禮樂規範去生活，這樣，便能建立起和諧而合理的天下秩序。[43]

對荀子的這一「由禮而聖」的內在邏輯演繹，龐朴先生有一段精彩的分析，他說：「荀子主張人性本惡，積學化性可以為善成聖，在成聖的過程中，『禮』是行為的準則；但一旦成了聖人『參與天地』之後，一切外在的界限全部失效。『聖人者，以己度者也』（《非相》），聖人本身便是尺度，便是界限，它以己為度，而這個度又符合一切客觀情況，人就是天，天就是人，因而他從欲而治，也就是代天為治」。[44] 憲政固然是一制度，但要問的是法治型的憲政，還是禮治型的憲政？同樣是制度，法治不信任人，哪怕是聖人賢者，所以要用凌駕於一切人之上的憲政來規範權力；禮治不信任凡人，但相信聖賢，聖人賢君創建禮樂，以己為度，代天而治。勞思光先生指出，荀子的禮義「被視為『應付環境需要』者，又為生自一『在上之權威』者。就其為『應付環境需要』而論，禮義只能有『工具價值』；換言之，荀子如此解釋價值時，所謂價值只成為一種『功用』。另就禮義生自一『在上之權威』而論，則禮儀皆成為外在；所謂價值亦只能是權威規範下之價值矣。」[45] 這就是說，荀子的禮治具有功利主義的特徵，因為與仁割裂，其缺乏內在的價值之源，於是所謂的價值只是外來，源自於一個外在的聖人權威。這一「外在的權威秩序」代替了「內在的道德秩序」。因此，以荀學為中心的儒家憲政天然具有權威主義的性格，荀子的學生中會出現韓非這樣的法家，絕非偶然，其乃是荀學的內在邏輯使然。牟宗三先生在談到荀子時如此評論：荀學沒有法天敬天的義理，君位之上，缺乏超越的天命限制之。君主在上，「統禦之道即越接近於理律，而遠於法制。而彼又是政權之所在，亦實無一客觀之法律以制之。故終賴其以理自律，須賴其自己之最高道德感。道德感不足，即不能自律，而又無外力控制之，則即橫決而漫無限制。」[46]

荀子學說外無「法天敬天」之神聖感，內乏「仁義德性」之修身，誠如蔡英文先生所說：「荀子以及先秦各思想學派的思考的出發點不是如何透過客觀制度去防止君王的權力腐化或政策失誤，即使像荀子相當注重客觀制度之意義的思想家，也跟着先秦諸子一樣，把關於君王之權位的問題的思考出發點擺在什麼人有資格來當人群的最高統治者？」[47]作為權威之集大成者，君主自以為秉承天命，可以為所欲為，自創法度，難怪歷代統治者皆外儒內法，其外儒（荀學）與內法（韓非）實有一脈相承之處，由禮而法，禮法合一。禮法之上，都有一個超乎其上的聖人賢君。

禮法制度，是儒家憲政的核心所在，但這一制度，無法根本解決對權力的限制問題。因為無論是孟子還是荀子，儒家的真正問題意識並非限制權力，而是什麼樣的人應該擁有權力，權力者應該如何運用權力？對權力的運用，那是治道，所謂的憲政，乃是政道。治道關心的是如何統治、如何治理，善治、王道是其最高境界。而政道所關心的是如何賦予權力以正當性，如何以制度的安排配置和限制權力。牟宗三先生有關古代中國政治只有治道而沒有政道的分析，乃是石破天驚的卓見。在他看來，政道相對於政權而言，治道相對於治權而言。政道是「理性之體」，是維持政權和產生治權的憲法架構，而治道是理性的運用，是「智慧之明」。中國只有「理性之運用表現」（治道），而沒有「理性之架構表現」（政道）。在治道層面已經達到很高境界，即所謂的聖君賢相，但在政道即制度的設置上始終沒有辦法。歷史上只有吏治，而無政治，法律只是維持五倫之工具、賞罰之媒介，其本身沒有獨立意義，國家政治法律皆未以架構形態而出現。[48] 另一方面，憲政要解決的權力的來源與更替問題，在中國傳統政治裏面也陷入缺乏制度規範的亂局。牟宗三先生注意到，雖然古代中國有「天下為公」、「選賢與能」的傳統，但只是治權之民主，而非政權的民主。[49] 治權的民主僅僅與如何治理有關，而政權的民主則意味着權力的來源與更替正當有序，有制度性規約。由於在古代國與君不分，政權與治權不分，天下與王朝不分，歷代統治者的權力都是通過武力打下來的，因此得治權者得政權，得王朝者得天下，政治皆為一家一姓之世襲，缺乏一個常恆的、客觀的法律限制之。因此，儒家無法在政道客觀化君主權力的情形下，只能在治道方面以個人德性約束之，但這種約束是道德形態，而非法律形態，聖君賢相皆是道德上的名詞，而非權位上的物質力量。[50]

在歷史上，中國雖然有君主與士大夫的雙重權威，體現為道統與政統的二元性，但二者之間並無制度性的安排，以保證道統對政統的優先性和限制力。君主的權力來自於天命，士大夫擁有解釋天命和評判君主統治是否正當的清議之權，明末清初的黃宗羲還提出了「學校」這一將士大夫的清議建制化的設想。然而，即令「學校」可以定天下之是非，充其量也相當於現代社會的公共領域，而非擁有實際政治權力的議會，它無法授予和更替國家的最高權力。僅僅擁有輿論的話語權是不夠的，政權的民主還必須擁有選舉權。但在儒家憲政中，所缺乏的正是這最要緊的制度性一環。牟宗三先生指出，中國有「綜合的盡理之精神」（聖賢人格），也有「綜合的盡氣之精神」（英雄豪傑人格），卻沒有制度化、法律化的「分解的盡理之精神」（科學的立法政治）。[51] 於是在最高權力的更替上，自堯舜之後，總是發生周期性的動蕩。之所以動蕩，乃是權力更替的三個主要途徑：世襲、禪讓和革命，個個充滿着種種非制度化的不確定性，瀰漫着陰謀、暴力和血腥。凡此種種，一切皆圍繞着天命的爭奪。但天命無常，制度無序，在太平盛世期望聖君賢相的道德人格，亂世之時又縱容天下豪傑競爭天命，以革命的名義打天下、爭天下，於是三千年的中國歷史陷入一治一亂、治亂交替的無盡循環中。

蕭公權先生在談到古代中國對君權限制時說：「宗教、法律和制度雖然束縛君主，使他們不能完全任意行為，而就二千年中大勢看來，它們的效力事實上並不久遠重大，不足以動搖專制政體的根本。」[52] 儒家憲政是一種軟約束的憲政，雖然權力之上有義理，權力內部有平衡，但是缺乏剛性的制度約束，缺乏超越於統治者意志之上的法律。儒家憲政乃是有義理而無建制，有法律而無憲法，有制度而無憲政——缺乏一個超越於君主權力之上的恆定不變的根本架構。面對日益擴張的君權，儒家憲政不是以法治制度約束統治者，而是試圖以制度內部君臣之間、人倫之間的禮治秩序來防範權力的獨斷。於是，制度的約束最後不得不落到期待聖君賢相的出現，希望於統治者個人德性的人治。人存政舉，人亡政息，歷代如此，無一例外。有鑒於此，牟宗三、徐復觀、唐君毅和張君勱這些現代新儒家們痛定思痛，反思中國古代政治的短板，指出儒家重視民意，以民意代表天命，用清議評判天下，在政府內部也發展出宰相、御史等制度性設置。這些清議與制度雖然使君主的權力受到一些道德性限制，但是否為君主所接受和尊重，仍只是於君主個人之道德，並無為君主和人民所共同認可之根本大法憲法限制之。[54]

在「家國天下」的古代中國，有天下大法：以天道天理為終極價值、以民意為依歸的儒家義理；有王朝制定的一家一姓之家規公律，也有以宗法家族為社會背景的儒家士大夫，所缺的乃是現代意義上的國家，而現代國家的標志之一乃是擁有超越了家國天下的制度性大法。儒家憲政即便存在，也是一種殘缺型的存在，其憲政架構一在義理性的天下大法，二在治道層面的制度性設置，然而前者過於形而上，後者又限於倫理化，所缺少的正是中間層的政道——超越一家一姓之王朝、超越君主個人之意志的根本大法。從這個意義上說，古代中國的儒家憲政是一種殘缺的憲政，是以人治和道德為依歸的禮治型憲政，它的所有良好美意和設置，最終所依傍的，不是剛性的制度，而是君主與宰相、內朝與外朝之間的倫理互動。人事變了，一切都會改變，由盛而衰，由治而亂，綱紀廢弛，天下無道。儒家憲政的短板即在於此，其倫理性的內在限制使得它能夠達到的高度終究無法超脱傳統政治，以至於到了近代不得不接受現代民主憲政的衝擊與洗禮。

在中國古代思想與制度中，有許多豐富的政治智慧：道統與政統的雙重權威、士大夫與君主共治天下、民間的清議傳統、文官考試與御史制度等，這些政治智慧與制度實踐以民意為依歸、以天理為最高價值，以儒家士大夫為社會中堅力量，在相當大的程度上限制了皇權獨霸天下，使得中國政治在若干朝代和歷史時期之中保持了清明、理性與有序，使得古老的中華帝國在一個地域遼闊、人口眾多和文化多元的土地上，持續了二千多年的文明歷史。如果說這些政治智慧是一種有別於歐洲的儒家憲政的話，也未嘗不可。然而畢竟要看到，這種儒家憲政是殘缺的禮治型憲政，具有自身不可克服的內在限制。其有形而上的義理，有治道層面的技藝，然而缺乏的是政道層面的根本大法，因此儒家憲政是否可以落為現實，最終還是取決於三綱為核心的禮治秩序，依賴於聖君賢相的個人德性，無法從根本上落實憲政所應該解決的統治合法性、權力的有效限制和權力的有序更替問題。從這個意義上説，儒家憲政在現代社會之中不再具有獨立的光復價值，但其中的政治智慧有可能通過與自由主義的審慎的嫁接，在現代民主憲政的基本架構之中實現創造性之轉化，在二十一世紀的中國政治之中再放異彩。這也是當代中國溫和的儒家憲政倡導者繼續老一輩新儒家所致力的方向，我們有理由有所期待，樂觀其成。

註釋

1 牟宗三：《政道與治道》，第1章，台北：學生書局，1991。

2 陳寅恪：〈陳寅恪對馮友蘭《中國哲學史》審查報告三〉，載馮友蘭：《中國哲學史》下冊附錄，北京：中華書局，1961。

3 余英時：〈現代儒學的困境〉，《現代儒學的回顧與展望》，北京：三聯書店，2004，56–58頁。

4 余英時：〈儒家思想與日常人生〉，《現代儒學的回顧與展望》，255–260頁。

5 牟宗三：〈荀學大略〉，載廖名春選編：《荀子二十講》，北京：華夏出版社，2009，77頁。

6 余英時：〈儒家思想與日常人生〉，《現代儒學的回顧與展望》，253頁。

7 蔣慶：《政治儒學》，北京：三聯書店，2003，49頁。

8 儒學究竟是一種人文性的學說，還是一種宗教，是否要將儒家宗教化，關於這個問題，當代中國的儒家知識分子是有分歧的。參見陳明主編：《儒教新論》，貴陽：貴州人民出版社，2010。在儒家的憲政方面，蔣慶提出的是儒教憲政，而更多的人主張儒家憲政。雖然其中有細微的分歧，但作為一個整體性的思潮，本文還是將它們放在儒家憲政的同一個框架內進行敍述和分析。

9 杜鋼建：〈儒家憲政主義之我建〉，正義網（中國檢察日報社主辦），2001年4月6日：http://review.jcrb.com.cn/ournews/asp/readnews.asp?id=30695。

10 唐文明：〈儒教、憲政與中國：一個初步的思考〉，《中國哲學史》，2011年第1期。

11 康曉光：《儒家憲政論綱》，儒家中國網：www.rujiazg.com/detail.asp?nid=2152。

12 陳祖為：《儒家憲政的合法性問題》，未刊稿。

13 秋風：《儒家憲政民生主義》，共識網：http://new.21ccom.net/articles/sxpl/sx/article_2011080142184.html。

14 蔣慶：《公羊學引論》，沈陽：遼寧教育出版社，1995，33頁。

15 在這方面，柯小剛有明確的論述，他認為：「如何貫通王道和人民共和，可能是今日憲政建設中通古今之變的關鍵所在。」「現代中國革命推翻君主制，建立人民共和制，是為王道的新命開闢了道路。王道至大，無遠弗屆；周雖舊邦，其命維新。」「十九世紀以來，列強分裂中國終未得逞，實有賴這一傳統對於黨國形態（無論國共）的暗中支撐。今日憲政建設，亦將有賴這一偉大傳統。」見柯小剛：〈王道與人民共和：從經學依據談中國的憲政建設〉，《文化縱橫》，2010年第6期。

16 蔣慶：〈政治合法性問題與議會三院制〉，《政治儒學續編》，未刊稿。

17 牟宗三、徐復觀、張君勱、唐君毅：〈為中國文化敬告世界人士書〉，引自《當代新儒家》，北京：三聯書店，1989，31頁。

18 蔣慶：〈王道政治是當今中國政治的發展方向〉，《原道》第10輯，北京：北京大學出版社，2005。

19 牟宗三：《政道與治道》，1–62頁。

20 蔣慶：《政治儒學續編》序，未刊稿。

21 卡爾・弗里德里希，周勇、王麗芝譯：《超越正義：憲政的宗教之維》，北京：三聯書店1997，1頁。

22 關於中國政治中的雙重權威，張灝先生有非常精細和精彩的分析，參見張灝：《幽暗意識與民主傳統》，北京：新星出版社，2006，18–19、46–58頁。

23 許倬雲：〈秦漢知識分子〉，引自《釋中國》，第3卷，上海：上海文藝出版社，1998，1895–1896頁。

24 張灝：《幽暗意識與民主傳統》，49頁。

25 黃宗羲：《明夷待訪錄・原法》。

26 參見秋風：〈中國政制的歷史演變與大勢〉，《文化縱橫》，2011年第4期；〈拜托，董仲舒是憲政主義者〉，共識網：http://new.21ccom.net/articles/sxpl/sx/article_2011071139091.html。

27 錢穆：《中國文化史導論》，北京：商務印書館，1994，100–107頁。

28 錢穆：《中國歷代政治得失》，台北：東大圖書公司，1977，11–12頁。

29 這一觀點得之於與楊國強先生討論時所受教益，特此鳴謝。

30 李俊：《中國宰相制度》，台北：商務印書館，1980，36頁。

31 錢穆《國史新論》，台北：東大圖書公司，1998，72頁。

32 錢穆：《中國歷代政治得失》，30–31頁。

33 邢義田：《天下一家：皇帝、官僚與社會》，北京：中華書局，2011，19、21頁。

34 余英時：《朱熹的歷史世界》上冊，北京：三聯書店，2004，230頁。

35 余英時：《朱熹的歷史世界》上冊，232頁。

36 閻步克：〈帝國開端時期的官僚政治制度：秦漢〉，載吳宗國主編：《中國古代官僚政治制度研究》，北京：北京大學出版社，2005，25頁。

37 林麗月：〈王者佐·社稷器〉，載《中國文化新論·制度篇：立國的宏規》，北京：三聯書店，1992，111頁。

38 錢穆：〈再論中國社會演變〉，《國史新論》，37–47頁。

39 邢義田：《天下一家：皇帝、官僚與社會》，32–33頁。

40 譚嗣同：《仁學》二十九。

41 錢穆：《中國歷代政治得失》，130頁。

42 理查德·霍夫施塔特，崔永祿、王忠和譯：《美國政治傳統及其締造者》，北京：商務印書館，1994，7頁。

43 蔡英文：《韓非的法治思想及其歷史意義》，台北：文史哲出版社，1986，923–103頁。

44 龐樸：〈荀子發微〉，載廖名春選編：《荀子二十講》，北京：華夏出版社，2009，248頁。

45 勞思光：《新編中國哲學史》第1冊，台北：三民書局，1997，340頁。

46 牟宗三：〈荀學大略〉，載廖名春選編：《荀子二十講》，75頁。

47 蔡英文：《韓非的法治思想及其歷史意義》，103頁。

48 牟宗三：《政道與治道》，1、24、44、49頁。

49 牟宗三：《政道與治道》，10頁。

50 牟宗三：《政道與治道》，30頁。

51 牟宗三：《歷史哲學》，桂林：廣西師範大學出版社，2007，252頁。

52 蕭公權：〈中國君主政體的實質〉，《蕭公權全集之八·憲政與民主》，台北：聯經出版公司，1982，70頁。

53 錢穆：《中國歷代政治得失》，33頁。

54 牟宗三、徐復觀、張君勱、唐君毅：〈為中國文化敬告世界人士書〉，引自《當代新儒家》，31–33頁。

CIVITAS 思想共和國

CIVITAS 思想共和國 CIVITAS 思想共和國 CIVITAS 思想共和國
CIVITAS 思想共和國 CIVITAS 思想共和國 CIVITAS 思想共和國
CIVITAS 思想共和國 CIVITAS 思想共和國 CIVITAS 思想共和國 CIVITAS 思想共和國
CIVITAS 思想共和國 CIVITAS 思想共和國 CIVITAS 思想共和國
CIVITAS 思想共和國 CIVITAS 思想共和國 CIVITAS 思想共和國 CIVITAS 思想共和國
CIVITAS 思想共和國 CIVITAS 思想共和國 CIVITAS 思想共和國
CIVITAS 思想共和國 CIVITAS 思想共和國 CIVITAS 思想共和國 CIVITAS 思想共和國
CIVITAS 思想共和國 CIVITAS 思想共和國 CIVITAS 思想共和國
CIVITAS 思想共和國 CIVITAS 思想共和國 CIVITAS 思想共和國 CIVITAS 思想共和國
CIVITAS 思想共和國 CIVITAS 思想共和國 CIVITAS 思想共和國
CIVITAS 思想共和國 CIVITAS 思想共和國 CIVITAS 思想共和國 CIVITAS 思想共和國
CIVITAS 思想共和國 CIVITAS 思想共和國 CIVITAS 思想共和國
CIVITAS 思想共和國 CIVITAS 思想共和國 CIVITAS 思想共和國 CIVITAS 思想共和國
CIVITAS 思想共和國 CIVITAS 思想共和國 CIVITAS 思想共和國
CIVITAS 思想共和國 CIVITAS 思想共和國 CIVITAS 思想共和國 CIVITAS 思想共和國
CIVITAS 思想共和國 CIVITAS 思想共和國 CIVITAS 思想共和國
CIVITAS 思想共和國 CIVITAS 思想共和國 CIVITAS 思想共和國 CIVITAS 思想共和國
CIVITAS 思想共和國 CIVITAS 思想共和國 CIVITAS 思想共和國
CIVITAS 思想共和國 CIVITAS 思想共和國 CIVITAS 思想共和國 CIVITAS 思想共和國

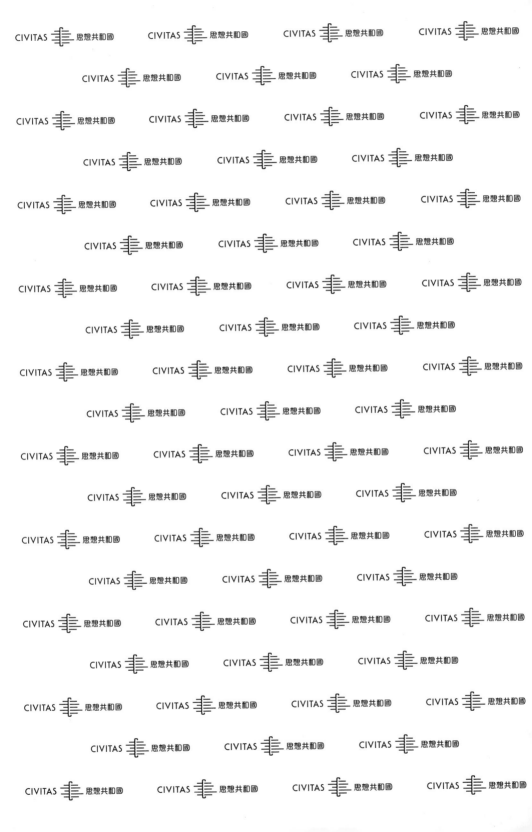